新时代跨区划法院探索实践丛书

涉外商事案件审判参考

主　编　单国钧
副主编　马　军

SHEWAI SHANGSHI ANJIAN
SHENPAN CANKAO

法律出版社
LAW PRESS · CHINA
北京

图书在版编目（CIP）数据

涉外商事案件审判参考 / 单国钧主编 ；马军副主编. 北京 ：法律出版社，2024. --（新时代跨区划法院探索实践丛书）. -- ISBN 978-7-5197-9608-2

Ⅰ. D922. 295. 5

中国国家版本馆 CIP 数据核字第 202415EQ42 号

涉外商事案件审判参考
SHEWAI SHANGSHI ANJIAN SHENPAN CANKAO

单国钧 主编
马　军 副主编

责任编辑 张红蕊
装帧设计 鲍龙卉

出版发行 法律出版社
编辑统筹 法规出版分社
责任校对 晁明慧
责任印制 耿润瑜
经　　销 新华书店

开本 710 毫米×1000 毫米　1/16
印张 27.75　　**字数** 418 千
版本 2024 年 12 月第 1 版
印次 2024 年 12 月第 1 次印刷
印刷 天津嘉恒印务有限公司

地址：北京市丰台区莲花池西里 7 号（100073）
网址：www. lawpress. com. cn
投稿邮箱：info@ lawpress. com. cn
举报盗版邮箱：jbwq@ lawpress. com. cn

销售电话：010-83938349
客服电话：010-83938350
咨询电话：010-63939796

书号：ISBN 978-7-5197-9608-2　　**定价**：88. 00 元

凡购买本社图书，如有印装错误，我社负责退换。电话：010-83938349

初心如磐践行使命　奋楫笃行继往开来

——北京四中院十年改革探索实践纪实

（代序）

设立跨行政区划人民法院是党中央全面推进依法治国的重要部署。2014年12月30日，北京市第四中级人民法院（以下简称北京四中院）作为跨行政区划法院改革的试点应运而生。履职十年来，北京四中院坚持以习近平新时代中国特色社会主义思想为指导，紧紧围绕“努力让人民群众在每一个司法案件中感受到公平正义”的工作目标，立足在“特”字上做文章、在“专”字上下功夫、在职能作用上显风采，不断探索跨区划法院改革发展体制机制创新，努力提升审判质量、效率、效果，坚决护航首都发展大局，践行司法为民初心，以创新实干书写了新时代首都跨区划法院探索和实践的新答卷。

十年砥砺奋进，十年春华秋实

在历史的长河中，十年或许只是短暂的一瞬，但对于北京四中院而言，却是一段充满挑战与机遇、拼搏与奋斗的光辉岁月。十年来，在市委、市委政法委的坚强领导和市高级法院的正确指导下，历届院党组及全院干警同心同德、风雨兼程，执着向前、敢于斗争，锐意进取、勇于创新，推动北京四中院从无到有、从弱到强，改革建设发展各项事业均取得了显著成绩。

——这是政治统领激活改革发展动能的十年

人民法院既是政治性很强的业务机关，也是业务性很强的政治机关，讲政治是根本、是方向、是灵魂。自建院以来，北京四中院始终牢记“政法姓党”是永远不变的根和魂，坚持把党的政治建设摆在首位，牢记人民法院首先是政治机关，出台《党组理论学习中心组学习办法》《“第一议题”学习制度》等一系列学习制度规定，按照党中央、市委工作要求，深入开展党的群众路线教育实践活动、“三严三实”专题教育、党史学习教育、党纪学习教育等各类学习教育，教育引导干警进一步坚定理想信念，增强政治定力，确保深刻领悟“两个确立”的决定性意义，不断增强“四个意识”、坚定“四个自信”、做到“两个维护”。严格落实《中国共产党政法工作条例》《中国共产党重大事项请示报告条例》，制定请示报告清单，严格执行重大事项请示报告制度，切实把党的绝对领导落实到法院工作各领域各方面各环节。严格落实意识形态工作责任制，积极主动做好新闻宣传和舆论引导工作，坚决防范和抵制“三权鼎立”“司法独立”等错误思潮，坚定不移走中国特色社会主义法治道路。

——这是勇毅担当服务中心工作的十年

服务保障新时代首都发展是机遇、是考验，更是北京四中院的职责使命。经过十年的探索实践，涉外审判、行政审判、环境资源审判、涉互联网案件审判、走私类案件审判、涉铁路案件审判已经成为北京四中院独特的职能优势和鲜明特色。北京四中院持续优化跨区划法院案件管辖格局，先后推动北京法院国际商事纠纷一站式多元解纷中心（以下简称中心）、北京国际商事法庭在本院挂牌成立，制定《北京国际商事法庭建设发展规划（2022—2025）》《域外法查明指引手册》等一系列制度文件，全力推进北京国际商事法庭高水平运行，成功审结多起全国首例案件和有影响的案件，为首都更高水平对外开放、北京“两区”

建设提供了优质司法服务保障。积极探索行政审判“四中路径”，妥善审理涉中轴线申遗、大兴机场建设、副中心建设等一系列疏解非首都功能重大项目案件。注重强化互联网案件审判，切实以案件裁判完善互联网案件审理规则，为数字经济标杆城市建设提供优质司法服务保障，多篇案件信息被上级部门采用。紧紧抓住稳定这个关键，重拳出击严打走私犯罪，常态化开展扫黑除恶斗争，推进打击整治养老诈骗等专项行动，全力维护首都安全稳定。2023年，挂牌成立环境资源审判庭，进一步创新公益诉讼案件裁判方法，建立“多元共治”生态保护法治屏障，为深化生态文明体制改革，夯实高质量发展生态基础，打造中国式现代化建设先行区、示范区贡献司法力量。

——这是司法为民做实司法公正的十年

司法审判工作，必须始终把人民群众满不满意作为评判审判质效、改革成效的标准，让人民群众切实感受到公平正义就在身边。一直以来，北京四中院注重优化诉讼服务，持续加强诉讼服务中心建设，出台《涉外、涉港澳台民事案件立案指南》等制度规范，最大限度便利群众诉讼。2021年11月，顺利完成首例跨境当事人网上立案，在院网首页设置诉服工单查询入口的创新举措得到上级法院肯定。大力推进智慧法院建设，深度运用“云谈话”、“云庭审”、电子送达等方式妥善审理系列涉“两区”建设仲裁司法审查案件，得到当事人广泛认可与高度赞誉。积极落实善意文明执行工作理念，针对案款发还不及时问题，制定“1+3”工作法则，案款发还时限大幅缩减，最大限度提升执行事项办理效率。高度重视代表委员联络工作，主动接受人大监督，通过邀请代表委员参与庭审观摩、召开座谈会等方式，听取意见建议，及时回应社会关切，十年来，组织代表委员参与庭审观摩等活动累计达千余人次。加强信息化基础设施及智能化辅助办案系统建设，研发AI助手人工智能系统，搭建全市首家司法数据中台应用体系及涉外案款发还机制，顺利实现全市首例以线上方式通过银行跨境人民币结算服务直接发还案款人民币3000余万元，为全市法院办理该类案件提供参考，进一步提升了人民群众对法院工作的满意度。

——这是锐意进取推进改革创新的十年

作为跨区划改革法院，改革是发展壮大、行稳致远的关键一招。十年来，北京四中院锚定新时代首都发展战略定位，主动识变应变求变，不断深化具有跨区划法院特点的一系列改革举措，建院之初即出台《整建制改革试点框架意见》，以落实司法责任制为重点，优化司法资源配置，探索建立审判工作扁平化管理模式。扎实开展立案登记制改革，积极探索完善有效规制虚假诉讼、恶意诉讼、违法滥诉的制度体系和政策措施，做到有案必立、有诉必理，切实保障当事人的诉讼权利。深入推进以审判为中心的刑事诉讼制度改革，加大认罪认罚从宽制度适用力度，刑事案件当庭宣判率持续保持较高水平。进一步健全完善行政诉讼管辖制度，通过开展同堂培训、政府常务会会前讲法、发布审判白皮书、公开庭审观摩等多种方式，加强与行政机关沟通协调，推动行政机关负责人出庭应诉，促进法治政府建设。2016年12月，荣获第四届"中国法治政府奖"。出台《院庭长办案工作实施方案》，强化院庭长对重大敏感、疑难复杂和新类型案件的审核把关职能。制定《专业法官会议工作规则》《审判委员会工作规则》，充分发挥专业法官会议工作机制在辅助办案决策、统一法律适用等方面的作用。建立健全案件评查工作机制，制定《案件评查工作办法》，深化案件评查结果运用，助推各领域审判质效持续优化，改革成效逐步显现。

十年成果丰硕，十年亮点纷呈

习近平总书记指出，"历史是最好的教科书，也是最好的清醒剂"。经过十年的改革探索，北京四中院逐步形成了具有跨区划法院特色、符合司法审判规律的工作模式和业务格局，一支符合特殊案件审判要求、有力服务首都中心工作的干警队伍逐步建立，社会影响力和公众认可度日渐提升。

第一，坚持"党建引领"是助推改革发展建设的根基。跨区划法院可持续高质量发展，离不开高质量党建的引领和保障。建院以来，北京四中院始终将党建工作置于重要位置，院党组定期听取机关党建工作情况汇报，研究部署机关党建工作。出台《突出党建引领　推动党建与业务工作深度融合的若干措施》《党组书记抓基层党建责任清单》《党建工作手册》等系列制度文件，创新建立党建督导员机制，层层压实党建工作责任，确保将党建工作融入审判执行工作全过程、各方面，以高质量党建引领跨区划法院工作高质量发展。持续推行"一支部一品牌"建设，发布党建品牌矩阵创建方案，开展优秀党课评选、党史知识竞赛活动，举行"传承红色基因，铸就忠诚法魂""追梦远航青年志　挺膺担当青年行"系列主题宣讲，全面激发干警队伍精气神。行政庭党支部获评"北京市直机关先进基层党组织"称号；杨晋东同志获评"北京市直机关优秀党务工作者"称号；机关党委"创新青年干警思想政治辅导工作法"获评北京法院示范党建创新案例；立案庭荣获北京法院党建工作先进集体称号；民庭党支部"'五学五创'学创先锋党支部工作法"获评北京法院优秀党支部工作法；综合办党支部第三党小组"活用'三融合'工作法"、行政庭党支部第三党小组"'政研行'党小组工作法"分别获评北京法院优秀党小组工作法。

第二，坚持"调研贯穿"是提升干部队伍专业能力的基础。提高法院现代化审判能力，必须坚持以调研开路破题。北京四中院一直高度重视调研工作，尤其是2022年新一届党组班子组建以后，坚持把调研作为科学决策的基础、展示交流的载体、历练人才的平台。牢牢坚持调研工作为大局服务、为审判工作服务、为领导决策服务，制定《关于完善调研工作格局提升调研管理水平的意见》等一系列调研制度文件，探索建立调研联络员"一对一"对接庭室机制，进一步更新调研工作理念，创新调研管理机制，强化调研激励，全院调研热情和调研氛围空前高涨，调研工作全面开花、成果丰硕，为推动跨区划法院工作现代化奠定了坚实基础。多次中标司法部及最高人民法院、中国法学会等司法研究重大课题，获得市级以上优秀调研成果奖励40余次；审理的环境污染民事公益诉讼案，入选第四批联合国环境规划署中国环境司法案例，刊载于联合国环境规划署司法门户网站；干警论文、征文荣获全国法院学术讨论会一等奖、二等奖及其他重要奖项120余人次。

第三，坚持“管理支撑”是促进审判工作提质增效的保证。推动新时代法院工作高质量发展，进一步增强人民群众的司法获得感，必须贯通审判管理与政务管理、队伍管理。北京四中院始终高度重视审判管理工作，将其作为提升审判质效、确保司法公正的重要抓手。通过建立完善的审判管理工作体系，形成分管院领导主抓、审管办（研究室）组织、评查工作人员具体负责的“日常+重点+专项”全覆盖工作体系，明确各主体职责，确保了审判管理工作的有序开展。聚焦审判质效提升，研究制定审判权责清单“1+4+1+1”系列规定、《案件信息与审判数据管理办法》、《“百日攻坚”行动方案》等规章制度，定期组织召开审判执行工作点评会、数据会商会，建立健全节点管理、分类管理和全过程全员服判息诉机制，确保案件从立案到结案的全过程顺畅有序。与此同时，坚持做好收结案调度，强化案件监督管理，积极组织开展庭审观摩活动，常态化组织开展案件评查，进一步提升各审判领域审判质效，切实以审判管理现代化推进审判工作现代化。

第四，坚持“队伍保障”是推动跨区划法院工作现代化的关键。跨区划法院高质量发展，离不开人才支撑和队伍保障。北京四中院始终高度重视人才培养，在干部队伍建设和专业能力提升方面，常态化组织开展干部调整交流工作，实施优秀年轻干部质量提升工程，为高质量发展提供坚实的人才保障。制定完善人才培养发展规划，探索建设“四中知学堂”“四中自学堂”“四中智学堂”等分类培训平台，举办分领域、多层次的教育培训和技能比武活动，有效提升干警的专业素养和履职能力。建立廉政监察员和亲情廉政监督员工作机制，结合正反典型案例开展廉政警示教育，强化监督执纪问责，确保干警干事创业清正廉洁。认真学习贯彻习近平文化思想，建强多元文化阵地，做好关心关爱干警工作，建立健全安全问题“一票否决”机制，健全完善警务相关制度机制，有力提升“三服务”质效。此外，注重强化与高校合作共建，加大先进典型培树宣传，激励全体干警积极向上，营造浓厚干事创业氛围，进一步激发全体干警的工作热情和创造力。

第五，坚持“精品战略”是提升司法效能的抓手。习近平总书记深刻指出“一个案例胜过一打文件”，司法案例在法治建设中具有无法取代的重要作用。北京四中院积极推动司法工作向精品化方向发展，以打造精品案件、精品文书、精品庭审为目标，不断提升司法审判的质量和水平。立足特殊案件管辖与特色职能定位挖掘典型案例，加强对疑难复杂案件的研究和分析，制定《典型案例培育工作方案》，各部门主动加强典型案例选送培育工作，环境污染民事公益诉讼案入选最高人民法院指导性案例，多篇案例获全国法院系统年度优秀案例分析奖项。加强对裁判文书的撰写和审核，提高文书逻辑性、说理性和规范性，使裁判文书成为展示司法公正的重要载体，连续五年组织开展优秀裁判文书评选活动，10余篇文书获评全国法院优秀裁判文书。积极开展庭审规范化建设，组织庭审观摩系列活动，充分发挥优秀庭审在查明事实、认定证据、公正裁判、服判息诉中的示范标杆作用，提升法官驾驭庭审水平，在全国法院“百场优秀庭审”评选活动中斩获佳绩。丰富精品案例转化途径，鼓励法官将精品案例的研究成果转化为法学论文、调研报告等学术成果，推动法学理论发展，充分利用现代媒体手段，将精品案例制作成短视频、漫画等通俗易懂的法治宣传资料，众多案例受到中央及首都各级媒体广泛关注，跨区划法院知名度和影响力显著提高。

十年风华正茂，今朝扬帆起航

站在承上启下的历史关口，书写继往开来的宏伟篇章，面对新时代新征程对跨区划法院工作提出的更高要求，北京四中院将进一步提高政治站位，强化使命担当，立足跨区划法院职能定位和主责主业，紧紧围绕“政治建院、专业立院、人才兴院、改革强院、从严治院、文化铸院”的工作思路，创造性地推动党中央决策部署在司法实践中落地生根，确保跨区划法院工作与新时代同向同行，与党和国家事业同频共振。

一是围绕政治建院，永葆人民法院政治机关鲜明本色。以深入学习贯彻党的二十大和二十届二中、三中全会精神为契机，旗帜鲜明把党的政治建设摆在首位，学深悟透习近平新时代中国特色社会主义思想，准确把握习近平法治思想的丰富内涵和实践要求，切实把思想和行动统一到以习近平同志为核心的党中央决策部署上来。坚持以高水平机关党建为引领，将党建工作融入北京四中院工作的各方面全过程，特别是实现机关党建与重点工作同步提高、相互促进，在国际商事法庭建设、服务“两区”建设和京津冀协同发展等重点工作的开展中，切实以严格公正司法、切实为民履职的实际行动来检验党建工作的实际成效。

二是围绕专业立院，持续推动各业务管辖领域群芳竞艳。全力推进北京国际商事法庭高水平运行，依法公正高效审结涉外商事案件，深入推进涉外商事纠纷多元化解，有效助推北京打造国际商事纠纷解决优选地。依托北京四中院丰富的行政审判实践经验，持续深化府院良性互动，充分发挥行政审判对于法治政府建设的示范效能。持续提升涉互联网案件审判影响力，围绕网络治理深入开展调查研究，总结提炼案件审判规则，为数字经济标杆城市建设提供优质司法服务保障。深化推进环境资源审判“北京实践”，创新公益诉讼案件裁判方法，持续深化区域生态环境协同治理，建立“多元共治”生态保护法治屏障。切实发挥和延伸刑事审判职能，加大对走私类刑事案件审判经验和审判规律的总结，进一步加强与海关、公安、检察院等机关的协商联动，强化对走私刑事案件的审理和宣传。更加注重执行规范化建设，创新执行财产处置方式，深化执行联动机制，着力破解执行难题。

三是围绕人才兴院，着力培养一批高素质、高层次、专家型、复合型审判人才。进一步探索将政治素质、业务素质、职业道德素质融为一体的教育培训机制，深入务实组织开展“四中知学堂”“国商法谈”等特色活动，着力建设完备的梯次化人才队伍。充分发挥“行政审判特色人才高地”的示范引领、辐射带动作用，继续深化与高等院校和科研院所合作培养人才机制，努力推进国际商事审判人才高地建设。着眼未来发展、立足队伍实际、根据干部业绩，开展常态化的人员轮岗调整，最大可能实现人尽其才、才尽其用、用人唯才。以调研联络员工作机制为抓手，定期通报调研工作任务完成情况，切实推动形成人人参与调研、人人主动调研、人人善于调研的浓厚氛围，推动专家型、复合型审判人才不断涌现。

四是围绕改革强院，切实以审判管理现代化促进审判质效全面提升。坚持审判质量优先，进一步调整完善审判权责清单、院庭长监督管理、院庭长办案等相关制度机制，进一步提升评查工作办理制度化、规范化水平，持续强化各审判领域典型案例发掘、培育及发布工作。兼顾审判效率，坚持审判分层管理和精细化管理相结合，持之以恒强化审限监督管理，扩大积案清理成效，切实提高法定审限内结案率，降低延长审限率，缩短审判周期。重视审判效果，持续加大国际商事纠纷一站式多元解纷中心规范化建设力度，加强诉前、诉中全过程调解、和解和释明工作，提升国际商事纠纷“多元调解+速裁”工作成效。

五是围绕从严治院，努力锻造一支堪当重任、敢打敢拼、清正廉洁、业绩一流的干警队伍。注重创新管理方式方法，教育引导广大干警始终保持锐意进取、敢为人先、迎难而上的奋斗姿态，为全院高质量发展贡献力量。持续夯实严管厚爱的认识基础，切实在全院树立“严是爱、松是害”“推动干部成长进步是厚爱，让干部知规矩、守纪律、不犯错误、不受处分、顺利成长、平安生活同样是厚爱”的理性认知。持之以恒推进全面从严治党、从严治院、从严管理，持续抓好防止干预司法“三个规定”等制度执行，认真开展审务督察、督导检查、案件评查，持续巩固深化政法队伍教育整顿成果。持续完善目标责任制考核机制，强化考核结果运用，进一步激励担当作为，营造风清气正的政治生态。

六是围绕文化铸院，不断提升法院文化软实力和影响力。突出培育审判文化，以审判工作现代化服务保障中国式现代化为目标，不断提升司法审判的质量、效率、效果，争取人民群众更广泛的理解和支持，实现政治效果、社会效果和法律效果相统一。推崇廉洁修身，筑牢拒腐防线，“用身边案身边事警示教育身边人”，切实达到反面典型案例的警示、震慑作用，让“按制度办、按程序办、按职责办”的审判文化在广大干警中形成风气。坚持以文育人，提升法院文化传播力影响力，强化舆论宣传和先进典型宣传，讲好法治故事，全面展现跨区划法院良好形象。

潮平两岸阔，风正一帆悬。十来年，北京四中院坚持服务大局、司法为民、公正司法，不断巩固提升、稳中求进、守正创新，立足跨区划法院职能特点，以全面推进法院工作现代化为目标，奋力推进跨区划法院高质量发展。下一步，我们要在全面总结的基础上，传承发展、开拓创新，进一步激发争创一流的志气，锤炼攻坚克难的作风，凝聚上下一心、心齐劲足的强大合力，坚决扛起跨区划法院工作责任担当，以高度的政治自觉、饱满的精神状态、顽强的斗争意志、科学的工作方法做好做实各项工作，持续巩固和增强全院工作“好的基础、进的态势”，努力推动全院工作展现新气象、开辟新境界、实现新作为。

北京市第四中级人民法院党组书记、院长 单国钧

2024年12月30日

目录 CONTENTS

典型案例

经验交流

理论前沿

裁判文书

机制探索

职能延伸

典型案例

非对称管辖条款的识别及效力认定

——某信托公司诉某控股公司、某股份公司合同纠纷案

【案件基本信息】

1. 裁判书字号

北京市第四中级人民法院（2019）京04民初935号民事裁定书

2. 案由

合同纠纷

3. 当事人

原告：某信托公司

被告：某控股公司、某股份公司

【基本案情】

原告某信托公司诉称，2016年某控股公司、某股份公司与某信托公司共同签署《信托协议》，设立了本金4亿美元、年利率5.55%、2021年到期的保证债券。某控股公司为发行人，某股份公司为保证人，某信托公司作为债券持有人的受托人。同日，某股份公司与某信托公司签署《保证协议》，由某股份公司为发行人某控股公司在案涉债券下应付的所有款项提供无条件、不可撤销的保证。2019年4月14日，某控股公司未能根据《信托协议》的约定支付该期利息。2019年7月3日，某信托公司根据全体债券持有人的指示向某控股公司发出案涉债券加速到期通知，某控股公司至今仍欠付案涉债券的本金、利息、逾期利息以及相关费用。根据《信托协议》的约定，某信托公司作为受托人有权直接代表债券持有人提起诉讼。同时，依据《保证协议》，某信托公司无须先行向发行人某控股公司主张责任，而可以直接要求某股份公司付款。具体的诉讼请求为：（1）判

令某股份公司支付案涉债券本金4亿美元及债券利息1184万美元（以4亿美元本金为基数，自2018年12月21日起累计至2019年7月3日，以年利率5.55%计算，且根据每年360天、每月30天确定）；（2）判令某股份公司支付上述款项的逾期利息1 665 000美元（以4亿美元为基数，自2019年7月3日起，以年利率5.55%计算，且根据每年360天、每月30天确定，暂计算至2019年7月30日为1 665 000美元）；（3）判令某股份公司承担本案的全部诉讼费用，包括但不限于诉讼费、保全费、财产保全责任保险费、律师费等。

某股份公司在提交答辩状期间，对管辖权提出异议，认为本案中《信托协议》14.2条及《保证协议》7.2条均约定香港特别行政区法院具有排他性的管辖权，明确排除了内地法院管辖。上述约定是协议各方的真实意思表示，构成了对法院选择的合意，各方均应受管辖条款的约束。据此内地法院对本案无管辖权，应当驳回某信托公司的起诉。

法院经审理查明，某信托公司、某股份公司、某控股公司三方签订的《信托协议》14.2条约定："就本信托协议或债券下产生的或与之相关的争议，香港法院具有排他的管辖权。发行人和保证人同意，香港法院是解决任何争议的最适当及方便的法院。相应地，发行人和保证人不会主张任何其他法院更适当或更方便代表其接受任何程序的传票之送达。"

某信托公司与某股份公司签订的《保证协议》7.2条约定："保证人同意（ⅰ）为了受托人和债券持有人的利益对因本保证协议所产生的或与之相关的争议，香港法院拥有排他的司法管辖权；（ⅱ）香港法院是解决任何争议最适当及方便的法院；及（ⅲ）相应地，其不会主张任何其他法院更适当或更方便代表其接受任何传票的送达。"

【案件焦点】

（1）案涉合同中的管辖条款是否为非对称管辖条款；

（2）内地法院对本案是否有管辖权。

【法院裁判要旨】

北京市第四中级人民法院认为：本案中，某信托公司、某股份公司、某控股公司三方签订的《信托协议》，从14.2条约定的内容来看，香港法院对于《信托协议》项下的纠纷具有排他的管辖权。某信托公司与某股份公司签订的《保证协议》作为《信托协议》的从合同，从7.2条约定的内容来看，保证人同意的第一项内容是为了受托人和债券持有人的利益，因保证协议所产生的或与之相关的争议，香港法院拥有排他的司法管辖权。该约定体现了受托人和债券持有人认为因保证协议产生的或与之相关的争议应由香港法院行使排他的司法管辖权，保证人为了受托人和债券持有人的利益，而在合同中明确作出了同意上述约定的承诺，且该约定与某信托公司、某股份公司、某控股公司三方共同签订的《信托协议》中关于管辖的约定相一致，故《保证协议》中对于管辖法院的约定是某信托公司与某股份公司共同的意思表示，亦符合《民事诉讼法》第三十四条关于协议管辖之规定，合法有效，双方均应遵照执行。

基于《信托协议》与《保证协议》的主从关系，《保证协议》中约定的债务即为《信托协议》项下的案涉债券所产生的本金、利息、逾期利息等债务。现双方均认可未通过诉讼或其他方式对于《信托协议》中的主债务数额进行过确认，本案审理过程中必然要在对《信托协议》项下的主债务数额作出认定的基础上才能对《保证协议》中保证人的责任作出判决。但某信托公司、某股份公司、某控股公司三方在《信托协议》中约定了香港法院对于《信托协议》产生的或与之相关的争议具有排他性的管辖权，本法院对此没有管辖权，无法对案涉债券所产生的债务数额进行审理和认定。上述矛盾之处，会导致本案诉讼无法进行，使当事人的权利义务长期处于悬而未决的状态，不利于保护当事人的权益。同时，案涉债券是依据《信托协议》在香港特别行政区设立的，且《信托协议》及《保证协议》均约定适用的准据法为香港法，故与《信托协议》及《保证协议》有关的纠纷由香港法院管辖，更有利于查明案件事实，正确适用法律，从而解决当事人的纠纷。

北京市第四中级人民法院判决如下：驳回某信托公司的起诉。

【法官后语】

本案合同纠纷涉及非对称管辖条款，赋予一方当事人有权在适当的多个司法辖区的任何有管辖权的法院提起诉讼，而同时限制另一方当事人仅能在指定的专属法院提起诉讼或申请仲裁。

对于非对称管辖条款的效力，我国法律虽然没有对此作出相关规定，但其作为协议确定管辖法院的一种形态，可以依据《民事诉讼法》有关协议管辖条款对其效力进行认定。从《民事诉讼法》第三十五条规定来看，当事人达成的管辖协议只要不违反法律强制性规定，且系双方当事人真实意思表示，原则上应认定有效。根据《全国法院涉外商事海事审判工作座谈会会议纪要》第二条，在不涉及消费者、劳动者权益或者违反民事诉讼法专属管辖规定的情况下，基于当事人意思自治的原则，法院应认定非对称管辖条款有效，合同相对方均应受此约束。

而对于当事人约定的法院管辖协议是否系非对称管辖条款，由于实践中管辖条款的文本内容表述不一，我国法院对当事人约定的管辖条款是否为非对称管辖条款的认定亦有不同。海牙国际私法组织对于2005年通过的《选择法院协议公约》的解释报告第32段确定非对称管辖就是一方起诉只能在某确定的法院管辖，而另一方起诉可以向其他有管辖权的法院起诉。我国目前的法律中对于非对称管辖条款的认定并没有明确的规定，鉴于我国已加入《选择法院协议公约》，对于非对称管辖条款的认定可以参照上述标准。根据上述规定，法院在认定是否构成非对称管辖条款时应当从以下三个方面去考量：

第一，非对称管辖约定的意思表示是否清晰、明确。订立合同的双方为平等的权利义务主体，双方的诉讼管辖权利在没有特别约定的情况下也应当是平等的。基于当事人对诉讼权利的自由处分原则，双方可以约定不对称的管辖条款，即一方权利受到管辖约束，另一方不受约束，这是对一方诉讼权利义务重大的例外限制。因此，这种例外应当具有当事人清晰明确的意思表示，没有明确表示的情况下，不能推定、解读双方存在不平等的权利义务。

第二，非对称管辖条款应体现出不对称性，即对于管辖法院选择权的天平需向一方倾斜。据此，合同中管辖条款的约定既要包含一方主体管辖选择权受到限制，仅能够在某个特定的法院提起诉讼，也要体现另一方主体不受约束，具有向特定法院以外其他有管辖权的法院提起诉讼的权利。

第三，对于管辖选择权未受限制的一方主体而言，双方约定的管辖条款为非排他性条款，其有选择在与争议有实际联系地点的法院提起诉讼的权利；但对于管辖选择权受到限制的一方主体来说，其被限制于在某特定法院提起诉讼，管辖条款则属于排他性管辖条款，其仅能在指定法院启动诉讼。

综合衡量上述三个方面的内容，本案中《信托协议》及《保证协议》中管辖条款虽然强调了某股份公司应当遵守香港特别行政区法院的排他性管辖权，但并没有某信托公司可以不受该管辖条款约束且可以依法向其他有管辖权的法院起诉的表述，故本案所涉管辖条款并不构成非对称管辖条款。在《信托协议》及《保证协议》中管辖条款合法有效的前提下，双方当事人均应受该协议管辖条款的约束。

编写人：北京市第四中级人民法院　梅　宇　李晓蕊

CISG 视角下根本违约及出卖人返还货款利息的判定标准

——某公司诉被告某控股公司国际货物买卖合同纠纷案

【案件基本信息】

1. 裁判书字号

北京市第四中级人民法院（2022）京 04 民初 294 号民事判决书

2. 案由

国际货物买卖合同纠纷

3. 当事人

原告：某公司

被告：某控股公司

【基本案情】

2021 年 1 月 21 日，某公司（甲方、需方）与某控股公司（乙方、供方）以中英文双语签订了《手套买卖合同》，约定某公司向某控股公司购买一次性丁腈检查手套。第 5.1 条规定，交货方式为分批次交货，第一批于 2021 年 2 月 5 日前交付，剩余货物在 2 月 27 日之后，每周交付 2~3 个集装箱的货物。第 6.1 条规定，乙方确认本合同项下的产品符合 SGS 检验标准。

2021 年 1 月 26 日，某公司向合同约定的某控股公司收款账户支付 945 000 美元。货物由 A 公司（某控股公司的上游公司）直接发送给某公司。2021 年 2 月 9 日，第 1 个集装箱货物在盐田港完成出口报关，向海关申报的是 3 万盒“××”牌医用检查手套，价值 315 000 美元。3 月 1 日左右，货物离境。某公司称，因第1个集装箱货物发运已经比合同约定严重迟延，为尽早收货，未能在发运前进行手套质量检测。第2个、第3个集装箱货物经某公司多次催促，未实际发出。

第1个集装箱货物到洛杉矶港后，被某国际物流公司洛杉矶办事处（NNR）运到仓库，某公司和D公司（某公司的下游公司）发现手套质量存在问题。2021年5月12日，原被告以及D公司、A公司、仓库人员就某公司收到的第1个集装箱货物质量问题进行了第一次视频会议，会议中展示了部分手套一撕拉即破以及颜色不一致的情况，各方对货物进行了验示。同年6月1日，各方进行了第二次视频会议，会议中A公司承认第1个集装箱里3000箱手套"混腈是1799箱，纯腈是1201箱"。某控股公司李某说："××他们清晰知道这个货坏掉了1799箱，现在很简单，也不用验货了，就是拿出一个处理方案。"

为证明某公司收到的手套有质量问题，某公司提交了2021年10月7日某实验室所做的检测报告以及6228美元检测费用的凭证。检测报告显示检测样品手套成分为聚氯乙烯。某公司还提交了D公司客户M公司关于手套质量问题的投诉函以及某物流公司洛杉矶办事处关于清点案涉手套表示质量低劣易破裂、不符合医用丁腈手套规格的信函。

2021年5月20日，某公司向某控股公司发出律师函，以第2个、第3个集装箱货物始终未进行交付以及第1个集装箱货物存在严重的质量问题为由，通知某控股公司解除《手套买卖合同》，并要求退还已支付的全部货款945 000美元。另查明，为第1个集装箱货物，实际发生了海运运费、清关费等合计11 404.12美元。在美国已售出的部分手套实际发生了陆运运费1250美元。

某公司称，第1个集装箱里3000箱手套，售出的228箱因为一撕拉即破已经被买家退回，现在剩余2772箱手套已被D公司销毁。

【案件焦点】

《联合国国际货物销售合同公约》（以下简称CISG）视角下根本违约及出卖人返还货款利息的判定标准。

【法院裁判要旨】

北京市第四中级人民法院认为：卖方行为构成根本违约。从履行情况上来看，首先，从双方当事人在合同中对“商品名称”的约定看，某公司购买的商品为一次性“丁腈”医用检查手套，即手套的主要材质或者主要成分应为“丁腈”，这一点从某控股公司在各方第二次视频会议上所做的“我们跟××下的是纯腈医用手套”的陈述也可以看出。而从目前合同履行事实看，某控股公司交付的第 1 个集装箱 3000 箱手套，A 公司自认至少有 1799 箱因为员工把货装错为“混腈”而不是“纯腈”手套，质量不符合约定的货物占到已交付货物的一半以上，尤其是部分手套成分为聚氯乙烯，一撕拉即破，完全不适用于同一规格医用手套通常的使用目的。其次，某控股公司至今未交付第 2 个、第 3 个集装箱乃至后续 17 个集装箱货物，已经严重超过合同约定的交货时间。从背景因素上看，本案合同的签订、履行处于全球新冠疫情期间，案涉货物属于该特殊时期大量急需、紧缺的医用消耗品，某公司从我国购买向其本国客户售卖属于商机，但某控股公司的违约行为足以使某公司通过案涉合同赚取利润的目的落空，这一点从某公司对于已收到的货物最终被客户或退回或销毁、客户又另行购买了其他手套的陈述中能够得到印证。

买方有权宣告合同无效。对于无效认定要件，案涉合同第 6.5.2 条约定，在双方沟通并证明质量问题的，甲方应在当场向乙方提出，乙方将于 10 个工作日之内向甲方免费更换损坏或有质量问题的商品；如果换货周期超过 10 个工作日或者换货后仍然无法达到质量标准，则双方协商解决，协商不成，甲方有权取消合同，乙方按合同约定进行退款。本案中，某控股公司对于有质量问题的手套至今未做换货处理。根据 CISG 第四十五条、第五十一条第（二）项、第七十三条第（三）项，某公司有权主张取消合同即宣告合同无效。对于无效时点，公约并不采用“到达生效原则”，而是“投邮主义生效”原则。

合同损害赔偿及补偿范围。依照 CISG 第四十五条的规定，某公司有权行使要求某控股公司损害赔偿的权利。关于损害赔偿额的大小，合同第 6.5.2 条约定甲方取消合同的后果是乙方进行退款。本案中，某公司按照约定先期向某控股公司支付了第1~3个集装箱货款合计945 000美元，由于某控股公司根本违反合同导致其合同目的落空，造成了上述预付款项以及相应清关费、运费、检测费合计18 882.12美元的实际损失。某控股公司退款及赔付后，如部分手套还有残值，某控股公司可另行主张。关于利息损失，根据CISG第七十八条和第八十四条第（一）项的规定，某公司有权收取价款利息。但由于CISG并未就利率问题进行规定，本案按照卖方营业地所在国（我国）贷款利率计算标准即LPR计算利息所得并予以返还，起算日期以原告诉请日期为准。

北京市第四中级人民法院判决如下：

（1）原告某公司与被告某控股公司于2021年1月21日签署的《手套买卖合同》于2021年5月20日宣告无效；

（2）被告某控股公司于本判决生效后十日内向原告某公司返还货款945 000美元并支付利息（自2021年5月20日起至实际支付之日止，按照中国人民银行授权全国银行间同业拆借中心发布的一年期贷款市场报价利率<LPR>计算）；

（3）被告某控股公司于本判决生效后十日内向原告某公司赔偿实际损失18 882.12美元。

【法官后语】

2024年1月1日起施行的《最高人民法院关于审理涉外民商事案件适用国际条约和国际惯例若干问题的解释》第一条开宗明义，明确了国际公约优先适用原则。本案中，当事人营业地所在国分别为中国和美国，均为CISG的缔约国，且本案不存在CISG第二条和第三条所规定的不适用情形，因此应优先适用CISG的规定，以彰显积极履行国际义务的态度。本案适用CISG对卖方是否根本违约及违约后果进行认定。

对CISG第二十五条根本违约条款进行分解，可以将本条分为（延期）履行不能（行为要件）、一方期待利益受损（结果要件）、非善意或可预见（过错要件）三个构成要件。对于本案而言，货物为按批次发货产品，已发货的手套质量不符合合同约定，一撕拉即破，不适用于同一规格医用手套通常的使用目的；其他批次货物经催告后截至起诉时始终未发货。存在严重的迟延履行和货物质量缺陷事实。本案合同履行处于全球新冠疫情期间，某公司从中方卖家购买货物在本国售卖属于商机，对于已收到的货物经过 NNR 及 DME 客户的检验，手套存在严重的质量问题，已不具备契合合同目的的使用价值；已发货手套最终被客户全部退回或销毁、客户又另行购买了其他手套，使买方通过案涉合同赚取利润的目的落空，亦不具备商业价值。鉴于使用价值与商业价值双重价值的缺失，买方很大程度上能得到的商业利润归零，足以认定合同目的不能实现。本案中，双方在视频沟通时卖方称“××他们清晰地知道这个货是坏掉了 1799 箱”，判定其能够预知违约结果。CISG 对卖方有倾向性的保护，第八十二条第一款规定，“买方如果不可能按实际收到货物的原状归还货物，他就丧失宣告合同无效或要求卖方交付替代货物的权利”。但是，本案中，买方基于手套价值较小、仓储费价格相对较高的实际情况，为了避免损失进一步扩大，将已经收到的完全不能医用的手套全部作了销毁处理，一个客观谨慎的理性人也会作此考虑。结合该条第二款除外的规定精神，只要买方不存在不合理处置已收到货物的情况下，就不应视为构成买方丧失宣告合同无效，因此，综合考量本案情况，生效裁判认为卖方行为已经构成根本违反合同。根据 CISG 第五十一条第二款，宣告整个合同无效。关于根本违约的法律后果。本案买方行使了宣告合同无效和损害赔偿请求权。CISG 第二十六条对宣告的形式要件作出了规定，即“宣告合同无效的声明，必须向另一方当事人发出通知，方始有效”且采用“投邮主义生效”原则。本案中，某公司于 2021 年 5 月 20 日向某控股公司发出律师函，通知其解除《手套买卖合同》，该日期可视为合同宣告无效日期。宣告无效后需适用 CISG 第八十四条，卖方需返还货款并支付利息。

编写人：北京市第四中级人民法院　高　晶　张　玮

国际体育赛事合作协议是否属于商事仲裁范围

——某管理公司申请确认仲裁协议效力案

【案件基本信息】

1. 裁判书字号

北京市第四中级人民法院（2021）京04民特18号民事裁定书

2. 案由

申请确认仲裁协议效力

3. 当事人

申请人：某管理公司

被申请人：某中心

【基本案情】

某管理公司诉称：某管理公司与某中心之间的仲裁协议无效，申请费应由某中心承担。其一，《合作协议》的签约方是某中心和某集团公司，某管理公司并非签约方，该协议书中的仲裁条款对某管理公司无约束力；其二，某管理公司与某中心签订的《补充协议》《补充协议二》《补充协议三》中，均没有仲裁条款；其三，某管理公司与某中心签订上述协议时，某中心并未向某管理公司出示《合作协议》，也未告知有仲裁条款；其四，假使《合作协议》中的仲裁条款对某管理公司有约束力，该条款约定的“中国国际经济贸易仲裁委员会北京总会”也并不存在，系仲裁协议约定不明，依法属于无效协议；其五，《合作协议》并非平等民事主体间签订的协议，而是某中心代表政府授权某集团公司承办运动会的特许经营性质的协议，该协议发生的纠纷不属于《仲裁法》规定的仲裁范围，依法属于无效协议。

某中心辩称：某管理公司已经通过签署补充协议，承继了《合作协议》中某集团公司的全部权利义务，某管理公司受到《合作协议》约定仲裁条款的约束。

法院经审理查明：2012 年 12 月，某中心与某集团公司签署《合作协议》，约定某中心授权某集团公司负责某比赛的运营，合作期限为从 2013/2014 赛季开始的 4 个赛季。双方约定了仲裁条款。2013 年 11 月，某管理公司加入《合作协议》，约定其与某集团公司共同享有《合作协议》项下相应的权利与义务。2014 年，三方签署《补充协议二》，约定变更某管理公司全权承办赛事，某集团公司协助某管理公司，并就某管理公司的赛事承办工作与该补充协议的履行，向某中心承担补充责任。2015 年 10 月，三方签订《补充协议三》，将原协议项下某集团公司变更为某控股公司。2016 年 10 月，某控股公司放弃 2016 年度赛事举办权，承诺与某中心尽快结清 2015 年未结清费用。2019 年 2 月 15 日，某中心作为申请人，以某管理公司、某控股公司为被申请人，向贸仲提起仲裁申请。2019 年 4 月，某中心以争议双方正在进行和解为由，请求仲裁庭暂缓组庭审理。2021 年 1 月，某管理公司向北京市第四中级人民法院提起确认仲裁协议效力申请。

【案件焦点】

合同一方当事人为事业单位法人的国际体育赛事举办合作协议是否系平等民事主体间的商事合同，是否属于仲裁范围。

【法院裁判要旨】

北京市第四中级人民法院认为：本案的争议焦点为合同一方当事人为事业单位法人的国际体育赛事举办合作协议是否系平等民事主体间的商事合同，是否属于仲裁范围。

案涉《合作协议》明确约定了仲裁条款。某管理公司作为系列补充协议的合同丙方，表明其明确知悉《合作协议》的内容，遵守《合作协议》的全部条款；且上述补充协议中未约定争议解决条款，并约定补充协议未予约定的部分仍应执行《合作协议》的约定。《合作协议》系某中心与某集团公司、某管理公司就国际体育赛事举办合作事宜而签署，属于平等民事主体间签订的协议，而非政府特许经营协议，属于《仲裁法》规定的仲裁范围问题。《合作协议》约定仲裁条款系以书面形式签订，有明确的仲裁意思表示、仲裁委员会、仲裁事项，系合法有效的仲裁条款。

北京市第四中级人民法院判决如下：

驳回某管理公司的申请。

【法官后语】

本案涉及国际体育赛事合作协议的仲裁条款效力认定问题。仲裁协议（仲裁条款）系当事人约定将争议提交仲裁解决的意思表示，有效的仲裁协议是实现当事人仲裁意愿的前提。根据《仲裁法》第十六条规定了仲裁协议的必备要素。某管理公司作为《补充协议》《补充协议二》《补充协议三》的合同丙方，在上述三份补充协议中表明其明确知悉《合作协议》的内容，遵守《合作协议》的全部条款；且上述补充协议中未约定争议解决条款，并约定补充协议未予约定的部分仍应执行《合作协议》的约定。因此，《合作协议》第八条的仲裁条款对某管理公司具有约束力。本案《合作协议》及其各补充协议的一方当事人某中心，虽为事业单位法人，但从合同目的看，双方签署该合同是为达到各自的商业目的，由双方各自进行商业安排；从合同订立过程看，合同是双方自愿、平等协商一致的结果；从合同内容看，双方均须履行相应的合同义务，双方当事人地位平等；从合同履行看，在《合作协议》履行过程中，某管理公司及某集团公司多次通过补充协议变更合同主体，这是各方协商一致的结果，与行政审批、许可的变更方式明显不同，故《合作协议》及其各补充协议是平等民事主体间的商事合同，并非政府特许经营协议，该协议系属于仲裁范围。

编写人：北京市第四中级人民法院　梅　宇

准确认定合法传唤条件
维护缺席当事人的合法权益

——Q 公司与某公司申请承认和执行俄罗斯联邦乌德穆尔特共和国商事法院民事判决案

【案件基本信息】

1. 裁判书字号

北京市第四中级人民法院（2020）京 04 协外认 2 号民事判决书

2. 案由

申请承认和执行外国法院民事判决

3. 当事人

申请人：Q 公司

被申请人：某公司

【基本案情】

Q 公司因与某公司合同履行过程中发生争议，向俄罗斯联邦乌德穆尔特共和国商事法院（以下简称乌德穆尔特商事法院）提起诉讼。2017 年 1 月 18 日，乌德穆尔特商事法院依据《海牙送达公约》请求中国司法部向某公司注册地址协助送达安排初步听证的裁决、起诉状复印件及莫斯科时间 2017 年 3 月 10 日上午 8 时开庭传票。2017 年 3 月 20 日，乌德穆尔特商事法院请求司法协助送达推迟开庭时间至莫斯科时间 2017 年 6 月 6 日上午 12 时 30 分的裁决。2017 年 6 月 15 日，乌德穆尔特商事法院请求司法协助送达推迟开庭时间至莫斯科时间 2017 年 10 月 17 日上午 10 时 30 分的裁决。乌德穆尔特商事法院于 2017 年 10 月 20 日在某公司缺席的情况下作出民事判决，判决书载明：尽管采取《海牙送达公约》规定的一切措施，法院没有收到某公司被送达开庭时间与地点通知书的任何证明。不过，中国在公约保留条件中提出：根据公约第十五条第二款的规定，在本条款规定条件均履行的情况下，尽管法院没有收到通知书送达证明，法官还是可以作出判决。因此，乌德穆尔特商事法院认为某公司已被妥当通知开庭的时间与地点。Q公司向北京市第四中级人民法院申请承认并执行上述民事判决。

【案件焦点】

合法传唤条件的认定。

【法院裁判要旨】

北京市第四中级人民法院认为：本案应根据《中华人民共和国和俄罗斯联邦关于民事和刑事司法协助的条约》（以下简称《中俄司法协助条约》）的相关规定进行审查。该条约第二十条规定，根据作出裁决的缔约一方的法律，未出庭的当事人一方未经合法传唤，或在当事人一方没有诉讼行为能力时未得到适当代理，不予承认和执行。根据已查明的事实，乌德穆尔特商事法院三次司法送达请求文书发出时间与开庭时间之间间隔均未满6个月，最终开庭时间为2017年10月17日，并当庭作出口头判决，于2017年10月20日作出正式判决。上述事实表明，乌德穆尔特商事法院的送达不符合《海牙送达公约》第十五条第二款“尽管没有收到送达或通知或递交的证明书”，如“文件发出后已超过法院对该案允许的、至少六个月以上的限期”“仍得作出判决”的规定，因此，乌德穆尔特商事法院未能向某公司进行合法传唤。本案所涉判决符合《中俄司法协助条约》第二十条第（三）项之规定，应当不予承认和执行。

北京市第四中级人民法院判决如下：不予承认和执行案涉判决。

【法官后语】

本案系适用中俄双边司法协助条约及《海牙送达公约》审查承认和执行俄罗斯法院判决的案件，争议焦点在于俄罗斯法院是否完成了对中方当事人的合法传唤。在涉及缺席判决问题时，如果双边司法协助条约没有特别规定，在适用《海牙送达公约》的前提下，应当审查法院的传唤是否符合《海牙送达公约》的要求。虽然我国已经作出声明，可以在未收到送达或交付证明书的情况下作出缺席判决，但必须满足《海牙送达公约》第十五条第二款规定的条件。乌德穆尔特商事法院预留较短开庭时间又不断将其推迟的做法难以保障被告充分、有效地行使诉讼权利。本案准确适用双边条约和国际公约，维护了缺席当事人的合法权益，对于指导承认和执行外国法院判决的案件办理具有重要意义。

编写人：北京市第四中级人民法院　梅　宇

遵循仲裁规则与披露回避程序认定

——某咨询公司等与某公司申请认可和执行香港特别行政区仲裁裁决案

【案件基本信息】

1. 裁判书字号

北京市第四中级人民法院（2020）京04认港5号之一民事裁定书

2. 案由

申请认可和执行香港特别行政区仲裁裁决

3. 当事人

申请人：某咨询公司、B公司

被申请人：某公司

【基本案情】

申请人某咨询公司、B公司称：其分别与某公司于2018年8月24日签署了条目、条款及条件相同的《顾问协议》各一份，约定：某咨询公司、B公司向某公司提供相关服务，包括但不限于附录1所列举的“打造超级俱乐部”“提高某公司在中国及其他国家的声誉并提升其影响力”等内容，某咨询公司、B公司依照不同阶段收取相应服务费用。某公司未按照上述协议约定向某咨询公司、B公司支付相应服务费用，某咨询公司、B公司根据《顾问协议》第12.4条、第12.5条约定的仲裁条款，向香港国际仲裁中心申请仲裁，某公司向香港国际仲裁中心提出仲裁反请求。双方依据仲裁程序指定三名仲裁员组成仲裁庭，并确认香港国际仲裁中心的管辖权无异议。仲裁于2019年11月19日至21日在香港特别行政区进行审理，仲裁语言为英文。双方均已获得仲裁庭的充分通知进行证据提交、参与审理及提交书面结案意见。香港国际仲裁中心经审理，于2020年3月5日作出×××号仲裁裁决（以下简称裁决），于2020年3月12日完成了对某公司的送达。某公司收到裁决后一直未遵照裁决履行义务。为此，某咨询公司、B公司请求人民法院依法认可和执行裁决。

被申请人某公司称：裁决不应被认可和执行。（1）仲裁协议无效；（2）即便假使仲裁协议有效，仲裁庭的组成与案涉协议和香港法律不符；（3）即便假使仲裁协议有效，仲裁庭程序与当事人之间的协议不符；（4）即便假使仲裁协议有效，在内地执行本仲裁裁决将违反内地社会公共利益等情形。

【案件焦点】

遵循仲裁规则与披露回避程序认定。

【法院裁判要旨】

北京市第四中级人民法院认为：第一，本案当事人仅约定合同的准据法应为英格兰实体法，并未明确表示选择确认涉外仲裁协议效力适用的法律，仲裁机构所在地和仲裁地均在香港特别行政区，故对案涉仲裁协议效力的审查应当适用香港特别行政区法律，依《仲裁条例》规定该协议有效。第二，依据仲裁时香港国际仲裁中心有效的2018年版港仲规则作为仲裁司法审查依据。香港国际仲裁中心通知当事人提名仲裁员，并认为提名的仲裁员不宜再继续担任仲裁员时给予其7日的期限重新提名，并不违反港仲规则。仲裁员与二公司的董事均在英国足协任职，并不必然表明仲裁员与二公司之间具有利益关系或者利害关系，也并不必然影响仲裁员在仲裁案件中的公正性和独立性。仲裁庭的公开事项当事人已知情，并不需要披露和认定程序违法。第三，对仲裁程序与当事人之间的协议不符，提出主张一方当事人负有举证责任。部分仲裁文书抄送、账单费用支出并不能证明存在仲裁程序与协议不符，上述情况属于在仲裁程序中公开事项，并不违反保密条款。第四，社会公共利益应是关系到全体社会成员的利益，为社会公众所享有，不同于合同当事人的利益，虽然某公司的部分资产属于国有资产，但不能将与其有关的所有事项均认定为社会公共利益。

北京市第四中级人民法院裁定如下：认可和执行香港特别行政区香港国际仲裁中心×××号仲裁裁决。

【法官后语】

一、涉及仲裁庭的组成或者仲裁庭程序问题，尊重当事人协议选择的仲裁规则作为仲裁司法审查依据

当事人协议选择的仲裁规则充分体现其意思自治，应当得到尊重。对于《最高人民法院关于内地与香港特别行政区相互执行仲裁裁决的安排》（以下简称安排）第七条“仲裁庭的组成或者仲裁庭程序与当事人之间的协议不符”的认定，在认可和执行香港特别行政区仲裁司法审查案件中，以当事人协议选择的仲裁规则作为审查依据。本案明确，案涉仲裁应当以仲裁时香港国际仲裁中心有效的仲裁规则为审查依据。本案确定在司法审查中，对仲裁庭组成、通知当事人提名仲裁员、通知不宜再继续担任仲裁员、重新提名期限要求等程序问题，均依据当事人选择仲裁规则的具体规定，进行细致合理审查。

二、对仲裁员披露、回避程序的审查，以仲裁规则规定和是否足以影响仲裁的公正性和独立性为原则审查

本案中法院指出，仲裁员在仲裁程序中应遵循公正性和独立性的义务，对于与仲裁员独立性以及与公正仲裁无关的内容，可以不予披露。因工作、生活、学习等社会活动需要，人与人之间的交往不可避免，仲裁员在工作、生活、学习中都会与人接触、交往，也会与人产生同组织任职的关系，上述情况的存在并不一定构成回避规则中规定的利害关系或其他影响公正仲裁的关系。本案中，仲裁员与二公司的董事均在英国足协任职，并不必然表明仲裁员与二公司之间具有利益关系或者利害关系，也并不必然影响仲裁员在仲裁案件中的公正性和独立性。故而仲裁员M未披露其与二公司的董事均在英国足协任职的事项并未违反港仲规则。某咨询公司、B公司提名的仲裁员M与其代理律师的相关情况，以及仲裁过程中仲裁员M付款信息的发送情况，均为仲裁庭的公开事项，双方当事人在仲裁过程中均已知情，并不需要披露。因此法院认定，不存在违反港仲规则和《仲裁条例》的情形。该裁定明确了当事人援引安排第七条中“仲裁庭的组成或者仲裁庭程序与当事人之间的协议不符”条款，提出仲裁员存在披露、回避等程序问题时，依据仲裁规则，结合社会生活经验合理判断，以是否足以影响仲裁的公正性和独立性为原则进行审查。

编写人：北京市第四中级人民法院　马　军　马志文

对“第三方资助机构”参与仲裁是否违反法定程序的司法认定

——某航空公司等与某租赁公司申请撤销仲裁裁决案

【案件基本信息】

1. 裁判书字号

北京市第四中级人民法院（2022）京04民特368号民事裁定书

2. 案由

申请撤销仲裁裁决

3. 当事人

申请人：某航空公司、某公司、董某

被申请人：某租赁公司

【基本案情】

2021年12月7日，中国国际经济贸易仲裁委员会（以下简称贸仲）就某航空公司、某公司、董某与某租赁公司之间的商事纠纷作出仲裁裁决（以下简称裁决）。裁决作出后，某航空公司、某公司、董某向人民法院提起仲裁司法审查申请，就案涉仲裁涉及“第三方资助机构”提出了两项撤裁理由，分别为：一是某租赁公司指定仲裁员陈某的就职单位与某租赁公司的第三方资助机构I公司的两大股东H公司与J公司的实际控制人H公司、P公司具有业务往来，存在重大利益关系，仲裁员陈某未予披露，亦不主动提出回避，仲裁庭的组成与《中国国际经济贸易仲裁委员会仲裁规则》（以下简称《仲裁规则》）不符；二是某租赁公司的第三方资助机构I公司参与仲裁，知悉实体和程序情况，因其上市公司的公开性，亦可能涉及对仲裁案件结果的披露，故而某租赁公司和仲裁庭违背仲裁保密原则。

案件审查过程中，贸仲就仲裁员陈某的披露回避情况向人民法院作出说明，经与仲裁员陈某核实，其挂名顾问的律师行并非某航空公司等提及的美国公司，不存在“与第三方资助机构I公司存在重大利益关系而不予披露”的情形，故仲裁员陈某不存在仲裁规则、仲裁员行为考察规定中规定的应予披露或回避的情形。

【案件焦点】

对“第三方资助机构”参与仲裁是否违反法定程序的司法认定。

【法院裁判要旨】

北京市第四中级人民法院认为：

一、仲裁庭的组成是否与《仲裁规则》不符

首先，仲裁员进行回避和履行披露义务应当以存在《仲裁法》或《仲裁规则》规定的情形为前提。回避制度是指仲裁员在具有利害关系等法定情形，可能影响对案件的公正审理与裁决时，退出该案仲裁活动的制度。披露义务是指仲裁员知悉其与案件本身、涉案当事人或者代理人、同一仲裁庭其他仲裁员，以及涉及的仲裁案件中存在可能导致当事人对其独立性、公正性产生合理怀疑的情形，全面翔实地向当事人、仲裁机构披露相关事实和情况的义务。法院认为，仲裁员进行披露应当以仲裁员知悉或应当知悉存在可能导致当事人对其独立性、公正性产生合理怀疑的事实和情况为前提，回避则以达到法定或者《仲裁规则》规定的回避条件为前提。法院认为，在社会生活与交往中存在的关联关系，在未达到法律规定的足以影响仲裁独立、公正的审理和裁决，且仲裁员并不应知悉这种关系的情况下，不能认定仲裁员违反信息披露义务，也不能认定违反回避的程序规定。经审查，本案现有证据不足以证明仲裁员陈某与案涉第三方资助机构存在利害关系，亦不存在根据《仲裁法》或《仲裁规则》的规定应当回避而未回避，可能影响公正裁决的情形。仲裁员根据《仲裁规则》第三十一条、第三十二条有关仲裁员信息披露的规定履行了其应尽的披露义务，现

有证据亦不足以证明陈某与案涉第三方资助机构存在可能引起对其公正性和独立性产生合理怀疑的事实或情况。

其次，民事主体从事民事活动，应当遵循自愿原则，按照自己的意思设立、变更、终止民事法律关系。对于民事主体选择仲裁以及在仲裁时选择第三方资助的行为，应当在合法的基础上依意思自治的原则予以判断。一方面民事主体有权选择获得优质的法律服务，比如聘请专业的律师、咨询专业人士等，来维护自己的合法权益；另一方面在民事主体选择仲裁作为解决争议方式时，也有权选择签约接受第三方资助，无论选择仲裁方式解决纠纷，还是选择第三方资助均系民事主体依法行使权利的范围，在上述行为不违反法律，亦不影响仲裁公正裁决时，体现民事主体意思自治的合法选择应当得以尊重。某租赁公司主动向仲裁庭说明了存在第三方资助机构资助的情况，虽然目前尚无对第三方资助机构资助进行信息披露的相关规定，但在仲裁程序中公开披露第三方资助情况，有利于保障仲裁庭和各方当事人享有知情权，以及基于披露的信息行使相关权利。对此，在仲裁程序中各方当事人以书面形式交换证据并口头辩论了关于第三方资助合法性问题，仲裁庭行使仲裁权对第三方资助协议或基于第三方资助启动仲裁程序的合法性予以认定。法院认为，审查第三方资助机构资助行为是否构成撤销仲裁裁决事由，关键在于第三方资助行为是否违反法律规定和《仲裁规则》，是否影响案件公正裁决，根据法院查明的事实，本案所涉第三方资助机构的资助行为并未违反现行法律和《仲裁规则》，亦未影响案件公正裁决，故不构成撤销裁决的法定事由。

因此，法院对某航空公司、某公司、董某主张仲裁员未履行披露义务和违反回避规定，第三方资助机构资助行为导致仲裁庭的组成与《仲裁规则》不符的理由不予支持。

二、关于第三方资助机构是否违反了仲裁保密规定

仲裁具有保密性的特征，案涉保密情形是否符合撤销裁决的事由，应依据具体仲裁审理情况和仲裁规则的规定予以判断。根据《仲裁规则》第三十八条的规定："（一）仲裁庭审理案件不公开进行。双方当事人要求公

开审理的，由仲裁庭决定是否公开审理。（二）不公开审理的案件，双方当事人及其仲裁代理人、仲裁员、证人、翻译、仲裁庭咨询的专家和指定的鉴定人，以及其他有关人员，均不得对外界透露案件实体和程序的有关情况。”从《仲裁规则》保密规定的内容进行分析，主要规定仲裁庭不公开审理案件作为一般原则，公开审理依据当事人申请决定，以及当事人及仲裁代理人、仲裁员等相关人员不得对外透露案件审理情况。某航空公司、某公司、董某以第三方资助机构参与仲裁，知悉实体和程序情况为由，认为违反保密性原则。对此，法院认为仲裁保密性的关键在于案件情况对社会不公开、不披露，以维护当事人的商业秘密与社会形象，《仲裁规则》中的不得对“外界”透露信息，并不限制相关人员获知信息。实践中，除上述《仲裁规则》明确的人员外，存在其他有关人员有获知案件情况而不属于违反保密规定的情形，如作为仲裁一方当事人公司的决策人员或有重大利益的股东、公司法务工作人员、仲裁庭的秘书等。仲裁保密性的本意在于不对社会公开、披露仲裁案件的情况，使仲裁案件尽可能不为更多人知晓。在现有仲裁规则未禁止第三方资助机构资助仲裁当事人参与仲裁时，第三方资助机构与一方当事人建立资助关系，并不违反仲裁保密规则，本案现有证据亦不足以证明其违反保密规则，导致案件实体和程序的有关情况存在向社会公开、披露的情形。对于第三方资助机构如何在资助当事人仲裁的同时遵守法律和《仲裁规则》，充分保障各方合法权益，有赖于《仲裁规则》的不断完善和仲裁实践的发展。法院对某航空公司、某公司、董某以第三方资助机构参与仲裁，违反仲裁保密原则为由申请撤销裁决不予支持。

北京市第四中级人民法院裁定如下：驳回某航空公司、某公司、董某申请。

【法官后语】

在现代仲裁程序中，当事人聘请第三方资助机构协助参与仲裁审理，最大限度地维护自身合法权益，已经成为一种普遍通行的做法。但是由于《仲裁法》等法律法规及相关司法解释没有对第三方资助机构规范参与仲裁程序进行明确规定，加之主要仲裁机构也没有在其《仲裁规则》中建立起对第三方仲裁机构参与仲裁的规范机制，从而导致了第三方资助机构参与仲裁逐渐成为一把“双刃剑”，在当前已经成为申请撤销仲裁裁决的主要事由之一。第三方资助机构参与仲裁主要涉及仲裁员的披露义务和仲裁程序的保密性，因此在审查时应当在尊重当事人自由选择权和处分权的同时，实现仲裁制度的设立目标。本案即为当事人以第三方资助机构参与仲裁审理为依据提出撤销仲裁裁决的典型案例。通过案件审理所确立的披露和保密的必要性原则，具有合理性与可行性，既有效保障了仲裁当事人的合法权利，也为建立第三方资助机构合法合规参与仲裁的标准范式提供了合理依据。

在司法与仲裁都尊重当事人意思自治，允许当事人在法律和《仲裁规则》规定的范围内行使处分权的情况下，对第三方资助机构参与仲裁的程序合法性审查应当严格遵循相关法律和《仲裁规则》中的禁止性规定，并且充分利用经验推理和常识推理，确定其中的必要性。一方面，第三方资助机构参与仲裁必然导致仲裁参与人数增多，仲裁员在履行披露义务时有必要充分，根据实际情况扩大范围，与第三方资助机构有利害关系、利益关系或者其他关系的事项都构成《仲裁规则》规定的回避事由，仲裁员应当如实披露。另一方面，第三方资助机构多为提供专业法律服务的机构，关于第三方资助机构的披露义务及其合法性认定，应当由仲裁庭决定，以是否违反《仲裁法》和《仲裁规则》的规定来判断是否构成撤裁。仲裁的保密原则主要针对庭审程序，以不公开审理为原则，以公开审理为例外。仲裁代理人、当事人、仲裁员等均不得向外透露案件审理情况。第三方资助机构与仲裁一方当事人所建立的民事关系，不违反《仲裁法》和《仲裁规则》的禁止性规定，也不必然导致案件审理情况会被更多不必要的人知晓。

编写人：北京市第四中级人民法院　马　军　马志文

作出裁决的仲裁机构与当事人约定的仲裁机构一致性的界定

——某公司申请承认和执行哈萨克斯坦共和国国际商事仲裁院仲裁裁决案

【案件基本信息】

1. 裁判书字号

北京市第四中级人民法院（2022）京04协外认51号民事裁定书

2. 案由

申请承认和执行哈萨克斯坦共和国国际商事仲裁院仲裁裁决

3. 当事人

申请人：某公司

被申请人：某商贸公司

【基本案情】

2021年6月19日，哈萨克斯坦共和国国际商事仲裁院就某公司与某商贸公司因履行第18号合同所产生的争议作出2021年6月19日第25号仲裁裁决：某公司向某商贸公司追偿103 664美元；案件登记费50 000坚戈、仲裁费3875美元、代理费350 000坚戈。因某商贸公司未履行生效裁决，某公司于2022年11月29日向北京市第四中级人民法院提出申请，承认和执行案涉仲裁裁决。某商贸公司以作出裁决的仲裁机构与当事人约定的仲裁机构不同等为由，提出裁决不应得到承认和执行。

【案件焦点】

作出裁决的仲裁机构与当事人约定的仲裁机构一致性的界定。

【法院裁判要旨】

北京市第四中级人民法院认为：双方当事人均为《承认及执行外国仲裁裁决公约》的缔约国，应当按照公约内容进行审查。仲裁协议中约定的仲裁机构为“Международного коммерческого арбит ражного суда”（国际商事仲裁院），裁决作出机构为“Международного коммерческого арбит ражного суда Евразийского цент ра посреднического разбират ельст ва”（欧亚调解中心）。由于在哈萨克斯坦共和国内具有“国际商事仲裁院”名称的仲裁机构是唯一的，在文书中会使用“MKAC”、“MKAC ЕЦПР”和“ICAC”（英文）作为代指，文书中出现“MKAC”与其设立人的缩写“MKAC ЕЦПР”含义相同，且《欧亚调解中心国际商事仲裁院仲裁规则》规定了欧亚调解中心国际商事仲裁院的性质和业务范围，本着尊重当事人意思自治和司法维护仲裁的理念，应当认定作出裁决的仲裁机构即为当事人约定的仲裁机构。

北京市第四中级人民法院裁定如下：承认和执行案涉仲裁裁决。

【法官后语】

本案系我国首次对中亚五国仲裁予以承认和执行的案件。2023 年 5 月，中国—中亚峰会在我国西安举行，中国与中亚国家不断深化全面战略伙伴关系，朝着建立“中国—中亚命运共同体”方向持续努力。在中国与中亚五国高质量共建“一带一路”深入推进过程中，法院注重加强与涉“一带一路”沿线各国的国际司法协助合作，依法开展沿线国家当事人的仲裁裁决司法审查工作，支持中外当事人通过调解、仲裁等非诉讼方式解决纠纷，及时承认和执行与“一带一路”建设相关的外国商事仲裁裁决，切实保障中外当事人合法权益，助力“中国—中亚命运共同体”的国际法治建设。本案从尊重当事人的仲裁意愿和仲裁规则的有效性出发，经过审查于 2023 年 6 月作出承认与执行仲裁裁决的裁定，认定对仲裁条款中约定的“哈萨克斯坦共和国国际商事仲裁院”与作出仲裁裁决的“欧亚调解中心国际商事仲裁院”为同一仲裁机构，认定仲裁机构对我国当事人进行了合法有效送达，并在此基础上作出承认和执行仲裁裁决的裁定。本案审查结果体现了我国法院支持仲裁等多元化纠纷解决机制，依法及时化解涉

"一带一路"建设的相关争议争端，既促成了仲裁协议合法有效，又维护了中亚仲裁裁决的公信力。本案通过充分发挥人民法院审判职能作用优化营商环境，为"一带一路"建设提供司法服务和保障，对推进"一带一路"法治合作具有重要意义。

编写人：北京市第四中级人民法院　马　军　马志文

全国首例适用国际条约和国际惯例司法解释案件

——某公司与巴西某公司国际货物买卖合同纠纷案

【案件基本信息】

1. 裁判书字号

北京市第四中级人民法院（2022）京 04 民初 104 号民事判决书

2. 案由

国际货物买卖合同纠纷

3. 当事人

原告：某公司

被告：巴西某公司

【基本案情】

巴西某公司与某公司签署销售合同，向某公司采购球墨铸铁管。合同订立后，某公司依约向巴西某公司发运共计价值 110 万美元的货物。巴西某公司仅支付部分货款，尚余部分欠款未予支付。某公司提起诉讼。该案受理后，北京市第四中级人民法院通过司法协助途径和公告方式向巴西某公司送达法律文件。巴西某公司未出庭应诉。根据 2024 年 1 月 1 日起施行的《最高人民法院关于审理涉外民商事案件适用国际条约和国际惯例若干问题的解释》第一条，本案应适用《联合国国际货物销售合同公约》进行审理。某公司亦同意优先适用该公约作为认定双方权利义务的依据。

【案件焦点】

国际条约和国际惯例司法解释的适用。

【法院裁判要旨】

北京市第四中级人民法院认为：关于法律适用中的准据法适用，依据《最高人民法院关于审理涉外民商事案件适用国际条约和国际惯例若干问题的解释》第一条。本案双方当事人未在合同中对准据法作出明确约定，亦未排除适用公约。当事人营业地所在国中国和巴西，均为 1980 年 4 月 11 日在维也纳签订的《联合国国际货物销售合同公约》（CISG，以下简称销售公约）缔约国，本案不存在销售公约第二条、第三条所规定的公约不适用情形，且在本案审理期间，某公司明确表示本案应优先适用销售公约认定其权利义务的依据。因此，根据上述法律规定，本案应当自动适用销售公约（我国声明保留的条款除外）的规定。而对于审理案件中涉及的销售公约中没有规定的事项，依照销售公约第七条第（二）项以及《涉外民事关系法律适用法》第四十一条“当事人可以协议选择合同适用的法律。当事人没有选择的，适用履行义务最能体现该合同特征的一方当事人经常居所地法律或者其他与该合同有最密切联系的法律”之规定，则应适用中国法律。同时，根据《最高人民法院关于适用〈中华人民共和国民法典〉时间效力的若干规定》第一条第二款的规定，“民法典施行前的法律事实引起的民事纠纷案件，适用当时的法律、司法解释的规定，但是法律、司法解释另有规定的除外”，本案法律事实发生在《民法典》施行前，适用我国法律时就应当适用当时的法律、司法解释的规定。

本案中，某公司与巴西某公司基于双方的真实意思表示签订了书面的《销售合同》，其订立符合销售公约的规定。鉴于销售公约第四条明确排除了公约对于合同的效力、合同条款的效力以及货物所有权问题的适用，该类问题应适用我国国内法进行判定。案涉《销售合同》的内容，并不违反我国现行法律法规的强制性规定，应认定为合法有效，双方当事人均应依约履行。

关于买方违反合同。从 2017 年 12 月 19 日巴西某公司工作人员发出的电子邮件内容可知，卖方某公司虽未足额供货，但已依约履行了大部分包括移转单据在内的交付货物的义务，巴西某公司认可截至发送该邮件当日仍欠付货款 724 284. 60 美元，某公司对该金额亦予以认可。根据现有证据所能证实的该日之后巴西某公司的后续付款情况，巴西某公司至今仍欠付货款 299 027.4 美元，当然该金额得出的前提还有赖于在合同没有约定银行手续费由谁承担的情况下，某公司向法院表示同意承担该部分费用。

销售公约第五十三条就买方的义务规定，买方必须按照合同和本公约规定支付货物价款和收取货物。本案中，依据合同约定，巴西某公司应在最后一张提单日 2017 年 2 月 19 日起 150 天内付清剩余货款。显然，巴西某公司在付款履行期届至后仍欠付货款的行为，已构成违反合同和公约所规定的买方义务。

关于卖方补救。销售公约第六十一条第（一）项规定，如果买方不履行他在合同和本公约中的任何义务，卖方可以：（a）行使第六十二条至第六十五条所规定的权利；（b）按照第七十四条至第七十七条的规定，要求损害赔偿。同时，第六十二条规定，卖方可以要求买方支付价款、收取货物或履行他的其他义务，除非卖方已采取与此要求相抵触的某种补救办法。第七十四条规定，一方当事人违反合同应负的损害赔偿额，应与另一方当事人因他违反合同而遭受的包括利润在内的损失额相等，这种损害赔偿不得超过违反合同一方在订立合同时，依照他当时已知道或理应知道的事实和情况，对违反合同预料到或理应预料到的可能损失。第七十八条规定，如果一方当事人没有支付价款或有任何其他拖欠金额行为，另一方当事人有权对这些款额收取利息，但不妨碍按照第七十四条规定可以要求的损害赔偿。本案中，对于某公司提出的要求巴西某公司支付欠付货款 299 027.4 美元（按起诉前美元对人民币汇率折算成人民币为 1 894 129.26 元），并赔偿逾期付款之日即 2017 年 7 月 19 日起的利息损失（某公司定义为“迟延付款违约金”）的主张，符合上述销售公约第六十一条、第六十二条、第七十四条以及第七十八条中关于买方违反合同卖方可采取的补救措施的规定，应予支持；但其超出上述价款金额的主张，没有事实依据，法院不予支持。关于利息计算标准，由于销售公约并未就利率问题进行规定，因此，利率问题还应依据我国相关法律法规予以确定。某公司主张对未付货款按一年期 LPR 计算利息，符合我国相关法律法规规定，应予准许；对于未有 LPR 标准的时间段，法院参照该标准酌定适用中国人民银行人民币同期贷款基准利率计算利息。

北京市第四中级人民法院判决如下：(1) 被告巴西某公司于本判决生效后十日内向原告某公司支付欠付货款人民币 1 894 129. 26 元，并支付迟延付款利息损失（利息损失均以人民币 1 894 129. 26 元为基数分以下二段计算：①自 2017 年 7 月 19 日起至 2019 年 8 月 19 日止，按照中国人民银行公布的人民币同期贷款基准利率计算；②自 2019 年 8 月 20 日起至款项实际付清之日止，按照一年期全国银行间同业拆借中心贷款市场报价利率 <LPR>计算)。(2) 驳回原告某公司的其他诉讼请求。

【法官后语】

本案系《最高人民法院关于审理涉外民商事案件适用国际条约和国际惯例若干问题的解释》施行后，全国首例适用该解释审结的涉外民商事案件。北京市第四中级人民法院积极、准确适用该公约，并以此为依据确定买卖双方义务、买方损害赔偿责任、欠款数额等事项，依法保障了国有企业在对外贸易中的合法权益。该案的审结对于稳定我国工业产品出口供应，维护国有企业在全球铸管行业的市场竞争优势具有重要意义。北京市第四中级人民法院将进一步提升涉外民商事审判质效，遵循《最高人民法院关于审理涉外民商事案件适用国际条约和国际惯例若干问题的解释》的原则及规定，积极、准确适用国际条约和国际惯例，确保国际通行规则得到有效遵守和实施，为国有企业参与国际市场竞争与合作，实现跨国利益与多元发展提供坚实的司法服务和保障。

编写人：北京市第四中级人民法院　张　玮　高　晶

法律适用中的价值考量

——U 公司与某律所申请认可和执行香港特别行政区仲裁裁决案

【案件基本信息】

1. 裁判书字号

北京市第四中级人民法院（2023）京 04 认港 11 号

2. 案由

申请认可和执行香港特别行政区仲裁裁决

3. 当事人

申请人：U 公司

被申请人：某律所

【基本案情】

U 公司与某律所于 2011 年 6 月 22 日签署《法律服务协议》，U 公司作为委托方要求某律所根据指示提供法律服务。某律所因《法律服务协议》履行情况与 U 公司产生争议，于 2021 年 4 月 26 日通过邮件向香港国际仲裁中心发送了仲裁通知。2021 年 7 月 24 日，香港国际仲裁中心决定对上述案件适用速裁程序。仲裁庭经审理后，于 2021 年 9 月 13 日签发仲裁裁决书，仲裁庭裁决：（1）申请人的权利请求已过时效；（2）申请人的权利请求被驳回；（3）申请人应向被申请人支付仲裁费用港币 115 391 元；（4）申请人应赔偿被申请人 124 053.14 美元的律师费用和支出；（5）自终局裁决通知之日起 30 日后，前述第四项下的款项如未支付，每年按 8%计息，每年复利，直至付清为止；（6）所有其他要求和权利请求均驳回。

申请人U公司申请事项：（1）请求认可和执行香港国际仲裁中心×××号仲裁裁决；（2）请求某律所承担申请人因申请认可和执行×××号仲裁裁决所支付的律师费；（3）请求本案相关的案件受理费等费用由某律所承担。

某律所称，U公司不具有申请认可和执行仲裁裁决的主体资格。U公司不是×××号仲裁的当事人。与本所签订法律服务协议的是UI公司，法律服务协议中包含仲裁条款。仲裁的当事人是UI公司。本所与U公司之间没有签订法律服务协议，没有签订仲裁协议。超出申请执行的时效。仲裁裁决所处理的部分争议不在仲裁协议条款之内，裁决的事项不属于仲裁协议的范围。

【案件焦点】

香港国际仲裁中心在仲裁裁决中对被申请人的公司名称、注册地址作出了错误的表述，但在能够查明被申请人身份时，可否认可和执行仲裁裁决。

【法院裁判要旨】

北京市第四中级人民法院认为：在仲裁被申请人名称变更的情况下，香港国际仲裁中心以变更前的名称为被申请人作出的仲裁裁决，需要根据仲裁规则分析判断是否可以对裁决中表述错误的名称予以更正。在香港国际仲裁中心无法进行更正的情况下，则涉及法院是否予以认可和执行。根据《香港国际仲裁中心机构仲裁规则》（以下简称《仲裁规则》），U公司要求仲裁庭作出更正的时间已过，上述错误已经无法按《仲裁规则》由香港国际仲裁中心自行裁定更正。故本案的争议焦点是，虽然香港国际仲裁中心在仲裁裁决中对被申请人的公司名称、注册地址作出了错误的表述，但在能够查明被申请人身份时，可否认可和执行仲裁裁决。U公司已经提交证据证明其主体的延续，公司名称虽变更，但其法律人格并未发生实质改变。因此，法院通过证据足以认定变更名称前后主体的一致性。故法院在已经查明当事人名称变更和具有主体资格事实的情形下，应当以查明的事实为依据，依法进行区际司法协助。U公司有权申请认可和执行案涉仲裁裁决。故仲裁裁决应予认可和执行。

北京市第四中级人民法院判决如下：

（1）认可和执行香港特别行政区香港国际仲裁中心×××号仲裁裁决；

（2）驳回申请人U公司的其他申请。

【法官后语】

本案对该香港仲裁裁决的认可和执行，系法院以依法履职的司法实践填补裁判规则的空白，积极支持和扩展区际司法协助的典型案例。

《最高人民法院关于内地与香港特别行政区相互执行仲裁裁决的安排》（以下简称《内地与香港特区相互执行仲裁裁决的安排》）并未涉及仲裁裁决书中出现可更正事项如本案中仲裁当事人名称列举错误的审查方法和处理规则。审理法院在该案的司法审查程序中，依据区际司法合作和互助原则，在尊重和维护各法域法律制度和规则的前提下，积极行使裁判权，依法、及时、有效地保护了当事人的合法权益，丰富了《内地与香港特区相互执行仲裁裁决的安排》适用的司法实践，有利于积极推动涉港区际司法协助，并为类似案件的裁判提供了有益的借鉴。

本案裁判遵循了对涉外仲裁机构仲裁裁决书的审查程序应当遵循我国《民事诉讼法》的基本要求，明确了审理法院应当且有权对当事人身份予以审查的职责。人民法院对当事人身份的审查并不构成对仲裁裁决的实体审查。

（一）关于诉讼程序

虽然对涉外仲裁机构仲裁裁决的认可（承认）和执行并非《民事诉讼法》规定的普通程序，而属于审查程序，但此类案件依然适用《民事诉讼法》所规定的诉讼程序，而诉讼当事人的身份属于人民法院依职权应当主动核实的事项。因此，审理法院有权且应当审查和核实本案申请人与被申请人的身份，其中当然包括其身份的变更事实。

（二）人民法院对当事人身份的审查并不构成对仲裁裁决的实体审查

根据《仲裁规则》，在收到裁决后30日内，经通知所有其他当事人，任何一方当事人均可要求仲裁庭更正裁决中的任何计算错误、笔误或排印错误或任何类似错误。目前仲裁庭在裁决中确对仲裁被申请人的公司名称、注册地址作出了错误的表述，但U公司要求仲裁庭作出更正的时间已过，上述错误已经无法按《仲裁规则》由香港国际仲裁中心自行裁定更正。故本案的争议焦点是，虽然香港国际仲裁中心在仲裁裁决中对被申请人的公司名称、注册地址作出了错误的表述，但在能够查明被申请人身份时，可否认可和执行仲裁裁决。

有观点认为，当事人的主体身份涉及案件实体，仲裁司法审查原则上仅就程序性事项作出审查，而主体身份的认定属于实体事项，属于仲裁庭的仲裁权限。即便仲裁庭存在错误，亦不应由法院予以纠正。我们认为，这一观点是不能成立的。

第一，根据《仲裁规则》相关的规定，裁决中的任何计算错误、笔误或排印错误或任何类似错误均非实体争议事项。也就是说，此等更正并不会对仲裁当事人产生任何程序上的不利，也不对仲裁结果产生任何实质性的改变。因此，《仲裁规则》规定该等可更正事项无须经过再次的仲裁程序审理，可由仲裁庭径行审查和更正。如其属于实体事项，《仲裁规则》也不会有由仲裁庭依申请径行更正的程序设定。

因此，人民法院对当事人名称列举错误的审查与更正并不涉及对仲裁裁决所判定的实体权利义务的审查和改变，并不构成对仲裁裁决书的实体审查。

第二，上述《仲裁规则》设定的请求更正的权利并非灭权性规定。即，如果出现上述错误，当事人可以通过上述程序请求更正，但该程序的设定并不排除当事人通过其他程序予以更正的权利。即使当事人因期限届满而无法提出启动该更正程序，也并不意味着当事人不能通过其他程序寻求救济。

因此，即使本案申请人因期限届满而丧失了向仲裁机构申请更正当事人名称错误的救济渠道，这一事实也不排除人民法院在审查程序中对相关事实的审查。

本案的裁判充分考量了与香港区际司法协助的制度设计是为了更为高效地保护当事人合法权益的法律目标。

国家推进粤港澳大湾区建设以来，伴随内地和香港特别行政区两地交流合作日益深化，产生了类型日趋多元的两地互涉法律纠纷和问题。切实预防和解决纠纷，回应社会需求，是新时期区际司法协助工作的核心任务。深化区际司法协助工作是在司法领域贯彻落实“一国两制”方针和《香港特别行政区基本法》的务实举措。

相比与其他国家之间的司法协助，应该更为有效而不是相反。在一国之内开展区际司法协助，不存在国际司法协助中的主权因素，因此，其司法协助的途径和方式应当比国际司法协助更简单、方便。事实上，绝大多数存在区际法律冲突的国家，其各法域相互提供司法协助时都采取了比较宽松的做法，由此形成一个顺利进行司法协助的良好法律环境。内地与香港特别行政区之间的司法协助也参照有关做法，从有效保护当事人合法权益出发，建立起直接、有效、简便易行的司法协助关系。

本案裁判文书裁判思路正是上述法律目标的体现：本案属于区际仲裁裁决的认可和执行，法院在尊重和维护各法域法律制度和规则前提下进行仲裁司法审查，在区际不同法域之间进行合作和互助，最终目的是依法、及时、有效保护当事人合法权益，因此在仲裁裁决符合本法域规定的条件时，就应当予以认可和执行。

本案裁判不仅为如何适用《内地与香港特区相互执行仲裁裁决的安排》及类似案件的裁判提供了有益的借鉴，更为重要的意义和启示在于，人民法院在案件审理中，当缺乏具体明确的法律规则可援引时，通过对立法精神和法律原则的准确理解和适用，确保合法权益能够得到及时和公正的司法救济。

编写人：北京市第四中级人民法院　王　翔

根据《纽约公约》承认和执行涉外体育仲裁裁决的法律适用

——张某诉某足球俱乐部申请承认和执行外国仲裁裁决案

【案件基本信息】

1. 裁判书字号

北京市第四中级人民法院（2023）京04协外认42号民事裁定书

2. 案由

申请承认和执行外国仲裁裁决

3. 当事人

申请人：张某

被申请人：某足球俱乐部

【基本案情】

在落款日期为2017年11月1日的《私人协议》中，某足球俱乐部同意向张某分五期支付共65万欧元报酬，双方约定争议解决机构为位于瑞士洛桑的国际体育仲裁法庭（Court of Arbitration for Sport，CAS）。该《私人协议》仅有张某的签名。

某足球俱乐部依约履行了第一期支付义务后再未履行。经张某申请，CAS于2020年4月24日启动仲裁程序，此后CAS与某足球俱乐部的电子邮件往来情况如下：（1）2020年4月24日、5月11日、6月8日CAS分别通过电邮和快递向某足球俱乐部送达仲裁申请、要求限期答复及提名仲裁员的程序令；（2）同年6月10日，某足球俱乐部工作人员吴某通过电邮回复了CAS并提交了盖有某足球俱乐部印章的《延期答复申请书》、未加盖印章及法定代表人签字的《对仲裁请求的答复》、证据材料，并载明了某足球俱乐部联系邮箱（即吴某本人的邮箱）、联系地址；(3) 同年6月12日，CAS通过电邮向某足球俱乐部确认上述电子邮箱及联系地址，并提示某足球俱乐部指定仲裁员，未获回复，遂于6月15日告知某足球俱乐部CAS将代为指定仲裁员；(4) 2020年6月17日、8月31日、9月9日、10月7日、2021年1月4日，CAS通过电邮向某足球俱乐部送达了仲裁庭组成通知、限期提交答辩意见的程序令以及征询双方是否召开听证会意见的程序令，但均未获回复，2020年11月20日，CAS告知双方其专家组根据规则认为不需要举行听证会；(5) 2021年4月21日，CAS通过电邮和快递的方式向某足球俱乐部送达有关管辖权和书面程序的程序令，快递被某足球俱乐部工作人员于4月26日签收，但未获回复，据此，4月30日CAS通过电邮告知某足球俱乐部其认为双方同意仲裁庭根据书面意见作出裁决。

2021年5月4日，CAS作出案涉编号为CAS 2020/O/6979号仲裁裁决。2022年3月22日，瑞士联邦法院驳回了某足球俱乐部就该裁决提起的上诉，双方认可裁决已生效。

武大查明研究中心受某足球俱乐部委托进行瑞士法及CAS仲裁规则的查明，认为CAS采纳未经某足球俱乐部签章的答复函侵犯了其辩论权。经询，某足球俱乐部未提交《延期提交答复申请书》及证据材料，亦未说明其发送邮件的具体内容。

【案件焦点】

仲裁裁决是否存在法定不予承认和执行的情形。

【法院裁判要旨】

北京市第四中级人民法院认为：首先，根据CAS规则，仲裁庭向当事方发送通知并不限于特定的方式，仅需证实当事方收悉即可。本案中，CAS已通过电子邮件和快递的方式向某足球俱乐部送达了仲裁申请书及相应的程序令，履行了适当通知义务，且某足球俱乐部已于2020年6月10日向CAS的邮箱发送了答复意见及证据材料，其未提交书面答辩意见、未指定仲裁员等行为系放弃自己的抗辩权利，应自行承担相应后果。其次，某足球俱乐部向CAS提交了证据材料和已签章的《延期提交答复申请书》，CAS 足以据此确认某足球俱乐部工作人员吴某发送的未签章的《对仲裁请求的答复》系某足球俱乐部的真实意思表示，不能认定该答复函系工作人员私自发送。同时，根据 CAS 规则，在当事人未依规提交书面意见的情况下，仲裁庭有权力对其程序权利进行处理。本案中，某足球俱乐部未按规则规定的形式提交书面答复，系放弃自己的抗辩权利，在张某认可该意见、仲裁庭接纳的情况下，又在本案中提出答复函不是其真实意思表示且在其未以规定形式提交、仲裁庭即予以接纳属于程序瑕疵的意见，有违诚实信用原则，系对其权利的滥用。最后，仲裁裁决事项系因履行合同引起的纠纷，属于平等民事主体间的商事关系，当事人有权选择以仲裁方式解决争议，不涉及我国社会公共利益。综上，CAS 并未侵犯某足球俱乐部辩论权，案涉仲裁裁决不存在《纽约公约》第五条规定的可以拒绝承认的情形。

北京市第四中级人民法院裁定如下：

承认和执行国际体育仲裁院于 2021 年 5 月 4 日作出的编号为×××号仲裁裁决。

【法官后语】

仲裁作为一种便捷、高效的争议解决方式近年来愈发在国际商事领域受到重视。如果发生争议后根据双方仲裁条款的约定，在一国进行仲裁，但之后需要在另一国解决执行问题时就需要进行仲裁裁决的承认与执行程序。CAS 是国际体坛权威的仲裁机构，受案范围十分宽泛，包括兴奋剂、纪律处罚、合同等八个类型，涵盖了与体育相关的几乎所有活动和事项，其中有很多是弱体育属性而强商事属性的合同纠纷。本案就是一起典型的申请承认与执行有关涉外体育的商事合同仲裁裁决的案件，有以下两个值得关注的问题：

（1）综合全案证据，准确认定当事人行使仲裁程序权利的相关事实。本案的争议焦点在于 CAS 是否保障了被申请人某足球俱乐部的程序权利，这一重要事实问题需要人民法院综合全案证据进行认定。某足球俱乐部虽然声称其并无参加仲裁的意思表示或实际行为、没有签章的《对仲裁请求的答复》是其工作人员私自发送，据此认为 CAS 径行作出仲裁裁决侵犯了其抗辩权利，还出具了国内查明机构的报告，但通过认真分析CAS与某足球俱乐部的电邮、快递往来可以发现，某足球俱乐部在2020年6月向CAS提交了证据材料和签章的《延期提交答复申请书》，也曾于2021年4月由其工作人员签收CAS寄送的程序令，上述证据足以证明其对于CAS正在进行的仲裁程序是知晓的，是具有参加仲裁程序的意思的，在此情形下，其不发表意见的行为应被认定为放弃自身的抗辩权利，应自行承担后果，与CAS无关。

（2）深入了解仲裁机构的规则，准确判断仲裁裁决是否存在《纽约公约》第五条规定的可不予承认或执行的情形。随着我国不断扩大对外开放，有相当数量的中外商事合同约定了仲裁条款，关于仲裁机构的选择也完全遵从当事人的意思自治，但在不同仲裁机构有不同仲裁规则的情况下，法官办理相关案件就需要深入了解当事人选择的仲裁机构的规则。如本案中，CAS的规则允许较为宽松的送达标准（只需要证明受送达人收悉即可），也允许仲裁庭在当事人未按规则提交书面意见时对其程序权利作出处理；瑞士联邦法律则规定当事人的意思可以通过实际行为默示表示。对上述规则的理解直接关系到本案仲裁庭实施的送达是否有效、对某足球俱乐部程序权利的处理是否合法、某足球俱乐部是否有参加仲裁程序的意思，进而决定仲裁庭作出的裁决是否应当被承认和执行。承办法官在深入了解后，结合查明的事实，认定某足球俱乐部在本案中提出答复函不是其真实意思表示且在其未以规定形式提交、仲裁庭即予以接纳属于程序瑕疵的意见，有违诚实信用原则，且即使CAS接纳其意见略有程序瑕疵，亦不属于《纽约公约》第五条规定不予承认或执行仲裁裁决的情形。最终裁定承认和执行案涉仲裁裁决，是准确的。

在我国体育产业迅速扩张、竞赛成绩不断提高、涉外交流日益频繁的情况下，人民法院应妥善处理申请承认和执行涉外体育仲裁裁决案件，做到既充分尊重国际体育仲裁机构的裁决意见，又坚决维护相关各方在我国法律下的合法权益，为我国体育事业的健康发展贡献司法力量。

编写人：北京市第四中级人民法院　茹　莹

涉外独立保函的效力认定及法律适用

——建工公司等诉保险公司合同纠纷案

【案件基本信息】

1. 裁判书字号

北京市第四中级人民法院（2020）京 04 民初 914 号民事判决书

2. 案由

合同纠纷

3. 当事人

原告：建工公司、某科技公司、旅游公司、某公司、黄某某

被告：保险公司

第三人：某公司、中国进出口银行北京分行

【基本案情】

2008 年 8 月 30 日，利比亚住房和基础建设工程委员会与建工公司签订《总承包合同》。此后，保证人保险公司与被保证人建工公司签订《担保协议》，约定乙方向利比亚住房基础设施项目执行机构出具履约保函，保函开出方式为由甲方向中国进出口银行北京分行开立保函，由转开银行对外转开履约保函。抵押权人保险公司与被担保人建工公司、抵押人某科技公司签订第 2 号《抵押合同》；抵押权人保险公司与被担保人建工公司、抵押人旅游公司签订第 3 号《抵押合同》；保证人保险公司与被担保人建工公司、反担保保证人黄某某签订《个人连带责任反担保合同》。2013 年 2 月 28 日，担保人保险公司与被担保人建工公司、反担保保证人某公司签订《个人连带责任反担保合同》。2008 年 11 月 10 日，建工公司向中国进出口银行出具《保函申请报告》；2008 年 11 月 11 日，建工公司向中国进

出口银行出具《保函开立申请书》。2008年11月24日，中国进出口银行北京分行向撒哈拉银行出具了第6号履约保函。2008年11月24日，保险公司向中国进出口银行北京分行开具了第3号反担保函。2011年5月26日，中国进出口银行（甲方）与建工公司（乙方）签订《协议书》，约定甲方根据乙方申请，以转开方式为乙方开立了不可撤销、见索即付的履约和/或预付款保函。

2011年因利比亚发生战乱，建工公司被迫停工回国，造成《总承包合同》至今无法继续履行。2012年11月16日，中国进出口银行北京分行向保险公司发出《不展期即索赔通知》，其后又多次发出。

原告提出如下诉讼请求：（1）确认保险公司在第3号反担保函项下的责任已经解除；（2）确认保险公司出具的第3号反担保函的权利义务已经终止；（3）确认案涉《担保协议》、《补充协议》、2号《抵押合同》、3号《抵押合同》、《个人连带反担保合同》、《连带责任反担保合同》中各方的权利义务已经终止；（4）解除某科技公司以其所属的房地产为建工公司给保险公司提供的抵押反担保；（5）解除旅游公司以其房产为建工公司给保险公司提供的抵押反担保，并由保险公司协助办理解除前述全部房地产的抵押登记手续；（6）解除黄某某、某公司为建工公司给保险公司提供的连带责任反担保。

【案件焦点】

（1）本案的法律适用；（2）案涉第6号履约保函及第3号反担保函的性质、效力的认定。

【法院裁判要旨】

北京市第四中级人民法院认为：

一、关于法律适用问题

案涉《担保协议》及补充协议、抵押反担保及连带保证合同的签订主体及签订地、履行地均在中国境内，各方当事人在庭审中明示选择适用中国法律，故上述协议效力和法律后果的认定均适用中国法律。案涉两份保函均明确约定受利比亚法律约束，故在保函的当事人已明示选择利比亚法律的情况下，对保函的性质、效力和法律后果的认定应适用利比亚法律。

二、关于案涉保函的性质及效力认定

《见索即付保函统一规则》第 2 条（a）规定“就本规则而言，见索即付保函系指由银行、保险公司或者其他机构或者个人以书面形式出具的担保书、保证书或其他付款承诺，不论其名称或描述如何，规定在收到符合承诺条款的书面付款要求以及保函可能规定的其他单据时即予以付款……”结合案涉两份保函中均约定有“无条件”“不可撤销”及不受基础合同限制等条款，法院认定两份保函均为独立保函。

根据《见索即付保函统一规则》第 19 条的规定，付款请求权的提出需要满足的条件包括：（1）在保函到期前即有效期内提出；（2）付款请求权的提出应附有保函中规定的单据及 URDG458 第 20 条规定的书面声明。具体到本案中，撒哈拉银行首次向中国进出口银行北京分行提出“付款或展期”请求的时间为 2012 年 11 月 15 日，已超出第 6 号履约保函中载明的有效期 2012 年 10 月 20 日，故该请求不发生任何法律效力。因撒哈拉银行作为第 6 号履约保函的受益人，未在保函有效期内提出付款或展期请求，故第 6 号履约保函已失效。而中国进出口银行北京分行虽然在独立保函有效期内提出了付款请求，但因该请求缺乏事实和法律根据，故亦不发生法律效力，保险公司开立的反担保独立保函亦失效。

北京市第四中级人民法院判决如下：

（1）确认第 3 号反担保函的权利义务终止；

（2）确认《担保协议》、《补充协议》、2 号《抵押合同》、3 号《抵押合同》、《个人连带责任反担保合同》、《连带责任反担保合同》项下的权利义务终止；

（3）保险公司于本判决生效后十日内协助某科技公司办理解除某科技公司所有的房地产的抵押登记；

（4）保险公司于本判决生效后十日内协助旅游公司办理解除旅游公司所有的房屋的抵押登记；

（5）驳回原告的其他诉讼请求。

【法官后语】

习近平总书记提出的需坚持统筹推进国内法治和涉外法治，加快涉外法治工作战略布局的法治理念，对涉外审判工作提出了更高的要求。本案作为一起涉独立保函的涉外商事案件，涉及多重法律问题，法院从域外法的查明、保函性质及效力的认定出发，最终认定在案涉独立保函已失效的情况下，《担保协议》等协议的权利义务应予终止，抵押登记应予解除。本案所涉为间接保函，其构成了本案的核心法律关系。审判类似案件时，应当注意对包含性质及效力进行认定。

一、关于保函性质的认定

作为担保方式，银行通常会提供两种形式的保函，从属性保函及独立保函。前者附属于基础交易合同，是一种附属关系，后者独立于基础交易合同，为独立保函。独立保函在国际交易中使用广泛，与从属性保函相比，独立保函通常为一种更好的担保形式，并且以不含任何附加要求，严格无条件的独立保函类型对受益人来说最为有利。根据本案适用的URDG458，其将独立保函界定为“由银行、保险公司或者其他机构或者个人以书面形式出具的担保书、保证书或其他付款承诺，不论其名称或描述如何，规定在收到符合承诺条款的书面付款要求以及保函可能规定的其他单据”。《最高人民法院关于审理独立保函纠纷案件若干问题的规定》将独立保函界定为：“银行或非银行金融机构作为开立人，以书面形式向受益人出具的，同意在受益人请求付款并提交符合保函要求的单据时，向其支付特定款项或在保函最高金额内付款的承诺。”

根据以上规定，独立保函具有如下核心特征。第一，独立保函是担保人作出的独立承诺。此为独立保函的核心特征，但在审理时需注意适用的法律对独立保函的内容有无特别规定。如《最高人民法院关于审理独立保函纠纷案件若干问题的规定》第二条规定，如保函未载明据以付款的单据和最高金额，则当事人主张保函性质为独立保函的，人民法院不予支持。第二，独立保函是不可撤销的。独立保函一经开立，未经担保人及受益人双方同意，在有效期内不可更改及撤销。但如在独立保函中明确注明了可撤销则可以单方撤销。第三，独立保函是一种被动工具。在独立保函被开具后，仅有担保人违反基础交易时该保函才会被启用。第四，独立保函在受益人针对独立保函进行索赔时即变成一种支付工具。第五，独立保函不同于真正的保证。在保证合同项下，担保人承担的付款义务系一项次要义务，系一种或有负债。并且主合同的效力直接影响担保合同的效力，而对于独立保函，担保人将仅根据独立保函规定的条款审查受益人提交的单据来确定其是否需要承担独立保函项下的担保责任而不审查基础交易。

二、关于保函效力的认定

独立保函的期限即保函的有效期，有效期包括生效日期和失效日期，该日期约定均应避免模糊。本案中，中国进出口银行北京分行开立保函的受益方撒哈拉银行提出的不展即索请求权未在独立保函的有效期内提出，故该请求权为不发生法律效力的请求，独立保函已因到期而失效。故各原告要求确认担保合同项下的权利义务已终止及解除抵押担保措施的诉讼请求应予支持。

独立保函的申请人作为交易一方主体，在申请开立保函时应在担保方式及保函的性质、索赔的单据种类和内容、保函的金额条款、期限、法律适用和管辖权问题上予以明确，以便于申请人更好地做好风险防控、把握交易风险，避免因约定不清而影响自身的合法权益。

编写人：北京市第四中级人民法院　李冬梅　茹　莹

确认涉外股东资格平等保护
中外投资者合法权益

——新加坡某公司诉A合资公司等股东资格确认纠纷案

【案件基本信息】

1. 裁判书字号

北京市第四中级人民法院（2018）京04民初420号民事判决书

2. 案由

股东资格确认纠纷

3. 当事人

原告：新加坡某公司

被告：A合资公司

第三人：B公司

【基本案情】

1996年，受当时法律对外商投资项目的限制（目前该项目已取消外商投资准入限制），B公司的下属公司C公司与新加坡某公司共同成立了A合资公司，A合资公司注册资本为600万美元，其中中方认缴出资额为120万美元，占注册资本的20%；外方认缴出资额为480万美元，占注册资本的80%。自成立后A合资公司的股东登记未发生变化。B公司提交的验资报告显示，其分多次全额缴付了认缴的注册资本120万美元。新加坡某公司则主张上述出资款实际均由其通过案外人支付，并提交了时任C公司法定代表人出具的情况说明，说明中承认资金是新加坡某公司提供用来验资的，且并非国有资产。2009年B公司对C公司进行了注销清算，清算期间也未提及上述股权投资事宜。新加坡某公司请求确认：（1）B 公司原下属公司 C 公司在工商登记中享有的 A 合资公司股权是代新加坡某公司持有；（2）请求依法判决 A 合资公司、B 公司配合新加坡某公司将 C 公司在工商登记中享有的 A 合资公司股权变更登记到新加坡某公司名下。A 合资公司辩称，对起诉主张的事实没有异议。B 公司称，本案不存在代持协议。没有证据证明 C 公司 120 万美元的出资是新加坡某公司实际支付的，B 公司提交的证据证明了这些出资是由 C 公司实际支付的。C 公司实际参与了 A 合资公司的经营管理。即使存在代持协议，股权代持关系也因违反中华人民共和国效力性强制规定而无效。本案从新加坡某公司知悉其所谓的权利受到侵害到现在已经过了 16 年之久，早就超过了诉讼时效。

【案件焦点】

如何结合实际出资情况以及股东权利的实际行使情况综合判断公司的真实股东。

【法院裁判要旨】

北京市第四中级人民法院认为：公司登记机关的登记信息并非认定股东身份的法定标准，因此有必要结合实际出资情况以及股东权利的实际行使情况综合判断公司的真实股东。根据 B 公司提交的相应验资报告的记载，上述认缴资本额已经由 C 公司分三次以人民币形式全额予以缴付，但是新加坡某公司提交的 C 公司时任法定代表人蒋某于 1999 年 3 月 25 日（当时已经完成第一次及第二次缴付出资，但尚未进行第三次缴付出资）出具的情况说明，明确记载 C 公司前两次缴付的共计人民币 640 万元全部由新加坡某公司提供，新加坡某公司更进一步提交了其通过 D 公司向 C 公司支付上述人民币 640 万元的凭据，上述证据足以证明 C 公司前两次合计缴付的人民币 640 万元来源于新加坡某公司。更为重要的是，蒋某出具的情况说明中一并载明上述人民币 640 万元形成的资产本质上并不是国有资产，可见 C 公司与新加坡某公司之间并非借款关系。至于第七期验资报告中提到的 C 公司于 2001 年 3 月 6 日向 A 合资公司注资人民币 360 万元，工商行政管理部门已经认定 C 公司在第三次缴付资本过程中存在抽逃行为，因此对 C 公司进行了行政处罚并责令补足抽逃出资。根据新加坡某公司提交的证据，相应款项亦由新加坡某公司通过蓝海公司支付给C公司，最后再由C公司完成缴付行为，可见第三笔资金的实际支付主体仍然是新加坡某公司。综合上述案情，可以认定C公司向A合资公司缴付的注册资本全部由新加坡某公司实际支付。关于股东权利实际行使问题，诉讼期间A合资公司明确承认C公司仅是其名义股东，替新加坡某公司代持相应股份，C公司未实际参与A合资公司的内部治理。此外，蒋某出具的情况说明亦直接印证新加坡某公司与C公司之间并非借款关系，而应当是股权代持关系。更为重要的是，C公司已经于2009年注销登记，注销之前B公司组织对C公司资产及债权债务进行了清算，清算资料显示C公司对外没有股权投资，B公司填报的《企业注销登记申请表》亦明确记载“该企业（即C公司）债权、债务已清理完毕，无正在经营的对外企业投资”。法院认为，如果C公司为A合资公司的真实股东并正常行使股东权利，在其清算阶段必然会有所体现，清算组不可能忽略涉及近千万元人民币的股权投资。而且，B公司作为C公司的设立及上级主管单位，对C公司日常经营活动亦负有管理职责，不可能对C公司真实存在的重大投资事项不闻不问，B公司相应申请中“（C公司）无正在经营的对外企业投资”的记载也足以印证C公司对于A合资公司不存在真实股权投资关系。需要说明的是，本案审理期间B公司主张C公司曾经参与了A合资公司的经营管理工作，并以C公司曾支付A合资公司登记注册费、A合资公司部分财务账册中有C公司法定代表人蒋某签字为例证。对此法院认为，股东行使其股东权利参与公司经营管理，应当是以委派或选举公司董事、参与公司股东会或董事会讨论公司重大经营事项或重大决策等方式实现，而并不是由股东直接参与公司某项具体业务，因此B公司所述例证不足为凭，法院对其该部分主张不予采信。综合前述分析，法院认为虽然新加坡某公司未能提交与C公司之间的书面股权代持协议，但相应证据已经形成完整证据链，可以认定C公司与新加坡某公司之间存在股权代持合同关系。虽然履行股权代持合同的法律后果是使得新加坡某公司全资持股A合资公司，导致违反了A合资公司成立时施行的外商投资准入政策，但相应障碍目前已经消除，新加坡某公司要求履行与C公司之间的股权代持合同不违反现行外商投资管理制度，故法院对新加坡某公司要求将涉案代持股权变更登记至自己名下的诉讼请求予以支持。

北京市第四中级人民法院判决如下：（1）确认登记在C公司名下的A合资公司20%股权（对应注册资本120万美元）系代新加坡某公司持有，相应股权代持合同关系合法有效；

（2）A合资公司于本判决生效后十日内向公司登记机关申请将登记在其股东C公司名下20%股权（对应注册资本120万美元）变更登记到新加坡某公司名下，变更登记期间B公司应代替C公司予以配合。

【法官后语】

在“一带一路”建设中，法治是重要保障，司法的作用不可或缺，本案一方当事人系“一带一路”建设沿线国家新加坡的投资者，其作为股权代持一方的隐名股东主张股东身份显名化而产生纠纷。股权代持，又称隐名投资、委托持股，是指实际出资人与他人约定，以他人名义代实际出资人对外展示股东身份的一种股权或股份处置方式。实践中，股权代持的原因众多，本案系因为当时法律政策对外商投资准入领域存在一定限制，新加坡公司的外商身份不适合作为全资股东，故通过部分股权由中方公司代持的方式成立合资公司。因股权代持突破了出资人、股东身份、股权的特定联系，可能影响公司治理结构的稳定性，因此，人民法院在认定具体事实时要综合当事人意思表示、是否有出资的事实及是否实际行使股东权利等多方因素进行准确辨识。北京国际交往中心的定位必将吸引越来越多的外国投资者，在司法保护上尤其应当注重坚持中外平等。本案裁判依托事实准确认定股权归属，围绕隐名股东认定等问题论证说理，对同类案件的审理具有指导意义，不仅体现了北京市法院平等保障支持外国投资者权益的鲜明立场，也展示了北京市法院构建和维护稳定、可预期的法治化营商环境的坚定决心，案件裁判后取得了良好的社会效果。

编写人：北京市第四中级人民法院　崔智瑜

准确查明并适用泰国法律依法保护“一带一路”共建国家的企业合法权益

——泰国某航空公司与某服务公司委托合同纠纷案

【案件基本信息】

1. 裁判书字号

北京市第四中级人民法院（2022）京04民初246号民事判决书

2. 案由

委托合同纠纷

3. 当事人

原告：泰国某航空公司

被告：某服务公司

【基本案情】

某服务公司（承租人）与泰国某航空公司（承运人）共签订5份《包机合同》，约定承运人按照合同中约定的条件和条款向承租人提供定舱位的专有权。承租人负责支付起运地、目的地机场的机场税费。合同约定受泰国法律管辖并按其解释。因某服务公司欠付2017—2019年《包机合同》项下素万那普国际机场—大同云冈机场往返航线、普吉岛国际机场—鄂尔多斯机场往返航线、普吉岛国际机场—兰州中川机场往返航线的机场税费共计963 993元，泰国某航空公司诉至北京市第四中级人民法院，请求判令某服务公司支付963 993元。

【案件焦点】

泰国法律的查明与适用。

【法院裁判要旨】

北京市第四中级人民法院认为：依据已查明的《泰国民商法典》《泰国国际航空运输法》，涉案《包机合同》系民商事主体自愿作出的合法行为，应认定为有效。某服务公司对于泰国某航空公司的对账单邮件未予否认，故应当按照对账单载明数额支付泰国某航空公司机场税费人民币963 933元。对于泰国某航空公司要求某服务公司按年利率15%标准支付逾期付款利息的请求，结合《泰国民商法典》的相关规定以及疫情对履约的影响，认定某服务公司欠付机场税费并非故意违约，不属于须支付利息的情形。

北京市第四中级人民法院判决如下：

某服务公司给付泰国某航空公司人民币963 933元，驳回泰国某航空公司的其他诉讼请求。

【法官后语】

本案法院尊重双方当事人对适用法律的选择合意，在某服务公司缺席诉讼的情况下，依法委托查明机构就泰国的法律进行查明，并充分运用证据规则依法认定某服务公司欠付泰国某航空公司的费用金额。随着共建“一带一路”倡议的深入推进，“一带一路”沿线国家企业在签订合同中选择本国法律解决争议的越来越多，在我国涉外民商事审判中，充分尊重当事人选择法律的合意，准确查明并适用域外法，是平等保护中外当事人权益和促进国际民商事交往的客观需要。本案对于域外法的准确查明与适用，充分彰显了我国司法平等保护境内外当事人的立场，为推动形成全面开放新格局提供了有力的司法保障。

编写人：北京市第四中级人民法院　王　翔

域外法查明法律意见书的审查适用

——李某某诉蔡某、王某某买卖合同案

【案件基本信息】

1. 裁判书字号

北京市第四中级人民法院（2021）京04民初836号民事判决书

2. 案由

买卖合同纠纷

3. 当事人

原告：李某某

被告：蔡某、王某某

【基本案情】

李某某诉称：2016年12月18日，李某某与蔡某签订《购销合同》，合同约定李某某向蔡某订购莫桑比克高棉花梨（UMBILA）板材，合同价款为235万元整，交期为2017年1月28日左右，如逾期30日内未能上船，李某某有权要求蔡某退还李某某所支付的所有款项，同时还约定合同签订后3日之内李某某向蔡某支付30万元的定金，并约定了其他相关权利义务条款。上述合同签订后，李某某依约向王某某支付了30万元定金及60万元货款。但截至起诉之日，蔡某仍未向李某某交付案涉货物。蔡某与王某某系夫妻关系。蔡某与李某某签订《购销合同》，李某某将定金与货款均付至王某某的银行账户，蔡某、王某某共同参与案涉合同交易的整个过程。另外，李某某有理由相信李某某与蔡某签订的案涉合同是基于蔡某、王某某共同经营形成的债务，属于夫妻共同债务。因此，二人应共同承担偿还责任。

蔡某辩称，其不是适格被告。（1）合同性质为木材出口贸易合同。在莫桑比克共和国，经营木材出口贸易的主体只能是公司，而不能是个人；（2）蔡某是某公司的全权委托代理人，所从事的木材出口贸易均要以某公司的名义进行；（3）因为合同签订后，莫桑比克共和国出口费用（关税等）上调需要李某某按照双方后来的口头约定负担该费用的一半，才能发货。李某某反复更改合同内容，即2018年至2019年年初，让把原来的厚板加工成薄板，又让把板材在当地销售，另外还有疫情等原因，李某某无权单方解除合同。

王某某辩称，其不是适格的被告。（1）王某某系某建筑公司员工，并不是蔡某所在某公司的职员，与蔡某也不是夫妻关系，从未参与过某公司的经营；（2）李某某主动找到王某某请求帮助，因李某某在国内没有公司，不能以正常的核销形式进行境外的生意往来，遂找到王某某帮助换汇，王某某提供了在国内的账户收款，李某某先将款项给到王某某，由王某某兑换成莫桑比克币交给蔡某。王某某仅在李某某与蔡某之间协助换汇。

【案件焦点】

如何根据冲突规范确定本案域外法所在国。

【法院裁判要旨】

北京市第四中级人民法院认为：依据查明的莫桑比克共和国法律，因蔡某一方的原因履约发生延迟而致李某某丧失其在合同中的利益，进而导致合同无法履行，应支持李某某终止（解除）合同的诉讼请求。对蔡某提出因其办理出口许可证未成功、关税上调需李某某负担一半费用才能发货，以及李某某反复更改合同内容等非本人原因未能办理货物装船，李某某无权单方终止（解除）合同等抗辩理由不予采纳。

根据莫桑比克共和国法律关于"如非债权人（买方）的原因导致债务人（卖方）无法履约……如已支付对价，债权人可依据不当得利相关条款要求债务人退款"之规定，对于李某某要求退还60万元预付货款和30万元定金的诉求，予以支持。蔡某所称的还没有转卖的20条货柜木材，所有权归其享有。

双方在合同第二条约定违约金计算方式为合同总额的15%，但根据莫桑比克共和国法律以及律师出具的法律意见，即“罚款（违约赔偿金）本身并不违法，但15%的罚款比例超出了法律规定。合同第二条所述的比例15%可降至10%，10%是法律允许的水平”，对李某某变更诉请后提出的赔偿因对方违约给其造成的损失23.5万元（合同总金额235万元×10%）的诉求，予以支持。

北京市第四中级人民法院判决如下：

（1）确认原告李某某与被告蔡某于2016年12月18日签订的《购销合同》于2021年3月6日终止（解除）；

（2）被告蔡某于本判决生效后十日内返还原告李某某货款及定金共计90万元；

（3）被告蔡某于本判决生效后十日内赔偿原告李某某违约金23.5万元；

（4）驳回原告李某某的其他诉讼请求。

【法官后语】

一、如何根据冲突规范确定本案域外法所在国

审判人员在个案中的逻辑链条一般为证据评价—具体事实查明—要件事实认定—法律适用—裁判结论。裁判者在法律推理的过程中根据双方诉讼主张及提交证据指向具体的生活事件，形成该事实确实发生的确认。其次提炼法律关系要素和法律事实要素，涵摄于冲突规范的“范围”内，根据系属公式确定准据法所属国。审判实践中，基于审限的紧迫性、外国法查明的难度等因素的考虑，实践中在适用最密切联系原则确定准据法时具有“归乡”倾向。考虑到李某某的请求权基础在于蔡某没有履行卖方义务，要求其承担违约责任。基于蔡某作为履行发货义务的一方，也是履行义务最能体现该合同特征的一方，因其经常居住地位于莫桑比克共和国境内，从而依照我国《涉外民事关系法律适用法》第四十一条的规定，判断本案应适用莫桑比克共和国法律作为准据法。并根据查明的莫桑比克共和国法律，对合同效力、款项返还、违约责任进行认定。

二、本案法律查明事项及查明结果

本案当事人委托蓝海查明机构进行了域外法查明并提交了《关于莫桑比克法律的法律报告》，该报告由国际律师协会会员 Pedro Couto 撰写。实践中通过法律意见书的形式提供域外法内容的案件逐渐增多。本案中，经过法院审查及双方确认，需要查明的法律事项为：(1) 莫桑比克共和国法律是否限制个人从事木材出口活动；(2) 根据莫桑比克共和国法律，《购销合同》是否有效；(3)《购销合同》第二条是否有效；(4) 如何处理《购销合同》第四条中所述的提前付款和定金事宜。查明人依据《购销合同》的内容对查明事项进行了逐一分析，并分项进行回应。法律意见书表明：(1)《莫桑比克商法典》及森林和野生动植物相关法律法规未限制个人从事木材出口活动。(2)《购销合同》有效。但是，合同中的某些条文可能违反了莫桑比克共和国法律：合同第六条涉及的付款方法，违反了《莫桑比克外汇管制法》的强制性规定，因此是无效的。(3) 合同第六条关于违约赔偿金为合同总金额 15%的规定存在失当，应予以禁止。(4) 关于合同第四条所述的提前付款和定金问题的意见取决于实际情况，即一方是否违约以及未能在约定时间交付木材是否存在过错，是否导致一方无法履约或延迟履约。不同情形会引发不同的法律后果，应分情况讨论具体适用情形。

三、如何对法律意见书进行审查适用

域外法信息是否已经达到了域外法得到查明的标准，即域外法的查明工作结束，法律意见书可以作为域外法适用的参照，应具有严格标准。域外法查明的过程亦为法律证成的过程。审判人员在启动域外法查明时需向查明人员模拟案件情形，必要时应将有限的案件材料提供给查明人员。在对意见书进行审查认定时不能简单地进行形式上的确认或者按照法院聘请优于当事人聘请、出庭接受质询优于未出庭进行效力优先性排序。审判人员仍然需要履行审慎义务对法律意见书形式及内容进行审查并作出域外法适用的判断。

法律意见书形式上需符合法律规定的要件，比如提交资质证明文件和与当事人无利害关系声明、满足履行公证认证手续、中英文对照文本相符等。如形式要件上存在瑕疵，需告知查明人或委托人及时补充或重做。内容上，陈述的法律规范需要涵摄全部要件事实，内容要素齐备，真实性无误。选取的成文法应包括具体的法律名称、颁行时间、具体条文相关的上位法和下位法规定、一般法和特别法规定、新旧法条的对比。判例法要提供判例全文并说明域外法院说理方式以及法律渊源效力，提供相关裁判要旨的现行规定、判例历史、具体案件的案号及相关索引。

法律规范适用于个案的标准也不是唯一的具体规范，而是众多的关联规范，甚至是作为评价统一体的法律制度。域外法适用时需要明确“但书条款”，考虑法律竞合或交叉适用情形。本案需要查明《莫桑比克商法典》及森林和野生动植物相关法律法规是否限制个人从事木材出口活动，从而判断本案合同效力。查明人员结合实务经验及查明的莫桑比克共和国法律得出结论。本案最终认定蔡某本人并非如其所述不能单独从事木材进出口贸易，莫桑比克共和国法律对于个人作为木材进出口合同义务主体并无禁止性规定。

考虑到不同个体对案件事实与法律规范之间的涵摄关系会产生不同的法律认识，以译者为媒介的翻译角度的差异性同样会造成理解上的差异。审判人员在适用域外法时需要与查明人员及双方当事人充分沟通，确认查明的外国法律的具体含义及与案件的关联性。在对域外法法律原则、法律概念与法律规范准确理解的基础上进行外国法律的适用。法律概念会在不同地域不同时间内发生流变，在阅读和理解法律文本时，审判人员需要理解在域外可能存在与法院地法不同含义的特定法律用语，甚至面临接受法律概念哪一种平义的问题。本案中，莫桑比克共和国不使用合同解除的概念，而为“终止”。因此，审判人员需分析以下两点：第一，分析“终止”与“解除”的用法是否一致。第二，分析法律意见书提供的法律规范的行为模式与法律后果是否与本案事实相符合。法律意见书认为15%的罚款比例超出了莫桑比克共和国法律并提供了相似判例，“10%是法律允许的水平”，审判人员经询问双方当事人及查明人员的意见，确定莫桑比克共和国法律违约赔偿标准与国内法规定并不相同，鉴于该判断并不违背我国的公共秩序，李某某也根据查明内容修改了相应的违约金诉讼请求，一审判决采纳了法律意见书的观点。

编写人：北京市第四中级人民法院　张　玮　高　晶

援引在先案例查明域外法

——A 国某公司诉某科技公司买卖合同纠纷案

【案件基本信息】

1. 裁判书字号

北京市第四中级人民法院（2021）京 04 民初 1275 号民事判决书

2. 案由

买卖合同纠纷

3. 当事人

原告：A 国某公司

被告：某科技公司

【基本案情】

A 国某公司与某科技公司于 2014 年签订《独家代理协议》，其中争议解决条款约定应将争议提交新加坡国际贸易仲裁委员会，按照申请仲裁时该会实施的仲裁规则进行仲裁。A 国某公司因双方在履行合同过程中产生纠纷，向北京市第四中级人民法院提起诉讼，请求判令某科技公司支付款项。某科技公司在答辩期内提出异议，称双方争议应当由新加坡国际仲裁中心进行仲裁，法院应驳回 A 国某公司的起诉。审查中，双方均同意判断仲裁条款效力的准据法应为仲裁地法，即新加坡法律，亦同意法院在先案例中已查明的新加坡法律规定。

【案件焦点】

可否援引在先案例已查明的域外法律对案涉仲裁协议条款的效力作出认定。

【法院裁判要旨】

北京市第四中级人民法院认为：《新加坡国际仲裁法》规定，除非仲裁协议无效、不能实行或不能履行，新加坡法院必须认可仲裁协议的效力，并将所有的与仲裁协议之下事项相关的法律程序予以中止。在新加坡法律下，只要当事人仲裁的意思表示在仲裁协议中是明确的，没有约定仲裁机构的临时仲裁协议也可以是有效并被支持的。案涉《独家代理协议》虽约定了不存在的仲裁机构，但双方将争议交由仲裁机构进行仲裁的意思表示是明确的，故双方之间的仲裁条款有效。

北京市第四中级人民法院判决如下：驳回 A 国某公司的申请。

【法官后语】

本案准确适用关于涉外仲裁协议效力审查的准据法法律规定，确定诉争仲裁协议效力的准据法应为新加坡法律，并创新性地援引在先案例已查明的新加坡法律对案涉仲裁协议条款的效力作出有效认定，极大缩短了案件外国法查明耗时，提升了外国法查明的效率，且该案对于援引在先案例已查明的新加坡法律征询双方当事人意见并核实该法律是否存在修改变化，确保查明法律的准确性，对解决涉外审判实践中外国法查明难题具有非常重要和极具价值的借鉴意义。本案对仲裁协议效力主动审查，及时释明当事人向仲裁机构申请仲裁，充分体现了司法对仲裁的支持，展示了中国法院为推进国际化法治化营商环境所作的努力。

编写人：北京市第四中级人民法院　梅　宇

利益衡量下的任意解除权行使限制

——韩国某公司诉某传媒公司承揽合同纠纷案

【案件基本信息】

1. 裁判书字号

北京市第四中级人民法院（2018）京04民初304号民事判决书

2. 案由

承揽合同纠纷

3. 当事人

原告（反诉被告）：韩国某公司

被告（反诉原告）：某传媒公司

【基本案情】

韩国某公司与某传媒公司于2015年12月签订《后期CG特效制作合同》，约定由韩国某公司负责电视剧后期CG特效制作，包括该剧前五集剧本中全部场次的CG特效制作，及剧中出现的三个动物的CG特效制作，并约定酬金1200万元。合同约定阶段性付款方式。CG特效合同签订后，某传媒公司共计向韩国某公司支付CG特效制作费600万元。韩国某公司交付的CG特效制作工作量为125分钟20秒。韩国某公司请求判令某传媒公司继续履行合同，支付韩国某公司600万元特效制作费，并支付因逾期付款给韩国某公司造成的损失赔偿金等。某传媒公司以韩国某公司逾期交付工作成果、工作成果不符合标准、将合同项下的工作内容转委托给第三方为由提起反诉。反诉诉讼请求：解除《后期CG特效制作合同》；韩国某公司返还某传媒公司已支付的特效制作费；赔偿某传媒公司违约金；韩国某公司向某传媒公司开具已经支付款项的增值税发票；等等。

【案件焦点】

在承揽人完成工作成果并交付之后，定作人是否仍享有任意解除承揽合同的权利。

【法院裁判要旨】

北京市第四中级人民法院认为：关于本案承揽标的的认定，CG 特效合同明确约定韩国某公司系电视剧后期 CG 特效制作公司之一，合同仅约定由韩国某公司负责前五集剧本中全部场次的 CG 特效制作，及剧中出现的三个动物的 CG 特效制作。至于前五集剧本中全部场次的 CG 特效制作在剧中具体包含什么内容，CG 特效合同并未明确约定，双方当事人后续亦未能就此进行协商，某传媒公司认为韩国某公司对未能完成 CG 特效制作的意见，因 CG 特效合同并未明确约定其主张的内容属于作为特效制作公司之一的韩国某公司需要进行特效制作的范畴，且在某传媒公司已按合同约定支付 600 万元承揽费用的情形下，某传媒公司的上述主张缺乏事实依据。关于韩国某公司交付的工作成果是否在数量、质量上与 CG 特效合同约定不符的认定，CG 特效合同中并未明确约定韩国某公司应完成的工作成果的数量、制作质量标准，且双方后续未能就此进行协商，某传媒公司主张韩国某公司制作和交付的特效数量应为 281 分钟 14 秒，缺乏事实依据。某传媒公司主张韩国某公司制作和交付的工作成果无法达到特效行业的制作标准，更无法达到播出效果，特效行业并无明确的制作行业标准，且电视剧已播出，故上述意见缺乏事实依据。CG 特效合同未明确约定具体的工作成果交付时间，韩国某公司按照合同约定完成了承揽合同约定的工作成果并进行了交付，某传媒公司关于韩国某公司迟延交付工作成果的答辩意见并无相应证据支持。故某传媒公司应按 CG 特效合同的约定向韩国某公司支付尚欠 CG 特效制作费用 600 万元并支付逾期付款损失的主张，法院予以支持。

关于某传媒公司反诉要求解除 CG 特效制作合同的请求，因 CG 特效合同约定的工作成果已经实际完成并交付，某传媒公司无证据证明 CG 特效合同的履行过程存在上述法定解除事由，故对某传媒公司请求解除 CG 特效合同的反诉请求，法院不予支持。

某传媒公司要求韩国某公司退还194.16万元CG特效制作费并支付360万元违约金的反诉请求，如前所述，某传媒公司不能证明韩国某公司在履约过程中存在违约行为并给某传媒公司造成了严重损失，故对某传媒公司的上述反诉请求法院不予支持。某传媒公司要求韩国某公司开具已支付300万元款项的增值税发票的反诉请求，因CG特效合同就增值税发票有明确约定，韩国某公司应根据我国2010年《发票管理办法》第三十三条的规定，向某传媒公司出具其所注册的国家大韩民国的增值税发票。故对某传媒公司该项反诉请求法院予以支持。

北京市第四中级人民法院判决如下：

（1）被告（反诉原告）某传媒公司于本判决生效后十日内向原告（反诉被告）韩国某公司支付人民币600万元及占压资金期间的损失；

（2）原告（反诉被告）韩国某公司于本判决生效后十日内向被告（反诉原告）某传媒公司出具已付款人民币300万元的增值税发票。

【法官后语】

本案在一审审理时，《民法典》尚未实施，故法院主要依照《民法总则》《合同法》的相关规定作出裁判。本案涉及的是近年来影视行业兴起的CG特效制作合同。CG为Computer Graphics（计算机图形学）的英文缩写。CG特效是用计算机制造出来的假象和幻觉，是电影特效的一种，当传统特效手段无法满足影片要求时，需要用CG特效来实现，CG特效几乎可以实现所有人类能想象出来的效果。CG特效主要分为三维特效和合成特效两种。CG特效制作合同符合承揽合同的五个特征，属于一种新型承揽合同。具体到本案，承揽标的为前五集剧本中全部场次的CG特效制作，及剧中出现的三个动物的CG特效制作。在韩国某公司起诉某传媒公司支付600万元的特效制作费后，某传媒公司作为定作人向韩国某公司提起反诉，主张解除承揽合同。合同的解除是指合同有效成立后，当具备合同解除条件时，因当事人一方或双方的意思表示而使合同关系自始消灭或向将来消灭的一种行为。合同的解除方式包括协议解除和法定解除。任意解除权，是指合同一方或双方可以不需要任何理由无条件地解除已经成立的合同。与法定解除权和约定解除权的享有必须满足一定的条件不同，任意解除权的行使无须满足任何条件，当事人就可以随时行使。关于任意解除权的问题，《合同法》总则并没有涉及，但通常被认为属于法定解除的一种情形，且仅限于《合同法》分则中所涉及的特殊主体才享有，如承揽合同中的定作人。《合同法》第二百六十八条规定，“定作人可以随时解除承揽合同，造成承揽人损失的，应当赔偿损失”。从该条可以看出，定作人享有的任意解除权没有时限的要求。但本案中，承揽人韩国某公司已经向定作人某传媒公司交付了125分钟20秒的CG特效，运用该特效技术的相关电视剧已于2016年7月31日播映，某传媒公司已从承揽人交付的工作成果中获取了收益。法院如果仅仅按法条的字面意思机械适用任意解除权，支持解除承揽合同的话，对于忠实履约的承揽人来说是非常不公平的。

司法中的任何决定均属于价值判断、利益衡量的过程。利益衡量属于一种司法裁判中以追求客观立法目的为倾向的一种裁判考量行为。在民事案件审判过程中，机械适用法律有可能对当事人不公平时，法官需要考虑如何从民法、合同法的基本原则确立价值判断标准，在现有法律规定的基础上进行利益衡量，平衡双方当事人权利和义务。在本案裁决过程中，适用了价值判断、利益衡量的裁判方法。最终认定在承揽人完成工作成果并交付之后，定作人不享有任意解除承揽合同的权利。

编写人：北京市第四中级人民法院　王　翔

尊重当事人援引国际仲裁软法规则依法界定仲裁披露事项范围

——某机械公司与某科技公司申请撤销仲裁裁决案

【案件基本信息】

1. 裁判书字号

北京市第四中级人民法院（2021）京04民特716号民事裁定书

2. 案由

申请撤销仲裁裁决

3. 当事人

申请人：某机械公司

被申请人：某科技公司

【基本案情】

2019年4月，国际商会国际仲裁院香港办公室受理了某机械公司与某科技公司的仲裁案，双方仲裁协议约定的仲裁地为中国北京。仲裁期间，独任仲裁员曾就争议程序安排及处理作出了三份《程序令》及一份《程序时间表》，明确了独任仲裁员和双方当事人均接受《国际律师协会国际仲裁取证规则》的指导，但不受其约束；准予了某科技公司延期60天提交证人证言的申请，驳回了某机械公司关于延长两周提交回复证人证言时间的申请；驳回了某机械公司逾期提交的额外文件披露申请。2021年2月26日，国际商会国际仲裁院香港办公室就该案作出裁决。2021年9月，某机械公司以涉案仲裁裁决仲裁程序违法为由，向北京市第四中级人民法院提出撤裁申请，就独任仲裁员应否披露其与某科技公司的仲裁代理人曾几次参加同一研讨会等经历，双方当事人在撤销仲裁裁决的申请与答辩意见中，均引用了《国际律师协会国际仲裁利益冲突指引》的规定。

【案件焦点】

当事人能否援引国际仲裁软法规则；仲裁披露事项范围的界定。

【法院裁判要旨】

北京市第四中级人民法院认为：涉案仲裁裁决不存在某机械公司主张的违反《第 1 号程序令》及双方接受指导的《国际律师协会国际仲裁取证规则》等程序违法情形；现有证据不能证明独任仲裁员与某科技公司的仲裁代理人存在私人朋友关系，独任仲裁员与某科技公司的仲裁代理人曾参与同一会议、研讨会或讲座，系《国际律师协会国际仲裁利益冲突指引》中的绿色清单范围内的事项，不在仲裁员需要披露的事项范围中；某机械公司对于其主张的多项程序违法事项所指向的具体情形，在仲裁期间已知或者应知，但均未提出过异议，且向仲裁庭明确表示涉案仲裁程序系按规则进行，其再主张仲裁程序违法，不能得到支持。

北京市第四中级人民法院裁定如下：驳回某机械公司的申请。

【法官后语】

本案系我国首例申请撤销境外仲裁机构以我国内地为仲裁地作出的仲裁裁决案件，是国内申请撤销国际商会国际仲裁院仲裁裁决第一案，也是明确国际商事仲裁中通行的指导性准则在我国仲裁司法审查实践中地位及适用的首案，在我国仲裁司法审查领域具有重要意义。国际商事仲裁作为“一带一路”倡议中的争议解决重要方式，本案明确了“仲裁地”作为判断仲裁裁决国籍属性的标准，以及尊重当事人援引的国际商事仲裁软法界定仲裁披露事项范围，充分体现了司法对标国际规则，对国际仲裁保持开明和支持的立场，展示了我国仲裁友好型司法环境形象，有助于推进“一带一路”倡议的广泛和深入参与，营造国际一流的法治化营商环境，推动我国更高水平对外开放。

编写人：北京市第四中级人民法院　于颖颖

根据《纽约公约》承认和执行外国仲裁裁决的法律适用

——某研究院与某航空公司申请承认和执行外国仲裁裁决案

【案件基本信息】

1. 裁判书字号

北京市第四中级人民法院（2018）京 04 协外认 31 号民事裁定书

2. 案由

申请承认和执行外国仲裁裁决

3. 当事人

申请人：某研究院

被申请人：某航空公司

【基本案情】

某研究院与某航空公司于 2013 年 7 月 9 日签订了《勘测合同》。《勘测合同》生效后，某研究院完成了合同约定的建筑设计方案编制工作，但某航空公司未履行支付义务，双方在合同中约定了仲裁条款，因此某研究院将争议提交至白俄罗斯工商会国际仲裁院，向对方索赔 1 797 004.4 美元。某航空公司不同意仲裁请求，要求仲裁庭予以驳回并提出反诉。仲裁庭对本诉和反诉进行了合并审理并于 2017 年 6 月 30 日作出第×××号仲裁裁决，支持某研究院要求某航空公司偿付主要合同债务 1 797 004.4 美元的主张，并驳回了某航空公司要求某研究院赔偿损失 1 549 099.66 美元、各项费用 19 824 896 元人民币和附加费用 37 260.07 元人民币的反诉请求。仲裁院于 2017 年 8 月 11 日向某航空公司邮寄送达了仲裁裁决书，根据裁决内容，某航空公司应在收到仲裁书之日起5日内履行给付义务。由于某航空公司未在上述期限主动履行给付金钱义务，某研究院于2018年7月31日向法院申请承认和执行外国仲裁裁决。

【案件焦点】

仲裁裁决是否存在法定不予承认和执行的情形。

【法院裁判要旨】

北京市第四中级人民法院认为：首先，涉案裁决解决的是某研究院与某航空公司之间因履行所签订的《勘测合同》而发生的争议，该争议事项系发生于平等的商事主体之间，故属于商事法律关系，故应依据《承认及执行外国仲裁裁决公约》（又称《纽约公约》）进行认可与执行。其次，仲裁裁决所涉争议事项性质属于某航空公司与某研究院之间的民事纠纷，而某航空公司系独立承担民事责任的企业法人，故承认案涉裁决不存在危害我国的社会公共秩序和国家、社会公共利益的情形。最后，在仲裁程序中，某航空公司通过信函及答辩状指定了仲裁员，某航空公司的代理人参加了全部三次仲裁庭审，故仲裁院保障了某航空公司指定仲裁员、参与仲裁庭审应诉答辩的权利。综上，《裁决书》不存在《纽约公约》第五条规定的可以拒绝承认的情形。

北京市第四中级人民法院裁定如下：

承认和执行白俄罗斯工商会国际仲裁院于2017年6月30日所作的第×××号仲裁裁决。

【法官后语】

仲裁作为一种便捷、高效的争议解决方式近年来越发在国际商事领域受到重视。有相当数量的中外商事合同中约定有仲裁条款，关于仲裁机构的选择也完全遵从当事人的意思自治，并不像诉讼管辖条款有地域或连接点等限制。但在这种背景下，如果发生争议后根据双方仲裁条款的约定，在一国进行仲裁，但之后需要在另一国解决执行问题时就需要进行仲裁裁决的承认与执行程序。

本案就是一起典型的申请承认与执行涉外仲裁裁决的案件。根据《纽约公约》第一条的规定，由自然人或法人之间的争议而引起的仲裁裁决，在一个国家的领土作成，而在另一个国家请求承认和执行时，适用本公约。在一个国家请求承认和执行这个国家不认为是本国裁决的仲裁裁决时，也适用本公约。结合本案情况，案涉仲裁裁决系在白俄罗斯境内工商会国际仲裁院作出，而我国与白俄罗斯均为《纽约公约》的缔约国，因此我国申请承认和执行该仲裁裁决需依据《纽约公约》的相关规定，法院需要对案涉争议事项的性质、仲裁员的选择、仲裁程序的合法性等进行审查和认定。依据公约的规定，在中国法院申请承认和执行外国仲裁裁决，申请人可以是双方的任何一方，本案的申请人为外资一方白俄罗斯企业。经法院审查后认为裁决书不存在《纽约公约》第五条规定的可以拒绝承认的情形，因此裁定承认和执行该仲裁裁决，申请人白俄罗斯企业可凭借该仲裁裁决直接在我国法院申请执行。

本案中，人民法院准确适用公约规定，依法处理纠纷，既彰显了我国法院对中外投资者合法权利给予平等保护的司法态度，同时也提示合同双方要遵守契约精神，遵循诚实信用原则，按照合同约定履行各自合同义务，达到互利共赢的根本目的。本案对中外投资者的合法权益给予平等保护，对统筹推进国内法治和涉外法治具有重要意义。

编写人：北京市第四中级人民法院　茹　莹

促成涉“一带一路”重点工程项目案件调解

——某工程公司与某机电公司买卖合同纠纷两案

【案件基本信息】

1. 裁判书字号

北京市第四中级人民法院（2021）京04民初94号民事调解书、（2021）京04民初746号民事调解书

2. 案由

买卖合同纠纷

3. 当事人

原告：某工程公司

被告：某机电公司

【基本案情】

94号案件：原告（反诉被告）某工程公司诉称，为建设×××燃煤电站项目，某工程公司与某机电公司签署三份采购合同（以下简称《采购合同》），向某机电公司采购一次风机、二次风机、引风机、给水泵、凝结水泵各8台。根据《采购合同》及其附件技术协议的约定，某机电公司“负责合同设备的性能保证”，确保上述设备能够长期安全稳定运行。然而，上述设备在运行过程中出现了一次风机、二次风机存在严重的非正常震动及噪音严重超标以及引风机、给水泵、凝结水泵噪音严重超标等严重质量问题，致使案涉项目至今未获得业主验收。某工程公司请求判令：（1）某机电公司赔偿某工程公司因修复一次风机、二次风机、引风机、给

水泵、凝结水泵存在的严重质量问题所支出的费用34 645 769.39元以及相应的利息损失；（2）判令某机电公司赔偿某工程公司因噪音超标问题产生的惩罚性违约金3 583 240元。

被告（反诉原告）某机电公司辩称，第一，某工程公司无有效证据证明答辩人提供的设备存在质量问题。仅一台设备存在机壳裂缝情况，这并非产品缺陷，其修复甚至更换均非常简单易行，不至引发必须更换风机的后果。某工程公司作为风机降噪义务人，未提供证据证明其已对全部风机实施了加装降噪装置的措施。第二，某工程公司以电动机存在问题作为更换风机的理由系有意扩大损失的行为，且不符合常理。第三，某工程公司违反双方生效合同约定的责任承担方式，向某机电公司转嫁业主的不合理诉求所带来的损失于法无据，严重违反了公平原则。第四，某工程公司提出的诉求已超出质保责任范围，且提出时间已超质保时限。进入项目质保期后，某机电公司多次要求某工程公司尽快结算，并及时付款，但某工程公司均以其与项目业主存在纠纷等理由拒绝结算和进一步的付款。截至某机电公司提出反诉之日，某工程公司仍拖欠某机电公司包括交货款、初步移交款、质保金合计15 981 764.88元，故反诉请求：某工程公司支付某机电公司所欠合同款项10 900 000元及逾期付款违约金5 081 764.88元。

746号案件：原告某机电公司诉称，某机电公司与某工程公司签订了一份压型钢板及阀门成套采购合同，总价款为14 898万元，某机电公司已按合同约定交付了标的物，但截至目前某工程公司尚欠款1489.8万元。故诉请法院判令某工程公司给付拖欠某机电公司货款14 898 000元及相应利息。

被告某工程公司辩称，某机电公司供应的阀门存在严重的内漏缺陷，严重违约。按照采购合同的约定，某工程公司向某机电公司支付质保金的条款并未成就。

【案件焦点】

调解解决两案争议，合力推进海外项目。

【法院裁判要旨】

北京市第四中级人民法院认为，两案均系某工程公司为履行其中标的

×××水电工程项目向某机电公司采购大型机电设备，双方履行合同产生争议。×××水电工程项目是我国高质量共建“一带一路”倡议实施后，我国企业在非洲重点建设的第一个水电重大工程项目。该项目的顺利施工直接影响中国企业在整个非洲市场的声誉。而某工程公司与某机电公司在两案中的核心争议为设备的震动、噪音问题是哪一方的责任。对此，双方在合同履行过程中针对上述问题召开过专家论证会，与会专家对于上述问题的责任原因意见不一。因此，诉讼过程中要确定设备是否存在质量问题并判定相应责任，必须委托鉴定机构在疫情允许以及该水电工程机组整体停修的时间赴×国进行鉴定，实施难度大、成本高，且对项目的正常运行有相应影响。

案件审理过程中，经北京市第四中级人民法院组织调解，双方当事人达成调解协议如下：（1）某工程公司在2023年2月8日前给付某机电公司1080万元，双方就×××项目不再产生任何争议。（2）（2021）京04民初94号案件受理费242 342元，调解后减半收取121 171元，由某工程公司负担。反诉费117 691元，调解后减半收取58 846元，由某机电公司承担。（3）（2021）京04民初746号案件受理费111 188元，调解后减半收取55 594元，由某机电公司承担。

【法官后语】

这两起案件的双方当事人互为原被告，供货合同履行周期长、证据庞杂、争议十分复杂，且涉及大型机电设备的境外质量鉴定，具有很大的审理难度。承办法官在充分阅卷的基础上，与合议庭成员、审判团队进行多次研讨，研究明确审判思路。在审理过程中，承办法官组织双方当事人就噪音超标等专业技术问题进行多轮证据交换，梳理产品文件和技术协议，聚焦双方争点，查找专业资料辨析产品问题成因。通过梳理发现，虽然双方在涉案合同履行上的争议已存在一段时间，但后续还有很多合作项目并不以涉案合同争议解决为前提，且本次争议也并非完全不可调和，倘若双方“紧咬不放”将严重影响接下来的合作，也会徒增海外项目的成本，需要找到更好更快的办法，为两个企业减负、松绑，使它们能够把更多的精力投入技术升级，实现长远的发展。为了加快纠纷解决、推动项目建设继续，梅宇法官带领团队，拉上双方律师、企业领导进行了多轮协商。“根据现有证据，案涉设备的噪音及震动问题目前仍存在技术鉴定上的客观障碍，供应方的制造、运输以及使用方的安装、调试均有可能造成噪音问题，很难认定到底是哪一方的责任”，承办法官建议，两家企业应该着眼于服务“一带一路”倡议，本着提升中国企业在外形象的目标，搁置噪音问题的责任争议，持续推进后续合作实现共赢。“搁置不等于不解决，我们对双方的争议点已经充分了解，也制定了相应的解决办法，希望咱们能够坐下来，正式的来沟通一下调解方案。”

在多轮协商的基础上，双方当事人的关系也逐渐回暖。见机会成熟，承办法官带领审判团队专程去到某工程公司在北京的办公地组织双方进行现场调解，最终促成两家企业握手言和，不仅就两案达成了调试更新涉案设备、共同攻关技术难题等一揽子的调解方案，还推动双方就继续深化合作达成了共识。“与国内项目相比，海外工作项目面临的法律风险更具特殊性。”调解过程中，承办法官还就两家企业“走出国门”开展涉外工程项目、进行商务合作可能遇到的法律风险提出了防范建议。

调解协议达成后不久，某工程公司即依照协议主动履行了给付义务，双方达成的调解协议已全部履行完毕。让人惊喜的是，双方企业共同制作了一面锦旗送到了法院。“倾心调解助力企业扬帆远航，业务精湛化解争议定分止争，这是我们两家的心声，非常感谢法官!”将锦旗递到承办法官手里后，两家企业都表示今后一定会共同塑造好中国制造的对外形象，通过技术升级推动中国企业的不断进步。

两案系两家中国企业参与“一带一路”建设而引发的合同纠纷。两家企业为解决争议需投入大量人力精力，且双方争议的震动、噪音超标问题属于该类大型机电设备的一项技术难题。在厘清双方基本事实和争议的基础上，法院建议两家企业着眼于服务“一带一路”倡议，本着提升中国企业制造能力的目标，搁置个案责任争议，最终两案一并成功调解，双方达成了调试更新涉案设备、共同攻关技术难题等一揽子调解方案，彻底解决双方之间持续多年的纠纷，为两家企业减负、松绑，使它们能够把更多的精力投入技术升级方面，推动企业更好地发展。该案为商事争议调解解决提供了良好示范，同时也为深化国家“一带一路”倡议推进，打造首都法治化、国际化营商环境，服务“两区”建设方面贡献力量。

编写人：北京市第四中级人民法院　梅　宇

经验交流

竞技体育纠纷解决机制的衔接与完善

——以体育仲裁制度为切入点

马　军*　马志文**

前　言

在我国当前体育竞技繁荣景象背后，与之有关的竞技运动、人才流动、裁判活动等体育争端也随之出现。由于我国法律、行政法规、司法解释、行业规则等均未对竞技体育纠纷的界限、范围以及不同争议解决机构的职责权限等作出明确规定，实践中的处理方式不统一，由此也引发了竞技体育纠纷解决之外的新问题。2022 年《体育法》修订增设体育仲裁专章，规定设立体育仲裁委员会以解决相关问题，为以仲裁方式公正高效解决竞技体育纠纷提供了制度支撑，也对促进竞技体育运动事业健康有序发展提供了有力保障。但是，《体育法》对体育仲裁界限和范围多为原则性规定，存在较大的解释空间，这也直接导致了竞技体育纠纷解决受案范围不明确、管辖权交叉重叠等问题，不仅涉及体育仲裁与其他涉体育纠纷解决方式的衔接，还涉及体育仲裁与其他领域仲裁的衔接。在我国体育仲裁要接受司法审查的制度框架下，明确竞技体育纠纷的受案范围和各种程序间的衔接是构建并完善体育仲裁体系、妥善处理竞技体育纠纷的应有之义。

* 马军，北京市第四中级人民法院民事审判庭（北京国际商事法庭）庭长。

** 马志文，北京市第四中级人民法院民事审判庭（北京国际商事法庭）法官助理，法学博士。

一、竞技体育纠纷案件范围类型分析与纠纷解决途径评述

竞技体育纠纷的解决途径应当在体育纠纷解决制度框架下进行研究，明确体育纠纷的受案范围是准确划定竞技体育纠纷受案范围的必要前提。

（一）体育仲裁受案范围的立法体系解析

《体育法》修改后，我国体育纠纷解决机构在体育组织内部纠纷解决机构、劳动仲裁委员会、商事仲裁委员会、国际体育仲裁机构和人民法院的基础上，又新增设了体育仲裁委员会。体育纠纷发生后，当事人不仅可以向传统纠纷解决机构诉诸权利救济，还可以将符合体育仲裁条件的案件提交体育仲裁委员会仲裁，使当事人合法权利能够得到覆盖程度更高的保护。从争议解决方式的性质来看，体育仲裁作为商事仲裁的一种特殊类型，应当符合商事仲裁的一般规律和原则。但实践中，体育活动和体育事业的内部组成具有复杂性和多样性的特点，诸多事务、事项并不具备商事活动的一般特征，而是表现出明显的竞赛性质和人身属性特征，并且各种因素相互交织，难以实现彻底分离。在这一情况下，如何准确理解可被进行体育仲裁的事项，是体育仲裁得以顺利进行的基本前提。

《体育法》第九十二条规定："当事人可以根据仲裁协议、体育组织章程、体育赛事规则等，对下列纠纷申请体育仲裁：（一）对体育社会组织、运动员管理单位、体育赛事活动组织者按照兴奋剂管理或者其他管理规定作出的取消参赛资格、取消比赛成绩、禁赛等处理决定不服发生的纠纷；（二）因运动员注册、交流发生的纠纷；（三）在竞技体育活动中发生的其他纠纷。《中华人民共和国仲裁法》规定的可仲裁纠纷和《中华人民共和国劳动争议调解仲裁法》规定的劳动争议，不属于体育仲裁范围。"上述条款通过"列举、兜底、排除"的方式，规定了可以提起体育仲裁的范围，并且与《体育法》第九十五条、第九十六条以及《体育仲裁规则》第四条、第十条、第十一条、第十二条、第十三条、第十四条共同构建了体育仲裁受案范围体系，为涉体育纠纷的范围界定提供了立法依据。其中，"列举"的内容是可以进行体育仲裁的事项，"兜底"的内容是将其他未列举的可以进行体育仲裁的事项限定在竞技体育活动领域，"排除"是明确

体育仲裁与其他仲裁的界限。由于立法规定较为原则以及实践具体样态多样化，对于体育仲裁与其他仲裁受案范围的区分仍然存在争议。

（二）竞技体育纠纷类型及其可仲裁性

现阶段，对于竞技体育纠纷的类型划分主要存在两种模式，一种是竞技型、合同型、惩戒型、管理型①，另一种是商业性、惩罚性、竞技性②。上述两种类型划分均具有一定程度的合理性，也同时存在因划分标准不明确而未能实现包含范围周延的问题。对此，笔者认为，《体育法》对体育仲裁事项的列举和排除为厘清竞技体育纠纷的范围提供了原则指导和理念指引，本文将以《体育法》的具体规定为基础，根据实践中竞技体育所涉及的具体领域，将竞技体育纠纷划分为商事、工作、管理、技术、侵权五类。

1. 涉体育商事类竞技体育纠纷

涉体育商事类竞技体育纠纷是因涉竞技体育商事合同的订立、履行、解除等而产生的争议，主要包括涉竞技体育赛事承办合同纠纷、赞助合同纠纷、广告合同纠纷、授权转播合同纠纷、授权冠名合同纠纷、竞技体育经纪合同纠纷、运动场馆租用合同纠纷等。由于这一类型的纠纷具有明显的商事活动特征，属于《仲裁法》规定的商事仲裁范畴。根据《体育法》第九十二条第二款的规定，商事纠纷不属于体育仲裁范围，故而上述纠纷应当由符合《仲裁法》规定的仲裁机构管辖。实践中关于这一类型纠纷管辖的争议较少。

2. 涉体育工作类竞技体育纠纷

涉体育工作类竞技体育纠纷是在涉体育劳动关系、劳务关系、雇佣关系的建立、维持和解除中所产生的纠纷，主要包括体育俱乐部与教练员、运动员之间的聘用、解约、违约、赔偿、补偿等争议。这一类型的纠纷与劳动纠纷存在一定程度上的竞合。根据《体育法》第九十二条第二款的规定，劳动争议纠纷不属于体育仲裁的受案范围，但是由于相关合同中往往

① 参见李宗珍：《体育仲裁制度受案范围完善路径探究》，载《吉林工程技术师范学院学报》2018 年第 9 期。

② 参见黄可：《我国体育仲裁受案范围研究》，载《当代体育科技》2020 年第 2 期。

会涉及聘用、雇佣、劳动、培训等多种法律关系，而且部分体育行业协会要求相关合同中必须约定有仲裁条款，因此在实践中难以准确认定合同性质，在适用仲裁时也极易引发争议。

3. 涉体育管理类竞技体育纠纷

涉体育管理类竞技体育纠纷是因体育行政管理机关、体育组织、赛事活动组织所作出的具有管理性质的行为而产生的纠纷，主要包括纪律处罚纠纷、注册交流纠纷、资格代表纠纷三种具体类型。纪律处罚纠纷是指因体育组织、运动员管理单位、赛事活动组织单位按照兴奋剂管理规定等所作出的取消参赛资格、取消比赛成绩、禁赛等决定而引发的纠纷。例如，《冰雪项目运动员国际注册参赛管理办法（试行）》第十四条规定："对违反本办法规定的运动员，视情节轻重给予当事人停止国际比赛、罚没兴奋剂违规抵押金、停止 1 至 4 年注册资格直至取消终身注册资格等处罚措施。"注册交流纠纷是指竞技体育运动员在体育俱乐部等单位注册、交流过程中产生的纠纷，以及因注册交流影响参加赛事产生的纠纷。资格代表纠纷是指因申请参加赛事活动人员的准入资格或者代表权所产生的纠纷。这一类型的纠纷具有体育管理的专业性，根据《体育法》第九十二条的规定属于体育仲裁的范围。

4. 涉体育技术类竞技体育纠纷

涉体育技术类竞技体育纠纷是指因体育竞技比赛的参赛单位、教练员、运动员不服技术裁判而产生的纠纷。一般认为，这一类型的纠纷涉及专业标准、技术的评价与执行，属于竞技体育的裁量权范畴，不应进行仲裁、诉讼。但是也有观点认为，"对于明显的、有违体育运动常识的误判、漏判等主观故意行为应纳入体育仲裁的受案范围"①。对此，《体育法》并未明确列举，但是也未排除适用"兜底条款"。

5. 涉体育侵权类竞技体育纠纷

涉体育侵权类竞技体育纠纷是指体育运动赛事参与主体的生命健康权、名誉权、肖像权、知识产权等因受到侵犯或者损害而产生的纠纷。这一类型的纠纷产生于平等主体之间，在解决时主要适用《民法典》《商标

---

① 徐士韦、倪京帅、时维金：《体育仲裁的适用范围分析》，载《体育科研》2019 年第 4 期。

法》等法律法规。根据侵权纠纷一般以人民法院管辖为主的基本原则，这一类型的纠纷往往无法通过体育仲裁解决。

上述五种类型的纠纷所涉领域不同，具体性质也有所差异。笔者认为，涉体育商事类竞技体育纠纷是《体育法》明确排除的不能进行体育仲裁的事项，不具有可以进行体育仲裁的可能性；涉体育技术类竞技体育纠纷和涉体育侵权类竞技体育纠纷目前不宜纳入体育仲裁的受理范围，但也不排除今后随着体育仲裁理念和实践的发展，由“兜底条款”纳入体育仲裁的范围内；涉体育工作类竞技体育纠纷和涉体育管理类竞技体育纠纷虽然属于可以进行体育仲裁的范围，但是与人民法院诉讼、商事仲裁、劳动争议等存在管辖范围的交叉，需要进一步论证。下文将以体育仲裁与其他程序的衔接为基本结构，研究竞技体育纠纷解决机制的衔接与完善。

二、体育仲裁与体育组织内部纠纷解决机制的衔接

根据《体育法》第九十五条的规定：“鼓励体育组织建立内部纠纷解决机制，公平、公正、高效地解决纠纷。体育组织没有内部纠纷解决机制或者内部纠纷解决机制未及时处理纠纷的，当事人可以申请体育仲裁。”《体育法》第九十六条规定：“对体育社会组织、运动员管理单位、体育赛事活动组织者的处理决定或者内部纠纷解决机制处理结果不服的，当事人自收到处理决定或者纠纷处理结果之日起二十一日内申请体育仲裁。”上述规定将体育组织内部机构处理作为体育仲裁的前置条件，在两种程序之间构建了衔接机制。但实践中，在体育组织内部解决纠纷时存在一定难度。

（一）体育组织内部纠纷解决机制现状

根据国际惯例，内部处理是解决体育纠纷的先决条件。一般而言，体育纠纷在产生后会在行业协会中先行解决。例如，国际体育仲裁法庭《体育仲裁规则》规定：“根据联合会、协会或体育组织有关机构规定或仲裁协议，用尽上述机构可用的法律救济，可对上述机构的决定提出上诉。”①

---

① 孙彩虹：《构建多元化体育纠纷解决制度》，载《中国社会科学报》2021年9月8日，第4版。

《体育法》遵循了“用尽内部救济”的基本原则，以“保证体育行为独立性，满足纠纷解决专业性需求，还在一定程度上促使各体育协会内部纠纷治理的法治化发展”①。

根据“中华全国体育总会官网”的查询，我国共有68个体育协会，其中包括32个单项体育协会。截至目前，已有10个单项体育协会内部设立了专门解决体育纠纷的机构，被命名为“仲裁委员会”“纪律仲裁委员会”“法律仲裁委员会”等。中国足球协会、中国篮球协会等已经制定了相应的仲裁规则，将解决纠纷的范围规定为处罚、注册、准入、转会、租借、参赛资格、工作合同、经纪人合同等。但是，绝大部分体育协会没有设立内部仲裁机构或者制定相应规则，制度机制建设滞后，处理经验不足。以当前体育协会内部机构设置的普遍情况为基础，有学者提出，“各体育协会的内部仲裁，中立性和独立性明显不足，常常招致对其仲裁规则的合法合理性、仲裁专业化程度的质疑，且其裁决的对外法律效力往往也难以经受住挑战”②。就专门针对竞技体育的单项体育协会而言，目前我国有中国滑冰协会、中国滑雪协会、中国冰球协会。其中，中国冰球协会制定了《中国冰球协会章程》和《中国冰球协会道德与纪律准则及处罚规定（试行）》（以下简称《冰球协会纪律规定》），设立了“纪律与仲裁委员会”，负责道德与纪律及处罚。

总体而言，有关竞技体育纠纷的内部处理主要存在以下问题：一是程序规则面向单一且细化不足。例如，《冰球协会纪律规定》主要以纪律处罚为主，缺乏处理工作合同等方面纠纷的规定，以及虽然针对竞技体育专项赛事组织设立了仲裁委员会，允许运动员对运动成绩和判罚申请仲裁，但是并未明确其与体育仲裁之间的关系。二是体育机构内部处理的管辖范围与体育仲裁衔接不明确。例如，《冰球协会纪律规定》适用于“国际国内竞赛、训练、培训、考试、交流、商务等活动”，但缺乏具体规则指引如何处理冰球协会内部处理与体育仲裁的程序衔接。三是在竞技体育高度

① 刘韵：《体育强国建设背景下我国体育纠纷多元解决机制的建构——兼评新〈体育法〉“体育仲裁”章》，载《中国体育科技》2022年第9期。

② 李智：《修法背景下我国独立体育仲裁制度的设立》，载《法学》2022年第2期。

依赖国际标准和国际规则的情况下[①]，现阶段的体育内部纠纷解决机构缺乏与国内外体育仲裁衔接的制度保障。例如，滑冰、滑雪领域未设立专门的内部纠纷解决机构，冰球领域未及时根据新修订的《体育法》修改规则。四是体育仲裁与体育组织内部纠纷解决机制在确定当事人主体和争议范围的衔接规则方面存在不足。例如，根据《冰球协会纪律规定》的规定，主体主要包括运动员、赛区组委会或组织单位、技术官员、裁判员、教练员、经纪人等，处罚范围主要包括违反体育精神的动作、打架斗殴、考试作弊、未完成比赛各项礼仪等。其中，赛场秩序混乱的主要处罚对象是赛区，不诚信经营的主要处罚对象是组织比赛的组织或者自然人以及不符合行业标准的器械、材料的生产者或者经营者。

为促使体育组织内部解决纠纷的前置制度设计发挥应有作用，免于流于形式，应当以《体育法》的规定为基础，从体育组织内部机构设置的合理性和有效性出发，兼顾处理纠纷和前置体育仲裁两项要求，不断完善相关制度、规则，推动体育组织内部纠纷解决机制的快速发展。

（二）体育仲裁与体育组织内部纠纷解决机制衔接的改善建议

构建并完善竞技体育组织内部纠纷解决机制，不仅是充分利用体育组织内部机构高效处理纠纷的必然要求，也是与体育仲裁有序衔接的基本前提，充分体现了多元化解决竞技体育纠纷的制度优势。

根据《体育法》《体育仲裁规则》的规定，当事人在体育组织内部未设立纠纷解决机构或者对内部纠纷处理结果不服时，以及依据仲裁协议、体育组织章程与体育赛事规则均可以申请体育仲裁。如果将上述规定作为与《体育法》第九十二条并列的体育仲裁受理条件，可能导致体育仲裁除应当按照《体育法》第九十二条规定的情形受理案件之外，还要受理有当事人协议约定、体育组织章程和赛事规则规定的纠纷，以及对体育组织内部处理结果不服的案件。例如，篮球仲裁委员会处理当事人约定的涉体育劳动争议或商事纠纷，不在《体育法》第九十二条规定的体育仲裁范围之内。此外，竞技体育中专项赛事会对运动成绩和判罚设立仲裁委员会。以

① 例如，《2022—2023 赛季全国单板滑雪平行项目锦标赛竞赛规程》第八条规定，在仲裁和申诉中，“仲裁委员会的人员组成和职能范围按国际雪联有关规定执行”。

“全国越野滑雪青少年锦标赛竞赛”为例，《全国越野滑雪青少年锦标赛竞赛规程》规定大会设立仲裁委员会，如参赛单位对运动成绩和判罚等方面有异议，须在此项比赛非正式成绩公布后15分钟之内，以书面形式申请仲裁。根据《体育法》中关于体育组织内部纠纷解决机制前置的规定，如不服上述处理结果可以申请体育仲裁。如此一来，经体育组织内部处理的“劳动争议”“商事纠纷”“运动成绩”等都可以作为体育仲裁的事项，不仅与《体育法》第九十二条规定的体育仲裁受案范围相冲突，也可能导致体育仲裁受案范围的基本规则被彻底突破。

为了保持法律体系的一致性和完整性，对体育仲裁受案范围确定明确统一的标准，应当以《体育法》第九十二条规定为基础，对体育组织内部纠纷解决机构的受案范围进行体系解释，既要以更加灵活的形式处理体育组织内部纠纷解决机构的受案范围，促使更多的竞技体育纠纷能够得到公正解决，也要明确可以后续申请仲裁的纠纷范围，提升体育组织内部纠纷解决机制的规范化、程序化水平。因此，应当在竞技体育组织内部建立制定相应规则并完善细则，增加对后续可以诉诸体育仲裁、商事仲裁、劳动仲裁或提起诉讼等救济途径的指引，以维护当事人的合法权利。具体而言，根据《体育法》第九十五条的规定，尽快推动各体育协会建立内部纠纷解决机制，设立专项仲裁委员会或者争端解决委员会，使《体育法》所规定的体育仲裁前置程序不至落空，真正有效落实“用尽内部救济”原则。对于已经建立内部纠纷解决机制的体育协会而言，建议调整名称和相关规则，进一步增加与《体育法》衔接的有序性，并且通过扩大案件受理范围的方式充分发挥体育组织内部纠纷解决机制的功能。

三、体育仲裁与劳动争议纠纷解决机制的衔接

（一）竞技体育纠纷与劳动争议的管辖交叉

根据《体育法》第九十二条的规定，《劳动争议调解仲裁法》中的劳动争议案件不属于体育仲裁范围。但是，涉体育工作类竞技体育纠纷往往同时涉及聘用、雇佣、劳动、培训等多种法律关系，从而导致了管辖权上的不同理解。有观点认为，“与体育有关的合同争议往往具有混合性特征，

不应简单地将其排除在体育仲裁范围之外”[①]，“职业体育中相关劳动纠纷存在职业体育用工的法律关系认定复杂的问题”[②]。实践中，《体育法》修改之前的涉体育工作类纠纷常因管辖权问题诉至法院。根据中国法院裁判文书网统计，2014 年至 2022 年期间，共有涉体育仲裁的诉讼案件 211 件，其中管辖权案件 125 件，裁判结果对管辖权的认定并不统一：一类裁判认定属于劳动争议案件由人民法院管辖，另一类裁判认定属于体育仲裁范围由体育仲裁机构管辖，前述认定上的分歧均有相应裁判文书予以支持。

在被认定属于劳动争议的案件中，主要的裁判理由有两种。一是直接认定体育用工关系属于劳动争议，例如，四川省宜宾市中级人民法院（2020）川 15 民终 2487 号民事裁定认定，“上诉人乐山恒涛公司与被上诉人张怀涛根据《中华人民共和国劳动法》和《中华人民共和国劳动合同法》等国家有关规定签订《运动员（集训、正式）服役合同》，该合同属劳动合同，在履行合同中发生的争议属劳动争议”。二是认为约定体育仲裁不影响人民法院管辖，例如，北京市第二中级人民法院（2021）京 02 民终 8329 号民事裁定认定，“中国足球协会仲裁委员会属于行业协会内设的纠纷解决机构，不属于仲裁法范围内容的仲裁机构。因此，双方在合同中选择由行业协会来处理纠纷，不影响法院的管辖权”。

在被认定属于体育仲裁的案件中，主要的裁判理由是应当尊重当事人约定体育仲裁的意思自治，同时将《体育法》以及多部门联合意见、体育组织章程作为特别法中相关规则的优先适用。例如，辽宁省大连市沙河口区人民法院在（2019）辽 0204 民初 1955 号案件中认为，“本案纠纷属于足球俱乐部与足球球员就工作合同发生的争议，属于中国足球协会仲裁委员会受理范围，故原告应将本案纠纷提交中国中协仲裁委员会裁决，其处理结果为最终结果，而不应诉诸人民法院”，依据《体育法》《关于加强和改进职业足球俱乐部劳动保障管理的意见》等的规定，驳回原告的起诉。

《体育法》修改之后，涉体育工作类竞技体育纠纷的管辖权问题仍然存在。实践中，涉体育工作合同往往不严格按《劳动合同法》以及劳动行

① 刘永平、李智：《我国体育仲裁制度建构的再思考》，载《海峡法学》2022 年第 3 期。
② 刘永平、李智：《我国体育仲裁制度建构的再思考》，载《海峡法学》2022 年第 3 期。

政部门推荐的劳动合同格式签订，且部分合同签订于《体育法》修改之前，但是相关纠纷却产生于《体育法》修改之后。此类合同中所约定的高额薪金、报酬、违约金等事项不属于以倾斜保护劳动者为目标的《劳动合同法》的调整范围。关于合同的全部内容或者部分内容是否属于劳动争议，以及其中哪些纠纷可以由体育仲裁管辖，都是今后一段时期体育仲裁、劳动仲裁和人民法院需共同解决的问题。

（二）体育仲裁与劳动争议救济解决机制的衔接建议

实践中，人民法院和劳动仲裁机构主要依据劳动和社会保障部下发的《关于确立劳动关系有关事项的通知》，从劳动关系主体资格、规章制度适用、劳动管理和安排、提供劳动的业务组成等方面审查当事人与组织机构之间是否成立劳动关系。由于体育工作关系具备成立劳动关系的特征，因此部分人民法院会在判决中将相关争议界定为劳动争议。但事实上，体育工作关系的具体情况更为复杂：一方面，体育工作关系本身存在多种法律关系混同，合同中一般会包含与特殊行业规则有关的违约责任、商务合作、入会转会、训练培训、身份资格等事项；另一方面，体育工作关系中运动员与俱乐部之间的聘用、雇用等更具平等性，从而使隶属性相对弱化，合同中所涉及的高额薪金、报酬、违约金等事项并非以倾斜性保护劳动者合法权益的《劳动法》所调整的范围。根据《劳动法》的立法目的，劳动者主要包括两种类型：公务员（包括参照公务员管理的人员）和工人。此后为适应市场经济发展的需要，《劳动合同法》在《劳动法》基础上扩大适用范围，将民办非企业单位等组织、事业单位中的聘用制人员纳入调整范围[①]。适用《劳动法》等相关法律调整的运动员以及其他聘用人员的基本劳动关系本无争议，例如，《劳动法》《劳动合同法》中规定的最低工资、劳动报酬、社会保险等，但是关于未签订劳动合同的双倍工资、无固定期限劳动合同、加班报酬、劳动者提前通知解除劳动合同、违约金、赔偿金等规定难以适用于体育工作关系。《劳动合同法》第二十五条规定："除本法第二十二条和第二十三条规定的情形外，用人单位不得与

① 信春鹰主编：《中华人民共和国劳动合同法释义》，法律出版社2007年版，第6页。

劳动者约定由劳动者承担违约金。”《劳动合同法》在排除服务期违约金和保密、竞业限制违约金之外，还确立了其他情形下禁止约定违约金的规则。《劳动合同法》第三十七条规定：“劳动者提前三十日以书面形式通知用人单位，可以解除劳动合同。”如果将运动员与俱乐部之间的工作或者聘用关系认定为是单纯劳动关系，将会导致现行市场运行模式发生根本改变，甚至影响体育行业的健康发展。对此，有学者曾在《劳动合同法》的立法过程提出过类似观点，认为“对企业高级管理人员和普通劳动者不作分类适用的制度安排，是我国劳动法的一大缺陷”，并指出“对这一群体，应当更多地参考用于调整平等主体间关系的民事法律制度”①。在运动员与俱乐部处于更加平等的关系下，合同内容应当更加注重专业技术性和市场化，不宜适用规范一般意义上的劳动者与用人单位的《劳动法》《劳动合同法》进行调整。

针对体育工作合同约定事项的具体情况，笔者认为应当进行细化区分，对所涉及的劳动争议部分与其他争议部分拆分处理。其中，对于涉及保护劳动者基本权益或者合同中明确约定适用《劳动法》的事项，应当作为劳动争议并且按照《劳动争议调解仲裁法》规定的劳动仲裁前置程序处理；对于不属于或者不完全属于保护劳动者基本权益的事项，如解除合同、转会、合作、违约责任等，应当认定不属于《劳动法》的调整范围，依据《体育法》进行体育仲裁。对于合同中所约定的体育仲裁条款不宜简单作无效认定，而是应当根据受案范围进行区分，分别交由体育仲裁与劳动仲裁处理。在当事人对管辖权提出争议的情况下，应当按照《体育仲裁规则》第十五条的规定，由体育仲裁委员会或者其授权的仲裁庭作出决定。

四、仲裁自裁管辖权与人民法院审判、仲裁司法审查的衔接

《体育仲裁规则》规定了对体育仲裁协议的存在、效力及管辖权异议的争议处理规则，即由体育仲裁委员会及其仲裁庭作出决定。这一做法是

① 杨景宇、信春鹰主编：《中华人民共和国劳动合同法解读》，中国法制出版社2007年版，第79页。

已经获得世界各国广泛接受和采纳的"仲裁庭自裁管辖权原则"[①]。在我国，人民法院可以对商事仲裁进行司法审查，包括确认仲裁协议是否有效，以及生效裁决是否应当被撤销。对于体育仲裁而言，《体育法》《民事诉讼法》等法律和相关司法解释中的规定并不明确。如果人民法院在审理的案件中涉及对体育仲裁协议效力的认定，以及人民法院是否可以审查体育仲裁委员会及其仲裁庭对管辖权所作出的决定，都有待于进一步深入分析。

（一）关于体育仲裁协议效力、体育仲裁管辖权交叉问题的分析

人民法院、商事仲裁机构、劳动仲裁机构均有判断体育仲裁机构管辖案件的裁判权，且不同机构应当按照不同的规则作出认定，这就导致了人民法院、商事仲裁机构、劳动仲裁机构与体育仲裁机构之间的权限存在交叉、重叠问题。从实践分析，主要有以下三方面问题需要厘清。

第一，人民法院无权对当事人向人民法院申请确认体育仲裁协议效力的案件进行司法审查。《民事案件案由规定》规定，"申请确认仲裁协议效力"作为三级案由，受理符合《仲裁法》规定的商事仲裁协议效力[②]案件。虽然《体育法》规定人民法院有权对申请撤销体育仲裁裁决的案件进行司法审查，但是没有将审查的范围延伸至确认体育仲裁协议效力的案件。而且根据《体育仲裁规则》第十五条的规定，体育仲裁委员会有权对仲裁协议的存在、效力以及仲裁案件的管辖权作出决定，也可以授权仲裁庭作出管辖权决定。因此在现有法律架构下，人民法院不应受理确认体育仲裁协议效力的申请。

第二，人民法院应当区别处理诉讼内容涉及体育仲裁事项的案件。对于诉讼请求属于体育仲裁范围的案件，人民法院应当就是否具有管辖权作出裁判。对于属于体育仲裁或者前置程序的案件应当释明当事人去相关机构解决，对于属于人民法院管辖的案件应当继续审理。

第三，人民法院应当对涉及体育的复合性质合同中的仲裁协议效力进

① 李广辉、林泰松：《仲裁法学》，中国法制出版社 2019 年版，第 125 页。

② 最高人民法院研究室编著：《最高人民法院新民事案件案由规定》，人民法院出版社 2021 年版，第 1189 页。

行司法审查。一般情况下，复合性质的合同同时属于体育仲裁和商事仲裁的范围，也有可能涉及劳动仲裁。一般情况下，仲裁条款中会约定商事仲裁机构。对此，人民法院应当根据具体事项作出有针对性的管辖认定。根据《全国法院涉外商事海事审判工作座谈会会议纪要》的规定，法院受理当事人之间就仲裁协议是否成立、生效、失效以及是否约束特定当事人等产生的争议。在相应案件受理范围扩大的情形下，当事人可能会向人民法院申请确认仲裁协议中的某一部分无效，或者依据该部分提出的仲裁请求不约束特定的当事人。上述事项仍然属于人民法院的审查范围。因此，人民法院虽然依据《体育法》无权直接受理确认体育仲裁协议效力的案件，但是可以在确认商事仲裁协议效力和确认劳动仲裁协议效力的案件中对涉及体育仲裁协议效力的事项作出裁判。

（二）对体育仲裁协议效力、体育仲裁管辖权决定的仲裁司法审查

根据《体育仲裁规则》规定，体育仲裁委员会及其仲裁庭有权对仲裁协议效力以及体育仲裁委员会的管辖权作出决定。上述事项不在人民法院仲裁司法审查的范围内。但是根据司法实践的要求，以下两种情况应当由人民法院进行仲裁司法审查。

第一，不属于体育仲裁的受理范围但是属于撤销仲裁裁决审查范围的案件。人民法院对仲裁管辖权和仲裁协议的效力拥有最终发言权①。许多国家在立法中均将仲裁协议无效作为撤销仲裁裁决的事由，例如，《法国民事诉讼法》第一千四百八十四条规定，仲裁裁决可依据不存在仲裁协议，或者仲裁协议虽然存在但是无效或者过期而撤销；《奥地利民事诉讼法》第五百九十五条规定，裁决可依据仲裁协议已无效或者停止对特定案件的效力而撤销；《希腊民事诉讼法》第八百九十七条规定，裁决可依据仲裁协议无效而撤销②。《体育法》第九十八条规定，撤销仲裁裁决事由包括裁决的事项不属于体育仲裁受理范围，与《仲裁法》第五十八条规定的没有仲裁协议、裁决事项不属于仲裁协议范围或者仲裁机构无权仲裁的撤销仲裁事由有所区别。虽然《体育法》《体育仲裁规则》规定仲裁协议的

---

① 参见李广辉、林泰松：《仲裁法学》，中国法制出版社2019年版，第439页。

② 江伟、肖建国主编：《仲裁法》（第3版），中国人民大学出版社2016年版，第273-374页。

存在、效力、管辖权应由仲裁委员会、仲裁庭决定，但实践中仍然会存在将仲裁协议的存在、效力等问题作为“不属于体育仲裁受理范围”事由申请撤销仲裁裁决的情形，如当事人未签订体育协议、将商事纠纷的解决机构约定为体育仲裁机构、属于劳动争议管辖范围等，人民法院可以对上述事项进行司法审查。

第二，因无管辖权决定而撤销案件的情形。在体育仲裁委员会、仲裁庭作出仲裁协议不存在、无效或者不属于体育仲裁范围等决定后，应当将其纳入仲裁裁决的范围之中。因为如果赋予此类决定以终局属性，不允许申请撤销可能导致将本应属于体育仲裁范围的纠纷排除，直接影响救济权利的行使。因此，人民法院可以依据《体育法》第九十八条中关于“适用法律、法规确有错误的”的规定，有权进行撤销仲裁裁决的司法审查。

结　语

《体育法》的修订使体育仲裁成为多元化解决体育纠纷的重要方式之一，也为体育纠纷的专业化解决提供了更加高效的途径。对此，应当在习近平新时代社会主义法治框架下，立足我国实践完善体育仲裁规则和机制，妥善处理好体育仲裁与前置程序、劳动争议仲裁、人民法院司法审查之间的衔接，并以此为契机研究破解国际国内竞技体育纠纷解决的深层次问题，从而推动中国特色的体育纠纷解决制度不断完善发展，有效助力体育强国建设稳步推进和体育事业健康有序发展。

关于涉外民商事案件域外法查明情况的司法统计分析*

梅　宇**

一、统计分析选题之背景及意义

域外法，顾名思义，为一法域之外的法律，即“法律意义的法庭地以外的其他法域之法律”①。在涉外民商事司法实践中，域外法查明是国际私法赖以产生和存在的基础，也是平等保护中外当事人权益和促进国际民商事交往的客观需要，既对个案的裁判结果至关重要，又彰显法院裁判的国际公信力。

（一）选题背景

在“一带一路”倡议、粤港澳大湾区建设、北京“两区”建设等时代背景下，域外法查明是营造法治化营商环境的软指标，对推动形成全面开放新格局、推进国家间互惠合作具有积极意义。近年来，我国法院受理的涉外商事海事案件数量呈明显上升的趋势。域外法查明是涉外民商事司法实践中的重点问题，也是难点问题。2011年《涉外民事关系法律适用法》施行以来，无论是顶层设计，或是基层实践，对域外法查明的重视程度越来越高，但是涉外案件最终查明并适用域外法的比例仍然无法得到显著提

* 本文写作于2021年1月。

** 梅宇，北京市第四中级人民法院民事审判庭（北京国际商事法庭）副庭长。

① 参见刘铁铮、陈荣传：《国际私法论》，三民书局1998年版，第202页。

升。在中国国力迅速上升，与世界经济尤其是周边经济融合加速，以及“一带一路”倡议日益成功的大背景下，对域外法查明的需求也在激增。为此，有必要针对当前司法需要，就司法实践中域外法查明制度适用情况进行统计分析，摸清域外法查明制度适用的现状，针对存在的问题及困难剖析原因，并提出完善建议。

（二）分析样本范围及统计方法

1. 案例实证分析

司法实践中，涉外民商事案件首先要确定适用的程序法和准据法问题。当案件适用的准据法依据当事人协议选择或者依据冲突规范确定为域外法时，则需要启动域外法的查明程序。而涉及域外法的查明案件文书中则多需要援引《涉外民事关系法律适用法》第十条以及《最高人民法院关于适用〈中华人民共和国涉外民事关系法律适用法〉若干问题的解释（一）》（以下简称《涉外民事关系法律适用法解释一》）第十七条的适用。因此，本统计分析以上述两个法条为检索条件，在中国法信平台搜索到自 2011 年《涉外民事关系法律适用法》施行以来的涉外国法查明判决书共计 318 篇（截至 2020 年 6 月 30 日）。同时，以上述两个法条作为检索条件，在中国裁判文书网搜索到有效裁判文书 284 篇。两个网站搜索到的有效文书篇目基本一致。鉴于准据法的确定根据行为地法等的规定，亦会涉及域外法查明的问题，而不需要援引《涉外民事关系法律适用法》第十条。因此，为了增强分析样本的全面性，本文对于最高人民法院国际商事法庭域外法查明平台案例库的 52 篇案件裁判文书①作为补充样本进行分析。然因该网站检索引擎算法问题，所显示的检索结果包含部分无关案例，课题组在逐一甄别后将不相关数据予以剔除，获得有效文书 297 篇。最终以该 297 篇文书作为分析样本，分析司法实践中外国法查明制度的实际运行效果。

2. 调研访谈

笔者利用参与“我国港澳台地区最新案例研究”课题组的机会，与最

① 参见最高人民法院国际商事法庭：“法律查明资源库”，http：//cicc. court. gov. cn/html/1/218/347/329/。

高人民法院第一国际商事法庭（深圳）、广东省广州市中级人民法院、广东省广州市南沙自贸区法院、广东省深圳市中级人民法院、广东省深圳市前海区人民法院的涉外商事法官以及深圳市蓝海法律查明中心的研究员就域外法查明的相关问题进行调研访谈，了解上述案例数据涉及的诸如查明责任分配、查明经费、合理期限的确定等问题的实际困难与应对措施。

（三）统计分析的理论与实践价值

从微观上说，课题为肩负新时代历史使命的各级法院提供了具有针对性和前沿性的理论参考。课题密切关注“一带一路”倡议、粤港澳大湾区建设背景下域外法查明遇到的新情况、新问题，强化问题意识，以审判需求为导向，结合理论分析和实践数据，深入研究亟待解决的问题，有助于各级法院在审判实践中拓宽思路，突破瓶颈，不仅有利于对个案作出公正的裁判，还有利于统一裁判尺度。

从宏观上说，域外法的查明，除了对具体案件的裁判结果产生影响外，还对保证裁判的稳定性、统一性和可预见性有着至关重要的意义，并与裁判的域外承认及执行等一系列问题休戚相关。有效的域外法查明有利于提升我国法院开放、公正的良好形象，进一步提高我国司法的公信力和影响力，让市场参与主体感受到更为优质、高效、便利的司法环境，呼应和配合我国“一带一路”倡议及粤港澳大湾区建设的深化及实施。课题结合“一带一路”倡议及粤港澳大湾区建设对域外法查明的挑战和影响，有针对性地就制约涉外民商事案件中域外法查明的疑难问题进行研究，提出构建科学合理的域外法查明机制，为提升司法国际化水平、营造良好法治环境提供有益的理论支撑，为“一带一路”倡议、粤港澳大湾区建设、北京“两区”建设中相关规则的衔接与融合发展建言献策，以优质的涉外民商事审判服务保障全面深化改革开放战略实施。

二、涉外、涉港澳台民商事案件域外法查明情况的统计分析

（一）案件基本情况

1. 案件类型

涉及域外法查明的案件类型以涉外海事商事案件为主，297 件案件中

涉外海事案件146件、涉外商事案件125件，合计271件，占91%；传统民事案件26件，占9%（详见图2.1）。而涉外海事商事案件则以合同纠纷为主要类型，因此当事人协议选择域外法的比例非常高；而传统民事案件多为共有财产分割、继承案件，因此多数为依据冲突规范确定准据法为域外法。

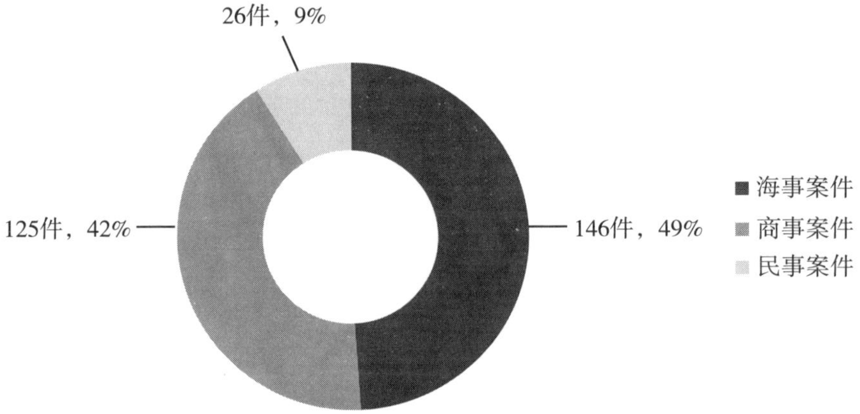

图2.1　案件类型分布

2. 案由分布

涉及域外法查明的案件案由类型多，共计59类案由。其中，船员劳务纠纷系数量最多的案由类型，共61件（武汉海事法院的两个串案，一个串案涉及准据法为巴拿马法律，另一个串案则涉及准据法为新加坡法律）；数量排名第2~5名的分别为海上货物运输合同纠纷44件、借款合同纠纷31件、融资租赁合同纠纷25件①（均为约定适用中国香港法）、保证合同纠纷14件。从案由涉及的域外法查明来看，也体现出明显的地域特点，如船员劳务合同纠纷、海上货物运输合同纠纷则主要涉及海事发达的英国、新加坡法律查明，而借款合同、融资租赁合同则主要发生在中国内地与香港特别行政区的民事主体之间，约定适用的法律亦以中国香港法律为主（详见表2.1）。需要指出的是，上述借款合同纠纷中87%的为涉中国香港法律的查明，这与广东法院、北京四中院调研访谈反馈的情况一致，涉及中国香港法律查明的集中为《香港放贷人条例》《香港公司条例》。

① 其中，有4件为借款、保证合同纠纷双案由，3件为融资租赁、保证合同纠纷双案由，在案由统计时，该7件案件分别统计至双案由项下。

表 2.1 样本案件案由分布情况

单位：件

序号	案由	总案件数量	案件数量最多的域外法法域	该法域案件数量
1	船员劳务合同纠纷	61	新加坡	42
2	海上货物运输合同纠纷	44	英国	22
3	借款合同纠纷	31	中国香港	27
4	融资租赁合同纠纷	25	中国香港	25
5	保证合同纠纷	14	中国香港	14
6	合同纠纷	12	中国香港	7
7	海事海商纠纷	11	英国	7
8	股权转让纠纷	7		
9	不当得利纠纷	6		
10	海上、通海水域集装箱租赁合同纠纷	6		
11	国际货物买卖合同纠纷	5		
12	建设工程施工合同纠纷	5		

3. 案件审级分布

一审案件 201 件；二审案件 84 件，其中二审改判 2 件，撤销原裁定、指定继续审理的案件 7 件；申诉审查、再审案件 12 件，其中再审改判 1 件(详见图 2.2)。因一审案件中有部分为公告案件，因此从一审、二审案件数来看，涉及域外法查明的案件上诉率甚至再审率都比较高。

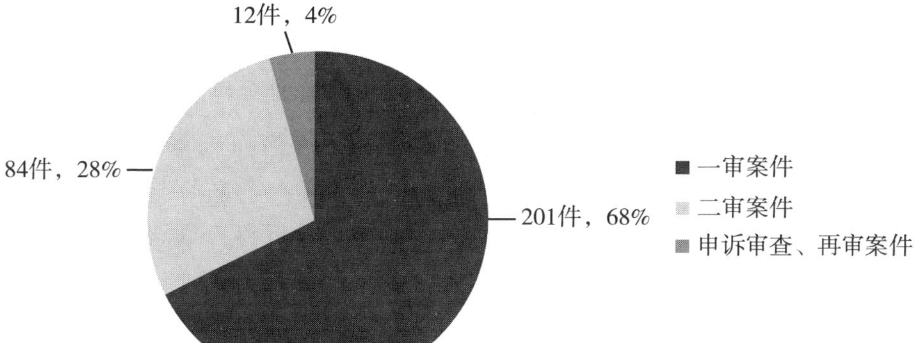

图 2.2 审级分布图

从受理法院的级别来看，最高人民法院 9 件、高级人民法院 47 件、中级人民法院（海事法院）209 件、基层法院 32 件（详见图 2.3）。从受理法院级别来看，除广东等少数省份外，其他省市的涉外商事案件主要由中级人民法院管辖，而海事案件则由海事法院专属管辖，因此上述数据与涉外海事商事案件管辖相一致。

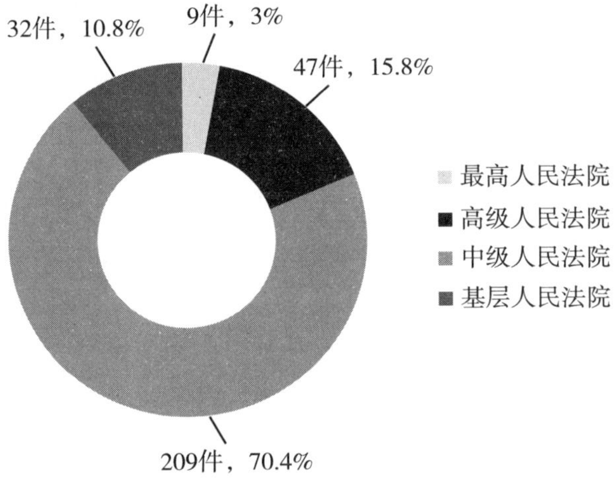

图 2.3　样本案件受理法院级别分布图

4. 受理法院地域分布情况

297 件样本案件涉及 20 个省份。广东省涉及的域外法查明的案件数量最多，共计 69 件；湖北省涉及域外法查明的案件数量位居第二，共计 65 件；数量排名第 3 至 10 名的分别是浙江省（48 件），天津市（18 件），福建省（17 件），上海市（16 件），云南省（9 件），江苏省（8 件），北京市（7 件），广西壮族自治区、山东省（各 6 件）（详见图 2.4）。

从受理法院的地域分布来看，呈现出明显的地域特点及相应的案件类型情况。例如，辖区有海事法院的湖北省、天津市、浙江省基本上为涉外海事案件；而广东省紧邻香港特别行政区，尤其是近年来粤港澳大湾区建设的推进，大湾区的经贸、法律交往日益密切，其涉港纠纷数量居全国前列。广东省涉域外法查明的 69 件案件中有 39 件案件当事人协议约定适用中国香港法、20 件按照冲突规范最密切联系原则确定准据法为中国香港法。浙江省涉及的域外法查明则相较广东省更为外向型，主要有英国法

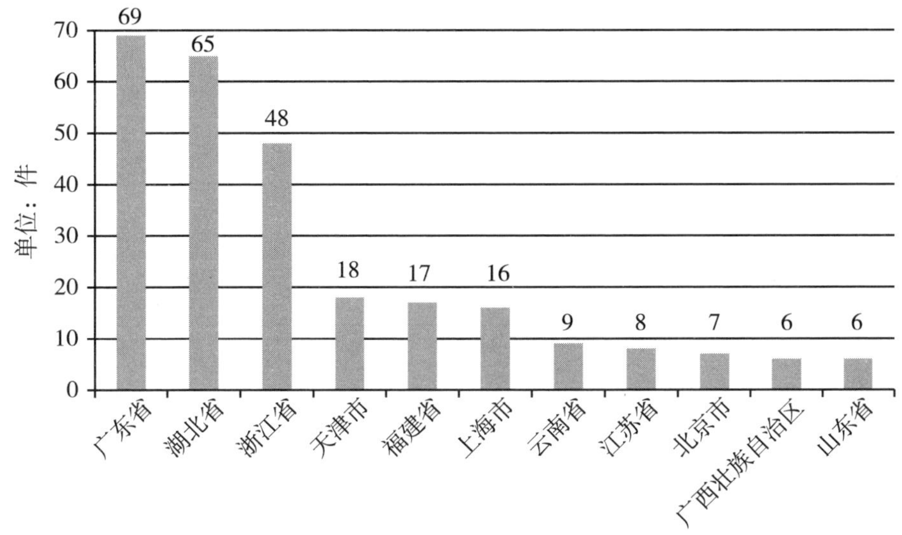

图 2.4 样本案件受理法院地域分布图

（22 件，为海事案件）、美国法（7 件）、澳大利亚法以及中国香港特别行政区法律。再如，云南省作为边疆省份，其涉及域外法查明的案件则主要为不当得利、婚姻家庭、建工纠纷等传统民事纠纷，查明的域外法则多涉及其接壤的缅甸、老挝国法律。

5. 域外法法域分布情况

域外法查明涉及的国家和地区有 31 个，包括中国香港特别行政区、中国澳门特别行政区、中国台湾地区以及英国、美国、德国、荷兰、瑞典、澳大利亚、新加坡、俄罗斯、巴拿马、马来西亚、菲律宾、墨西哥、匈牙利、尼日利亚、智利、爱尔兰、孟加拉国、韩国、缅甸、沙特、老挝、柬埔寨、加纳、库拉索、安哥拉、开曼、英属维尔京群岛等。其中“一带一路”沿线国家 10 个。上述国家和地区中，查明中国香港法律的数量最多，共 105 件，占比 36%；第 2 至 5 位的为英国（51 件）、新加坡（43 件）、美国（26 件）、巴拿马（23 件）（详见表 2.2、表 2.3）。查明的域外法法域前五数量共计 248 件，占比为 86%。中国香港法律查明涉及较多的为《香港放贷人条例》及《香港公司条例》；而英国法、巴拿马、新加坡法律的查明则主要为涉外海事案件，尤其是巴拿马法律多系作为船籍国，依据冲突规范确定为准据法。

表 2.2　样本案件查明域外法法域情况

单位：件

序号	查明域外法法域	当事人选择	冲突规范确定
1	中国香港	71	39
2	英国	47	4
3	新加坡	42	1
4	美国	18	8
5	巴拿马	20	4
6	缅甸	1	3
7	墨西哥	0	4
8	澳大利亚	1	2
9	安哥拉	2	2
10	开曼	2	0
11	韩国	1	1
12	中国台湾	0	2
13	智利	0	2
14	英属维尔京群岛	0	2
15	中国澳门	1	0
16	库拉索	1	1
17	荷兰	1	0
18	加纳	1	1
19	柬埔寨	1	0
20	马来西亚	1	0
21	瑞典	1	0
22	沙特	1	0
23	巴西	1	0
24	尼日利亚	0	1
25	孟加拉国	1	0
26	德国	0	1
27	俄罗斯	0	1
28	爱尔兰	0	1
29	法国	0	1
30	菲律宾	0	1
31	加拿大	0	1

表 2.3 样本案件涉及的排名前五的域外法法域具体查明适用情况

查明域外法法域	当事人选择/件	查明并适用域外法/件	查明率/%	冲突规范确定/件	查明并适用域外法/件	查明率/%	案件数合计/件	查明率合计/%
中国香港	71	42	59.2	39	21	53.8	105	60
英国	47	19	40.4	4	1	25	51	39.2
新加坡	42	0	0	1	0	0	43	0
美国	18	2	11.1	8	5	62.5	26	26.9
巴拿马	20	0	0	4	1	25	23	4.3

注：其中5件既有当事人选择适用香港法，亦有依冲突规范确定准据法为香港法，因此统计总数时减去单项统计时重复的5件。

6. 域外法查明问题类型

以上域外法查明涉及法域情况的统计，域外法查明的问题与所涉法域密切相关。展开域外法查明程序的案件中，查明问题类型多样，但相对集中于协议效力的认定、担保责任的范围、刺破公司面纱、公司法人或自然人行为能力等问题。例如，以涉及中国香港法律查明的案件为例，多数涉及《香港放贷人条例》《香港公司条例》相关条款以及判例关于借款合同成立及效力、放贷人资格、贷款利率以及公司行为能力认定和适用揭破公司面纱的条件等。对于查询问题情况，案例分析的结果与课题组与北京四中院、广州中院法官座谈反映的情况一致。需要说明的是，有的案件对于约定的准据法实质未展开查明程序，因而未明确具体查明的法律问题。例如，武汉海事法院审理的42件涉及新加坡法查明的船员劳务纠纷系列案件①，涉案《船员配备合同》及《船员劳务合同》约定纠纷适用新加坡法律，在被告邦浙航运有限公司缺席审理的情况下，因两原告请求适用中国法律，则适用中国法律解决实体争议。

① 参见武汉海事法院民事判决书，(2013)武海法商字第00462-00490号。

（二）域外法查明制度的司法运行现状

1. 查明责任主体

从 297 件分析样本来看，大部分为合同类纠纷，属于当事人可以协议选择准据法的情形。当事人协议中或者在诉讼过程中双方或单方选择适用域外法的案件有 216 件，其中，155 件明确确定查明主体为当事人；有 16 件系法院一审或二审依职权查明；还有 43 件案件为被告未应诉，案件在缺席审理的情况下，原告于诉讼中选择适用中国法，法院认为被告缺席视为其放弃报告法律适用选择的抗辩权利，进而直接适用中国法，而未启动域外法查明程序，未要求原告提供合同约定适用的域外法①；1 件主体不明确，另有 1 件认为双方当事人约定准据法为香港法律规避了我国内地的法律规定而无效②。

当事人选择适用域外法的案件中确定当事人为查明主体的 155 件案件（其中有 7 件案件在要求当事人提供域外法的同时，人民法院另行依职权进行补充查明），以当事人未提供或者提供的域外法不完整为由认定为无法查明的案件 105 件，最终适用中国法或内地法。依据冲突规范确定准据法为域外法的 88 件③，其中要求当事人承担查明责任的 59 件，该 59 件中最终认定为无法查明而适用中国法或内地法的 43 件；另有一件案件依据冲突规范适用侵权行为地法律，即美国法律，法院依职权采取通过最高人民法院委托美国主管当局调查美国法律的途径，但查明费用由当事人负担，最终因当事人明确拒绝先行支付该笔调查取证费用，本次查明美国法律程序无法继续进行，继而根据法律适用法的规定适用中国法律。④

上述数据一定程度上反映出，人民法院基本上偏向由当事人主导外国法查明的局面，依职权进行域外法查明的职责作用发挥不显著（详见表 2.4）。

---

① 参见上海海事法院（2014）民事一审判决书，沪海法商初字第 1167 号、武汉海事法院民事判决书，（2013）武海法商字第 00462-00490 号。

② 参见海南省高级人民法院民事判决书，（2013）琼民三终字第 75 号。

③ 297 件样本案例中，217 件涉及协议选择适用域外法，88 件为依据冲突规范确定准据法为域外法，其中 8 件系既涉及协议选择，又涉及冲突规范确定准据法，因此两项数据之和大于 297。

④ 参见福州市马尾区人民法院民事判决书，（2014）马民初字第 347 号。

表 2.4 样本案例查明责任主体分配情况

	当事人选择准据法为域外法			依据冲突规范确定准据法为域外法		
	数量/件	不能查明的数量/件	不能查明率/%	数量/件	不能查明的数量/件	不能查明率/%
查明主体为当事人	155	105	67.7	57	42	73.7
查明主体为法院	16	0	0	29	3	10.3
被告缺席视为放弃选择适用权利	43					
主体不明确	1			1		
约定无效	1			1		
合计	216			88		

2. 查明方法和途径情况

已查明并适用域外法的104件案件中当事人自己委托的专家出具意见书或者通过委托查明机构聘任专家出具意见书的78件，占75%。出具法律意见书的专家绝大多数为域外律师。但对于出具法律意见书专家资质的认定，法院认识不一，但基本都要求当事人提供专家身份、资质的公证证明材料。例如，在（2014）浙海终字第169号案件中，南美公司提供委内瑞拉律师出具的法律意见书，法院认为该法律意见书未经过公证认证，不能认定专家身份；在（2017）浙72民初605号案件中，法院则认为法律意见书出具人为英国律师，并作为外国律师事务所驻华代表处代表在司法部备案登记，该份意见书系外国法查明的合法途径，可予采纳。

有的案件会同时采用当事人提供中外法律专家意见、域外判例以及权威学术专著等多项途径进行查明。例如，在（2016）浙民终246号案件中，双方当事人就公司股东、董事签名对公司是否具有约束力的问题均提交了查明澳大利亚法律的资料。上诉人提交了澳大利亚公司法，被上诉人提交了澳大利亚联邦的成文法以及普通法地区的3个判例。但双方均对对方提交的材料提出异议，浙江省高级人民法院则依职权委托专家进行查明。

法律规定的通过外交途径查询的方法在实践中几乎不用，仅有个别案件笼统表述本院经其他合法途径亦不能查明。在样本案例中，（2014）马民初字第 347 号原告林某 1 与被告周某婚姻家庭纠纷案件，依据冲突规范应当适用美国法，法院依职权进行查明，但是该院在通过最高院委托美国主管当局调查上述美国法律的过程中，因周某明确拒绝先行支付该笔调查取证费用，导致查明美国法律程序无法继续进行，法院认定无法查明而适用中国法律。在课题组座谈时所有受访法官均表示查明费用是依职权进行域外法查明遇到的主要问题（详见表 2.5）。

表 2.5 样本案例查明方法和途径分布

单位：件

序号	查明方法和途径	数量
1	中外法律专家意见书	47
2	查明机构查明	31
3	成文法律条文（书籍或网站）	25
4	域外判例	15
5	教科书	10
6	本国已查明域外法案例	6

3. 域外法的认定程序与标准

样本文书较少直接阐述对域外法的认定程序，但普遍将当事人提供或者法院依职权查明的域外法资料作为证据材料，由当事人发表质证意见。有少数案件专门针对当事人委托查明的问题先行进行听证或庭前会议确定。例如，（2018）津民终 261 号案件民事判决书载明，“对查明所涉及的材料……本院先后于 2018 年 7 月 19 日、2018 年 10 月 15 日予以开示，并就其内容及其理解与适用听取了当事人的意见”。（2016）粤 0391 民初 611 号民事判决书中载明“本院于 2016 年 11 月 3 日召集双方对需要委托查明的法律事项进行听证后予以了明确”。亦有案件由出具《法律意见书》的律师出庭接受法庭询问。例如，在最高人民法院（2013）民四终字第 3 号上诉人恒光有限公司与上诉人四宝咨询有限公司、珠海市四宝咨询有限公司股权转让合同纠纷案件中，一审法院认为双方提交的两份法律意见书所引用的案例不相同，结论相互矛盾，无法查明可以适用的香港法，而二审认为两份法律意见书观点不一致属于法律适用问题上的正常现象，遂允许出具意见书的香港律师出庭接受法庭询问，履行提供香港法律的义务，并纠正一审法院适用内地法作为准据法，支持恒光公司关于适用香港法律的上诉意见，并阐明香港法律对案涉《意向书》的性质及效力、应当终止还是继续履行等问题的适用意见。

4. 无法查明的认定

从样本文书来看，认定域外法“域外法不能查明”的案件存在三种主要形态。一是没有查明，消极履行查明义务。80件文书以“当事人未提供”“当事人未举证证明”“当事人在指定期限未予提供”为由认定不能查明，占比65%，这其中有17件案件一方当事人在诉讼中选择适用某域外法但未予提供，而该域外法系依据我国冲突规范应予适用的准据法，部分法院未经依职权查明而径直认定不能查明。对于当事人约定适用域外法时，查明主体为当事人，对于合理期限的确定，文书普遍笼统指出当事人未在指定期限提供，但对于指定期限为多长并不明确。二是无法查明，尽勤勉义务后无果。域外法不能查明的假定前提是域外法对涉案法律问题确实存在裁判依据。如法官通过多种途径积极查找却终而无果，亦未能确定该域外法客观上是否存在关于如何解决涉案争议的法律规定，则会定性为“不能查明”予以处理。6例样本文书即为此种情形。例如，（2012）沈高开民外字第00004号案件，文书载明法院通过多种渠道对爱尔兰共和国的法律进行查询，无法查询到，导致法律的查询工作在此案发回重审后两年多未予查询到。三是查而不明，查到但不符合认定要件。从形式要件看，在18份样本判决中，法官或因当事人仅提供法律意见书而未提供域外法律（文本），或因法律意见书未经公证认证、无法确认出具方的“专家”身份而认定无法查明；从实质要件看，11件案件因当事人所提供相关资料对域外法内容的阐述不全面、准确、客观，或缺乏与本案的关联性而未予认可，此情形在需查明的域外法为判例法国家时尤为明显。如法院认为“专家报告仅有‘接受了信用证的修改就是改变了基础买卖合同’的法律意见，并无英国判例或成文法予以支持。该法律意见不足以客观说明英国就此问题的法律规定”①。样本案例无法查明原因情况统计见表 2. 6。

表 2. 6　样本案例无法查明原因情况统计

单位：件

序号	无法查明的原因	案例数
1	当事人未提供	99
2	提交的域外法材料不完整	11
3	提交的域外法有效性不足	8
4	法院穷尽途径未查明	6
5	未说明原因	4
6	未经公证认证	2
7	拒绝支付费用	2
8	当事人提交的域外法不一致	1

5. 域外法查明与适用错误的救济

涉及域外法查明案件的上诉率、再审率比较高。如上统计，一审案件上诉率超过 50%，且一审案件中有不少为公告案件，否则上诉率将更高。尽管上诉率高，但二审普遍对一审笼统认定“域外法不能查明”持相同态度，二审改变一审对域外法认定的案件为 9 件，改判率 12. 6%，再审改变一审、二审对域外法查明认定的案件 1 件。例如，在上诉人马士基航运有限公司因与被上诉人天津航星国际货运代理有限公司，一审被告普罗旺斯番茄制品（天津）有限公司、天津欧尚国际货运代理有限公司海上货物运输合同纠纷 7 件案件，天津高院认为一审法院未查明英国法相关规定并听取当事人意见，存在瑕疵，故予以纠正；并依职权主动查明“1996 年英国仲裁法、1950 年英国仲裁法等法律相关条款；《奇蒂论合同法（第 30 版）》《施米托夫论出口贸易（第 11 版）》等国外教科书或专著关于英国仲裁法的相关论述；《伦敦海事仲裁制度研究》《英国仲裁制度研究》《中英海事仲裁制度比较》等国内学者、实务人员关于英国仲裁法的相关论述以及山东高院另案裁定载明的 The ‘PetrShmidt’［1995］1LLR202 案例全文”，且两次开示法院查明的上述资料提取当事人意见。另两件二审

① 山东省高级人民法院民事判决书，(2016) 鲁民终 1891 号。

改判①、再审改判②案件，则纠正原审法院因当事人提供资料意见不一致及资料不完整而域外法查明不能的认定，通过补充查明、由出具法律意见书的专家出庭作出说明的方式辅助法院进行查明认定，最终改变适用相应的准据法。

三、域外法查明制度司法运行存在的问题及原因

（一）制度运行存在的问题

1. 查明责任分配不当

《涉外民事关系法律适用法》确立了“法官查明为主、当事人查明为辅”的查明模式，但样本案件显示当事人事实上已成为各式情形中的恒久性查明主体。其一，双方当事人“合意选定”或一方当事人“单方选择”域外法，且该域外法为依我国冲突规范指向的准据法时，部分法官认为无论当事人提供与否，法院均应依职权启动查明程序，部分法官则坚持当事人为唯一责任主体。其二，当事人未曾选择域外法时，依据最密切联系原则或依据冲突规范确定准据法为域外法时，64.8%的样本案件通过采用“当事人提供”此单一查明途径，责令当事人提供域外法相关资料，导致域外法查明成为涉外案件当事人“不可承受之重”。其三，在被告缺席的状态下，应该按照当事人协议约定确定准据法，而非样本案件中43件反映的原告在诉讼中变更准据法的选择为中国法，免除原告方提供域外法查明的义务。

2. 查明途径相对单一

无论是原《民法通则》规定的五种法定查明途径，还是最高人民法院国际商事法庭规定的八种查明途径，当事人或因双方约定或被法院施以“提供”域外法之义务，使得“当事人提供”成为司法实践中最为主要的查明路径；法院依职权查明场域下，则高度依赖于“域外法专家提供”。从单一当事人提供途径看，当事人基本都通过提交查明中心委托的域外法专家出具法律意见书的方式完成查明事项。

① 参见最高人民法院民事判决书，（2013）民四终字第3号。

② 参见最高人民法院民事判决书，（2018）最高法民再196号。

3. 审查标准不统一

不同法官对各种途径提交的域外法能否适用的审查标准并不相同，何类标准具有可补正性、何类标准具有一票否决性、各标准的主辅配置、是否应予释明等均由个案法官自行掌握，以至同类域外法资料在不同案件、同一案件的不同审级中出现截然相反的认定结果。另外，对于被告缺席的情况，应当如何确定准据法，在实践中标准亦不一致，法院认为“被告缺席视为其放弃选择适用法律的抗辩权利”之观点值得商榷。

4. 认定结论随意

样本案件直观反映出，涉外案件法官多倾向于将查明责任主体定位为案件当事人，当事人未予以提供则认定查明不能；对当事人提供的域外法资料亦多以形式不符合或内容不完整等理由予以否定，将当事人的查明行为推向“不能查明”这一结果。对此，裁判文书多以“未向本院提供约定的域外法”“未经公证认证”“本院经其他途径也不能查明”等格式化表述作为不能查明之缘由。

（二）原因剖析

1. 客观方面

立法规范内容尚不完备。现行有效的域外法查明规定内容高度统括、规制有限，使法官在审理中无法可依或择法而依。其一，规制范围不全面。现行立法对域外法资料审查标准及程序、域外法专家的识别要素等尚未提及，司法解释也未给出任何答案。其二，规范内容不明确。“当事人提供”既属于一种独立的责任承担方式，又列为法官查明域外法的一种可采方式，为法官查明责任向当事人转嫁提供了立法依据；未对“合理期限”及“无正当理由”此认定当事人提交域外法资料的关键因素设定具体范围，样本案例出现 3 日、23 日、5 个月①之悬殊时限。其三，配套机制匮乏。通过外交途径查明域外法的具体机制等尚未建立。

涉外审判体制性缺失。目前，我国涉外审判立法供给不足，诉讼程序、案件管辖等无明确规定，多元协调、类案参考、人才培养等配套制度

---

① 参见（2014）中中法民四终字第 6 号民事判决书、（2017）闽 72 民初 167 号民事判决书、（2016）粤 0391 民初 611 号民事判决书。

缺失，审判工作机制由各法院尝试探索，尚无统一的涉外审判指引，域外法查明与适用等长期困扰的难题仍得不到清晰的法律回应。对法官怠于履行查明责任、查明认定标准不一致等情况，亦欠缺必要的制约与保障机制。

审判管理考核指标之潜在阻滞。目前，结收比、发改率等审判管理指标考核愈加细致严格，结案任务和办案压力甚重，开庭和撰写裁判文书等日常工作已消耗了大量的时间和精力，加之涉外案件域外法查明难、成本高、时间长等特点，要求法官主动查明域外法，显超其负荷，规则缺失空间即法官自由裁量空间，在审限内通过认定“域外法不能查明”而适用本国法，是更高效、安全的裁判方式。

2. 主观方面原因

法官持畏难情绪。域外法查明是涉外案件审理中的首道难题。首先，需要面对各种语言障碍；其次，需要面对不同法律概念、法律结构、法律体系及法律渊源；最后，迥异的政治、司法文化，无不考验着法官的法律素养、检索能力和查明技术。在未曾接受系统性比较法专门学习和培训时，仅靠法官自身查明域外法困难重重，出现纰漏或差错风险很大。受客观能力限制，主观上也容易缺乏信心，产生力有不逮之感，终致法官查明域外法的消极与被动。①

当事人易趋利避害。“对于当事人来说，证明域外法的过程是耗费时间、增加成本和拖延诉讼程序的。”② 当事人提供法律意见书费用高昂，而“域外法不能查明”之司法惯性给当事人作出负面心理暗示，当查明成本可能高于预期收益或诉讼收益随诉讼程序拖延受到销蚀时，主动查明的动力明显不足。另有部分案件中当事人坚持案涉域外法属法院的查明职责，而法院利用“当事人提供”此一途径转嫁查明责任，从而表示拒绝。

四、域外法查明制度的完善建议

从本文前面的讨论可以看出，在《涉外民事关系法律适用法》实施后

---

① 参见郭玉军：《近年中国有关域外法查明与适用的理论与实践》，载《武大国际法评论》第7卷，武汉大学出版社2007年版。

② 朱莉：《效率：全球化时代冲突法的正义之维》，载《求是学刊》2017年第5期。

的10年司法实践中，仍有50.5%的涉域外法查明案件法院认定域外法不能查明[①]，足见域外法查明机制仍有一定的改善空间。

（一）查明责任主体的确定

从样本案件可知，现行《涉外民事关系法律适用法》第十条的勾勒式描述为法官提供了转移查明责任之通道，故可在其框架内细化法官的查明职责，从责任主体方面为认定查明结果奠定基础。

1. 依据域外法性质确定查明主体的基本原则

其一，双方当事人在诉前、诉中合意选择域外法，或一方当事人在诉讼中选择域外法时，由选择域外法的双方或单方当事人负责查明；当事人所选域外法与依据冲突规范确定的准据法一致，且查明对象为行为能力、股东资格、诉讼时效等当事人无自由处分权事项时，法官亦应依职权予以补充查明。

其二，基于我国的冲突法规则在《涉外民事关系法律适用法》中有明确的规定，在依据冲突规则而适用域外法时，域外法显然是属于法律，且把查明责任交给法院亦符合域外法的法律属性。法院作为法律的守护者，必须严格依法办事，承担《涉外民事关系法律适用法》所规定的域外法法律查明责任。由法院依职权查明域外法，从比较法的角度来看亦大有裨益：法院只需要任命一位法律专家，相比普通法系中由当事人双方各自提供专家意见来说，既节省费用，也节省时间；香港专家意见中对自己当事人不利的部分都会被当事人的律师要求删除。这导致的结果是，专家意见基本上是对自己一方当事人有利的。普通法的诉讼程序规则会要求双方当事人确定在哪些问题上能够达成一致意见，在哪些问题上存在分歧，这有助于法官对外国法的查明，并聚焦考虑双方专家的分歧意见（通常是通过双方律师对对方专家的盘问）来决定选择采纳哪个专家的意见。若是由法院依职权任命一个专家的话，该专家就可以客观地把自己的观点全面地表达出来，从而省去一些不必要的问题。

---

① 我们统计的297件案件中有150件属于“查明不能”，还有43件案件协议约定适用域外法，但如果将法院以被告缺席视为放弃选择适用法律的抗辩权利为由，径行按照原告诉讼中主张适用中国法的该批案件统计进去，不能查明率将更高。

2. 当事人未履行查明责任时，法院依职权查明的补充责任

笔者认为有两种政策选项可供选择：其一，以把在所有涉外案件中域外法查明问题全部解决为目标。考虑到在全国范围涉及域外法查明的案例的量并不太大，依我国现有的财力，即使法院承担所有这些案件的法律查明责任，法院系统也具有足够的财力。因此，可通过程序性规定，要求在当事人不能查明的情况下，由法院承担查明责任，即事实上认同严格法律说。而关于费用问题，若当事人有能力，法院可以裁定由当事人承担费用。若当事人没有能力支付，则由法院承担有关费用。其二，基于法院案多人少的现状，以及法院对审限的严格要求，我国还不具备彻底解决域外法查明问题的客观条件，那么可以考虑第二个选项，即只要是当事人协议选择适用域外法的案件，当事人就有义务承担域外法查明的责任。否则，法院将适用中国法。在做了这种政策选择之后，我们就得接受在当事人没有履行域外法查明义务的案件中，法院将适用中国法这一后果。

（二）域外法查明途径的完善

1. 查明途径选择：以中外法律专家提供为必要途径

《涉外民事关系法律适用法解释一》第十五条第一款列明“由当事人提供、已对中华人民共和国生效的国际条约规定的途径、中外法律专家提供”三种具体途径，并通过“等合理途径”之表述，表明对查明途径选择持开放态度。对已列途径逐一分析如下：（1）当事人提供，从语义来看，其直接指向当事人承担查明责任，将其列入查明途径，不免查明责任与查明途径混淆之嫌；作为一种查明途径，与其他并列途径又存在“种”与“属”并举的逻辑缺陷①。（2）司法协助，至今我国未有通过此途径成功查明域外法的案例，内观法院系统，尚未建立启动此查明途径的具体机制，唯有一个案例拟通过司法协助途径查明，但因查明费用的承担问题而未能进行。（3）法律专家途径，从实然层面来看，无论是当事人负责查明还是法官自主查明，借助“专家”查明域外法已然成为司法实践中最主

① 最高人民法院发布的《第二次全国涉外商事海事审判工作会议纪要》第五十一条规定：当事人可以通过法律专家、法律服务机构、行业自律性组织、国际组织、互联网等途径提供相关外国法律的成文法或者判例，亦可同时提供相关的法律著述、法律介绍资料、专家意见书等。

要、最有效的方式。从统计分析来看，已查明并适用域外法的案件中 75% 系通过专家意见书的方式来达到查明域外法目的。从应然层面来看，向专业的人员、组织、机构借力，是解决法官自身查明技能内在有限性与案件所涉域外法外在无限性之冲突的可行方案。2018 年 7 月施行的《最高人民法院关于设立国际商事法庭若干问题的规定》第八条将国际商事法庭审理案件应当适用域外法律时的查明途径细化为八种，其中“由法律查明服务机构提供”和“由国际商事专家委员提供”实为“专家提供”之细化，从侧面证明专家查明的重要性与可行性。

2. 法律查明专家意见的完善

鉴于专家意见在法院域外法查明中的实际重要性，以及前文对法院是否采纳专家意见的讨论，笔者认为有必要进一步完善我国的专家意见机制，使其在司法实践中发挥出更好、更大的作用。第一，应该对专家资格有所规定。对专家资格的规定不应该过窄，而应该相对原则化和宽泛化，从而确保能涵盖所有有可能的专家范围。核心要件是对专家的知识或经验的要求，即必须有证据能够证明某专家确实知晓某国的法律或者具有通晓某国法律的具体实践经验。这种知识和经验可以通过学习所取得，也可以通过研究或者教学取得，还可以通过法律业务取得，等等。第二，建议建立独任专家制度。不宜采用普通法国家和地区的专家意见制度（即由双方当事人各自聘请域外法专家），而应建立域外法查明独任专家制度。我国的外国法查明制度还在形成过程中，因此可以博采众长，同时摒弃域外现行制度中已经发现的问题。建议不论是当事人聘请域外法专家还是由法院依职权聘请域外法专家，中国的专家制度都应该采纳独任专家制度。若是当事人协议聘请，可以让当事人就专家人选达成共识。第三，有必要规定域外法专家履职中立性原则和回避原则，即域外法专家有如实向法院清楚解释涉案外国法的内容的法律责任。一旦聘请为专家，该专家并不是向某一方当事人负责，而是向法院负责。这对保证专家意见的中立性非常重要，而且在专家违反职业伦理时法院可以追究该专家的责任。由于是独任专家，因此必须得确保专家的中立性。确保中立性的关键就是有关专家不能与当事人有任何利益冲突。

3. 域外法问题与专家意见规范

一是法院有责任拟定清晰的域外法问题。这样能够聚焦专家证人的意见，从而确保专家所提供的意见能够解决所涉案件中的域外法问题。二是专家所提供的意见必须是且仅限于解答域外法是什么的问题，并非该域外法应该如何适用到所涉案件的事实，以及所涉案件最终该如何判决。明确了专家的职责并把其范围限定于域外法是什么，才能够确保专家不会超越自己的权限。三是专家意见的规范化，这也是专家意见的核心。专家意见必须就有关域外法问题提供明确的法律渊源，包括成文法规定，以及相关案例。在域外绝大多数国家，法律解释权属于法院（不管是大陆法系还是普通法系），相关案例都会对成文法法条的含义作出解释。在普通法系国家即为判例，在大陆法系国家案例也有一定的参照价值。就判例而言，专家需要交代其位阶关系，以及其拘束力。在普通法系国家，如果专家在提交的意见中没有把有拘束力的判例告知法院，则构成专业疏忽，需要承担相应的法律责任。专家需要交代学者是如何解释有关成文法条文的，以及学者对既判案例的观点。当在同一个法律问题上存在不同观点时，这对于法官判决和决定应该采用哪种观点就会很有帮助。专家必须说明自己就有关域外法问题的观点的理据。观点需要理据支撑。观点是否正确，取决于其理据。法院在考虑是否接受专家意见时，主要取决于专家的理据是否充分及有说服力。专家必须宣誓，明确表示自己知晓所持言论的真实性，发表真实意见，以及知晓对法庭的责任。

（三）法律查明方法的多元化

从第二部分关于受理域外法查明法院的地域分布来看，排前十的省份共有 269 件案件，占了同期域外法查明案件总量（297 件）的 90.5%。若能把这 10 个省份的域外法查明问题解决，那么全国范围内域外法“查明不能”的案件比例就能够下降至 10%之内。因地制宜确定法律查明方法，在法律和最高人民法院所确定的域外法查明途径的基础之上，赋予地方法院自主权，根据各地案件的特点，设计出能够提高当地域外法查明比例的具体查明办法和途径。

（1）以案件量排第一的广东省为例，其涉及域外法查明的案件总共有

69 件，其中涉及香港特别行政区法律适用的就有 59 件。香港回归祖国已经超过 23 年了，不应该有任何对香港特别行政区法律不能查明的理由。目前，最高人民法院域外法查明平台已整合中国政法大学、华东政法大学、武汉大学的外国法查明研究中心以及蓝海法律查明和商事调解中心、西南政法大学中国—东盟法律研究中心五大查明机构资源，该五家机构均有查明香港特别行政区法律的案例与经验。若仍有不能查明的案件，考虑到香港特别行政区作为普通法地区，其法院没有协助其他管辖区查明香港特别行政区法律的先例，我国法院可以考虑借用香港高校法学院的力量。广东省毗邻香港特别行政区，建议广东省高级人民法院和香港高校的法学院建立联系，协助查明香港特别行政区法律。

（2）数量排名第二的湖北省，在其 65 件涉及域外法查明的案件中，有 61 件是武汉海事法院审理的船员劳务合同纠纷案件。这一类案件的实质是合同纠纷，其核心是适用哪个管辖区的雇佣合同法。具体来说，其中 42 件串案都是针对同一被告，适用的是新加坡法，另 19 件串案则涉及巴拿马法律。这些通过行业协会或者海商法中心，或者是和有关管辖区的法律学院取得联系就可以确保能够查明有关法律。

（3）排名第三的浙江省，其涉及域外法查明的案件总共有 48 件，其中 22 件涉及英国法，7 件涉及美国法，还有些涉及澳大利亚和中国香港特别行政区法律，即大部分案件是涉及普通法系国家和地区的。这些涉及普通法系国家法律的查明可以通过与普通法系国家和地区的法学院直接建立联系的方式来进行。不过由于英、美等国家距离较远，亦可考虑通过香港特别行政区作为中介解决普通法系国家法律的查明。原因之一是大部分普通法系国家的法律都是同源的，因此差别不是很大，而且基本上采用英文，香港专家具有语言优势。另外，香港的法学院和律师事务所雇用很多其他普通法系国家特别是美国、英国和澳大利亚的学者和律师，因此，很容易在香港特别行政区找到这些国家的法律的专家。

（4）其中排第七的云南省，其涉及域外法查明的案件总共有 9 件，其中 7 件是传统民事案由，而查明的法律多涉及与其接壤的缅甸、老挝国的法律。这很明显有鲜明的地区特点。当地的政府和法学院一定和与其接壤的两国有联系，当地法学院也会有研究这两个国家法律的学者。即使没有，通过云南省政府或当地的法学院和这两个国家的法学院或者司法部门建立联系，委托对方协助查明有关案件中的法律也是相对来说容易做到的。因此，通过建立固定机制应该可以解决70%案件中的法律查明问题。

（5）对于香港特别行政区法律以及普通法地区的法律查明，普通法系国家的法院没有协助其他管辖区查明法律的先例，因此可以考虑和香港高校的法学院建立委托关系，这亦符合粤港澳大湾区建设总体纲要确定的方向。因为香港高校的法学院教职员工来自全世界，每个法学院都有美国、英国、澳大利亚和新加坡的教授任教。另外，香港的律师中也有大量来自其他普通法国家包括上述三个国家的律师。因此，他们完全能够协助查明普通法系国家和地区的法律。所以，依托香港特别行政区可以解决至少同期案件总数75%的域外法查明。这一做法亦能体现“一国”之内发挥“两制”的优势。

（四）“不能查明”认定标准与程序的规范

对不能查明的认定标准予以明确、认定程序予以规范，意在避免域外法不能查明。对此，“域外法不能查明”的三重特性亦可说明：（1）必要性：域外法查明存在客观困难。每个国家的法律除了纸面上的条文规定和具体判例外，往往因其独特的文化传统、政治制度而具有不同内涵。这些都不是仅凭一定的域外法查明手段就可以完全掌握的，故而“不能查明”系一种特有的必要结果。（2）相对性：域外法无法查明系主观概念。若某域外法客观存在，则应是可以知晓和理解的。域外法不能查明的认定是法官为了完成域外法的适用而对案件具体情况考察之后作出的主观估计和判断。[①] 因此，“域外法无法查明”探讨的是法官和当事人在何种程度下可以放弃查明域外法[②]。（3）例外性：域外法查明不能为例外规则。从制度设计看，域外法查明的目的在于准确查明、正确适用域外法，查明不能为例外规定。从法律结构看，查明不能的替代性解决方案在各国立法中均单列

① 参见肖芳：《论域外法的查明——中国法视野下的比较法研究》，北京大学出版社2010年版，第127页。

② 张春良：《国际化法演义：问题、方案与修正》，法律出版社2013年版，第418页。

于查明主体、查明途径、证据范围之后，正是其例外地位的彰显。[①] 这表明，只有查明主体合理选择、灵活运用恰当途径仍无法确定域外法内容时放弃继续查明，才与设置初衷无悖。

应当从三个层面规范“域外法不能查明”的认定标准：

1. 宏观层面

查明之“能”与“否”。统括地看，域外法能否查明自有内在规律，某些特定情况下域外法能够查明是明显和确定的。从交往程度看，交流频繁性与查明可能性正相关：粤港澳大湾区内经贸合作密切、学术交流繁盛，诸多涉港案件通过深圳市蓝海现代法律服务发展中心查明案涉香港法内容[②]，域外法为中国香港法、中国澳门法时应当可查明[③]；当域外法来源国为英国、美国、德国、日本时，因语言通用、法学教材专著所涉广而深、相关案例库成熟完备，故规范内容透明度高而易于查明；当域外法来源国为“一带一路”沿线巴基斯坦、伊朗等国，语言小众、研究不足而直接查明难度大。从查明事项看，个案依附性与查明可能性负相关：股东身份认定、自然人民事行为能力、诉讼时效等资质性事项，法律规范明确、个案依附性低，大多能获得查明[④]，反之，违约责任、保证责任等依附于具体案情，且需多层推理才可明晰类事项，不易查明。

2. 中观层面

主体之“勤”与“惰”。个案域外法查明责任明确后，查明主体勤勉与否成为能否查明的先决前提。法官依职权查明域外法时，如上文所述，应以其是否委托域外法专家委员或专业机构等“法律专家”予以查明作为判断勤勉履职之标准，在此基础上亦可通过其他途径查明，甚至自行参阅立法草案、权威著作、生效判例等辅助查明。当事人负责查明域外法时，

① 《外国国际私法立法精选》，邹国勇译注，中国政法大学化版社2011年版，第28、37、38、47、58、59、69、70、77、78、87、114、128、146、196、245、268页。

② 参见深圳市中级人民法院民事判决书，(2018)粤03民终591号；广东省高级人民法院民事判决书，(2017)粤民终897号。

③ 以广州中院为例，2011年4月1日至2018年12月31日共有25件案件涉及香港法或澳门法查明，其中24件查明成功。

④ 参见(2017)浙72民初13号民事判决书。

其可自行翻阅、查找，亦可自行委托域外法专家予以查明，无论采取何种方式，均应依据《涉外民事关系法律适用法解释一》第十五条第二款在“合理期限”内提供域外法相关资料。广州中院对24件查明香港法或澳门法的案件统计后发现，查明平均用时约5个月，耗时过长。[①] 有鉴于此，笔者认为“合理期限”以1~3个月为宜，可结合案情指定具体期限，督促当事人及时履行查明义务；如当事人有正当理由申请延长，可审查后作出决定。合理期限结束后，当事人未提供域外法资料且无正当理由则认定不能查明；反之，则需进一步审查。

3. 微观层面

资料之“是”与“非”。对所得域外法资料，可从形式与实质两方面展开审查，并以形式为内容服务作为基本立场。一方面，以形式审查为先为辅。司法实践中，当事人提供的域外法资料以法律意见书为主要形式。2020年5月起施行的新证据规定对除公文书证和涉身份关系以外的其他域外证据，不作公证和/或认证的证明手续要求。对域外专家形成的域外法查明法律意见书的认证形式要件，虽不严苛要求公证认证，但亦应结合机构资质证明、专家身份证件等判断专家业界声誉和专业水准，以有效认定专家的认证能力。另一方面，以实质审查为后为主。“查明”之“明”意指“证明”，意味着当事人查找到域外成文法或生效判例的同时，仍需通过法律论证证明该内容全面、准确、客观，且适用于案件本身。首先，对于客观性，如当事人提供未予公证认证的个案法律意见书来证明域外法，则应附成文法、生效判例、文献著述相佐证，便于法官辨识意见书所载确为稳定的法律规则，进而明晰其含义及适用范围。其次，对于准确性，成文法内容与案件争议同属某一法律关系、生效判例与案件争议焦点实质相关，且该成文法依位阶高低、时间先后、属特殊法等原因应优先适用；域外法来源国为联邦制国家时，亦应论证联邦法律和州法律存在适用冲突时的解决原则，所提供内容应唯一适用。最后，对于全面性和关联性，并非要求提供成文法全文或全部生效判例，而指具体内容需全面涵盖案件争议

---

① 参见肖芳：《论域外法的查明——中国法视野下的比较法研究》，北京大学出版社2010年版，第127页。

焦点，并且“可以结合案件事实说明自己对外国法和个案事实间‘视线往返穿梭’的个人理解”①。总而言之，如已查明域外法能够支撑法官完成将域外法适用于所需案件的裁判，清楚明确地从域外法的角度对案件的事实作出定性，对案件裁判作出推理和论证，即可认为域外法已查明②，此时该域外法内容便对法官拥有了充分拘束力。反之，则认定查明不能。

（五）域外法查明的程序保障

对查得的域外法资料，应出示后充分听取各当事人意见，确保认定程序的正当性。

1. 庭前交换阶段

法官审查证据材料并询问当事人意见后，确定准据法为域外法且由当事人负责查明时，应（1）告知：向义务当事人明确查明义务、待查事项、合理期限、法律后果，亦可提供参考范围、建议查明途径等；（2）敦促：在合理期限内适时提醒、催促当事人履行查明义务；（3）释明：对合理期限内提交的明显欠缺形式要件或实质要件的域外法资料，及时释明并要求补正。对法官应予查明域外法的案件，及时告知当事人查明途径、查明事项等事宜。

2. 开庭审理阶段

充分尊重当事人质证权，全面听取各方意见。（1）问询：负查明责任的当事人未在合理期限内提供域外法资料，则询问未予提供的具体原因。（2）出示：对法官查得的域外法资料向各方当事人出示，将当事人查得的域外法资料相互交换。（3）质证：对法官委托专家查明的域外法，各当事人发表质证意见，如不认可需提供有力反证；一方当事人提交域外法资料，对方当事人发表质证意见，如不认可则需提供有力反证；双方当事人均提交域外法资料时，则进行交叉质证，在经质证发生冲突时，如双方提供的均为专家意见，则遵循形式要件形式判断，以出庭接受质证专家意见的效力为高，均出庭接受质证则以声誉较高的专家意见效力为高；一方提

① 徐鹏：《外国法解释模式研究》，载《法学研究》2011年第1期。

② 参见肖芳：《论外国法的查明——中国法视野下的比较法研究》，北京大学出版社2010年版，第132页。

供的资料系专家意见，另一方提供的非专家意见，则以符合形式要件的专家意见效力为高；双方提供的均非专家意见，则需进行实质审查，一方当事人提交域外法资料在法律层面符合全面性、准确性、客观性，且达到高度盖然性的证明标准，并实现法官内心确信，则该域外法资料对法院认证产生约束力。

3. 文书生成阶段

在“本院认为”部分设专节论证法律适用问题，对认定域外法不能查明进行详尽说理。阐明查明责任分配依据，列明查明事项和查明结果，叙明当事人对查得域外法的具体意见，论证判断无法查明所依凭的客观情况及推理过程。二审文书中亦应论述一审法院查明工作是否到位、一审认定不能查明理由是否充足，将域外法查明情况纳入审查监督范畴。

（六）相关配套措施的完善

（1）建议最高人民法院在充分调研的基础上，吸收、借鉴中基层法院已制定的域外法查明办法，尽快制定完善域外法查明的司法解释，对域外法查明的责任主体、查明途径、法律查明专家意见的性质、域外法的审查标准、查明费用的负担、无法查明的认定以及无法查明后的法律适用等内容作出规范，统一全国司法实践。通过建立系统化的查明体系，推动解决域外法查明中面临的查明途径单一、配套程序不健全等问题。本文在前述统计分析和研究的基础上，提出《最高人民法院关于域外法查明若干问题的规定（建议稿）》，以期为司法实践中域外法的准确、高效查明与适用提供参考指引。

（2）充分利用智慧法院建设成果，尽快建立粤港澳大湾区和“一带一路”建设参与国法律数据库，定期发布域外法查明的指导性案例，加强对涉“一带一路”建设、粤港澳大湾区建设案件的信息化管理和大数据分析，为法官提供智能服务，确保法律适用正确、裁判尺度同意。

（3）推动打造多元域外法查明平台。建议可以在现有域外法查明平台的基础上，进一步整合相关资源，发挥港澳法律机构、法学院校在涉外法律查明、国际惯例和国际规则使用等方面的积极作用，丰富域外法查明平台建设，建立域外法查明专家库、法律库和案例库。例如，可以深化国家法官学院和香港城市大学十余年的合作办学机制，发挥两者各自的学术研究和专家资源优势，联合成立港澳台及外国法查明中心，为“一带一路”倡议和粤港澳大湾区建设提供司法智力支持。

附件：

最高人民法院关于进一步加强域外法查明若干问题的规定

（建议稿）

为准确查明和适用域外法，平等保护中外当事人的合法权益，营造稳定、公平、透明、便捷的法制化国际营商环境，根据《中华人民共和国涉外民事关系法律适用法》以及本院相关司法解释，结合审判工作实际，制订本规定。

第一条　【域外法的定义】本规定所称的域外法，是指人民法院在审理涉外、涉港澳台民商事案件时，根据当事人协议选择或诉讼中选择确定，以及依据我国冲突规范确定的内地以外某一国家或地区的实体法律规定或判例。

第二条　【准据法的确认】人民法院确定涉外、涉港澳台民商事案件准据法时，应通过庭前程序或庭审程序，听取双方当事人对案件准据法的意见并予以确认。

第三条　【查明责任确定的原则】人民法院依法确定审理案件的准据法为域外法时，或在审理涉外民商事案件依法需要适用域外法时，应秉持协同配合、充分努力原则确定域外法查明责任。

第四条　【当事人的查明义务】当事人协议选择适用域外法，且经人民法院确认应当适用域外法的，选择适用域外法的当事人负有查明域外法的义务。

第五条　【人民法院的查明义务】人民法院在以下情形时应依职权查明域外法：

（一）案件准据法是我国缔结或者参加并已对我国生效的国际条约；

（二）根据我国冲突规范指引适用的域外法，且该域外法并非当事人意思自治选择的法律；

（三）对当事人提交的域外法律，认为有必要进一步查明域外法内容的。

第六条 【查明途径】 人民法院可以通过以下途径查明域外法：

（一）由当事人提供；

（二）由中外法律专家提供；

（三）由法律查明服务机构提供；

（四）由国际商事专家委员提供；

（五）由与我国订立司法协助协定的缔约对方的中央机关提供；

（六）由我国驻该国使领馆提供；

（七）由该国驻我国使馆提供；

（八）其他可以有效查明域外法的途径。

第七条 【专家查明】 当事人负有域外法查明义务的，可以自行委托专家查明域外法，也可以通过法律查明服务机构聘请专家查明域外法。

人民法院也可以依职权委托专家查明域外法，或通过法律查明服务机构聘请专家查明域外法。

人民法院依职权委托专家查明域外法的，查明费用由负有举证义务的当事人预交。查明费用的负担参照《诉讼费用交纳办法》第六条、第十一条、第十二条的规定处理。

第八条 【专家的定义】 本规定所称专家是指由于其专业、知识、经验而熟悉案涉域外法的法律专业人员，包括中外法律专家、国际商事专家委员等自然人。

第九条 【专家意见的形式要求】 专家意见应附有专家的身份证明、专业资格证明以及与案件当事人无利害关系声明。

专家意见系在中华人民共和国领域外形成的，该意见应当经所在国公证机关予以证明，并经中华人民共和国驻该国使领馆予以认证，或者履行中华人民共和国与该所在国订立的有关条约中规定的证明手续。

第十条 【专家意见的内容要求】 专家意见应全面、准确载明与涉案争议问题相关的域外法律渊源以及该法律渊源的司法适用规则。

对成文法国家，应该提供现有的法律规定，包括相关的上位法和下位法规定、一般法和特别法的规定，援引应包括具体的法律名称、颁行时间、具体条文，可供查证的方式以及相关学说等。

对判例法国家，则应提供相关裁判要旨的现行规定、判例历史等，具体案件的案号及相关索引。

专家意见可以附带涉案相关的法律意见，但该法律意见必须说明理据；没有理据的法律意见，不能作为适用域外法的参考。

第十一条　【专家参与诉讼的身份】 域外法查明专家应依据《中华人民共和国民事诉讼法》第七十九条的规定，以专家证人身份参与诉讼。

第十二条　【外交途径查明】 当事人认为需要通过第六条第（五）（六）（七）款途径查明域外法的，可以提出申请。人民法院经审查认为启动当事人申请的域外法查明途径为案件所必需的，应当依照有关程序办理。

当事人申请通过上款途径查明域外法的，应当预先支付查明费用。

第十三条　【其他合理途径】 当事人或人民法院可以通过查询域外官方网站刊登的成文法律条文、公开出版的法律学术书籍以及本国已生效裁判文书等合理途径查明域外法。

第十四条　【域外法的认定程序】 对于查明的域外法，人民法院应当经过庭审程序予以确认。必要时，可以专门就域外法的查明及适用进行听证。

第十五条　【域外法的完整性标准】 人民法院查明或当事人提交的域外法，应包括域外法的成文法或判例，并尽可能包含反映该法律内容的法律著述、资料和专家意见。

第十六条　【域外法的形式标准】 当事人从域外提供的域外法内容，视为域外形成的证据，应依照《最高人民法院关于民事诉讼证据的若干规定》第十六条的规定办理公证、认证或其他证明手续，但对方当事人无异议的除外。

外文资料应该附有中文译文。

第十七条　【域外法的认证原则】 人民法院应从客观性、真实性和关联性方面对查找到的域外法进行谨慎审查。

客观性审查应包括所查到的域外法是否客观、全面，出具法律意见的专家资质及其与当事人或本案是否存在利害关系等；真实性审查应包括所查找到的域外法的真实性和有效性，时间效力和空间效力等；关联性审查应包括审查所查找到的域外法与本案争议解决的关联性、适用性等。

第十八条　【域外法的认定】 人民法院可依据民事诉讼证据规定的认证原则对域外法进行认定：

（一）当事人对该域外法律的内容及其理解与适用均无异议的，法院可以予以确认；

（二）当事人对域外法内容及其理解与适用有异议的，应当说明理据，必要时人民法院可以要求出具域外法意见的专家进一步提供书面专家意见或者出庭接受质询。对符合本规定第十六条形式标准并经过质证的专家查明意见，当事人不能提供有力反证的，人民法院应当予以采纳；

（三）对当事人提供的域外法难以辨别真伪时，可以通过互联网或权威机关的数据库查阅该域外法，进行对照审查后予以确定。

第十九条　【当事人提交的合理期限】 当事人负有域外法查明义务的，人民法院应送达《域外法提供通知书》，告知指定当事人提交的合理期限以及法律后果等事项。指定期限应根据域外法查明的难度相应确定，原则上不少于一个月，不长于三个月。本院在送达应诉材料时，应同时送达《域外法提供通知书》，告知提供期限、法律后果等相关注意事项。

当事人在人民法院指定的合理期限内有正当理由不能提供域外法时，根据当事人申请，人民法院可以适当延长期限。

第二十条　【不能查明的认定标准】 人民法院在确定域外法内容时，对于所查找到的域外法不明确、不充分，或双方当事人提供的域外法互相矛盾，或者查明的法律为判例难以直接适用等情形，不能简单认为“不能查明”，应当采取适当的方法或程序进一步确定域外法的内容，或者进一步认定所查明的法律能否适用于涉案争议。

以下情形可以认定域外法不能查明，直接适用中华人民共和国法律或内地法律：

（一）当事人负有域外法查明义务的，在法院指定的合理期限内未提供域外法，或未按规定预先交纳委托专家费用、外交途径查明域外法的调查费用，导致域外法查明程序无法启动的；

（二）人民法院通过由当事人提供、中外法律专家和专业法律查明机构等合理途径，经充分努力在合理期限内仍不能查明域外法的；

（三）当事人对所查明的域外法内容存在不同意见，经过质证后，且人民法院通过合理途径难以补充查明认为确实无法确定的。

原则上，对于我国香港、澳门特别行政区法律不应认定为不能查明。

第二十一条　【裁判文书】人民法院应当在裁判文书中载明域外法查明的义务分配、查明过程以及采用的途径、方法、认定不能查明的理由。

对适用域外法的，应当在裁判文书中对域外法的认证过程和采纳意见进行说理论述。

第二十二条　【查明错误的救济】对于当事人上诉提出的域外法查明错误，二审法院应当全面审查一审法院域外法查明程序，对一审查明义务分配、不能查明的认定或域外法认定内容等方面存在的错误，且影响案件实质处理结果的，应当予以纠正，必要时二审法院应当依职权补充查明域外法，或应当采取适当的方法或程序进一步确定域外法的内容，或者进一步认定所查明的法律能否适用于涉案争议。

申请承认和执行外国判决案件管理机制研究*

北京市第四中级人民法院民庭
（北京国际商事法庭）

前　言

习近平总书记明确提出要统筹推进国内法治和涉外法治，为全面加强新时代涉外法治工作指明了方向。人民法院涉外审判工作是涉外法治工作的重要组成部分，对于维护国家主权、安全、发展利益，营造市场化法治化国际化营商环境有着十分重要的意义。在审理申请承认和执行外国法院判决案件中，如何提高涉外案件办理质效，充分发挥涉外审判司法职能作用，以高水平涉外司法服务高水平的对外开放，值得我们进行深入研究探讨。

一、现状考察：申请承认和执行外国法院判决案件的总体情况

承认外国判决与执行外国判决，是两个既有区别又有联系的问题。承认外国判决，是指内国法院认为该外国判决对当事人权利义务的确认与本国判决具有同等的效力，因而允许本国境内该案当事人自动履行外国判决所确定的事项，并可以外国判决为理由驳回国内他人对所判案件提出的异议。执行外国判决是指内国法院按照本国法律的规定，采用强制措施实现外国判决。

---

* 本文写作于2024年3月。

《民事诉讼法》第二百九十八条规定：外国法院作出的发生法律效力的判决、裁定，需要人民法院承认和执行的，可以由当事人直接向有管辖权的中级人民法院申请承认和执行，也可以由外国法院依照该国与中华人民共和国缔结或者参加的国际条约的规定，或者按照互惠原则，请求人民法院承认和执行。随着中国企业海外经营的日益深入，外国法院判决在中国的承认和执行已经成为中国企业境外发展新形势下的司法新实践。

（一）案件数量

2019 年至 2023 年 5 年间，北京市第四中级人民法院共受理申请承认和执行外国法院判决案件共计 270 件，其中 2019 年收案 69 件，2020 年收案 35 件，2021 年收案 45 件，2022 年收案 49 件，2023 年收案 72 件。

同时，根据《最高人民法院关于适用〈中华人民共和国民事诉讼法〉的解释》第五百四十九条的规定，涉及香港、澳门特别行政区和台湾地区的民事诉讼案件，可以参照适用涉外民事诉讼程序的特别规定。为了便于统计分析，我们把申请认可和执行港澳台法院民事判决案件的相关数量一并加以对比和参照。

北京市第四中级人民法院 2019 年至 2023 年 5 年间共受理申请认可和执行香港特别行政区法院民事判决 17 件，申请认可和执行澳门特别行政区法院民事判决 2 件，申请认可和执行台湾地区法院民事判决 15 件。

（二）案件审理用时情况及主要流程节点

审理的申请承认和执行外国法院判决案件中多数为承认外国法院离婚判决中解除婚姻关系的部分，据统计，该部分案件平均审理用时为 49.80 天。申请认可和执行香港特别行政区法院民事判决平均审理用时为 79.93 天，申请认可和执行澳门特别行政区法院民事判决平均审理用时 89 天，申请认可和执行台湾地区法院民事判决平均审理用时 129.8 天。

为进一步剖析影响涉外案件审理周期的具体因素，我们对申请承认和执行外国法院判决案件可能涉及的环节进行分析，上述案件可能涉及的主要流程有涉外送达、管辖、域外法查明、层报等环节。这其中，有的环节如管辖、涉外送达等事项，是下一个诉讼流程能够继续进行的前提，部分环节程序的烦琐和拖沓也会导致案件流程运转不畅。

（三）各流程环节的具体情形

1. 涉外送达环节

司法实践中，涉外送达在整个涉外案件审理程序中用时最长，对案件审理周期的影响相对较大。影响涉外送达周期长的因素是多方面的：例如，所有涉外文件均须经过高级人民法院审核，其中一部分还需进一步通过最高人民法院审核。与此同时，涉外送达易受有关国际局势的变化和国家政策的影响：例如，自2020年开始，由于新冠疫情的影响，全球化物流速度降低，涉外文书的送达也受到影响，国际特快专递在很多国家暂停，我国驻外使领馆因防控压力转递文书亦存在困难。又如，送至英国开曼群岛、维京群岛的文书在2022年年底可以送达，在2023年年初则被告知上述两个地址已不通邮。此外，向有的国家如巴拿马的送达存在特殊性，根据巴拿马的要求，我国法院通过外交途径送达需办理认证手续，高级法院国际司法协助专办员需向国际合作局报送附西班牙语译文的待送达材料等，且根据巴拿马方的要求随时可能微调。

2. 管辖异议环节

在申请承认和执行外国法院判决案件中，被告可能会提出管辖异议，一旦法院作出驳回其管辖异议的裁定，往往会进行上诉，此处就会面临两个问题：一是在移转上诉案卷的过程中，根据北京高级人民法院的规定，必须将案件所有当事人送达结束后才接收卷宗，此处存在管辖与送达的叠加问题；二是在二审管辖异议裁定作出后，很多案件办案人员实际收到退卷的时间和二审裁定作出时间相距较长，尤其是此前很多案件均是通过纸质卷宗移送上诉，未实际收到卷宗导致不能进一步安排开庭。

3. 域外法查明环节

域外法查明是此类案件审理中的难点问题之一，根据我国现行法律的规定，一项外国判决想要被承认和执行只能通过条约或者互惠原则两种方法，而对于互惠关系如何认定，最大困难在于外国法查明，如果是成文法国家还简单些，案例法国家且未条文化的更是相当复杂，这给认定互惠关系法院的法官造成很大的负担，也是对法官能力一大挑战。

4. 层报环节

《全国法院涉外商事海事审判工作座谈会会议纪要》规定了承认和执行外国法院判决的报备及层报机制，要求法院根据互惠原则进行审查的案件，在作出裁定前，应当将拟处理意见报本辖区所属高级人民法院进行审查；高级人民法院同意拟处理意见的，应将其审查意见报最高人民法院审核。待最高人民法院答复后，方可作出裁定。根据该规定，一定程度上层报环节可能会拉长案件的审理周期，可能会影响债权方权益的尽快实现。

二、影响申请承认和执行外国法院判决案件审理的效率因素

部分申请承认和执行外国法院判决案件用时较长，与涉外商事案件本身的复杂性特点密切相关，也和案件历经程序多有密切关系。部分案件环节多，可能导致部分案件需要经过多个流程才能进入实体审理程序，成为影响申请承认和执行外国法院判决案件审理效率的主要因素。

（一）涉外案件司法协助程序性要求高，环节所涉机关多

国际司法协助是指各国在司法程序中相互提供协助的行为，是国家间司法合作的形式之一，是国际间的一种必要的、有益的协作关系。在我国开展涉外案件的处理时，往往涉及域外送达、取证的问题。由于不同国家的司法程序均受到所在国国家领土主权的限制，具有严格的地域性，同时因为各国对司法主权与司法独立的要求，故通常司法协助中程序性事项繁杂、环节所涉机关众多。

如果诉讼一方主体在国外，当事人向受理法院提出向外国送达文书的请求后，各级人民法院通过最高人民法院将请求材料转递到中方中央机关司法部，由司法部根据条约规定向外国中央机关提出送达请求。如送达目的地国与中国未缔结相关条约，应通过外交渠道提出文书送达请求。① 尤其是两国之间没有司法协助条约时，委托法院将其需要委托的事项层交本国外交部，由外交部将委托书转交给委托国家的外交机构，再由该外交机

---

① 参见中华人民共和国司法部：《国际民商事司法协助常见问题解答》，载中华人民共和国司法部网 2023 年 3 月 30 日，https：//www. moj. gov. cn/pub/sfbgw/jgsz/jgszzsdw/zsdwsfxzjlzx/sfxzjlzxxwdt/202303/t20230330_475371. html。

构转交受委托的司法机关。这种方式程序复杂，流程环节多，速度较慢。在司法实践中，涉外送达通常需要通过司法协助管理平台进行，在正式提交涉外送达系统之前，需要经过翻译、交费等诸多烦琐的程序，当事人及法院均需准备材料或手续，一旦哪个程序之间没有做好衔接，或者手续、材料出现问题，可能都导致材料的退补或二次送达的产生。

（二）审判流程节点控制不足

由于整体涉外案件无审限要求，作为其中某些环节，如涉外送达、域外法查明等程序更无时间上的硬性要求。规则缺失空间即法官自由裁量空间，在未确定明确的规则和要求的情况下，办案团队质效依赖于法官个人；同时又因为没有标准可循，无法对案件进行系统有效的监督制约。

当前法院对涉外案件的管理许多是事后管理，如针对长期案件进行相应的汇报，而对其中的具体过程却缺乏精细化和系统化的管理。审判流程节点设置的欠缺导致办案人员及管理者不能对每个案件进行跟踪和监测，实现全流程监控，如对存在涉外送达的案件应在多长时间进行送达、域外法查明期限、开庭之后多长时间出具文书等时间均未进行明确规定且并未设置对应节点，无法对案件进行合理的程序制约，亦无法建立有效的内部监督机制。

（三）审判压力大，办案人员多线程处理案件能力欠缺

涉外案件数量日益增多，除了申请承认和执行外国法院民事判决、裁定的案件外，还有大量其他案件，而办案人员的数量则受制于人员编制，案多人少的矛盾较为突出，大量案件涌入法院，导致法官疲于应对。加之涉外案件较普通案件流程更复杂，节点更多，和普通案件相比需要做大量额外工作。

在工作量较大的情况下，要求法官动态掌握每一个节点的进度无疑是不现实的。尤其是部分需要当事人配合而当事人又恶意拖延的环节中，承办团队又面临着需要同时推进多个案件多个环节进度的情况，客观上无法实时对每个案件当事人进行频繁催促，很有可能导致部分诉讼进程停滞的结果，形成长期案件。

（四）对当事人怠于履行诉讼义务缺少规制手段

除去实质性案件审理时间，还有大量诉讼环节处于审判周期构成之

中，虽不是实质意义上的案件审理时间，但对案件周期影响不可小觑。在申请承认和执行外国法院民事判决案件中，很多诉讼环节可能需要当事人的配合，如果当事人未能及时履行对诉讼的促进义务，则可能导致诉讼周期人为加长。比如域外法查明环节，相关司法解释规定了当事人应在法院指定的合理期限内提供外国法律，但是该合理期限究竟为多长在司法实践中并没有统一的标准。

在上述需要当事人配合的环节中，当事人或出于疏忽或是故意为之，迟迟不能按照法院的要求办理相关事项，导致程序无法顺利推进。而对该种行为，因程序法上缺乏惩戒的规定，故法官无法采取有效措施进行处罚。当事人怠于履行诉讼义务的行为是导致诉讼程序冗长的一个重要原因。

三、对涉外案件进行审判流程节点控制的逻辑遵循

申请承认和执行外国法院民事判决中，诉讼主体对于纠纷解决效率的要求更高，客观上如何应对，需要我们不断创新审判管理机制，对案件流程进行控制，重构诉讼程序规则体系和审判流程内部关系，由粗放式管理转化为节点化的精细管理，以此提升申请承认和执行外国法院民事判决的处理效率。

（一）审判流程节点设置与管理的契合性

审判流程管理的一个突出特点是将整个案件分为若干个流程，并在各个流程阶段设置多个监控节点，每个节点都设置时间限制，必须在规定的时间内完成该节点规定的任务。办理申请承认和执行外国法院判决案件的过程就是一个典型的流程，如立案、送达、庭前准备、开庭、草拟文书等，部分流程下面又可以往下细分，如送达流程包括直接送达、邮寄送达、涉外送达、公告送达等。

审判流程管理以提高办案质效为目标，而涉外案件并无审限上的硬性要求，那么如何对案件办理流程实现进行系统有效的监督制约，如何有效将审判管理的要求落实到具体的案件程序当中，需要做的是将提高办案质效的目标分解到具体的流程节点，流程节点越是清晰和具体，则可操作性

就越强；审判流程节点设置与管理越是契合，在促进审判工作的公正、高效、有序方面发挥的作用就越大，可以有效保障审判流程的公开性、透明性、及时性，以此实现案件全过程的效率提升。

（二）审判流程节点管理的过程性

审判流程节点管理并不介入具体的办案过程，也不决定案件的处理结果，而是对诉讼活动和诉讼程序进行管理和监督，对案件的流程、办案的期限等进行统一的协调和督办。通过审判流程节点管理，可以将数据分解到具体环节，哪一个环节的问题一目了然，把隐性问题变成显性问题，能够让管理者在案件办理过程中就及时发现问题，在初始阶段着手解决问题，而不是仅进行事后监督。促使案件审判管理前移，管理方式由结果控制转为过程控制。

流程节点管理可解决因案件量过多导致的粗放管理的弊端，具体而言，不能由各个承办团队采取放任式的管理，而是要确保案件管理的关键是实现对程序的有效管理而不是由办案人员自由发挥，通过建立常态化的流程节点尤其是关键节点的管理来确保提高涉外案件审判质效这一目标的落地。也即，用流程节点管理的方法把整个办案过程管理起来，设计好规则、要求以及评价标准，做好过程控制，锁定办案节点，给各阶段限定明确的期限，对整个案件的办理过程进行跟踪、监督，使得案件的办理更加可控，通过对过程的管理来实现对办案进度的管理，实现审判管理的精细化。

（三）审判流程节点管理的服务性

目前法院存在的普遍情况是案多人少，办案压力大，但是一味地忙碌不等于高效，必须把管理节点前移，切实提高审判效率。在需要多线程同时处理多个任务时，办案人员可能没有精力同时推进，再加上其他事务性工作繁多，对于较为复杂的案件客观上形成了搁置和拖延。审判流程节点管理的服务性主要体现为辅助审判工作，将申请承认和执行外国法院民事判决推进工作前移。通过设置具体的流程节点，明确该环节需要完成的时间，办案人员可以确立明确的目标，及时了解什么时候应进行什么，看清工作进度以及与流程节点要求之间的差距，做到案件整体进程心中有数，有效进行自我管理和安排工作，科学分配自己在每个案件的时间，加快工作节奏、推进案件进展。

要注意的是，流程节点管理并不是要增加法官的负担，而是将审判任务分解之后，辅助办案人员按照流程将案件推进工作前移，防止因时间概念模糊造成的诉讼拖延，有效进行时间周期的管理。

（四）审判流程节点管理的科学性

对案件进行流程节点管理应当遵循司法活动规律，在管理权与办案权之间寻求平衡，对于涉外送达、管辖等非与案件实质审理相关的，应当明确纳入流程管理之中，设置合理期限，压缩不同环节的审理周期，提高办案效率。

流程节点的设置应当科学规范，不需要对所有流程和流程中的每一个节点都建立规则。将案件流程分得过细，环节过多，肢解了审判权，办案效率是否得到提升需要实践检验。对于法律已经明确规定的流程节点，在系统中直接进行确定；对于没有明确规定时间的，可以结合上级法院要求及具体案件情况进行节点的设定。是否设置某个节点取决于流程运行的需要，要确保流程节点设置的合理性，对关键节点设计规则，进行重点控制，限制关键流程的最大时限，严格控制超出最大时限情况的发生。对于细枝末节的节点可以通过结果去控制，明确工作标准及结果要求，给办案人员留出一定的空间。同时，对于流程节点的管理以警示和提醒为主，非必要无须进行大量审批，以防转化为常规事务性工作进而降低审判效率。

四、构建双面向、全流程节点管控机制

针对审判公正、效率的更高要求，我们在解析审判流程内部关系的基础上，以诉讼程序规则为依据，结合影响审理效率的主要因素，聚焦案件耗时较长的涉外送达、管辖、域外法查明、层报环节，构建面向办案人员、面向当事人的双面向、全流程节点管控机制，增强审判流程节点管理在审判工作中的可操作性，形成长效机制，确保审判体系高效运行。

（一）构建涉外法律文书集中送达机制

1. 涉外送达主要流程节点设定

送达是开启涉外审判的重要启动程序，涉外送达无法完成，会直接导致整个案件的审判无法进行下一个流程。涉外送达属影响较大、节点众多的阶段，流程节点细化是办案规范和管理规范的前提。对于需要进行管控的流程节点的确定，应当严格根据法律规定以及审理实践合理设定。具体而言，涉外送达阶段，从立案到提交涉外送达系统的时间一般不应超过3个月。将涉外送达材料提交至司法协助管理平台（即涉外送达系统）时，通常需要一并送达开庭传票，考虑到审判实践的实际情况，提交送达程序时传票上需预留充足时间，防止案件诉讼材料最终送达到当事人手中时已经过了传票上载明的开庭日期。对于该部分时间的确定，按照司法实践的通常做法，自提交涉外送达系统之日起一般不超过1年，涉港澳台区际送达不超过半年。最后，在涉外送达不成功的情况下，往往还需进行涉外公告送达，该部分时间需要原有送达基础上另行计算，按照现行民事诉讼法涉外民事诉讼程序的特别规定，公告期为60日。

2. 建立集约送达，提高涉外送达效率

虽然上文在各环节参考用时上对涉外送达的时间进行了原则性的安排，但要落实到具体案件中并取得实际效果，需要将涉外送达集约化，确保这一环节时长能够被有效压缩。

这是因为涉外送达在操作上完全不同于一般送达，不仅关系到如何操作司法协助管理平台，而且涉外送达总体上对材料的规范性要求比较严格，材料补充、退回等情况均比较常见。如果是由每个办案团队分别办理，一方面要每个团队的操作人员（通常是法官助理或书记员）均需单独进行学习，由于上述人员中有的此前从未接触过涉外文书送达，许多细节都需要进行培训和反复提醒。另一方面在需要补充提交材料的环节，办案团队有多个案件进程需要推进的情况下可能无法进行实时催促。

将涉外送达集约化，由专人进行涉外送达，可以把办案团队人员从繁杂的送达工作中脱离出来，更加专注于案件和审判本身。同时，由专人操作涉外送达系统，可以有效避免诸如证据材料上传时命名格式不规范、提交文件名称和数量不能对应等情况。此外，在集约化送达中，也可一次性告知当事人涉外送达需要准备的材料、翻译件盖章等常见的需要注意的事项，有效避免细节错误引发的重复工作，减轻当事人负担。

（二）优化管辖程序上下一体衔接机制

申请承认和执行外国法院民事判决审理流程中，根据《全国法院涉外商事海事审判工作座谈会会议纪要》的规定，人民法院受理申请承认和执行外国法院判决、裁定案件后，被申请人对管辖权有异议的，应当自收到申请书副本之日起15日内提出；被申请人在中华人民共和国领域内没有住所的，应当自收到申请书副本之日起30日内提出。该条赋予了当事人提出管辖异议的权利，但管辖异议仅是案件审理中的一个附随程序，对裁判结果和当事人权利义务的分配并不能起到决定性作用；在确定案件管辖环节，推动案件尽快进入实体审理，使各方当事人的权利义务经过审判尽快归于确定状态，才是最重要的目标和任务，故应当将诉讼效率放在更为突出的位置。为此，应当优化管辖程序上下一体衔接机制，畅通诉讼流程节点的梗阻。

1. 精准把控管辖流程时间节点

对管辖权异议案件的主要流程节点及作出时限进行梳理：针对当事人的管辖异议申请书，在受理异议之日起15日内作出裁定；对于当事人提交的上诉状，应当自收到上诉状之日起33日内移送上诉，涉外案件在送达完成后的10日内移送上诉；对于二审作出裁定并退卷的，在15日内启动庭审程序。

2. 通过智慧法庭，卷宗同步生成

进行电子卷宗随案同步生成并深度运用，对管辖权异议程序中的每一个节点的卷宗材料随收随扫、随录随传，确保电子卷宗与纸质卷宗同步生成，重塑上诉卷宗移转流程，做到电子卷宗一键移送，移送过程全程留痕，全程压缩传统卷宗移送中的签收、登记、审核等流程，减少审判事务性工作，缩减卷宗移送耗时。

3. 借助信息化手段，进行分级管理和有效督促

以技术为驱动，精准把控上诉流程的时间节点，对于主要流程的时间

进行限制，严控不当超时转移。系统可以对相应环节进行倒计时提示，并及时推送节点办理情况，将超期案件反馈给办案团队及庭室负责人，促使办案人员在规定时间内处理，强化内部管理和监督。

（三）健全高水平专业域外法查明机制

1. 明确域外法查明流程

法官审查证据材料并询问当事人意见后，确定准据法为域外法且由当事人负责查明时，法官应当向义务当事人明确查明义务、待查事项、合理期限、法律后果等；当事人可以自行选择域外法查明的途径，可以向法院申请域外法查明或自行委托查明；如果委托机构查明，当事人应自行向域外法查明机构交纳费用。在查明结果出具后，向法院提交相关意见和材料；对于已经查得的域外法向各方当事人出示并由当事人质证，当事人可申请域外法专家出庭并发表意见。自确定查明事项之日起，法官可给予当事人两个月的查明期，如有特殊情况可申请延期。在整个域外法查明程序中，法官可通过程序令或其他方式在合理期限内适当提醒、催促当事人履行查明义务。

2. 健全高水平专业域外法查明机制

通过规范指引、平台建设、程序规则，进行高水平专业的域外法查明。制定域外法查明指引规范，充分保障当事人依法选择适用域外法律的权利。深化与知名法律查明机构的多维度合作，建立域外法法律查明线上服务保障、法官域外法查明直通车、涉外法律培训、域外法查明判例数据库等数项合作机制，不断畅通查明委托流程，提升查明工作效率。不断拓展域外法查明渠道与方式，允许当事人或法官通过查询域外官方网站刊登的成文法律条文、公开出版的法律学术书籍以及本国已生效裁判文书等合理途径补充查明域外法律。

（四）完善层报制度

《全国法院涉外商事海事审判工作座谈会会议纪要》规定了层报制度，一定程度上对案件的审理周期有所影响，应当在合理范围内提高此环节的审查效率。具体而言，在各院根据互惠原则作出裁定并将拟处理意见报本辖区所属高级人民法院进行审查后，应当对高级法院的审查时间进行限制；同时对于高级人民法院层报最高人民法院的，也应当明确规定应当予以答复的最长期限，以防止层报耗去大量案件时间。因涉外案件本就没有审限规定，这样的层报在实践中可能会拉长审理周期，影响案件的审理效率，不利于“为中外当事人合法权益提供高效、快捷的司法救济”目标的实现，故层报制度的答复期限比较明确，也可以提高审理周期的可预期性和确定性。

（五）引入程序令督促当事人配合诉讼进程推进

在申请承认和执行外国法院民事判决中，从涉外送达到鉴定、域外法查明等众多环节都需要当事人的配合，加上法律及司法解释并未对诉讼中可能出现的程序问题作出完整细致的规定，如果当事人在诉讼程序中趋利避害，怠于履行诉讼义务，可能导致诉讼程序的严重拖延。对此，可以借鉴国际商事仲裁中的程序令，积极引导和管理诉讼进程。

具体来说，在相关案件确定合议庭成员后，办案团队及时与当事人沟通，征求其意见后，确定程序时间表，对将要发生的程序时间进行安排。同时，随着诉讼进程的推进，结合具体的案情，在不同环节给当事人各方具体的行为指引，以域外法查明程序为例，一旦启动该程序，则可向当事人发出程序令，在确定域外法查明事项、确定域外法查明机构、缴纳查明费用、对域外法查明意见发表意见、申请专家出庭等环节作出具体的时间安排，对程序进行有效引导，使当事人可以按照该时间表进行准备并完成相关事项，防止诉讼程序被扰乱，确保程序按照既定安排运行。

同时，为了防止当事人恶意拖延诉讼、违反程序令，一方面，可以在程序令中确定双方必须遵守的程序规则、重要期限，并明确违反该期限可能面临的不利后果；另一方面，对于违反程序令的行为，可以结合当事人具体的违反情形、原因等，对违反程序规则的一方作出否定性评价。

（六）强化大数据战略保障

1. 以信息化提供基础保障

如何在审判实践中进行流程节点的管理，行之有效的方法是借助和依托信息化手段，把申请承认和执行外国法院民事判决案件的流程固化到信息化系统当中，以信息化手段赋能审判管理工作，实现案件全流程、自动化管理。通过数据集成，处理好相关信息，便于使用者和管理者能够取得各种数据，形成服务审判工作的智能辅助体系，让司法活动环节更加直观和清晰，消除涉外案件审判的模糊状态，让司法活动全面展现，实现对案件的有效管理。

在原有基础上完善信息化系统，结合审判流程进行标准化设计，明确各流程环节的最大期限，对审判流程主要节点的具体事项以及参考时间进行设置，在各环节之间进行流程跟踪；重视对软硬件基础设施等技术性手段的升级改造，强化数据融通和技术对接，促进信息化技术与审判管理现代化的深度融合。

2. 以可视化实现“云”管理

利用大数据智能分析，整合多个流程，并在各信息系统之间进行数据连通与流转，直观呈现案件办理全貌，形成全流程可视化解决方案，为审判流程节点管理的开展提供全面的信息化支撑。

一方面，办案团队的人员均可实时看到时限要求，随时进行自我提示，并可随时将工作结果进行反馈，确保办案留痕和有迹可循；与此同时，设置预警功能，在关键节点进行提示，尤其是该流程已用时限和剩余时间，由单一静态管理向全面动态管理转变，防止案件长期搁置，助力审判管理规范化。

另一方面，以大数据的深度应用为抓手，可以动态反映全院、各审判团队的审判工作进展情况，为院长、庭长的管理决策提供实时、客观的数据支撑，方便院长、庭长进行一对多的监督管理；此外，“云”管理可突破事后管理的局限，实现审判管理向事前事中管理的转变，有利于构建规范审判权运行的数字化监督体系，全力助推审判管理现代化。

结　　语

审判管理以确保司法活动的公正和高效为目标，是一项长期而系统的工作，应当遵循司法活动规律，更新审判管理理念，科学、合理地设置审判流程节点，通过对关键流程的管控实现对整个案件的管理；建立同时面向办案人员及当事人的规范、高效全流程管理机制，契合审判权运行的内在需求，确保审判流程节点管理举措系统推进、落地生根，不断提高申请承认和执行外国法院民事判决案件的司法质效。

关于优化涉外商投资商事案件审判流程管理的调研*

麻　莉**

前　言

2022年12月15日，习近平在中央经济工作会议上讲话指出，要更大力度吸引和利用外资。改革开放以来，外商投资对我国经济发展发挥了重要的推动作用，不仅弥补了国内资金短缺，还带来了先进技术和境外市场需求，使我国在国际市场的比较优势得以充分发挥。营商环境是企业成长的土壤和生态，对吸引跨国投资具有关键作用。党中央、国务院出台了一系列政策措施，为营造良好的外资营商环境、优化外商投资的自由化和便利化水平保驾护航。《外商投资法》的实施，进一步彰显了我国扩大对外开放、促进外商投资的决心和信心，对于完善公开透明的涉外法律体系，扩大对外开放、促进外商投资提供了健全的法治保障。人民法院涉外审判工作是涉外法治工作的重要组成部分，要贯彻落实党中央的决策部署，积极服务高水平对外开放。在司法实践中，人民法院要以贯彻外商投资法为着力点，通过公正高效地审理涉外商投资商事案件，依法平等保护中外投资者的合法权益。

全国法院涉外商事海事审判工作会议指出，要坚持以改革的思维和方

---

* 本文写作于2023年9月。

** 麻莉，北京市第四中级人民法院民事审判庭（北京国际商事法庭）法官助理。

式破难题、解新题、补短板、强弱项，创新完善涉外商事审判机制。在对近年来我院审理的涉外商投资商事案件总体情况进行分析、统计案件类型、审理时长以及其他反映审判质效的相关数据后，发现涉外商投资商事案件中反映出许多亟待解决的问题，与案件审判质效有密切关系，案件办理周期长成为影响"公正、高效"司法的一个薄弱环节。着力破解涉外商投资商事案件存在的"周期长"问题，高效发挥审判职能，为外商投资者提供公平、公正、高效的司法服务和保障，对营造市场化、法治化、国际化的一流营商环境有着重要意义。本课题以涉外商投资商事案件主要类型及特点、审判周期为切入点，针对涉外商投资相关纠纷的关键节点进行调研，围绕如何缩短案件流转环节的时间、进而优化对涉外商投资商事案件科学、规范的管理进行研究，有利于深入贯彻实施《外商投资法》，更好地促进、保障和规范外商投资活动，充分发挥涉外商投资审判司法职能作用，以高水平涉外司法服务高水平的对外开放。

一、现状考察：涉外商投资商事案件的总体情况

（一）涉外商投资商事案件的审理情况

外商投资是针对在中国境内投资的资金来源而言的，外国投资者可以是外国的企业、公司、其他经济组织或个人。外商投资的表现形式多种多样，《外商投资法》规定了主要表现形式，分为直接投资和间接投资两大类，设立外商投资企业是外国投资者在中国直接进行投资的基本形式。

涉外商投资商事案件属于涉外案件的一种。所谓涉外民商事案件，是指当事人一方或者双方是外国人、无国籍人、外国企业或者组织的；当事人一方或者双方的经常居所地在中华人民共和国领域外的；标的物在中华人民共和国领域外的；产生、变更或者消灭民事关系的法律事实发生在中华人民共和国领域外的案件。① 涉及香港特别行政区、澳门特别行政区和台湾地区的民事诉讼案件，可以参照适用涉外民事诉讼程序的特别规定。②

---

① 《最高人民法院关于适用〈中华人民共和国民事诉讼法〉的解释》第五百二十条。

② 《最高人民法院关于适用〈中华人民共和国民事诉讼法〉的解释》第五百四十九条。

1. 案件数量

自2020年《外商投资法》实施以来，中国实际利用外资规模再创新高，经济往来日益密切，外商投资领域的纠纷也频繁涌现。据统计，2020年1月1日至2023年8月31日，我院审理涉外商投资案件1060件，其中2020年共计267件，2021年共计418件，2022年共计319件，2023年截至8月31日的数据为56件。[①] 平等保护了涉及多个国家和地区的中外主体合法权益。

2. 案由分布

涉外商投资商事案件共涉及30余类案由。主要集中在合同纠纷、与公司有关的纠纷、与企业有关的纠纷、合伙企业纠纷等四大类。其中，合同纠纷系数量最多的案由类型共587件，此类纠纷大多涉及对赌协议、股权回购等；数量排名第2至第5的分别是股权转让纠纷（151件）、股东损害公司债权人利益责任纠纷（32件）、损害公司利益责任纠纷（31件）、股东资格确认纠纷（29件）。

（二）审判流程主要环节用时情况

1. 主要环节用时情况

由于涉外商投资商事案件在文书送达、调取证据、域外法查明等环节，具有一定的难度和复杂性，总体来说，审理该类案件花费的时间比普通的国内案件时间要长。

以北京市第四中级人民法院为例，2019年至2022年共4年期间涉外案件（包括参考适用涉外程序的涉港澳台案件）收案数为4278件；这4年期间，已结涉外案件的平均审理周期为209天。为进一步剖析影响涉外案件审理周期的具体因素，本课题选取了60件长期涉外案件进行逐案分析和统计，发现诉讼用时较长最为常见的环节如表2.7所示：[②]

---

① 受涉外民商事案件管辖权调整的影响，自2023年1月1日起，一审涉外民商事案件原则上由基层人民法院管辖。

② 此处数据的选取系所有涉外案件中审理期限较长的60件案件，样本具有特殊性，并不代表所有涉外案件的平均期间。

表 2.7　涉外案件用时较长环节

案件流程	具体事项	最短时间/天	最长时间/天	平均时间/天
送达	有效送达总周期（立案到最终送达成功，包括公告送达）	10	966	401
管辖	管辖异议提出至二审裁定作出周期	186	383	283
鉴定	鉴定周期	73	909	251
域外法查明	域外法查明结果反馈周期	33	189	111

由表 2.7 可以看出，送达、管辖、鉴定、域外法查明等环节在涉外案件的办理中都占用较长的时间，对案件审理周期的影响相对较大。

2. 涉外案件中发生率较多的环节

对选取的 60 件审理时间较长的案件进行逐案分析，发现对于审理周期长的案件，往往存在原告增加、变更诉讼请求、管辖异议、涉外送达、财产保全、调查取证、追加被告或第三人、鉴定等情形，且上述环节发生率较高。这其中，有的环节如诉讼中的财产保全并不单独占用案件办理时间，可以和案件其他环节同步进行，但有的环节如管辖、涉外送达、鉴定等事项，则是下一个诉讼流程能够继续进行的前提，以上种种因素叠加，无疑增加了办案人员的负担及审理用时，共同导致了部分涉外案件审理周期比较长的现实情况（见图 2.5）。

（三）涉外商投资商事案件的主要特点

由于《外商投资法》的调整范围涉及外商投资活动的方方面面，涉外商投资案件和传统意义上的案件相比，有自身的特点，具体表现为：

1. 覆盖国家和地区广泛、案件类型集中

《外商投资法》实施以来，随着外商投资促进、保护、管理各项制度和工作机制的建立健全，外商投资环境持续改善，吸收外商投资规模不断提升，外商投资金额不断上升。既有主要西方国家，也有“一带一路”沿线国家、东盟等对华投资，涉及全球主要经济体，覆盖的国家和地区范围十分广泛。同时，涉外商投资商事案件类型虽然多样，但案由相对集中，

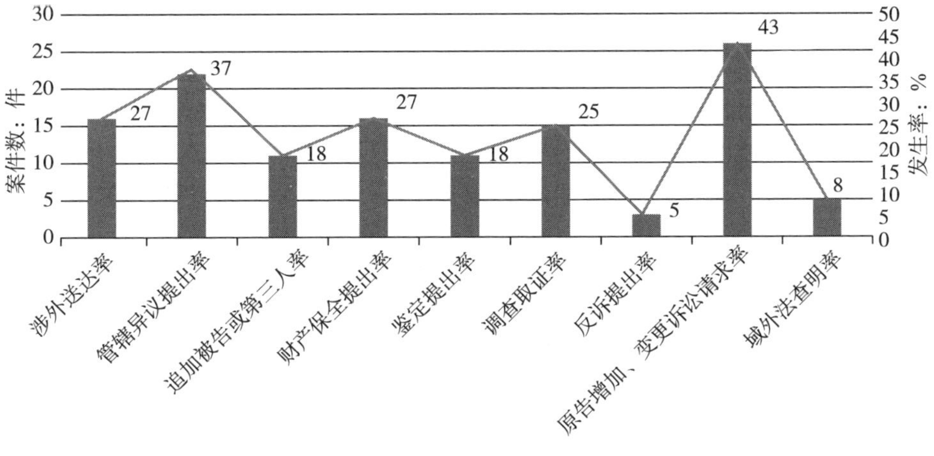

图 2.5 涉外案件中发生率较多的环节①

主要包括合同纠纷以及传统公司类纠纷，近年来，损害股东利益责任纠纷、公司盈余分配纠纷、公司增资纠纷、公司解散纠纷等案件更是频繁涌现。

2. 案件专业性强、复杂程度高

涉外商投资纠纷中，相关案件呈现出国际化程度高、法律关系复杂、案件类型广泛、适用法律选择多样的特点。部分案件可能同时涉及跨境调查取证、涉外送达、鉴定、域外法查明、国际条约的解释与适用等，纠纷具有复杂性，案件专业性强、审理难度大。

案件的复杂性一方面来自案件事实的认定，尤其是有的案件当事人提交多轮证据，梳理案件事实工作量巨大。另一方面，案件法律关系复杂、法律适用疑难，涉及多个节点要素，多个环节相互交叉、相互依存、连环互动，在审理中，需要厘清相互关系，查清每个法律关系项下的权利义务和责任。

3. 历经程序多、审理周期长

部分涉外商投资商事案件耗时较长，与涉外商事案件本身的复杂性特点密切相关，也和案件历经程序多有密切关系，涵盖送达、庭前准备、庭

① 该图是指60件审理周期较长涉外案件中发生率较高的环节，样本具有特殊性，不代表涉外案件平均数值。

审以及结案四个阶段多个节点。涉外送达、管辖、鉴定、域外法查明等环节在涉外案件的办理中都占用较长的时间。以涉外送达为例，仅此一项，花费的时间可能就已经超出办理一件普通案件的审理期限。这也是由涉外送达程序性事务繁杂的客观特点决定的：首先，在正式提交涉外送达系统之前，需要经过翻译、交费等诸多烦琐的程序，当事人及法院均需准备材料或手续，一旦哪个程序之间没有做好衔接，或者手续或材料出现问题，可能都会导致材料的退补或二次送达的产生。其次，在所有材料准备完毕后，一个完整的涉外送达程序需要经多个环节，流程多、耗时长。且提交送达时开庭传票上需预留充足时间，防止案件诉讼材料最终送达到当事人手中时已经过了传票上载明的开庭日期。最后，在涉外送达不成功的情况下，往往还需进行涉外公告送达，案件审理时限进一步被延长。如果涉外送达无法完成，整个案件的审判将无法进行下一个流程，审理时间会进一步拉长。

二、影响涉外商投资商事案件审理的效率因素

在涉外商投资相关案件的审判中，对公正、效率的要求更高，尤其是要重视此类案件中的国际影响，避免因处理方式粗放或不妥当带来的不良影响。同时，涉外商投资案件主要集中在商事领域，处理商事纠纷的原则之一就是提高交易的效率，公正、高效地解决矛盾，有鉴于此，探寻影响涉外商投资商事案件审理效率的因素，可以为便捷、高效、迅速地解决此类纠纷提供一定的思路。对此，可以从现行制度规定、主客观等方面进行原因剖析。

（一）现有涉外审限制度之规定不足

1. 现行涉外商投资案件审限规定

对于非涉外案件而言，审限管理是对审判效率直接约束的有效方式。涉外商投资案件，主要规定与涉外案件一致，目前我国的有关审限制度的立法主要规定详见表 2.8。

表 2.8　现行涉外案件审限规定

序号	法律名称及条款	具体内容
1	《民事诉讼法》第二百八十七条	人民法院审理涉外民事案件的期间，不受本法第一百五十二条、第一百八十三条规定的限制。 附：第一百五十二条　人民法院适用普通程序审理的案件，应当在立案之日起六个月内审结。有特殊情况需要延长的，经本院院长批准，可以延长六个月；还需要延长的，报请上级人民法院批准。 第一百八十三条　人民法院审理对判决的上诉案件，应当在第二审立案之日起三个月内审结。有特殊情况需要延长的，由本院院长批准。人民法院审理对裁定的上诉案件，应当在第二审立案之日起三十日内作出终审裁定。
2	《最高人民法院关于严格执行案件审理期限制度的若干规定》第二条第八款、第九款	审理涉外民事案件，根据民事诉讼法第二百五十条的规定，不受上述案件审理期限的限制。 审理涉港、澳、台的民事案件的期限，参照涉外审理民事案件的规定办理。

2. 现有规定之不足

通常认为，涉外审限没有期间限制，原因在于涉外民事案件中的诉讼行为需要较长的时间且很难确定。[①] 尤其是涉外案件在文书送达、域外调查取证方面往往花费较长时间，而且不同案件的案情差别较大，统一规定涉外案件审限可能不符合审判实际。但对涉外案件审限不进行明确限制，可能会导致涉外案件拖延的可能性。

一方面，因立法无明确限制导致涉外诉讼案件存在管理盲区。法院具有较大的随意性和任意性，审判权在运行时没有法律界限，法院没有满足双方的诉讼周期要求的压力，可能导致当事人进行诉讼的时间成本延长，影响整个流程的运转。

另一方面，目前涉外案件的审限并未区分案件的难易复杂程度，如果

① 参见蔡虹、刘加良：《论民事审限制度》，载《法商研究》2004年第4期。

仅标的物涉外或者法律事实涉外，此类案件的诉讼时间通常也是可以确定的，不一定需要较长时间的诉讼行为。即便主体具有涉外因素，无论是通过云法庭办理线上见证授权还是线上开庭都是不受地域限制的。如果不加区别一律不进行限制，显而易见会降低司法效率。

（二）法官的自由裁量权较大，权力缺乏有效监督

由于涉外商投资案件没有审限，则在多长时间内结案，法官有比较大的自主权，也不用承担比较严重的责任，法官的自主权与管理的现实之间存在较大的冲突，这也可能导致个案审理周期的拉长。

1. 部分审判人员主观能动性较差

部分涉外案件的审判人员存在重实体轻程序的思想，尤其是在涉外案件不存在审限限制的情况下，认为只要把实体问题处理好，程序推进的快慢无关紧要，早结几天和晚结几天对当事人影响不大，没有从思想上树立尽快推进流程、及时尽快结案的思想意识。

就涉外送达这一环节，案件的流程周期很大程度上受制于办案人员的办案方式和推进力度，尤其是很多需要当事人配合的环节，如翻译材料出现盖章错误或当事人自行联系费用的缴纳等。有的当事人出于疏忽或者是故意为之，迟迟不能按照法院的要求办理相关事项，程序无法顺利推进。如果办案人员怠于催促，极可能因材料准备不合格而迟迟无法进入涉外送达的下一环节，对审判流程环节中的用时未进行有效压缩，必然会导致诉讼周期人为加长。

2. 对多个案件同时进行节点控制的时间及精力不足

涉外案件数量日益增多，而办案人员的数量则受制于人员编制，案多人少的矛盾较为突出，大量案件涌入法院，导致法官疲于应对。加之涉外案件较普通案件流程更复杂，节点更多，仅送达这一项工作，涉外案件和普通案件相比需要做大量工作。

在工作量较大的情况下，要求法官动态掌握每一个节点的进度无疑是不现实的。尤其是部分需要当事人配合而当事人又不积极行权的情形下，承办团队在同时推进多个案件多个环节进度的情况下无法实时对每个案件当事人进行频繁催促，导致的结果是个案审理周期变长。

（三）审判流程缺乏标准化，未进行审判流程节点控制

除去实质性案件审理时间，还有大量诉讼环节处于审判周期构成之中，虽不是实质意义上的“案件审理”时间，但对案件周期影响不可小觑。[①] 客观上，涉外商投资商事案件缺乏明确的规则和要求，办案团队无法有效管理审判流程节点。

1. 审判流程缺乏标准化

由于整体涉外案件无审限要求，作为其中某些环节，如涉外送达、域外法查明等程序更无时间上的硬性要求。因为这些环节未确定明确的规则和要求，办案团队质效依赖于法官个人；同时又因为没有标准可循，无法对涉外商投资商事案件进行系统有效的监督制约。

还是以涉外送达为例，该环节占据了涉外案件的大量时间，而经调查分析，可以发现涉外送达本身工作量并不大，程序的烦琐和拖沓导致前期大量的时间被浪费。涉外案件从立案到涉外文书首次提交送达系统的时间并非案件的实质审理时间，也不是提交涉外送达系统之后由其他职能部门在涉外送达衔接上的时间，这一环节缺乏有效的规范，亦未设置合理期限，导致案件未能及早进入涉外送达系统进行流转。

2. 未进行审判流程节点控制

涉外商投资商事案件办理过程中存在工作目标看不见、责任看不清、效率看不见的情况。当前法院对涉外案件的管理许多是事后管理，如针对超过 12 个月、18 个月、2 年以上的案件进行相应的汇报，而对其中的具体过程却缺乏精细化和系统化的管理。

涉外商投资商事案件的审判流程节点设置欠缺，导致不能对每个案件进行跟踪和监测，实现全流程监控，如对存在涉外送达的案件应在多长时间进行送达、域外法查明期限、开庭之后多长时间出具判决书等时间均未进行明确规定且并未设置对应节点，无法有效对案件进行合理的程序制约，亦无法建立有效的内部监督机制。

---

① 参见山东省高级人民法院审判管理办公室：《强化节点控制提升审判效率的思考》，载《山东审判》2015 年第 5 期。

三、优化涉外商投资商事案件流程：对涉外案件进行审判流程节点控制

涉外商投资商事案件中，商事主体对于纠纷解决效率的要求更高，这是因为效率往往意味着企业效益和竞争力，效率也是实现法律公正的重要条件。而目前，涉外商投资商事案件周期长已经成为影响“公正、高效”司法的一个薄弱环节，客观上如何应对，需要我们不断创新审判管理机制，提高涉外案件办理质效，探索创新审判模式，充分发挥涉外审判司法职能作用，推动商事审判工作创新发展，以高水平涉外司法服务高水平的对外开放。

涉外商投资商事案件有着不同于一般民事案件的特殊性，不能机械地用固定审限的方式进行管理，但应该对其进行流程控制，理顺不同流程之间的衔接，重构诉讼程序规则体系和审判流程内部关系，由粗放式管理转化为节点化的精细管理，以此提升涉外商投资纠纷处理效率。

（一）流程节点控制可否用于涉外商投资案件的管理

所谓流程节点，是指一项工作需要分为不同阶段完成时，某一阶段结束、另一阶段开始时的转接点。[①] 审判流程管理的一个突出特点是将整个案件分为若干个流程，并在各个流程阶段设置多个监控节点，每个节点都设置时间限制，必须在规定的时间内完成该节点规定的任务。[②]

办理涉外商投资商事案件的过程就是一个典型的流程，如立案、送达、庭前准备、开庭、判决等，部分流程下面又可以往下细分，如送达流程包括直接送达、邮寄送达、涉外送达、公告送达等。提高涉外商投资商事案件办案质效这一目标，如何转化成具体的办案行动，需要做的是将这一目标分解到具体的流程节点，流程节点管理的工作标准越是清晰和具体，办案人员的责任心就越强，价值导向的作用就越突出。

具体而言，在涉外商投资商事案件管理中，不能由各个承办团队采取

---

① 参见赵云龙：《流程要简化　标准要量化》，中国经济出版社2019年版，第49页。

② 参见重庆市荣昌县人民法院课题组：《审判流程管理的认知及完善——以〈重庆市法院审判流程管理办法（试行）〉的实施为视角》，载《人民司法》2013年第9期。

放任式的管理，而是可以采取流程节点管理的方法，确保涉外商投资商事案件管理的关键是流程节点而不是个人，通过建立常态化的流程节点尤其是关键节点的管理来确保提高涉外案件审判质效这一目标的落地。也即，用流程节点管理的方法把整个办案过程管理起来，设计好规则和要求，做好过程控制，锁定办案节点，对整个案件的办理过程进行跟踪、监督，使得案件的办理更加可控，通过对过程的管理来实现对办案进度的管理，以此实现案件全过程的效率提升。

（二）涉外商投资商事案件流程节点控制的应然定位

1. 辅助审判工作，将涉外商投资商事案件推进工作前移

目前法院存在的普遍情况是案多人少，办案压力大，但是一味地忙碌不等于高效，必须把管理节点前移，推动工作的进展，才能切实提高审判效率。对涉外商投资商事案件进行流程节点化管理的主要目标之一就是辅助审判工作。

在需要多线程同时处理多个任务时，办案人员可能没有精力实时推进多个流程，再加上有其他事务性工作，可能会造成个案时间的拖延。通过设置具体的流程节点，明确该环节需要完成的时间，办案人员可以确立明确的目标，及时了解什么时候应进行什么，看清工作进度以及与流程节点要求之间的差距，做到案件整体进程心中有数，从而有效进行自我管理和安排工作，科学分配自己每个案件的时间，加快工作节奏、提升工作质效。

要注意的是，流程节点管理并不是要增加法官的负担，而是将审判任务分解之后，按照流程将案件推进工作前移，防止因时间概念模糊造成诉讼拖延，有效进行时间周期的管理。

2. 满足案件管理需求，由结果控制变为过程控制

第一，对涉外商投资商事案件进行流程节点管理，可以促使案件审判管理前移，管理方式由粗放型向精细型转变，管理方式由结果导向转为过程导向，让整个审判过程更加可视、可控。

第二，涉外商投资商事案件流程复杂、节点众多，流程节点管理，可以将数据分解到具体环节，哪一个环节有问题一目了然，把隐性问题变成显性问题，能够让管理者在案件办理过程中及时发现问题，在初始阶段着手解决问题，而不是仅能进行时候监督。

第三，目前法院的信息化水平一直在提高，为流程节点管理创造了越来越多的条件，借助信息化手段，可以将所有的诉讼活动在信息化系统里呈现，反映出案件办理过程的真实情况，使得整个涉外商投资商事案件流程在工作制度上有制约，提高涉外案件办理质效。

四、再造流程：涉外商投资商事案件审理流程节点管理的具体方案

（一）涉外商投资商事案件流程节点设置之考量因素

1. 涉外商投资商事案件主要流程

把涉外商投资商事案件的审判工作按照审理流程进行拆分和分析，共计有70余个节点事项，通常包括送达、庭前准备、庭审以及结案四个阶段，这四个阶段又包含保全、管辖、调查取证、评估鉴定、域外法查明等可能发生的环节（见图2.6）。

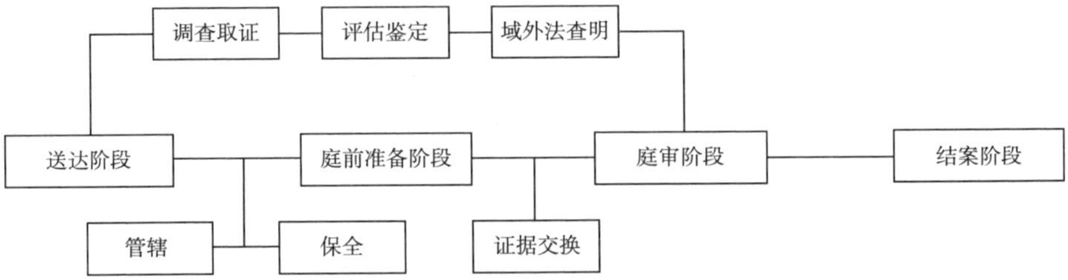

图2.6 涉外商投资商事案件审理的主要流程

2. 流程节点设置的主要考量因素

首先，不需要对所有流程和流程中的每一个节点都建立规则。对涉外商投资案件进行流程管理的目的是提升整个案件的办案效率，并不是流程管理的越细越好，节点也并非越多越好。将案件流程分得过细，环节过多，肢解了审判权，办案效率是否得到提升需要实践检验。① 如果对涉外商投资商事案件流程管理过于细致，没有抓关键点，则可能导致冗余和低效，法官没有办法和精力进行管理，本来辅助办案的流程管理反而可能异化为降低效率的又一事务性工作。

① 参见济南市中级人民法院课题组：《科学有效审判管理体系的构建与完善》，载《山东审判》2011年第6期。

其次，实践证明，在诉讼流程链条上分出若干容易出现问题的节点，然后由专门机构和人员对这些节点进行监督和控制，对于审判质量和效率的提高十分有益。① 是否设置某个节点取决于流程运行的需要，要确保流程节点设置的合理性，对关键节点设计规则，进行重点控制，提升流程效率；对于细枝末节的节点可以通过结果去控制，明确工作标准及结果要求，给办案人员留出一定的空间。

最后，对于涉外商投资商事案件主要流程节点的设置和管理，要限制关键流程的最大期限，严格控制超出最大时限情况的发生。同时，对于流程节点的管理以警示和提醒为主，非必要无须进行大量书面审批，以防降低审判效率。

（二）对涉外商投资商事案件进行流程节点控制的具体安排

审判流程中的“节点管理”是指对案件流程节点的监控和审理流程期限进行跟踪管理，通过理顺审判流程之间衔接点和限制审判流程最大期限的方式，降低纠纷处理的流程周期，提高审判效率。② 在此，可以对审判流程主要节点的具体事项以及参考时间进行设置，各环节之间进行流程跟踪，对于超过该期限的环节进行自动预警，实现对涉外案件科学化、规范化的管理（见表 2.9）。

表 2.9　涉外商投资商事案件流程节点控制的具体安排

所处阶段	案件环节	参考用时
送达阶段	无须涉外送达	自立案起 5 日内将起诉状副本发送被告。邮寄送达方式需要自发送被告 15 日内及时查看送达结果，如果送达失败及时采取其他送达措施
	涉外送达	自立案到提交涉外送达系统不超过 3 个月
		确定涉外送达（自提交涉外送达系统一般涉外案件不超过 1 年，涉港澳台区际送达不超过半年）
	公告送达	根据《民事诉讼法》规定的涉外送达公告期确定（在原有送达基础上另行计算）

① 参见济南市中级人民法院课题组：《科学有效审判管理体系的构建与完善》，载《山东审判》2011 年第 6 期。

② 参见周晓冰：《民事审判流程控制研究》，载《人民司法》2008 年第 1 期。

续表

所处阶段	案件环节	参考用时
庭前准备	财产保全	收到财产保全申请及相应担保后 5 日内作出裁定并移交执行局采取保全措施
	管辖	受理异议之日起 15 日内作出裁定，如果当事人不服裁定上诉，在二审作出裁定并退卷后 15 日内启动庭审程序
	请示汇报	主要涉及报请指定管辖的请示；以及如果案件存在涉政治敏感因素或其他因素，需要进行“三同步”汇报等，该部分总体时间目前尚无法控制
	追加当事人	确定追加后 5 日内启动对被追加人的送达程序，可参考送达阶段时长
	调查取证	5 日内启动调查取证程序，总时长不超过 1 个月
		如果涉及跨境调查取证的需依案件具体情况确定用时，时长一般不超过 3 个月，如果有特殊情况可申请延期
庭审阶段	证据交换	有效送达完成后 1 个月之内进行证据交换
	评估鉴定	收到当事人鉴定申请之日起 1 个月内确定鉴定机构
		专业机构自受理日期 30 个工作日完成鉴定评估；重大、疑难、复杂可延长 30 个工作日
		涉及跨境鉴定的需依案件具体情况确定，时长一般不超过半年，如有特殊情况可申请延期
	域外法查明	确定需要进行域外法查明后，5 日内进行查明谈话
		总体查明时间一般不超过 2 个月，当事人有特殊情况可申请延期
	开庭	证据交换进行之后 1 个月内安排开庭
		有效送达完成后 1 个月之内安排开庭（无证据交换）
	法官会议	需要进行法官会议讨论的案件，开庭后 1 个月内提交法官会议讨论

续表

所处阶段	案件环节	参考用时
结案阶段	制作裁判文书	开庭后1个月内制作裁判文书
	文书送达	在文书校核完毕后3日内及时进行送达，如涉及公告送达或其他情形，时间另行计算
	结案	文书送达后及时进行结案操作

以表2.9中的涉外送达为例，从立案到首次提交涉外送达系统的时间虽不涉及案件的实质审理，但对案件审理周期的影响不可谓不大，从已有统计来看，涉外案件从立案到涉外文书首次提交平均用时较长，这一时长明显是有待进一步压缩的，对此，可以将该部分时间在审判流程节点控制中限定为3个月，至于其中翻译、交费等细节都在该部分时间内由办案团队掌握，无须事无巨细规定具体时长。

（三）加强可视化、信息化建设，形成长效机制

如何确保审判流程节点的关系能够形成长效化机制，行之有效的方法是借助和依托信息化手段，把涉外商投资商事案件审判流程固化到信息化系统当中，实现流程的自动化管理，通过数据集成，处理好相关信息，使得从管理的角度能够取得各种数据，让司法活动环节更加直观和清晰，消除涉外案件审判的模糊状态，让司法活动全面展现，实现法院有效管理的目标。

目前已经投入使用的法院信息化管理软件有很多，基本上能够做到对立案、结案、归档等节点的监督，但是当前的管理信息系统仍然难以满足精细化管理的需求，节点控制工作的信息化建设需要进一步加强。对此，可以在原有基础上完善信息化系统，对涉外商投资商事案件的审判流程进行标准化设计，让每个办案团队的人员都能看见时限要求，随时进行自我提示，并可随时将工作结果进行反馈，确保办案留痕和有迹可循，与此同时，设置预警功能，在关键节点进行提示，尤其是该流程已用时限和剩余时间，实施动态管理，防止案件长期搁置不办理，防止由于工作懈怠造成办案某一环节的拖沓，助力案件管理的规范化，持续改善和提升涉外工作

质效。

最后，利用大数据系统，建立关键行为节点的分析管理系统，把相关问题、流程进度以及采取的措施及时传达和呈现，可以实现案件管理的透明化、可视化。由于管理者可以直观、清楚地掌握案件的所有过程，也便于管理者对进行一对多的监督管理，对违反节点的结果、具体事项进行提醒和督促，以获得实施效果，有效提升案件的推进力度。

结　语

作为新时代中国利用外资的基础性法律，《外商投资法》的深入推进和实施充分彰显了新时期我国进一步扩大对外开放、积极促进外商投资的决心和信心，有利于推动更高水平的对外开放，树立我国以主动开放推动全球化的国际形象，促进我国利用外资高质量发展和稳定投资者预期。流程节点管理仅仅是涉外商投资商事案件管理的一个方面，通过抓住关键流程，对发现的问题及时进行修正，对案件的办理过程进行跟踪和检查，形成对工作的正向引导，最终达成提升办理涉外商投资商事案件工作质效的目标。涉外商投资商事案件流程节点管理是一个渐进的过程，需要我们不断深化认识和摸索调整。科学合理地进行流程节点管理并有效付诸涉外商投资商事案件审判实践，对加强涉外商投资商事案件的审判管理起到积极的正向指引作用，切实提升涉外商投资商事案件的司法质效，以法治力量推动高质量发展。

理论前沿

“查”与“明”之间：域外法法律意见书适用检视与功能修正

张　玮*

内容提要：中外专家提供法律意见书作为“查”与“明”之间的重要纽带，其重要性日益明显。在域外法查明制度配置不足的背景下，域外法法律意见书作为法律服务产品其功能定位不明、制作要求阙如、程序衔接失序，实践中法律意见书制作瑕疵问题较为突出。裁判者适用域外法律的审判思路与价值判断受制于这只“看不见的手”。本文通过对域外法查明意见书适用现状进行类型化检视及成因分析，进一步理顺法律意见书的功能定位及论证逻辑，并在此基础上通过规范法律意见书的行文标准、强化人民法院程序主导作用、把握审慎审查的适用原则、完善法律服务机构制度安排四个方面构建法律意见书“质量”保障机制。发挥司法作用助其厘定原则、树立标准、回归秩序、发挥实效。

关键词：域外法查明　法律意见书　功能　适用

目前，对于域外法查明问题的研究重点，已从事实问题抑或法律问题的符号之争，转向在域外法查明及适用过程中，以何种查明手段为途径，以准确适用为目标的具体制度的功能性考量。“妥善”衡量案件要件事实与域外法律规范的涵摄关系，“寻法”兼顾法律查明程序与实质正义，是目前域外法查明制度中的重点关切。

* 张玮，北京市第四中级人民法院民事审判庭（北京国际商事法庭）法官助理。

在涉外审判实践中，遇有域外法查明问题时也多由中外法律专家通过查明机构或其个人撰写法律查明意见书的形式提供法律适用上的意见①。如果将“域外法查明”程序一分为二：“查”是法院通过特定途径获取域外法，“明”是法院将域外法适用于当前的案件，那么法律意见书②应当视为查与明之间的桥梁——查明人将其逻辑层面或分析层面的域外法适用智识成果用一种没有内在矛盾和冲突的语言文字表述出来，并可以为裁判者提供一种最佳的法律规范的选择。当下，法律意见书的提供缺少规范化的制度支撑，显露出的法律适用思维与司法技术的缺陷较为突出。域外法查明中的专家意见如同一只“看不见的手”暗自伸向裁判者手中的法槌，左右着裁判者对于域外法适用问题的判断，冲击着我国司法主权与司法权威，为将这只被忽略的手显现出来，回归其“帮手”本色，需要进一步为其梳理论证逻辑，匡正功能定位。

一、实证考察：域外法查明法律意见书适用现状梳理

（一）法律意见书使用率占比高

笔者在北大法宝“法律法规”模块中搜索《涉外民事关系法律适用法》，在第十条域外法查明条款的“法宝联想”中显示司法案例共426篇，去掉无关数据，涉及域外法查明及适用的样本数为354篇③。354件样本涉及23个省份，其中直接适用国内法或无法查明而间接适用国内法案件数为206件，其中通过提供法律意见书的形式进行查明的为14件。域外法成功查明并适用的案件数为148件，其中已知通过提供法律意见书的形式进行查明的为125件，占最终适用域外法案件总数84.5%。可知，在适用域外法进行裁判的案件中，法律意见书使用比重很大。法院与当事人对中外法

① 《最高人民法院关于全面推进涉外商事海事审判精品战略为构建开放型经济体制和建设海洋强国提供有力司法保障的意见》等多部司法解释性文件中提到，要着力打造域外法查明平台，进一步重视发挥“由中外法律专家提供”这一查明域外法途径的作用，加强与国内外法学科研机构的联系开辟挑选中外法律专家的渠道。

② 本文所指法律意见书为法律查明报告、域外法查明专家意见书、法律查明意见书、域外法查明答复函等统称，法律意见书的出具人称为查明人。研究领域设定在涉外民商事审判领域。

③ 样本总量多于在中国裁判文书网中搜索《涉外民事关系法律适用法》第十条以及《〈涉外民事关系法律适用法〉司法解释一》第十七条获取的裁判文书数量。

律专家查明域外法具有明显的路径依赖。

（二）法律意见书内容左支右绌

通过对 2021~2023 年某省市国际商事法庭 31 起涉外商事案件中当事人提交的法律意见书进行考察、分析及汇总后发现，宏观来看，法律意见书的内容及形式并不统一。31 起案件法律意见书的提供主体包括境内外律师、境外律师事务所及境内法律查明服务机构。根据粗略统计，31 份样本中缺少独立性说明的占比为 64.5%，没有相关判例作为佐证材料的占比为 32.2%，没有撰写者个人简介的占比为 41.9%。没有对审阅案件材料进行梳理列明的占比为 35.5%。笔者从中摘取法律意见书中的文本内容元素详述如表 3.1 所示。

表 3.1　不同法律意见书的内容要素列举

项目	A 大学外国法查明机构	B 大学外国法查明机构	某境外律师事务所	境外某律师
撰写者个人简介或律所说明	有机构声明，无撰写人的介绍	无，仅有机构名称	无，仅有机构名称	有详细个人简历作为附件
案件基本情况	有	无	无	无
需查明问题	有	有	有	有
审阅案件资料	无	无	有，列举阐明	有，列举阐明
准据法	有，需要查明英属维尔京群岛法律	有，需要查明澳大利亚法律	有，需要查明香港特别行政区法	有，需要查明香港特别行政区法
法条理解	有，形式为每个条文节选后附解释	无	有，按照查明的问题+法条+解释+判例的形式	有，按照查明的问题+法条+解释+判例的形式
相关判例	无	无	有	有
但书条款	有，未表述具体适用情形	有，未表述具体适用情形	无	有，表明不适用本案
具体适用意见	有，未说明理据（因查明事项为先决问题较为简单，故可采）	有（不可采，未说明理据，且与本案案情不符）	有，且说明理据（可采）	有，且说明理据（可采）

续表

项目	A大学外国法查明机构	B大学外国法查明机构	某境外律师事务所	境外某律师
附件	有，列举相关法律条文	无	有，相关法律典据节选	有，包括1. 个人简历；2.《专家证人的行为守则》；3. 法律典据
独立性说明	有，表明查明结果客观中立	无	有	有，说明按照香港《专家证人的行为守则》履行查明义务

（三）内容及形式瑕疵较多

微观来看，对上述31份法律意见书文本内容进行考察，发现大部分法律意见书在文字表达、论证说理、形式要件方面存在一定瑕疵。具体瑕疵类型可分为要素欠缺，论证不全，适用错误，繁简不当，逻辑不清、语义不明5种。

1. 要素欠缺型

法律意见书内容及形式要件欠缺影响查明结果真实性和中立性之表征。比如，内容上，所附判例未有出处，未有援引法条的具体内容及规范依据，仅表述具体规范未有解读；形式上，无附相应专家资质证明、无与案件当事人无利害关系声明、未履行公证认证手续、外文资料没有有资质的机构出具翻译件等。

2. 论证不全型

陈述的法律规范无法涵摄全部案件要件事实或者论证过于简单。此为法律意见书出现最多的问题，也是补充查明较为多见的原因。例如，在某“内保外贷”案件法律意见书中，仅论述案涉合同贷款利息总计不超过本金的60%因此不违反香港放债人条例，但没有针对案情进一步论述对逾期利息计收复利的规范依据。又如，在对法人注销后权利义务继受人的查明中，查明意见书中虽列明了“但书条款”且说明了例外情况为恢复公司注册，但未陈述具体恢复程序以及是否对本案主体适格问题产生影响。

3. 适用错误型

因假定事实错误或法律认识错误导致法律规范选取及适用错误。例如，某保证合同纠纷案①中对域外公司担保的效力问题进行法律查明，被告公司在委托域外专家进行查明时未向专家提供其自身、董事与关联公司之间控股关系情况的文件，因当事人选择性提供案件材料导致关键性信息欠缺，查明人错误认识该案事实从而论证基础不实，据此选法错误。

4. 繁简不当型

法律意见书着墨重点应该与案件的审查重点难点问题相对应。有些问题上域外法仅仅为待证事实，简单论述即可。但是在某些边缘概念的解析与重点条款释明应当详述。表述法律论证和推演的过程尽量逻辑清晰、抓住关键。论述偏重失衡也从侧面反映了查明人对案涉法律适用焦点问题把握不足。

5. 逻辑不清、语义不明型

有的法律意见书出现了论证过程与结论相矛盾、引用判例不够具有针对性等问题。有的意见书用词模糊含义不明，“基本符合”“一般情况下适用”等用词使阅读者产生是否存在“例外条件”的疑问。有的意见书乱用加粗字体，无法起到提示注意的作用。读者在阅读该法律意见书时仿佛置身云雾之中，在读后仍然无法判断查明的法律规范能否在案件中具体适用。

（四）适法裁判向法律查明“逃逸”

冲突规范的适用使得大多数裁判者需直面陌生的法律体系进行法的解释适用，甚至面临多元的法秩序可能导致的合法性冲突。通过对裁判文书样本进行梳理后发现，裁判者在认定法律意见书的适用效力时呈现“过于依赖”与“过于保守”两极分化的适用态度。一种现象是，法官很容易直接信赖甚至照搬专家意见内容进行裁判，并未论述该法律意见书内容是否契合本案案情实际或解释其规范依据，仅以“根据某机构查明的某国法可知”而一笔带过，有“以查代审”的嫌疑。另一种现象是，在双方当事人

① 参见（2019）京04民初627号民事一审判决书。

对查明意见书的内容存在争议时，面对语言文化障碍、法律体系陌生、查明渠道不畅等现实问题，倾向于秉持保守和谨慎态度，不敢不愿适用意见书结论，陷入“司法规避”的窘境。不采纳意见书内容的裁判理由也主要在于以下几个方面：(1) 缺失形式要件（包括未在规定期限内提交；未办理公证及认证手续；外文资料未有资质的机构出具翻译件等）；(2) 未提供相关法律规范仅陈述意见；(3) 仅提供法律规范没有具体分析适用条件；(4) 部分案件中有法律规范，也有具体适用意见时，法官认为不应具有结论性意见或者直接否定法律意见书的证明效力而不予适用①。

综上所述，如果域外法查明结果以法律意见书的形式呈现，法官在裁量适用时很少从外部进行域外法信息内容的评价，而转为对法律意见书内部一致性的考察。制约法律意见书的适用效果，导致消极审判、机械判断法律意见书采纳与否的原因之一也在于法律意见书制作质量不尽如人意，无法辅助裁判者对所需准据法的适用形成确信。

二、原因分析：外部、内部双重原因导致法律查明意见书适用受限

(一) 外部原因：制度供给不足导致查明途径受阻

(1) 规范供给上，法律规定与司法解释在法律意见书的制作及采纳方面，从其内涵确定和程序安排上暂付阙如。地方经验探索层面就此作出的具体细化规定也不足以指引法律意见书的撰写和程序操作。对法律意见书内容格式的要求、产生歧义后的解释规则以及相关程序要求的缺失导致对法律查明程序及实质正义的要求得不到满足。

(2) 程序衔接上，“查”与“明”之间缺少应有的程序设置，使得查明过程与裁量结果严重“脱节”。目前，法律查明的工作特征为“单向流动”。法院对于法律查明程序指导不足，查明问题查前未作确认，查明需求查中未作调整，查明结果查后缺乏容错机制。一方面，无法保障整个查明过程中对方当事人的知情权；另一方面，“后置审查”的程序设置也导致补充查明频次较高，严重制约案件审理效率。

---

① 参见 (2019) 闽 72 民初 1105 号民事一审判决书、(2018) 沪 72 民初 4268 号民事一审判决书、(2014) 成民初字第 341 号民事一审判决书。

（3）查明标准上，专家查明的内容标准及边界缺乏明确指引，查什么以及查到什么程度均没有明确的要求。查明人提供的查明意见应当是中立的，不能“越俎代庖”代替法院作出结论。但从办案实际角度来看，为使得查明的域外法与案件事实“适配”，法律查明的意见也需清晰且有针对性，避免语义或结论模糊，造成裁判者无所适从。

（4）裁量适用上，缺乏法律意见书具体的认定标准。从检索结果来看，实务界对于域外法查明有“强依赖”与“弱信心”。左右摇摆的适用态度使得域外法查明结果很大程度上限制了域外法的适用。① 理论界也缺乏对域外法查明法律意见书审查适用问题的具体探讨。

（5）行业监督上，域外法查明的辅助机构供力不足。近十年各地法律查明机构纷纷成立，但相应配套机制并不健全。以酬劳定价举例，法律意见书作为知识产品并非无偿换取。部分法律意见书出自高校查明中心，高校的经费管理机制相对“僵化”，影响了专家参与的积极性。部分法律意见书为境外律师提供，报酬极高，并无市场监管定价。此外，法律查明机构的人员管理、档案管理等均未建立，现有的法律查明服务机构的机制建设不够成熟。

（二）内部原因：查明工作本身难度导致域外法适用受限

1. 发现及选取层面

（1）“文义”会发生流变。根据冲突规范的选择，法官必须将外国法“安插”到个案中进行适用。然而语言的意义会在不同地域不同时间内发生流变。任何法律概念从其本国法律制度中提炼，其内涵和外延由其产生的法律规范或司法判例定义，该理论概念能否一般性的解释其他国家的法律制度，需要考量分析。比如内地合同法有善意责任、不可抗力与情势变更的规定，但香港特别行政区的法中仅有“受阻”，但不代表没有针对解释善意责任、不可抗力包括了哪些事项或是否能够阻却履行的先例或权威说法。如在香港特别行政区适用内地法，就不能对善意责任等概念给出泛

① 参见管俊兵：《论法院查证外域法的现实困境与解决》，载《时代法学》2015年第6期；管俊兵：《外域法查“明”的失范与规制路径探究》，载《河北法学》2018年第7期；宋晓：《最高法院对域外法适用的上诉审查》，载《法律科学》2013年第3期；等等。

泛意见，而是必须结合具体案例、具体事项与本地区法有何不同理解提出更为专业的意见。

（2）需在法律体系内找法。法律规范适用于个案的标准也不是唯一的具体规范，而是众多的关联规范，甚至是作为评价统一体的法律制度。譬如，“但书”这一立法技术导致法律渊源的分散化、增加了找法的困难。我国制定法中对“法律另有规定”规定分散在法律体系中①，法律解释者需要明确具体法条的援引法律，并剖析其规范意旨，从而准确分析法条的适用例外情况。又如，当涉及部门法交叉适用时需进行跨域找法，比如在某涉港案件中审查涉保证金账户的开立资格问题时需根据“限制贸易的条款”审查确定当事人能否进行受香港特别行政区公法规管的活动。

（3）需寻求立法者原意。当试图发现立法意旨时，除了诉诸法律文本自身外，通常需要诉诸大量的立法资料或其他学者的解释，考虑所在国社会背景、生活常识、交易常规、行业规范。必要情况下，查明人需要将所查明法律的立法背景资料或著作典籍提交法院，以便探知法律规范在今日法秩序中的标准意义②。

2. 适用与证成层面

（1）归纳要件事实可能错误。其一，法官在个案中的裁判逻辑链条可以大致概括为：证据评价—具体事实查明—要件事实认定—法律适用—裁判结论③，法律查明意见书主要作用于要件事实认定与法律适用这两个环节之中。但此前环节的判断和结论都最终影响法律查明的结果，如裁判者在归纳要件事实及认定主要证据时发生错误，也将造成适法错误。其二，通常情况下，查明人仅仅根据本案递交的材料，并没有亲历现实的诉讼场景。通过分析审判事例，来揭示什么可以作为审判的依据，往往更加依赖于直觉和经验，如错误理解案件要件事实则可能导致法律选择上的错误判断。

① 参见马新彦、吴晓晨：《〈民法总则〉“法律除外条款”的考察与论证》，载《法学论坛》2018 年第 3 期。

② 参见向明华：《关于法律解释学若干问题的哲学思考》，载《求索》2004 年第 11 期。

③ 参见傅郁林：《民事裁判思维与方法——一宗涉及域外法查明的判决解析》，载《政法论坛》2017 年第 5 期。

（2）对适用结论心存疑虑。其一，理论的概念化和定性研究并不能促成系统科学的裁判思路训练从而以此为基础形成法律共同体①，审判人员与查明人之间并不具有职业性的默契和信任，以译者为媒介的翻译角度的差异性同样会造成理解上的差异。其二，不同查明人查明手段和查明经验不同，实践中有的查明人仅运用高校图书馆翻阅相关书籍或法典或互联网检索截取法条的形式进行查明，未能做到细致剖析规范意旨，详细列举相似判例。裁判者无从确认可适用、可检验的规范依据。其三，域外法查明的最终目的，不仅是国外规则文字的“地方性阅读”，而且是“本土化适用”。《涉外民事法律关系适用法》第四条与第五条规定了公共秩序保留制度，要从法律与民生的相关程度来探索该域外法适用的可能。我国审判人员适用域外法的最终目标在于追求本国的法律正义，而非外国的法律正义，最终也将汇入本国法律正义之洪流②。

三、功能检视：域外法查明法律意见书的论证逻辑与功能定位

（一）四个基本原则

1. 成本合理性原则

在对域外法的查明方法或途径的评价中，专家证言或专家意见等方式的成本费用相对于其被设计所要达到的目的来说是否是合理的，是我们无法忽视的考虑因素③。经济和效率的价值目标在域外法的查明问题中应该占有相对重要的地位，域外法查明途径实质上无法穷尽，需要在综合成本的考量下为查明的内容和程度设置虚拟边界，避免查明过度，合理配置其资源。

2. 结论适配性原则

适配性是指法律意见书中的域外法信息已经达到了域外法得到查明的

① 参见傅郁林：《民事裁判思维与方法——一宗涉及域外法查明的判决解析》，载《政法论坛》2017年第5期。

② 参见宋晓：《最高法院对域外法适用的上诉审查》，载《法律科学》2013年第3期。

③ See Richard Fentiman, *Foreign Law in English Courts: Pleading*, Proof and Choice of Law, Oxford, 1998, p. 298. 转引自肖芳：《论外国法的查明——中国法视角下的比较法研究》，北京大学出版社2010年版，第31页。

标准，则域外法的查明工作结束，法律意见书可以作为域外法适用的参照。查明程序应尽量避免以“获取”为导向，必须在了解立法原意的基础上分析与案件本身的“适配”性。其基础性要件包括形式上符合法律规定的要件，比如满足履行公证认证手续、中英文对照文本相符等。内容上保持中立客观，陈述的法律规范需要涵摄全部要件事实，内容要素齐备，真实性无误。

3. 内容适读性原则

适读性原则是指行文按照一定的逻辑及解释规则进行表述。选取的域外法律规范要与查明事项相对应，查明事项要与归纳的要件事实相对应。论证过程需繁简适当，主次分明，逻辑清晰，文辞通畅。如论证基础不牢固就容易产生规范解释不清晰、归纳论证不周延、释法说理不严谨的问题。

4. 程序正当性原则

失去了程序理性很难保障查明结果的正当性。在违背或者没有严格遵循法定程序的情况下进行法律适用将结“毒树之果”。法律适用的过程是一个在规范与事实之间往返的思维过程和对向交流的过程，由此来缓和规范的普遍性与个案的特殊性之间的距离。这个过程需要裁判者和查明人进行反复沟通，因此，查明程序所作安排需保障裁判者与查明人沟通之顺畅。

（二）四步论证逻辑

1. 论证起点——法律事实的确定

在涉外案件中因涉及冲突规范的选择，使得个案适用法律的逻辑链条更为复杂。裁判者在法律推理的过程中根据双方诉讼主张及提交证据指向具体的生活事件，形成该事实确实发生的确认。其次提炼法律关系要素和法律事实要素，涵摄于冲突规范的“范围”内或者根据最密切联系原则或意思自治原则确定需要适用的准据法。有的案件需要查明人对惯例型商业习惯进行确认或提供其他经验事实。法官根据之前梳理出的法律事实要素及查明人提供的经验事实再次抽象出法律事实，法律事实的出现导致法律关系的演变从而影响冲突规范中系属的最终确定。有的案件冲突规范的识别问题较为复杂①，需要查明人帮助裁判者结合个案情况判断冲突规范的“范围”。有的案件需援引选择性冲突规范，比如结婚手续问题，需要查明人首先查明婚姻缔结地、一方居所地、国籍国法律何者可确认其有效。域外法查明可以在确定准据法国家的阶段为裁判者合理校准最密切联系原则和其他系属公式的适用。这是法律意见书在裁判者进行事实判断及系属判断问题上的“第一只手”。各主体在确定准据法国家（法域）阶段中的作用如图 3. 1 所示。

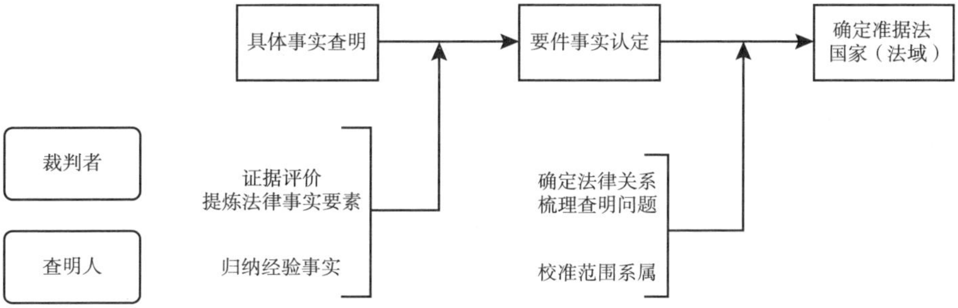

图 3. 1　各主体在确定准据法国家（法域）阶段中的作用

［**案例 1**］在某侵害作品信息网络传播权案②中，法院认为虽然该案不存在直接适用域外法的情形，但法律意见书中有关日本动漫摄影作品的制作方式、作品署名、权益分配、作品授权等行业惯例的介绍，具有客观反映一定法律事实的功能，可以作为认定涉案作品权属的参考。该案例表明法律意见书具有将经验事实及案件背景材料提交给裁判者以协助梳理出法律事实的作用。此案考验查明人对于知识产权领域内惯例规则的了解和认定。

2. 论证基石——域外法定位的准确

翻译与定位是法律意见书在裁判者进行域外法适用时的“第二只手”。裁判者根据查明人辅助概括出居于事实层面的法律事实、法律关系。查明

① “识别自体法”认为对冲突规范的识别依冲突规范所属的法律体系。但是，如果依上述标准不能恰当地解决识别问题，则依与案件最密切联系的法律制度来识别。实践中，例如对于双方财产的归属划分是依据夫妻共同财产关系还是法定继承关系需要综合考察准据法所在国以及法院地国的做法。

② 参见上海高级人民法院：《上海法院域外法查明典型案例（附中英文版全文）》，载微信公众号“上海高院”2022 年 9 月 13 日，https：//mp. weixin. qq. com/s/YVbEo0Omlv2lZ-QmlbDELQ。

人在法律事实基础上将查明问题译成查明地国语言，从法律规范的“数据库”中寻找最合适的法律规范并将法律术语译回法院地国语言，为一次双重翻译过程。作为法律体系框架内的跨文化交流活动，翻译的标准相当严格。首要要求为忠实于原文，需要查明人对域外法法律体系及法律价值有深入了解，在译文中需确认法律事实及法律概念在准据法国的意义。法律概念有边缘含义和中心含义之分。在阅读和理解法律文本时，会面临接受法律概念哪一种平义的问题。常规案件法律概念容易对号入座，无须复杂的法律推理，要件事实很容易涵摄在法律概念的中心含义之中。另一种较为复杂，处在边缘含义里，到底属于此概念还是彼概念有争议，适用具有不确定性，需要进行进一步论证分析。

[案例 2] 在某保证合同纠纷案①中，该案需查明的问题是“案涉《承诺函》关于‘连带责任’的表述在百慕大地区是否构成‘保证’”。查明意见书首先解释了普通法系通行的“guarantee（保证）”的概念；其次，查找了普通法的成文法未对“guarantee（保证）”作出系统规定；最后，认为对于某合同是否构成保证，应当根据案涉合同文义通过解释规则认定。该案例提供了用法律概念进行解释的一种方法。因为概念的模糊性和语词的多义性，对法律推理小前提的解释具有开放性，查明人可对小前提作出法律评价与确认。

法律定位尝试可以描述为“法律事实—大类法律规范对比分析—规范确定—小类法律规范对比分析—规范确定”。比如在案例 1 中，首先分析该案事实是否在域外法（大类法律规范）中符合保证的构成要件，需要寻找相应的请求权基础，分析构成要件，将构成要件中要素进行演绎，最终涵摄案件事实。如构成保证则进一步分析保证的效力及期间等事实与规范（小类法律规范）的特征对比并得出结论。如准据法为判例法，还需要在此过程前从法律报告中收集相关判例群，并通过类比分析抽象出法律规范，从而完成从类比到演绎的跨越。在法律定位过程中，查明人可能需要与裁判者沟通重新来认定事实或者补充新的事实。在事实与规范之间来回穿梭。最后将法律规范的抽象形式化要素运用于具体案件。如查明人无法

① 参见（2020）京 04 民初 327 号民事判决书。

确认本案事实是否符合法律规范的前件，需要以在法律意见书中用“假定条件”予以代替，并做相应解释说明。如查明人发现规范竞合或冲突时，须详细阐明选择原因，避免适用错误。

[**案例 3**] 在江苏轻工诉江苏环球、美国博联公司无单放货案①中，由于当事人约定适用的 1936 年《美国海上货物运输法》就争议事项没有规定，法官依据最密切联系原则根据《美国统一商法典》有关规定作出了判决。该案例表明如未查询到具体的域外法依据，不能无端进行法律续造，常规做法虽然为适用法院地法进行裁判，但是查明人也可以将最密切联系国家（法域）的法律规范提交法院进行参考。

3. 论证核心——规范释明的妥当

解释规范含义是法律意见书在论证实体法基础时的“第三只手”。在解释规则方面，就域外法的解释而言，各国普遍认为应依其查明地国（法域）的法律及其解释规则进行。域外法解释的目的一般被确定为获取该域外法在其所属国的意义，以确定域外法在法院地国与其所属国的适用效果一致。如缺少必要的解释说明，法官则只能按照法院地成文法规则进行解释，有可能导致理解偏差。

在解释方法方面，解释方法需要使用查明地国惯常应用的解释方法进行，一般情况下文义解释具有优先性，只要法律措辞语义清晰，应首先解释其文义。

在解释内容方面，包括法律原则、法律概念与法律规范。法律规范按照行为模式（权利、义务的规定）、法律后果的归结两个构成因素进行规范解释说明。必要情况下将规则内部前件与后件语义学上的句法勾连的用法予以强调。查明问题的解决如适用多个法条，可在列明法条基础上进一步归纳出适用条件。

在解释程度方面，法律问题是无限追问的问题，但查明程序不可无限进行。查明程度要契合案件实际，结合案件价值以及查明重要性等因素确立不同标准。查得的域外法规范如与我国法内涵无本质差异则可以简要解释，如存在较大差异需进一步分析其规范缝隙，如在我国法律体系中没有

① 参见《人民日报》2002 年 3 月 2 日“中国涉外审判案例”专栏。

对应的同类规则，则必须重点分析其立法宗旨与目的。在撰写意见书收尾时需回顾某一查明问题的论证是否融贯以及查明问题之间的论证是否融贯。

在行文规范方面，法律意见书需要针对全部案件要件事实引发的查明问题分项进行论述。注重行文的逻辑和递进关系，需使用法言法语，尽量避免使用"基本符合条件""一般情况下适用"等模糊词汇。如重要之处确需提示阅读者注意，可予以标注。

[**案例 4**] 在一次关于税费约定的效力问题的泰王国法查明中，查明意见书首先分析《泰国民商法典》中的意思自治原则的基本内涵（后附具体条文），其次分析了意思自治的瑕疵（后附具体条文），再次分析民商法典的总则合同法部分是否出现涉及税费负担问题相关禁止性规定，然后查询《泰国国际航空运输法》的相关条款也并无禁止性的规定，结论为合同当事人可以依据泰王国法，约定税费由一方当事人承担。该案例表明查明人需在遵从实定法基础上，选择合适的解释规则，解释规范具体含义。比如在该案例中阐释逻辑为：意思自治的内涵界定（阐释法律原则）—列明具体条文（选取法律规范）—但书条款解释（解释例外情形）—特别法规定（最密切联系法的规定）—结论。

4. 论证归结——价值判断的合理

法律推理是由事实判断向规范判断、由规范判断向价值判断转换的逻辑机制。剖析法律价值体系的基本原理，遵循包括正义、衡平及比例等自然法法理，本是审判者之职能，但在案件需要适用域外法进行审理时，裁判者有时不能完全完成法的安定性和妥当性目标，不得不将这一目标交给查明人来共同完成。这对查明人提出更高层次的要求。但并不意味在域外法查明阶段即坚持结果导向的法律解释，并不意味着在具体案件或假定情况下，根据解释的后果来修正解释。查明人可以运用法社会学等解释方法，当一个法律条文有复数解释，或者当一个法律事实对应法条冲突或竞合时，在解释全部法条的文义涵摄范围的基础上适当为裁判者进行价值判断提供参考，这也是法律意见书在证成法律裁判时的"第四只手"。尤其在我国《阻断外国法律与措施不当域外适用办法》亟须完善配套执法和司法规则，《关税法》《对外贸易法》等涵盖贸易反制措施和国家安全例外条款的法律亟须制定或修改完善的现实背景下，如适用该规范可能“水土不服”可以在意见书中做到应有的提示。

［**案例5**］在某跨境融资租赁合同审理①中，为慎重适用，法院致函国家外汇管理局深圳分局就内保外贷合同是否违反国家外汇管制等金融安全的强制性规定以及调解协议改为人民币结算有无违反人民币跨境支付方面的相关规定进行咨询，确定不违反法律强制性规定才最终采纳了香港律师的法律意见书。该案例表明在域外法的选取时，也要考虑我国国情对该条款的包容度，查明人可以为裁判者根据国家政策或社会预期对域外法进行裁量适用提供参考。

（三）四项功能要素

对域外法查明法律意见书功能性的评价也应首先讨论域外法性质问题。如果视域外法为法律，那么法律意见书应从法律是否真实存在，是否适用于本案事实进行逻辑构建。如果视其为事实，那么对于域外法查明中的法律意见书的性质就可归类为证据，在现有程序机制内进行整合，将其纳入专家证言的制度框架内②。后者从操作层面上讲较为可行，域外法查明专家应依据《最高人民法院关于民事诉讼证据的若干规定》（以下简称《民事诉讼证据规定》）第八十三条的规定，以专家证人身份参与诉讼。这也在2022年《全国法院涉外商事海事审判工作座谈会会议纪要》第二十三条得到印证。那么对于法律意见书就应当尝试从证据资格和证明力的角度分析法律意见书的客观性、合法性、关联性。从客观性上讲，选取的成文法及判例应客观真实、内容完整、效力无误；从合法性上讲，符合公认证等形式要件且内容与公共利益或基本国策不悖；从关联性上讲，域外法查明的结果指向具体案件中的法律适用，需强化其与案件本身的适配度。通过为其梳理论证逻辑可知，域外法查明法律意见书的功能定位应在

① 参见（2016）粤0391民初713号民事判决书，载《人民司法（案例）》2017年第1期。

② 也有学者认为可以按照委托人的不同将法院委托下的法律意见视为鉴定意见，当事人委托视为专家证言进行区分。参见王葆莳：《论我国涉外审判中“专家意见”制度的完善》，载《法学评论》2009年第6期。

于确定法律事实基础上进行规范选择并揭示其法律意义——通过对整个法律体系的掌握并从法律体系中发现适用于个案的具体规则，并基于规范文义在整个法律体系的脉络中去寻找该规则的合理解释。法律意见书的制作应当具有的功能为“经验事实准确，法律选取无误，规范释明妥当，价值判断合理”，作为域外法查明、理解与适用时的“四只手”，分别考察查明人客土经验、归入能力、语义解释力、价值判断力。四者融合为裁判者处理法律适用问题提供指引和预测，使得法官在适用该域外法时能够形成确信。

四、规则续造：法律意见书“辅助”法律适用过程的规范进路

从域外法查明效果的制约因素出发，遵从主体的权限与义务相匹配的基本理念和制度逻辑，对法官主导权以及查明人的义务进行同步调整。强化意见书撰写标准，规范诉讼程序进行，把握审查适用尺度，辅之以配套机制保障，切实发挥其“帮手”作用。

（一）规范以“功能四要素”为目标的程式标准

阅读法律意见书不是审判者的个体活动，而是撰写者与阅读者的双向互通。撰写者需要了解审判者需要什么，并为其提供最佳的法律产品。首先强调法律意见书文本形式及内容的规范性，这一点是正确理解和适用法律的重中之重。法律意见书基本内容应包含的内容见表3.2。

表3.2　域外法查明法律意见书必要元素

序号	要素	具体说明
1	撰写者个人简介	说明承担查明工作的指定人员的情况，其个人经历、专长领域、相关工作经验等，以便法院对查明人的查明资质有初步的把握
2	已审阅内容及资料	查明人需要审阅必要的案件资料，包括双方证据、必要的笔录以确定法律适用的焦点问题。查明人需对所有审阅文件进行仔细阅读，并对承办人梳理出的要件事实进行确认
3	需查明的法律问题	一般查明的法律问题需法院在梳理案件事实的基础上先行提取，并经双方当事人及法院共同确认后提供给查明人，法官可在查明过程中根据案件需要（或查明人根据法律规范定位后提示法官）进行补充，补充查明事项需告知双方当事人

续表

序号	要素	具体说明
4	法律规范具体内容	选取的成文法应包括具体的法律名称、颁行时间、具体条文相关的上位法和下位法规定、一般法和特别法的规定、新旧法条的对比。判例法要说明域外法院说理方式以及法律渊源效力，提供相关裁判要旨的现行规定、判例历史、具体案件的案号及相关索引
5	规范释明	解释法条中的具体法律概念及法律原则，在域外可能存在与法院地法不同含义的特定法律用语并解释法律意义，分析法律规范的行为模式与法律后果，如不确定行为模式与本案事实是否相符合，要用假定条件代替，如适用有例外情形，需要进一步解释说明。判例法需对判例中抽象出的判例规则在域外适用的情况进行说明
6	相关背景以及学术理论	其他与案件有关的背景资料，包括权威法律评论、法学教科书以及立法文件，确定法律规范的目的和意旨，一方面以印证对域外法理解，另一方面辅助法官判断是否合乎我国利益与社会普遍价值观念来校准域外法的适用
7	明确的结论意见	查明人可以给出明确的法律适用结论性意见，表明法律问题域外法院可能会作出何种认定及法律适用。如已尽勤勉尽责仍不能对需要阐述的法律问题作出适用上的确认的，不发表结论意见
8	独立性说明	查明人需说明按照行业公认的业务标准、道德规范和勤勉尽责精神，已对所要阐明的法律问题发表法律意见，不存在虚假、严重误导性陈述及重大遗漏
9	落款	明确制作主体，机构加盖公章，查明人签字或加盖个人章，必要时留有联系方式，并注明成文日期
10	附件（如有）	必要时将专家资质证明、法律典据、立法资料、学说等作为附件提交，以辅助法院进行适用参考

注：3、4、5项格式一般为：查明问题1+法律规范+假定条件（如有）+解释（法律概念/行为模式/法律后果/除外情形）+判例佐证……此外也可以按照个案情况以法律关系或法律事实作为分项依据进行撰写。

（二）构建裁判者主导下的域外法查明程序

审判人员根据初步查得的域外法规范不断修正要件事实的认定为域外法适用过程之常态，需要审判人员将目光流转于要件事实与法律规范之间，调整需要查明的法律问题，及时补充或重新查明。因此查明程序并非“一气呵成”，很大可能存在流程的回转。我国的《民事诉讼法》目前尚未超越职权主义模式，在查明程序中需要强化法院的主体责任，对提交法律意见书的程序进行预先系统安排。

1. 筛选查明人

根据案件具体情况审查查明人资质，可以结合其教育背景、执业地域、知识专长、执业经验、专业技能进行认定。比如在德国联邦最高法院审理的 BGH 21. 1. 1991-II ZR 49/90 案中①，就该案涉及的 20 世纪 80 年代初委内瑞拉船舶优先权在实践中是否需要登记、在何种条件下被承认的问题，法官认为只有具备当时法律实践经验的专家或专业机构的意见才能被采纳以查明域外法。

2. 指引程序进行

在查明程序启动阶段，需要在梳理案件要件事实的基础上确定查明事项。明确查明人后，需要向查明人明确查明义务、查明事项、合理期限、法律后果并提供给查明人所需材料。在查明人撰写法律意见书阶段，需要在合理期限内适时提醒、催促查明人进行查明并建立实时沟通的工作机制。查明人需定期向主审法官反馈工作进展，提交工作日志并入卷。法官根据其提交的工作日志反映的初步查明意见不断修正要件事实，及时调整需要查明的法律问题，从而减少退回重做、补充报告和查明不能的适用频次。

3. 规范查明流程

改变现有的查明工作“法官或当事人委托（要求）—查明人提交查明

---

① MünchKomm-ZPO/Prütting § 293 ZPO no. 30, also on the “Prendas Navales” case cited in Treatment of Foreign Law-Dynamics Towards Convergence? Y. Nishitani (Ed.). Springer International Publishing p. 202. Also see “Prendas Navales” Case, available at https: //research. wolterskluwer-on-line. de/document/02ca3283-2688-4f23-9628-77d13378047d.

意见书（回应）—法院审查认定（妥协或否认）”的“后置审查”及“单向流动”方式，需化被动为主动，切实保障裁判者主导权与对方当事人的知情权，使得风险可视化。法律查明工作流程如图 3.2 所示。

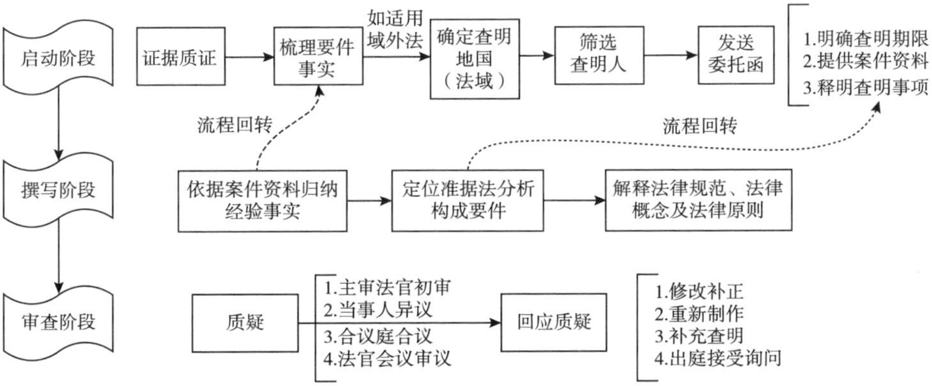

图 3.2　法律查明工作流程

（三）把握以“参照适用”为取向的审慎审查原则

涉外案件审判人员适用域外法时的理想状态为“不单要了解外国的成文法律规则，还须调查了解该域外法在其来源国的真正适用情况，做到如同域外法官那样适用域外法以作出裁决”①。实践中，如要求审判人员对法律意见书内容进行实质验证相当于重新查明，损及诉讼成本及效率。但如按照大多数学者所述仅对意见书进行形式上的确认或者按照法院聘请优于当事人聘请、出庭接受质询优于未出庭进行效力优先性排序，将很可能造成域外法的错误适用，也在实质上让渡审判权。笔者认为，审判人员需遵循“参照”适用而非“依照”适用的原则，在形式审查的基础上，对于专家提供的法律意见书进行内容的审慎审查，通过四步确认法律意见书的证明效力。

第一步：初步识别。将查明意见书与元素表（见表 3.2）进行比对识别：(1) 如发现形式瑕疵或要素不全问题，比如无附相应专家资质证明、无与案件当事人无利害关系声明等可以通过瑕疵补正或更正程序予以消

① 徐鹏：《域外法查明：规则借鉴中的思考——以德国域外法查明制度为参照》，载《比较法研究》2007 年第 2 期。

除，并要求其说明遗漏或错误原因，限定新的提交日期。（2）如发现审阅材料遗漏或待查明事项错误问题，如必要的证据材料未审阅和列明，需及时释明查明人，告知其正确的查明事项和必要的审阅材料并要求其重新制作意见书或修正相关内容。（3）如出现论证不全或语义不明问题，需进一步求证查明人语义含糊之处的正确含义，纠正其用语。如系论证逻辑问题需告知查明人尽量填补其逻辑漏洞，强化论证过程的融贯性。

第二步：强化辩论。将法律意见书递交对方当事人，允许对方当事人质疑形式内容及结论：（1）对方当事人如认为意见书结论错误或论证错误应提出反证，或说明足以影响意见书证明力的理据。（2）可要求查明人参加庭审当面陈述意见，接受质询，或邀请相关领域的专家到场旁听。（3）如法律意见书未得出查明意见或未成功查找规范依据，该案准据法适用系当事人选择而定，可征询双方意见，是否更换适用我国法律。

第三步：他方求证。通过职业群体智慧进一步理顺适用逻辑。如经过辩论机制仍然存在无法弥合之处，可以通过互联网、书籍等自行进行查找确认，或者向法律查明机构询问既往经验，检索既往相关查明案例，向资质更高的查明专家进行咨询等方式进行进一步求证。

第四步：审查认定。如法律意见书三性无误，可予以适用。如质疑不能得到合理解释说明或者逻辑漏洞不能得到有效填补，导致无法对域外法适用形成确信，需经过合议确定其可否进行部分适用或需全部否定其效力。如不能适用则有三种解决路径：（1）可及时更换其他查明人进行重新查明或者更换其他查明途径。（2）如经过综合判断（已穷尽方式或成本过高）不宜再更换查明途径可视情况认定为查明不能。（3）如适用法律意见书结论将可能违反我国国家政策或违背社会公序良俗，需通过法官会议审议及请示程序作出适用与否的决断。

（四）健全以“查明专家”为依托的法律服务行业配套机制

《关于设立国际商事法庭若干问题的规定》第八条，将由中外法律专家提供与法律查明服务机构提供作为并行查明途径。我国已以中立研究机构为依托，在中外法学教授、律师队伍中吸收精通某一特定国家法律的人员撰写法律意见书[①]。笔者认为，需要将中外法律专家纳入查明机构进行监管，从而更好地为法院及其他个体提供域外法查明服务。这样设置的具体原因如下：

首先，方便法院与查明人进行联络，加强法院的主导权。一方面，部分当事人提交的查明意见书出自境外律所律师，不便诉中联络，导致结果准确度不高或补充查明次数过多。收拢于查明机构后有利于降低信息不对称概率。另一方面，当事人单方委托境外律师进行查明常常薪酬不菲，其营利性和契约性容易招致对方当事人怀疑。由法院出具委托函，将当事人提供的域外法专家意见视为法庭指定专家出具的法律意见加以采信，从而弱化私人域外法意见的契约性，强化专家意见对法院的义务。

其次，有利于构建法律专家执业行为的自律机制，锻炼专业查明队伍。一方面，通过统一专家准入资格，建立查明机构的日常监督、专业培训、档案管理等机制，使得专家因真正从事法律查明工作，从属于专家系统并得到专业机构背书而被信赖。防止因专家意见侵权导致再生案件[②]。另一方面，在一定程度上也可以在域外法适用中防止单边主义和霸权思维的侵蚀，对域外规范进行恰当扬弃。

最后，为境内与境外专家拓宽沟通机制和渠道。法律推理是逻辑推导和经验论证相结合的过程。域外律师或者法学家虽通晓内国法律，但是往往不能真正理解内国法院的需求，国内专家可以较多地从比较法的角度出发，更好地提炼和理解法律问题，但在域外法律经验和司法技术方面略有不足。更优的选择是境内与境外专家相互配合、取长补短，共同进行域外法的查明，合作撰写法律意见书，共同推进法律适用的统一化、标准化。

---

① 主要的查明机构有5家，分别为：西南政法大学中国—东盟法律研究中心、中国政法大学外国法查明研究中心、武汉大学外国法查明研究中心、华东政法大学外国法查明研究中心及蓝海法律查明和商事调解中心。

② 参见王葆莳：《域外法查明中的专家侵权责任研究》，载《时代法学》2011年第5期。

结　语

“最好的专家会给出最正确的答案”①，它必须是法官的“帮手”而非他人之“枪手”。适用域外法是凝聚国际共同的司法理念与司法共识的重要载体。法律意见书的提供可以改变法律适用“回家去的趋势”，为其注入新的活力。笔者希望通过法律意见书的制作和提供程序的进一步规范，发挥专家查明域外法途径的应有价值，从而满足法院对域外法查明的深层次需要，使域外法之“正义”更好地融入我国司法“正义”之洪流。

① See John G. Sprankling and George R. Lanyi, *Pleading and Proof of Foreign Law in American Courts*, Stan J. Int’l L., Vol. 19, 1983, p. 83.

国际条约司法适用的现状审视与规则完善

梅 宇[*] 张 哲[**]

内容提要：随着审理日益增多的国际纠纷，法院在我国参与国际法律秩序中的作用日益凸显，对统筹推进国内法治和涉外法治的系统工程意义更加特殊。本文以750份涉及国际条约适用的案例作为研究样本，实证考察国际条约的内国法源地位及司法直接适用问题。我国立法一直未从总体上对前述问题予以明确，导致法院适用国际条约时存在论证理据不充分、忽略当事人援引、关注国际问题不足、欠缺参与国际规则制定能力等现实困境，制约司法参与国际治理能力的提升。本文通过探究国际条约在国内法中适用的三个问题，结合域外不同国家法院判断条约直接适用的标准，提出完善我国法院适用国际条约规则的建议：立法层面，确立条约的国内法地位；司法层面，以意图标准为基点，区分条约调整公、私法律关系的不同性质确立司法适用的规则。

关键词：国际条约　司法适用　现状审视　规则完善

涉外司法活动作为法治中国的重要方面，是国家以法治方式参与国际事务和全球治理的重要实践，在推动形成公正合理透明的国际规则体系，提高我国在全球治理体系变革中的话语权和影响力中具有不可替代的作用。[①]

---

* 梅宇，北京市第四中级人民法院民事审判庭（北京国际商事法庭）副庭长。

** 张哲，北京市第四中级人民法院民事审判庭（北京国际商事法庭）法官助理。

① 参见《习近平法治思想概论》编写组编：《习近平法治思想概论》，高等教育出版社2021年版，第210、219页。

近年来，我国法院涉外审判通过对一批有国际重大影响力案件的审理，持续为国际法领域建设贡献中国的司法经验。虽然《对外关系法》[①] 明确条约在我国适用的整体原则，但因条约的具体适用问题尚有待细化，司法实践中仍存在条约适用理据不足、忽略当事人对条约的援引、欠缺对国际法问题的关注及参与国际条约制定能力等问题，不利于我国在新国际治理格局中司法治理功能的发挥。故笔者拟从统筹推进国内法治与域外法治的视域，考察国际条约司法适用的现状，结合新时代下中国法域外适用体系建设的需要，提出国际条约司法适用规则的完善建议。

一、我国法院适用国际条约的现状考察

新中国成立以来，我国已缔结的双边条约超过 2.7 万项，缔结或参加的多边条约 600 多项。[②] 法院适用条约主要体现在司法活动中运用条约处理具体案件的过程。[③] 虽然《对外关系法》明确条约在我国适用的原则，但不同情形下条约在我国的适用问题仍有待细化。

（一）实践做法

笔者在中国裁判文书网以司法实践中常用的条约名称为关键词进行检索，剔除重复及无效案例后，检索出相关判决 750 件。[④] 其中，法院直接援引条约作为裁判依据的 176 件（《销售合同公约》《蒙特利尔公约》占 96 件）、间接援引条约作为说理补充的 192 件（《销售合同公约》《蒙特利尔公约》占 89 件）、国内法无明文规定时援引条约作为裁判依据的 2 件。

---

① 参见刘仁山：《贯彻实施对外关系法　积极推进新时代涉外法治体系建设》，载《民主与法制》周刊 2023 年第 36 期。

② 参见《为和平发展尽力　为团结进步担当——王毅在第 77 届联合国大会一般性辩论上的演讲》，载新华网 2022 年 9 月 24 日，http://www.xinhuanet.com/2022-09/25/c_1129030591.htm。中华人民共和国外交部条约法律司编著：《中国国际法实践案例选编》，世界知识出版社 2018 年版，第 81 页。

③ 参见万鄂湘主编：《国际法与国内法的关系研究——以国际法在国内的适用为视角》，北京大学出版社 2011 年版，第 233 页。

④ 750 份判决为截至 2024 年 1 月 10 日的全部检索结果，其中《生物多样性公约》16 件、《联合国海洋法公约》5 件、《1989 年国际救助公约》10 件、《儿童权利公约》57 件、《经济、社会及文化权利国际公约》77 件、《联合国国际货物销售合同公约》（以下简称《销售合同公约》）390 件、《蒙特利尔公约》195 件。

1. 国际条约作为裁判依据直接援引[①]

［**案例 1**］ 蒂森克虏伯冶金产品有限责任公司与中化国际（新加坡）有限公司其他买卖合同纠纷案：一审、二审法院均确认案件的准据法为《销售合同公约》，并依据《销售合同公约》相应条款作出判决。且二审中最高人民法院在认定国际货物买卖合同根本违约的问题时，综合考量其他国家裁判对《销售合同公约》中根本违约条款的理解。

最高人民法院《涉外商事海事裁判文书写作规范》明确适用公约时，应当援引公约的具体条款，且援引公约条款的顺序应置于法律、司法解释之前。[②] 条约直接援引的方式体现了我国司法践行国际法义务，确认优先适用条约地位的立场。但除《销售合同公约》有明确的优先适用外[③]，具体哪些条约可以直接援引在司法实践中规则不一，短期内亦难在立法上予以统一。

2. 国际条约作为说理补充间接援引[④]

［**案例 2**］ 戴某走私珍贵动物、珍贵动物制品案：法院在回应辩护人提出象牙系走私至境内不影响我国生态环境的辩护意见时，援用《生物多样性公约》《野生动物保护法》相关规定，从全球生态层面论证野生动物保护的重要性，否定该辩护意见的成立基础。

尽管国内法明确禁止任何形式的野生动物交易，法院仍援引生态多样性保护条约从生态系统角度强调保护生物多样性的重要意义，还指出这是我国作为缔约国应履行的义务，使判决的说服力显著增强。此种间接援引条约做法在司法实践中较为常见，亦是各国国内法院普遍采用的一种方法。在避免讨论条约和国内法关系的基础上，法院通过一定的解释技术将条约规定渗透于国内法中，努力协调国内法与我国承担的国际法律义务。

---

① 参见（2013）民四终字第 35 号民事判决书。

② 最高人民法院《涉外商事海事裁判文书写作规范》规定："十四、裁判理由是裁判文书的核心部分……（九）……适用公约时，应当援引适用的公约具体条款。引用公约条款的顺序应置于法律、司法解释之前。"

③ 参见最高人民法院指导案例 107 号（2019 年）。

④ 参见（2019）苏 01 刑初 69 号刑事判决书。

3. 国内法无明文规定时援引国际条约作为裁判依据①

[**案例 3**] 北京月球村航天科技有限公司诉北京市工商行政管理局工商行政处罚案：法院援引《关于各国探索和利用包括月球和其他天体在内外层空间活动的原则条约》第 1 条第 1 款、第 2 条的规定，说明月球土地属于全人类开发的范围，为全人类所共有，任何国家均不能对月球主张所有权，更何况是作为国家内的公民及组织。

法院在判定月球公司是否享有月球土地所有权时，直接援引条约规定进行论述，既有针对性地回应了原告的诉讼请求，又以判决形式将条约条款内化。在条约的司法适用缺乏统一、明确规定时，法院基于本国利益对国际条约进行解释和内化的过程，使国际法在国内获得了黏性，而此种遵守条约义务的裁判思维将会形成一种制度习惯。

上述实践表明，有法律或司法解释明确规定的特定领域，法院的惯常做法是直接适用条约，而对于尚无明确规定的领域，则形成推定司法适用或间接援引强化论证的趋势。

（二）实践困境及成因

尽管整体上国际条约的司法适用呈现积极的状态，但囿于相关国际条约缺乏国内法的转化、法官解释和适用国际条约的能力差异性大等因素，实践中亦存在条约适用规则模糊和混乱的困境。

1. 缺乏适用国际条约论证理据②

[**案例 4**] 陈某与罗某耕监护权纠纷案：法院认为联合国《儿童权利公约》第 3 条确立了儿童最大利益原则，我国作为该公约的起草参与国和缔约国，应在立法及司法中体现这一原则，法院在确定子女监护权归属时，理应尽可能最大化地保护子女利益。

法官指出，我国法律未规定代孕子女的法律地位认定及监护权归属问题，但基于法院不得拒绝裁判之原则，需依法律基本原则及其内在精神进行判断。法院适用《儿童权利公约》的原则性规定确定代孕子女监护权归属，在判决法律依据部分仅援引国内法，而未援引《儿童权利公约》，且

① 参见（2007）一中行终字第 00128 号行政判决书。

② 参见（2015）沪一中少民终字第 56 号民事判决书。

文书说理缺乏证成适用条约的完整法律链条，并未真正跨越条约与国内法律体系之间的鸿沟。法官将眼光局限于个案中的具体法律关系主体，未从丰富国家司法实践与推动国际规则形成角度，对法院解释与适用国际条约的影响进行考量。

2. 对当事人援引条约不予回应或作否定评价①

［**案例5**］徐某与北京燕莎中心有限公司等侵犯人格权纠纷案：原告在起诉书中以中国加入的《消除一切形式种族歧视国际公约》为依据，以受到被告种族歧视为由向法院起诉，但法院判决中对原告的援引未作任何回应。

原告援引条约作为其事实证据，但法院在判决书中未对此作任何回应。对当事人援引条约的正当性评价，构成法院适用条约的司法实践，但大多数案件中法院采取忽略或回避态度进行处理。在当事人援引条约的301件案件中，法院进行回应的有85件。而少数予以回应的案件亦多否定条约的证据效力，或以不同理由作出否定评价。例如，当事人将国际条约作为证据使用，法院以证明内容与案件事实无关②、摘录条约不属于证据等不予认定③；当事人依据条约提出的诉讼主张，法院以不属于法院受案范围而不予审理或驳回起诉等④。

3. 缺乏更深层次地关注国际问题⑤

［**案例6**］国际条约与国内法均有规定，同时援引增强论证理据——杨某甲、马某故意杀人案：法院认为我国《刑法》《未成年人保护法》《妇女儿童权益保障法》，以及我国加入的联合国《儿童权利公约》，对儿童生命权等基本人权予以特别保护，故予以二被告人实体刑惩戒显属必要。

［**案例7**］以国际条约原则性规定解释国内法——中国生物多样性保护与绿色发展基金会与宁夏瑞泰科技股份有限公司环境污染公益诉讼案：法

① 参见（2000）朝民初字第120号民事判决书。

② 参见（2014）蜀行初字第00023号行政判决书。

③ 参见（2018）京01行终849号行政判决书。

④ 参见（2016）浙行申834号行政裁定书、（2015）高行终字第03490号行政裁定书、（2016）川01民终11274号民事判决书。

⑤ 参见（2017）粤0115刑初255号刑事判决书、（2016）最高法民再47号民事裁定书。

院在论证绿发会章程规定的宗旨和业务范围是否包含维护环境公共利益问题时，按照《生物多样性公约》规定解释我国法律中“生物多样性”概念。

上述两种做法均体现了法院履行我国承担的条约义务，但其更多着眼于运用条约解决民商事、刑事和行政案件审判中遇到的个案问题，对所涉国际法问题并不过多关注，往往处于被动接受条约的地位。此外，司法实践中法官运用和解释条约具体条款时带有浓厚的主观色彩，条约的适用在时间、地域、类型上呈现显著差异性，无法提供类案业务指导。

4. 参与国际条约制定能力不足

据统计，联合国贸法会法规裁判库已收录我国 120 个案例，其中 36 份裁判文书由法院作出。[①] 虽然我国被收录文书数量位列世界第四，但与排名前三位的德国、加拿大、美国对比，法院裁判文书所占比例远低于这些国家，通过法院裁判促进条约完善和发展的能力还有待提升。而同时期，中国通过外交途径、学术交流、民间推动等传统路径参与条约制定的比重，明显高于司法途径。我国作为国际规则体系的后来者，条约对我国司法活动的约束程度与我国影响条约的能力之间仍存在严重不对称性。

二、我国法院适用国际条约的价值定位

面对日益复杂的国际问题，通过国际法治维护国际秩序是各国普遍认可的国际治理模式。[②] 实践表明，内国法院可以借鉴国际法治有效经验，依据对其有效的国际条约开展司法活动，同时也可通过在解决国际争端中履行、解释和适用国际条约，将自身诉求和国内法治经验输往国际法律制度。[③]

（一）推动国际条约国内实施

我国法院在审理涉外案件中，积极适用中国缔结或参加的国际条约，忠实履行和遵守条约义务。

---

① 数据来源于联合国国际贸易法委员会法规判例法案例。

② 参见贺荣：《论中国司法参与国际经济规则的制定》，载《国际法研究》2016 年第 1 期。

③ 参见黄进：《在涉外民商事审判中加强国际法研究和运用》，载《人民法院报》2024 年 1 月 4 日，第 02 版。

1. 树立“条约必须信守”的负责任大国形象

《维也纳条约法公约》规定了根本且公认的条约必须遵守规则。虽然各国可以自主决定实施条约的具体方式，但法院准确适用条约、有效回应当事人的条约援引，必然会向外界传递我国积极履行条约义务的态度。同时，涉外审判中适用条约的先例，能够增加当事人对我国法院裁判规则的可预期性，增强外国法院对我国法院司法制度的信任度，进而为司法判决的承认与执行达成司法互助协定或互惠安排创造条件。如夏发集团公司（Shaphar Group LLC）与佰启控股（中国）有限公司国际货物买卖合同纠纷案中[①]，法院在国际条约与我国法律有不同规定时，明确国际条约优先适用，体现了适用国际条约的全面性与精确性。

2. 为法院审理案件提供新的资源性路径[②]

一方面，在国内法没有规定的情形下，法院可间接援引条约以强化案件的说理。虽然审判实践中法院的具体做法有待统一，但条约中的原则规定、具体条款等，无疑为此类纠纷解决提供了方向性指引。另一方面，法院可以将条约作为事实证据对待，拓宽查明事实的思路。如在一起网络域名侵权纠纷案中，原被告争议焦点为椭圆字体“DUPONT”是否构成驰名商标，法院援引《保护工业产权巴黎公约》关于驰名商标的规定，作为认定原告注册商标构成驰名商标的证据之一，为原告的商标提供更高水平的特殊保护。[③]

（二）推动国际条约发展完善

国际法发展演变的脉络及国内外丰富的司法实践充分证明，内国法院司法活动能够积极影响国际条约的制定，甚至对国际法治进程产生重要影响。

1. 为国际条约的制定提供规范来源

近年来，全球数字贸易、平台经济治理、国际公共卫生、深海、极地

① 参见（2022）京04民初294号民事判决书。

② 参见廖诗评：《经由国际法的国内法改革——改革开放四十年国内法制建设的另类路径观察》，载《中国法律评论》2018年第5期。

③ 参见（2000）年一中知初字第00011号民事判决书。

和太空等热点领域发展迅猛，但国际条约在应对这些变化时显得力有不逮。内国法院针对新兴领域前沿问题的探索和实践，不仅能够影响国际条约的形成和发展，甚至能填补国际法领域的制度盲区。如最高人民法院在一起海上货物运输合同纠纷案件中，合理解读《国际海运固体散装货物规则》的体系和相关条款文意，将维护海运安全作为价值导向，提出细小颗粒与较大块货物混合的散装固体货物的对比规则，填补国际海事规则空白。①

2. 创造性解释和发展现有国际规则

受本国司法文化、法律实践等多重因素影响，法官对条约的解释不可避免浸润着本国法的理念、制度与规则。这些内国司法审判实践都会反过来影响条约的解释，尤其是对那些含义尚不明确、国际上又尚未形成法律共识的条款。如最高人民法院曾在一起海难救助案件合同纠纷案件中明确，不是依据《1989 年国际救助公约》第十三条第一款规定的救助报酬，不得援引该公约第十三条第二款的规定，创造性解释和发展了救助公约，推动国际海事规则进一步完善。②

3. 提升我国在国际司法领域的话语权

21 世纪以来，伴随世界多极化加速发展、国际格局日趋均衡，中国崛起的进程不断加快并日益成为重塑国际秩序建设的重要力量。在尊重国际法和国际关系基本准则的前提下，以法治方式合理表达本国的利益诉求，是中国日益走近世界舞台中央的必然要求。最高人民法院持续派员积极参与《〈船舶司法出售国际效力公约〉草案》的制定，将司法实践中积累的丰富经验提供给国际社会参考。对推动草案的公约化进程发挥重要作用，不断提升中国司法的国际话语权和影响力。③

三、国际条约在国内法院适用的逻辑基石

国际条约在国内法院的适用包括三个层面问题：条约是否无须转化直

① 参见（2015）民申字第 1896 号民事裁定书。

② 参见（2016）最高法民再 61 号民事判决书。

③ 参见《中国海事审判（2018—2021）全文（中英文版）》，载 https：//www. court. gov. cn/xinshidai-xiangqing-382851. html，最后访问时间 2024 年 1 月 10 日。

接构成国内法体系的一部分？条约与国内法发生冲突时，何者优先？条约能否作为裁判依据被法院直接援引？本部分通过对条约适用的域外理论和实践鉴析，厘清我国缔结或参加的条约与国内法的关系，以期形成司法实践中条约适用的统一规则。

（一）确立条约在国内法律体系中的地位

从世界范围内看，绝大多数制定成文宪法的国家会在宪法中明确规定遵守公认的国际法原则、准则或国际法律义务。各国处理条约与国内法关系的实践表明，持维护主权、恪守国际法义务是我国在履行条约义务方面秉持的坚定立场。《对外关系法》已从三个方面对国际法在国内法律体系中的地位及其使用问题进行回应，一是明确条约的法律地位在《宪法》之下，条约和协定不得同宪法相抵触；二是明确国家依《宪法》和法律缔结或参加条约和协定，善意履行其规定的义务；三是明确国家采取适当措施实施和适用，不得损害国家主权、安全和社会公共利益。[①] 考虑到三个方面因素，条约与其他国内法之间的效力位阶关系可暂不在宪法中进行规定，给立法和司法实践留下更多灵活处理空间：一是现有法律、法规、规章中条约与国内法的相互位阶关系不统一；二是不同缔约权行使主体、条约性质、缔约程序等，可能对条约效力等级产生影响；三是已缔结条约与国内法关系需大规模整合以保持法律体系统一。[②]

（二）规定条约与国内法冲突时的解释一致原则

《对外关系法》明确条约的实施和适用不得损害国家主权、安全和社会公共利益。但“到底什么是公共利益，没有哪个国家的法律有明确的规定，这是由公共利益‘利益内容’的不确定和‘受益对象’的不确定所决定”。准确公允地界定“社会公共利益”，是条约与国内法冲突时如何选择适用应遵循的基本原则。司法实践中，涉外仲裁及外国仲裁裁决司法审查中“公共政策”构成要件判断时重点关注的内容可以作为条约解释的参考依据，包括侵犯中国司法主权和中国法院的司法管辖权，违反法律、行政

---

① 参见《对外关系法》第三十条、第三十一条。

② 参见戴瑞君：《国际条约在中国法律体系中的地位》，中国社会科学出版社2020年版，第239、240页。

法规的强制性规定，实体结果是否公正等。[①] 对于实体规范的国际条约，判断其实施或者适用是否会损害我国公共利益时，应当重点关注该条约内容的适用是否会损害到我国的根本道德、正义观念、法律原则等。

（三）完善我国法院条约适用的规则

1. 域外法院判断条约能否直接适用的标准

大多数国家的司法实践是在具体案件的处理中，考量本国国际地位、国内政治结构、法律体系构成等多种因素，对条约的适用方式进行判断。[②] 美国法院在《宪法》规定条约为国内法律体系一部分的基础上，逐渐探索出判断条约能否直接适用的具体标准，以提升条约实施机制的灵活性。我国目前将已缔结条约视为国内法律的组成部分，在这一基础上，再对条约的直接适用性进行判定，与一些欧洲大陆法系国家具有相似之处，故有必要对这些国家进行比较研究。

（1）美国法院判断条约直接适用的标准。美国法院探索条约直接适用标准的过程，可划分为三个阶段（见表 3.4）。[③] 各阶段均围绕两个核心问题展开，即自动执行条约与非自动执行条约[④]如何划分、自动执行条约是否直接赋予个人权利及诉权。[⑤]

表 3.4 美国法院适用国际条约的三个阶段

三个阶段	典型案例	判断标准
建国初至“二战”结束	Foster v. Neilson	缔约方共同意图决定条约能否自执行； 非自执行条约不能被法院直接适用
		自执行条约与个人权利、诉权不可分

① 参见李娜：《仲裁死阿法审查实践中的“公共政策”研究》，载《北京仲裁》2022 年第 1 辑。

② 参见韩永红：《中国对外关系法论纲——以统筹推进国内法治和涉外法治为视角》，载《政治与法律》2021 年第 10 期。

③ Foster & Elam v. Neilson, 27 U. S. (2 Pet.) 253, 314-315 (1829); Frolova v. Union of Soviet Republics, 761 F2d 370, 373 (7th Cir 1985); Medellin v. Texas, 552 U. S. 491, 506 n. 3 (2008)。

④ 欧洲大陆一般采用直接适用条约、非直接适用条约的说法，与美国自动执行条约、非自动执行条约表达含义相同。

⑤ 参见彭岳：《国际条约在国内适用中的制度僵化及其解决》，载《中国法学》2014 年第 4 期。

续表

<table>
<tr><th>三个阶段</th><th>典型案例</th><th colspan="2">判断标准</th></tr>
<tr><td rowspan="5">“二战”结束至 Medellin 案</td><td rowspan="5"></td><td rowspan="4">判断自执行条约标准</td><td>1. 单边意图：探究美国缔约意图；是否存在法院适用意图</td></tr>
<tr><td>2. 可司法性：根据条约规定义务性质判断</td></tr>
<tr><td>3. 合宪性：非自执行条约调整事项属国会专属立法权力</td></tr>
<tr><td>4. 个人诉权：非自执行条约未赋予个人诉权</td></tr>
<tr><td>自执行条约是否赋予个人权利、诉权</td><td>是：涉个人间经济、商业等私法关系，跨境责任或诉讼
否：调整主权国家、国家与个人间公法关系</td></tr>
<tr><td>Medellin 案及以后</td><td>Medellin v. Texas</td><td colspan="2">条约未规定由国内法院执行条约，推定为非自执行条约；所有类型条约，个人均不享有诉权</td></tr>
</table>

①意图标准还是非意图标准？第一阶段采用缔约国共同意图标准，以条约文本的含义分析为基础；第二阶段除意图标准外，发展出非意图标准，即可司法性、合宪性、个人诉权等标准；第三阶段以缔约方单方意图为标准。仅从标准内容看，虽然在第二阶段曾出现过非意图标准，但意图标准仍是联邦最高法院判断条约能否自动执行的主要依据。

②单方意图还是共同意图？若前述问题认为，法院应通过探析立法者意图确定条约能否自动执行，则以何机关意图为准？等同适用论[①]主张条约与宪法、联邦法律并列，以条约约文为据考察全体缔约方共同意图。二元属性论[②]指出，条约与联邦法律存在根本区别，仅讨论美国条约制定者的单方意图即可，并可结合制定者的其他行为明确其意图。

③作何意图推定？当意图不清或意图不存在时，通过意图标准判断条约能否直接适用蕴含一定程度不确定性。但是，当事人进入司法程序后，

① 等同适用论认为，《美国宪法》第六条将条约与宪法和联邦法律并列，其理应与后者享受同等待遇。

② 二元属性论认为，条约具有独特的国际性，与联邦法律存在差别。

法院不能因为法律上的不确定而拒绝裁判。此时，法院一般会运用司法推定技术超越法律文本进行裁判，并通过一系列案件的审理总结归纳出超越文本规定的裁判规则。

（2）欧洲大陆国家法院判断条约直接适用的标准。欧洲大陆法系国家均在宪法中规定条约的国内法地位，但未就条约能否被法院直接适用作出说明，实践中由法院根据具体案件进行判断。这些国家法院从两方面考虑条约是否能够直接适用，即条约约文的含义、缔约方是否意图为私人设定权利义务。荷兰宪法直接规定，只有为私人设定权利义务的条约才具有可直接适用性。

对域外法院的裁判进行梳理后，不难发现意图标准是各国普遍采用的判断标准，通常以是否涉及私人权利为核心。直接适用条约以规范私人间跨国民商事关系为主，也包含部分规范国家与内外国私人关系的条约，如国际税收协定等。[①] 非直接适用条约主要规范国家间政治、外交等关系，受政治因素和国家利益影响较大，包括和平条约、领土和边界划定的条约、环境条约、引渡条约、人权条约、贸易条约等。

2. 我国法院判断条约司法适用标准的思辨

海商法、票据法、民用航空法及海上交通安全法调整的涉外民商事案件，涉及适用国际条约的，在国际条约与国内法有不同规定时，适用国际条约的规定。[②] 在立法层面尚未明确规定条约能否司法直接适用的情况下，法院可根据下述标准进行判断。

①意图标准。在宪法明确条约国内法地位后，法院应将其视为国内法加以适用，并按照法律（包括被接受为国内法的条约）审理案件。在未规定的情况下，法院可参考域外法院普遍采用的意图标准判断条约能否直接适用。②单方意图。《对外关系法》规定条约和协定不得同《宪法》相抵触，故二元属性论的单方意图标准更符合目前的实际情况，有助于保持“宪法规定、单行法立法、司法裁量”条约适用体系的完整性。其原因在

---

① 参见左海聪：《直接适用条约问题研究》，载《法学研究》2008 年第 3 期。

② 参见《最高人民法院关于审理涉外民商事案件适用国际条约和国际惯例若干问题的解释》第一条。

于，该模式下单行法立法反映的立法者单方意图居于优先地位，即使根据条约规定方式确定我国缔约的意图，其含义也非决定性的。③着重审查我国缔约时是否存在直接适用意图。条约规定不明时，可通过条约制定者的其他行为加以确定。若意图不清或难以查明意图，法院应推定不能直接适用，以避免法院超出其职权扩大直接适用条约范围。同时，可借鉴域外司法实践中的解释一致原则，当涉外民商事案件所适用的法律、行政法规的具体条文存在两种以上的合理解释，其中一种解释与中国缔结或参加条约有关规定相一致的，选择与条约有关规定相一致的解释，但我国声明保留的除外。[1] 当我国缔结或参加的条约没有规定时，可由法院适用国际惯例处理涉外民商事案件。

四、我国法院适用国际条约的规则完善

基于对我国法院适用国际条约实践困境的反思，应根据条约调整法律关系为公法还是私法来判断条约的可适用性[2]，并通过建立条约司法适用的配套制度，推动司法实践中条约适用规则统一。

（一）公法性质条约：间接适用为原则，可作说理依据

根据意图判断标准，公法性质的条约着眼于国家的权利和义务，在国际法层面对国家具有很强的拘束力，国家违反此类条约规定的义务还应承担相应的国际责任。法院原则上不应直接依据此类条约进行裁判，但可将其作为解释国内立法的重要来源。

1. 人权条约

不同于 20 世纪 90 年代我国政府对“国际人权条约一经批准就有直接效力，不必再专门立法使之转化为国内法”的坚定立场，21 世纪以来，政府在向人权机构提交的履约报告中，关于人权条约与国内法关系的表述逐渐发生变化（见表 3.5）。显然，这些表述意味着我国缔结或参加的人权条

① 参见吴卡：《国内法院解释条约的路径选择与优化生成》，载《法商研究》2021 年第 4 期。

② 参见张普：《国际民商事条约在我国法院的可适用性及其适用模式》，载《河南财经政法大学学报》2022 年第 1 期。

约在国内法中不具有直接效力，需转化为国内法后才能适用。因此，法院不能直接援引人权条约进行裁判。

表 3.5　我国政府向人权机构提交履约报告中的观点摘录

国际人权条约	政府态度
消除对妇女一切形式歧视公约	国内法与公约主要内容、原则一致，依据国内法处理案件体现公约要求
消除一切形式种族歧视国际公约	建立符合公约的完备国内法体系，适用国内法确保公约得到实施
禁止酷刑公约	通过适用与公约一致的国内法来落实公约规定
儿童权利公约	法院审理案件依据是国内成文法，不直接援引公约条款； 国内立法已将公约规定（声明保留的除外）转化为国内法
经济社会文化权利国际公约	按国际条约在我国适用的惯例，法院审理此类案件时不能直接援引国际条约作为法律依据，而适用将公约内容经过立法程序转化后的国内法

2. 环境条约

我国批准和参加的国际环境公约或协定书有30多项，主要为气候变化和臭氧层保护、化学品和废物管理、生物多样性3个领域。国际环境公约同时调整国家间的相互关系和国家与环境资源间的相互关系，履行时涉及政治、经济、社会和生态等多个领域。我国在缔约时不存在为私人设定权利义务的意图，故法院不能直接适用该公约。虽然环境法已吸纳条约中的部分原则、精神，但国内法在保护理念、科学技术、法律概念等方面有时不如条约完备，法院可援引公约对国内法进行解释说明。

3. 司法管辖条约

此类条约主要体现在刑法领域。我国缔约意图旨在加强国际合作以有效防止和惩罚恐怖主义行为，在其承担条约义务的范围内，具有直接适用条约的意图。根据全国人大常委会《关于对中华人民共和国缔结或者参加的国际条约所规定的罪行行使刑事管辖权的决定》及《刑法》第九条的规定，对缔结或参加的条约所规定的罪行，我国法院在本国承担条约义务的范围内可直接依据这些条约行使刑事管辖权。当然这些案件的定罪量刑仍需适用我国《刑法》规定进行处理。

4. 司法协助条约

《最高人民法院关于审理涉外民商事案件适用国际条约和国际惯例若干问题的解释》所称审理涉外民商事案件适用的国际条约仅指民商事实体法条约，不包括程序法条约。[①] 但法院审理涉外民商事案件的诉讼程序问题，必然涉及涉外送达与调查取证、以及从外国寄交的公文书证的证明手续等问题。在不损害我国国家主权、安全或社会公共利益的前提下，法院可以根据缔结或参加的条约互为请求代为送达文书、调查取证及其他诉讼活动。考虑到公共秩序保留原则，法院承认与执行外国法院生效裁判，不仅应遵守条约，还须不违反我国法律的基本原则或国家主权、安全或社会公共利益。对外国仲裁裁决的承认及执行，可依对方是否为《承认及执行外国仲裁裁决公约》缔约国决定，并在对方为非缔约国成员时，根据双边司法协助协定承认和执行。

刑事司法协助请求、审查、执行及由此产生的费用，优先适用我国缔结或参加的条约，但审查引渡请求、作出裁定需同时适用条约和《引渡法》相关规定。此外，法院在遵循条约和国内法规定的前提下，可结合中国—东盟大法官论坛通过的《南宁声明》第七条[②]中就推定互惠达成的共识，探索司法协作新模式。

（二）私法性质条约：直接适用为原则，可作裁判依据

私法性质的条约主要为私人创设行为规范，多体现在民商事领域，在国际法层面对国家约束力较弱。涉及私人权利义务且内容明确具体的条约，法院原则上应以直接适用为主，但法律另有规定的除外。

1. 民商事条约

国际贸易领域以《销售公约》为代表，最高人民法院曾多次在会议纪

① 参见《最高法相关负责人就涉外民商事案件适用国际条约和国际惯例司法解释及典型案例答记者问》，载最高人民法院网 2023 年 12 月 28 日，https：//www. court. gov. cn/zixun/xiangqing/421952. html。

② 《南宁声明》第七条规定，“尚未缔结有关外国民商事判决承认和执行国际条约的国家，在承认与执行对方国家民商事判决的司法程序中，如对方国家的法院不存在以互惠为理由拒绝承认和执行本国民商事判决的先例，在本国国内法允许的范围内，即可推定与对方国家之间存在互惠关系”。

要、指导性案例中，明确该公约的可直接适用性。[①]《蒙特利尔公约》在国际货物运输合同案件中适用最为频繁，各地法院也曾通过判决确认该公约的直接适用性。在适用该公约时，应注意其对冲突规范的规定，避免出现适用不够准确问题。[②] 法院在案件审理中可直接适用此类公约，但更应关注通过案件审理对现行条约条款进行创造性解释和发展，甚至填补国际法领域的空白。

在条约直接适用的逻辑思路方面，法院需明确只要在其调整范围内，适用于某一案件是由其性质和内容决定，而非冲突规范指引或当事人选择的结果，避免出现法律适用上的逻辑错误。[③]《销售公约》的谈判历史表明，多数代表不阻止当事人以默示方式排除公约适用，但同时也主张应防止法院过分轻易断定公约被排除。从支持公约适用的角度而言，当事人约定排除适用《销售公约》的意思表示必须是明示的，而不能是默示的。[④]

2. 知识产权条约

根据我国在加入世界贸易组织时的承诺，《与贸易有关的知识产权协定》需经转化后适用，不具有直接适用性。[⑤] 知识产权领域的绝大部分条约已被转化为国内法律，法院在对案件进行分析推理时应直接适用国内法规定，而个人和企业亦不能直接援用此类条约向法院起诉和抗辩。当法院援引条约解释国内法时，应以发展的眼光看待前者追求价值导向的变化，结合条约条款最新变化对国内法中相关条款进行合理解释；同时，应适当

---

① 最高人民法院1989年《关于印发〈全国沿海地区涉外、涉港澳经济审判工作座谈会纪要〉的通知》指出，我国公司同《销售公约》其他批准国公司订立的合同，如未另行选择所适用的法律，将自动直接适用《销售公约》的有关规定，法院应当按公约规定处理它们之间的合同纠纷。最高人民法院（2013）民四终字第35号民事判决书中，最高人民法院明确该公约的可直接适用性。

② 在（2012）鄂武汉中民商外初字第00012号民事判决书中，法院直接适用并明确《蒙特利尔公约》优先于《华沙公约》适用。根据《蒙特利尔公约》第四十九条的规定，《维也纳条约法公约》第三十条以及《蒙特利尔公约》第五十五条的规定，在同为《蒙特利尔公约》缔约国的情形下，《蒙特利尔公约》优先于华沙公约体制下的其他条约优先适用。

③ 参见李旺：《论国际民商事条约的适用——以国际民商事条约与国际私法的关系为视角》，载《法学家》2017年第4期。

④ 参见《2021年全国涉外商事海事审判工作座谈会会议纪要（初稿）》。

⑤《中国加入工作组报告书》第六十七条："中国将通过修改其现行国内法和制定完全符合《WTO协定》的新法的途径，以有效和统一的方式实施《WTO协定》。"

参考条约，结合我国国情作进一步分析，避免法律解释越界，出现“司法造法”现象。①

（三）建立国际条约司法适用的配套制度

1. 建立国际条约适用情况的案例数据库

目前，最高人民法院已在法信数据库中收录部分适用国际条约的案例，应根据司法实践中出现的新情况、新问题，将更多具有典型意义的案例收录进库。该数据库的建立，不仅能为涉外审判准确查明和适用条约提供便利，能为学者研究条约的司法实践提供样本，而且能向外界展示我国司法坚定践行国际法的情况。

2. 加强涉外法官的培训和交流

在各级法院开展针对国际条约的培训，提高法官对条约理念和具体内容的认识，进一步消除条约适用上存在的区域水平差异。除系统内部已有的培训外，增强法院与高等院校、仲裁机构等的沟通交流，推动对条约基本理论达成共识，提升实践中适用和解释条约的一致性。②

结　　语

在统筹推进国内法治和涉外法治的过程中，法治是塑造中国负责任大国形象的重要支点，亦是积极维护国际秩序、促进国际法规则完善和全球治理体系变革的必由之路。法治原则作为全球治理的普遍遵循，法院参与涉外法治体系建设，具有天然的相对独立性与温和性，较易于国际社会接受③。因此，我国法院应通过履行、解释和发展国际条约，积极参与国际司法协助和跨国司法对话，提升我国参与国际司法治理的能力。

---

① 参见杨珮茹：《知识产权国际条约在我国法院的适用》，载《知识产权》2020年第9期。

② 参见沈红雨：《中国法院适用国际条约的实践——以跨境民商事争议为视角》，载微信公众号“武汉大学国际法研究所”2021年11月22日，https：//mp. weixin. qq. com/s? _ _ biz = MzIzODA4NjU3MQ = = &mid = 2651514783&idx = 2&sn = 0894b0c0fd208fcf47653b81bf6331e4&chksm = f2c0f75bc5b77e4d0a695e9e4fb5b9d9530c741c61beea26225be732dcec16e83cb30cc251f2&scene = 27。

③ 参见霍政欣：《我国法域外适用体系之构建——以统筹推进国内法治和涉外法治为视域》，载《中国法律评论》2022年第1期。

定向融资计划交易行为的效力认定

——以裁判规范与金融监管规范的协调为视角

马晓妍[*]　王　翔[**]

内容提要： 定向融资计划违约兑付诉讼近年来呈现多发态势，挂牌方与认购方签署的认购协议等投资文件或其条款是否存在无效情形是此类纠纷中的关键争点之一，但各地法院在此类案件中对定向融资计划定性的模糊处理或直接逃避定性分析以及对涉金交所监管政策的回避导致定向融资计划交易行为效力认定司法裁判中的问题。本文第一部分对定向融资计划交易行为效力认定的司法现状进行实务研判。第二部分对定向融资计划效力认定进行定性分析，通过厘定性质从而确定法律规范的适用，进而判断定向融资计划交易模式本身是否存在无效情形，同时对金融民商事审判中强化监管政策裁判参考地位的必要性进行论证。第三部分对法律、行政法规以外的国务院决定、命令、规章、地方性法规以及国务院相关部门发布的金融监管政策等（为行文简洁，下文统称金融监管文件）对定向融资计划效力认定产生的影响进行阐释，尝试构建金融监管政策在定向融资计划交易行为效力认定司法裁判中的适用路径。

关键词： 民事　定向融资　合同效力　金融监管文件

2013年以来，金交所推出一种新的业务——定向融资计划。其向认购

[*] 马晓妍，北京市第四中级人民法院民事审判庭（北京国际商事法庭）法官助理。

[**] 王翔，北京市第四中级人民法院民事审判庭（北京国际商事法庭）法官。

方承诺到期返还投资款并按照承诺的收益率分期或一次性给付收益，募集资金直接投向挂牌公司。该产品因发行要求与认购门槛低且收益较高，2017 年至 2018 年迎来爆发式增长，粗放式发展在短期内累积了巨大存量。根据证监会主席在清理整顿各类交易场所部际联席会议（以下简称清整办）第四次会议上的讲话，即使经过两轮清理整顿，全国金融资产类交易场所的债权类业务存量仍达 8517 亿元，涉及约 120 万名个人投资者。定向融资计划大卖特卖的同时，其发行、运行中不合规操作、产品兑付违约给金融安全和市场秩序带来的风险和隐患也引起了监管部门的注意，随着 2011 年相关规范性文件的出台，定向融资计划被纳入监管主流。近几年来，定向融资计划已进入存量化解阶段，但定向融资计划几年的黄金期所积累的数千亿元存量引发的兑付违约问题，导致定向融资计划诉讼纠纷激增，而司法裁判中对定向融资计划定性的分歧和模糊处理以及对监管政策的忽视导致定向融资计划交易行为效力司法认定中出现了一系列问题。

一、实务检视——定向融资计划交易行为效力认定的司法现状

（一）定性裁判观点分歧或回避定性分析

对于定向融资计划的性质司法裁判中存在民间借贷说、委托理财说和合同说三种观点。民间借贷说认为挂牌方与认购方之间成立民间借贷法律关系。在（2021）沪 0117 民初 11314 号民事判决书中，上海市松江区人民法院认为定向融资计划名为投资实为借贷：挂牌方承诺到期兑付本金、预期利息，未按约支付的应承担违约金等，案涉产品到期后，原告既可全额收回投资本金，又可取得固定收益，实际上并未承担该产品的投资风险；天津市河北区人民法院在（2021）津 0105 民初 132 号民事判决书中则指出，定向融资计划缔约的目的在于追求资产的固定本息回报，而对挂牌方的投资行为、资金用途及收益后的分成并无预期；在（2020）鲁 0102 民初 11498 号民事判决书中，济南市历下区人民法院将定向融资计划定性为企业为资金融通而进行的民间借贷行为。委托理财说将定向融资计划定性为资产管理产品，在（2020）鲁 02 民终 7760 号民事判决书中，山东省青岛市中级人民法院认定《产品认购协议》合法有效，双方之间委托理财合

同关系成立。合同说则认为认购方与挂牌方成立无名合同关系[①]。此外，大量的裁判文书未对定向融资计划进行定性，在立案案由为民间借贷、委托理财纠纷等的案件中，对立案案由正确与否未予评述。

事实上，对定向融资计划的定性会对交易行为效力认定产生影响。将定向融资计划定性为民间借贷，则仅需依据民间借贷的相关规定进行裁判，未将监管政策纳入考量似乎也具有一定的合理性；定性为资产管理产品，则金融委托理财合同的受托人为特定金融机构，属于特许经营，仅具有金融特许牌照的金融机构可以接受投资者委托，对受托财产进行投资和管理。因此，如认为定向融资计划构成金融委托理财，则保底条款、委托人非为合格投资者、违反特许经营均可导致合同无效。而民间委托理财的相关法律规定和监管政策存在一定的空白，与金融委托理财相比，关于民间委托理财保底条款效力等的裁判观点尚未完全统一，定向融资计划是否构成民间委托理财对其交易行为是否无效亦有影响。涉定向融资计划案件案由分布及对定向融资计划的定性分别如图 3.7、图 3.8 所示。

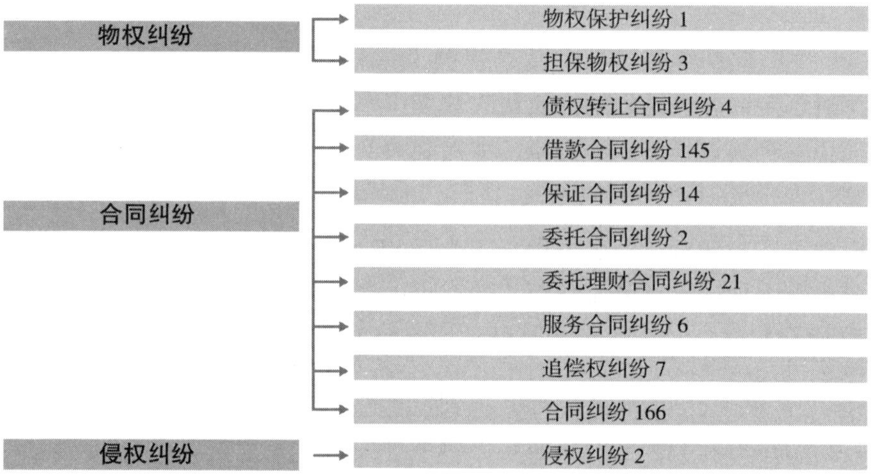

图 3.7　涉定向融资计划案件案由分布

① 参见江苏省苏州市吴江区人民法院民事判决书，(2020) 苏 0509 民初 15820 号；辽宁省大连市中级人民法院民事判决书，(2021) 辽 02 民终 5242 号。

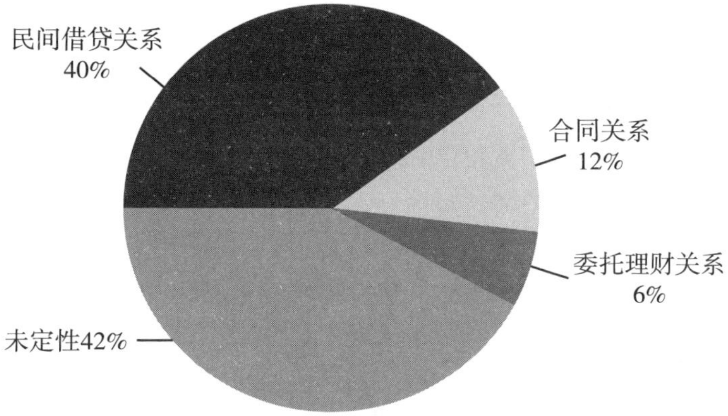

图 3.8 涉定向融资计划案件对定向融资计划的定性

（二）金融监管政策的要求与精神未得到充分体现

金交所服务于本区域内金融资产的交易，有助于促进本区域内实体经济的发展，补充了我国多层次资本市场。在经济快速发展的背景下满足了人民群众对金融服务日益增长的需求；对于一直被融资难、融资贵困扰的中小企业，金交所挂牌备案的定向融资计划为其拓展了直接融资渠道。但金交所繁荣发展的同时，由于监管缺失，无序发展引发的一系列问题也逐渐显现，违法违规问题日益突出，国家监管部门一系列监管政策随之出台，对金交所资质提出了要求并对其业务范围进行了禁止性限制。

在资质方面，《国务院关于清理整顿各类交易场所切实防范金融风险的决定》（国发〔2011〕38 号，以下简称 38 号文）提出要建立由证监会牵头的清整办，作为中央层面的监管执行机构；同时指出，对于使用“交易所”字样的金交所，省级人民政府在批准前，应征求清整办意见。为贯彻落实 38 号文，国务院办公厅下发《国务院办公厅关于清理整顿各类交易场所的实施意见》（国办发〔2012〕37 号，以下简称 37 号文），明确了金交所的监管主体：凡新设交易所的，除经国务院或国务院金融管理部门批准的以外，必须报省级人民政府批准；省级人民政府批准前，应取得清整办的书面反馈意见。《关于三年攻坚期间地方交易场所清理整顿有关问题的通知》（清整办函〔2019〕35 号，以下简称 35 号文）则明确提及了金交所撤销关闭问题。

关于金交所业务范围的禁止性限制，38 号文可以理解为金交所经营范围的负面清单，明确了除依法设立的证券交易所或国务院批准的从事金融产品交易的交易场所外，任何交易场所均不得将任何权益拆分为均等份额公开发行，不得采取集中竞价、做市商等集中交易方式进行交易；不得将权益按照标准化交易单位持续挂牌交易，任何投资者买入后卖出或卖出后买入同一交易品种的时间间隔不得少于五个交易日；除法律、行政法规另有规定外，权益持有人累计不得超过二百人。除依法经国务院或国务院期货监管机构批准设立从事期货交易的交易场所外，任何单位一律不得以集中竞价、电子撮合、匿名交易、做市商等集中交易方式进行标准化合约交易。37 号文则对何为“均等份额公开发行”“集中交易方式”“标准化交易单位”“持续挂牌交易”“标准化合约”以及累计不得超过二百人的计算标准进一步进行了解释。此外清整办也下发了多份监管文件。

尽管有监管政策的密集出台，金融监管文件对定向融资计划交易行为效力的影响在裁判文书中鲜有被提及，多数裁判文书仅以《产品认购协议》等投资文件未违反法律、行政法规的强制性规定，系双方真实意思表示为由而认定交易行为有效，这显然与重视中央金融政策落地的金融民商事审判理念背道而驰，也与最大化保持与金融监管规范协调一致的金融民商事审判规范要求相悖，影响金融法治“固根本、稳预期、利长远”功能作用的发挥。

二、理性思辨——定向融资计划效力认定的考量因素

定向融资计划效力分析的展开应以其定性的明晰为基础，通过厘定性质从而确定法律规范的适用，进而对效力进行认定。此外，金融领域具有其特殊性，很多规定只能停留于部门规章甚至政策层面。从针对金交所的相关监管政策来看，38 号文系国务院发布的决定，从《立法法》的规定来看，国务院制定的行政法规以外的行政措施，包括决定、命令等规范性文件不属于法律渊源。而 37 号文由国务院办公厅发布，国务院办公厅发布的意见、通知等的效力具有一定争议，有观点认为其仅是一种临时性的行政规范性文件，效力不及部门规章但高于地方性法规和规章。而清整办的发

文，根据38号义，清整办不代替国务院有关部门和省级人民政府的监管职责。对经国务院或国务院金融管理部门批准设立从事金融产品交易的交易场所，由国务院金融管理部门负责日常监管。其他交易场所均由省级人民政府按照属地管理原则负责监管。因此金交所清理整顿工作实际上由各省政府出台措施具体负责，清整办下发的文件非刚性指导文件。因此，38号文、37号文以及清整办的其他发文等能否影响定向融资计划交易行为效力尚需在法律框架内进行考量。

（一）定向融资计划性质辨析

1. 定向融资计划并非民间借贷

从目前市场上金融产品的创制过程来看，存在“自下而上”“自上而下”两条路径。“自上而下”即中央出台规范文件后各市场主体再开展经营，如我国信托业的发展就遵循了“自上而下”的创设逻辑。而随着经济发展，近年来更为多见的是“自下而上”由市场创设，再由规范予以正面认可或否定的路径，定向融资计划正是这一创设逻辑的产物。作为一种金融产品定向融资计划与民间借贷的本质区别在于其风险的裸露性。民间借贷双方通常在借贷关系发生前已相识，借款方式、利率等由双方灵活协商，出借款项金额小且仅在借贷双方之间建立法律关系，涉众金融风险传导的危险性较低。而定向融资计划作为金融工具为满足各市场主体资金需求而生且涉及众多参与主体（见图3.9），具有风险裸露性，因此需要通过相关的规范予以约束，而由于其“自下而上”的创设逻辑，该等约束多数以自律规则、监管政策等形式体现。监管的规制，使得定向融资计划在特征上类似借贷的交易模式在风险上具有可控性。传统民商法鼓励交易、维护契约自由的价值取向，对个体性的风险选择采取较为包容的态度，而金融法律规范更强调对系统风险的防控，因此其准入门槛严格，抑制风险性交易行为。以规制民间借贷的传统民商事思维裁判定向融资计划案件，忽视定向融资计划金融产品的属性，会偏离金融民商事审判防范化解金融风险的工作目标。此外，认购方与挂牌方并不同于民间借贷法律关系中平等的出借人与借款人，裁判者需要考量是否应予中小投资者倾斜保护以实现实质公平，而非简单地以民法上的鼓励自由交易、平等保护的思维对定向融资计划违约兑付案件进行审理。

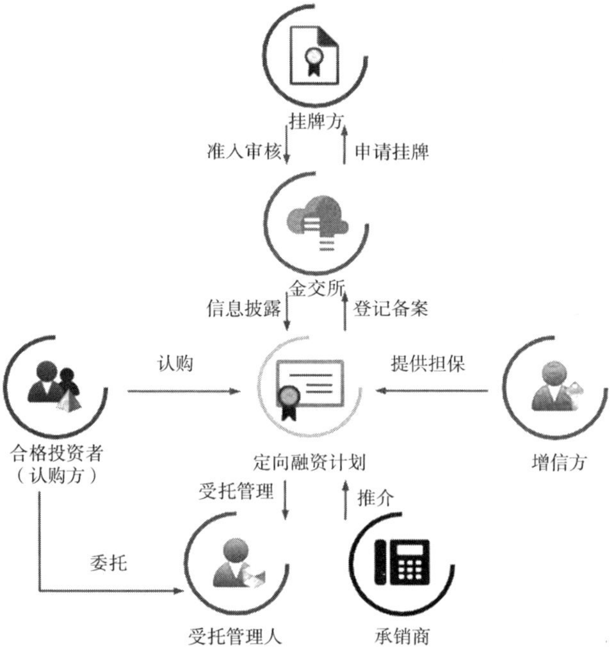

图 3.9　定向融资计划所涉主体

2. 定向融资计划并非委托理财产品

资产管理业务与定向融资计划在产品投资方向、产品收益计算方式、角色定位等多个方面均有差异。从产品发行人来看，资产管理产品的发行人为金融机构，定向融资计划发行人则为挂牌方，其将自己的融资需求包装成定向融资计划，认购方通过金交所交易平台认购，募集资金直接投向挂牌方；从管理人职责来看，资管产品管理人的工作更具主动性和自主性，其接受合格投资者委托，投资和管理受托财产以使委托人获得投资收益，同时为防止管理人损害委托人权益，管理人受到较为严格的约束，需要为委托人利益履行诚实信用、勤勉尽责义务，《关于规范金融机构资产管理业务的指导意见》（以下简称《资管新规》）第八条规定了管理人的一系列职责和义务。而定向融资计划受托管理人权限则较为有限，对其勤勉尽责要求也较低。从收益计算方式来看，《资管新规》要求金融机构开展资产管理业务时不得承诺保本保收益。定向融资计划收益计算方式则非常简单，不涉及产品净值，由挂牌方按照认购合同约定分期或一次性支付利息并到期返还投资款。同时由于定向融资计划属于直接融资而资管产品管理人收取管理费等费用，因此定向融资计划收益往往稍高于资管产品。从产品投资方向来看，资管产品的投资方向较为多样和灵活，投资方向取决于产品的类型和性质，按照募集方式的不同，分为公募产品和私募产品；按照投资性质的不同，分为固定收益类产品、权益类产品、商品及金融衍生品类产品和混合类产品，监管规则对投资比例等进行了限制。而定向融资计划系直接融资工具，其资金投向单一，募集资金直接投向挂牌方。

综合以上对比分析，定向融资计划并非资管产品，不适用《资管新规》，其资金路径如图 3. 10 所示。在定向融资计划产品到期无法兑付，认购方提起诉讼后，挂牌方以协议中约定收益的条款为保底或者刚兑条款，应当无效为由抗辩的，不应被支持。资管业务是必须持牌的特许金融业务，金交所一般没有资管牌照，部分金交所借定向融资计划之名，参与产品管理，以资金沉淀形成资金池，接受认购方委托进行投资，借金融资产交易之名行资管之实，是明显的违规业务。

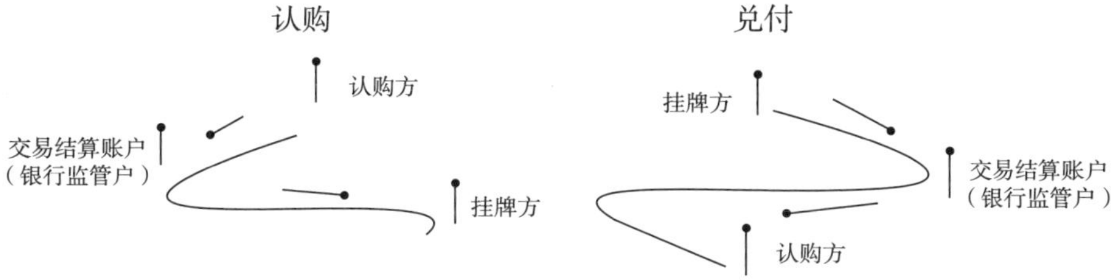

图 3. 10　定向融资计划资金路径

3. 合同说更具合理性

从交易结构上来看，定向融资计划与非公开定向融资工具（private placement note，PPN）非常相似，都是采取私募形式，进行定向募集的直接融资模式，但二者也具有明显区别。企业发行 PPN 应在中国银行间市场交易商协会注册，在银行间市场交易，发行对象为银行间市场特定机构投资人，由具备资格的金融机构承销，在中央国债登记结算有限责任公司登记、托管、结算。定向融资计划可以认为是金交所仿 PPN 等创制的金融创新产品，认购方与挂牌方通过签订认购协议等文件建立无名合同关系。对于金交所创设新金融产品，监管本身不反对这种功能，只是对紊乱市场的产品，在事后叫停。在被明确禁止前，定向融资计划的交易模式以及所涉合同条款本身不能被认定无效但备案的金交所资质以及定向融资计划发行、运行过程中的违法违规行为是否会对其效力产生影响则需要进一步讨论。定向融资计划运行流程如图 3. 11 所示。

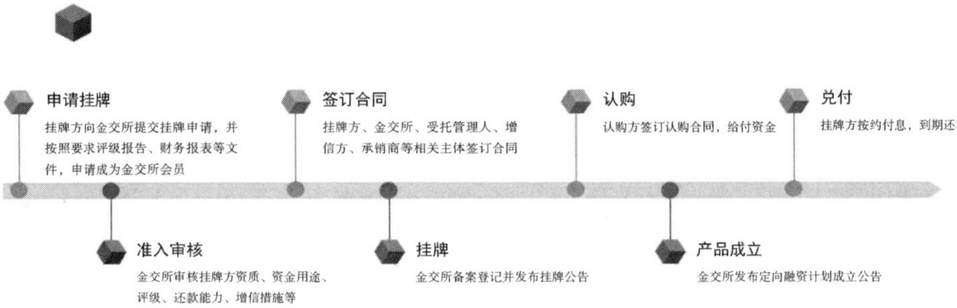

图 3. 11　定向融资计划运行流程

（二）金融民商事审判中强化监管政策裁判参考地位的逻辑动因

1. 厘清裁判观点分歧的现实需要

关于违反法律、行政法规以外的规章、规范性文件能否导致法律行为无效，司法裁判中产生了否定说与肯定说两种观点，两种观点内部具以说理的原因也不尽相同。

否定说内部可分为法源位阶说与效力性强制规定说。法源位阶说[①]认为《民法典》第一百五十三条已将能够导致法律行为无效的法源位阶限定于法律、行政法规，规章、规范性文件无法作为认定法律行为效力的依据，因此仅就法源位阶是否符合进行认定即可。此种观点在《全国法院民商事审判工作会议纪要》（以下简称《九民纪要》）出台后，在违反规章对法律行为效力的认定中显然无法站住脚，但对于其他规范性文件，此种

① 参见最高人民法院民事裁定书，(2019) 最高法民申 395 号；海南省高级人民法院民事判决书，(2020) 琼民终 6 号。

仅审查法源位阶而不对规范内容进行实质分析认定的观点尚有存在空间。否定说中的效力性强制规定说①根据效力性强制性规定与管理性强制性规定的概念区分，认为法律、行政法规以外的规章、规范性文件不属于效力性强制规定，因而违反不导致法律行为无效。此种解释理由似乎认为法律、行政法规的列举并非有限列举，也即法源位阶限定并非法律行为效力认定的关键，是否为效力性强制规定才是认定的核心。

肯定说中有直接适用规章等认定法律行为无效而无说理者②，此种处理方式在有法律明确规定的情况下是值得商榷的。肯定说中更多的是采用寻找上位法以及公序良俗的说理模式。寻找上位法的说理模式③认为如上位法已经授权下位法对其进行细化、进一步解释等，则违反下位法等同于违反位于上位的法律、行政法规的强制性规定。此种观点具有其合理性但没有涉及下位法在上位法阙如时，对上位法的漏洞予以填补的情况。公序良俗的说理模式④则从违背法律、行政法规以外的规章、规范性规定会导致对公序良俗的违背进而导致法律行为无效的角度进行说理。

2. 强化金融治理协同理念的内在逻辑

党的二十大报告提出，加强和完善现代金融监管，强化金融稳定保障体系，依法将各类金融活动全部纳入监管，守住不发生系统性风险底线。全国法院金融审判工作会议亦强调要在金融民商事审判工作中落实中央的金融监管政策，对国家金融监管部门经授权制定的部门规章和监管规则要依法尊重，在司法审判中不能放任市场主体规避金融监管从而造成金融秩序的侵蚀。民商事规则在现代金融治理中的局限性与监管规则在处理金融纠纷和预防金融风险方面的优势使得在金融司法中金融治理协同理念不断被强调。立法的天然滞后性与资本逐利的创新驱动力之间难以调和的矛盾导致无论立法如何不断更新都难以对金融领域日新月异的创新进行有效规制，民商事规则在金融民商事审判中常有捉襟见肘之感。金融领域内的众

---

① 参见青海省高级人民法院民事判决书，(2020) 青民终 146 号；江苏省苏州市中级人民法院民事判决书，(2019) 苏 05 民终 5953 号。

② 参见陕西省高级人民法院民事判决书，(2013) 陕民二终字第 00076 号。

③ 参见最高人民法院民事裁定书，(2016) 最高法民申 1285 号。

④ 参见最高人民法院民事判决书，(2019) 最高法民再 97 号。

多非标准化交易模式缺乏对应的法律规范，很多规范只能停留于监管政策层面。

在民商事规则面临适用于金融治理领域困境的情况下，金融监管规则在处理金融纠纷和化解金融风险中的功能优势日渐凸显。金融监管规则一方面具有更强的专业性，其在司法领域的适用能够帮助法官克服知识的局限性与专业壁垒；另一方面金融监管规则具有更强的针对性与及时性，面对不断推陈出新的金融产品，监管机构由于长期参与金融实践，能够更加灵敏、迅速地感知到金融风险并凭借长期金融监管的实践经验积累，提出有效的监管方案，同时监管政策受到已有的规范、既有的理论束缚较小，其更多考虑的是如何针对具体的现实问题提出有针对性的解决方案以应对监管缺失，而不过多为是否与已有体系相融合的考量所限制，能够更加灵活机动地应对现实危机。

金融民商事审判与金融监管的使命都在于防范化解金融风险、维护金融市场秩序，二者在现代金融市场治理体系中都饰演了重要角色，都是金融风险的重要治理者。在金融司法中依法适用监管政策，实现二者协同共治才能在鼓励金融创新的同时维护好金融市场秩序。因此金融监管文件存在对定向融资计划交易行为效力产生影响的可能，但其作用路径尚待探寻。

三、规制完善——监管政策适用于定向融资计划交易行为效力的进路探索

《民法典》承继了《合同法》第五十二条第五项的规定，从文意上地方性法规、行政规章、其他规范性文件等似乎不能作为认定合同无效的依据，法律规则看似清晰，但实务界的裁判观点却多有分歧，理论界的认识也并不统一。《九民纪要》试图对这一问题做出回答，但《九民纪要》第三十一条仅回应了违反规章是否会导致合同无效，对于违反地方性法规、其他规范性文件等能否导致法律行为无效未予回答。针对金交所的相关金融监管文件均非法律或行政法规，但如上文所述，金融规章、规范性文件是落实党中央关于金融工作决策部署的重要载体，应当将其作为金融法律

规范的重要组成部分在裁判文书予以适用，同时根据《最高人民法院关于裁判文书引用法律、法规等规范性法律文件的规定》（以下简称《文书引用规定》）规范性文件虽然不能作为裁判依据但可作为裁判说理依据。37号文、38号文等涉金交所监管政策的要求与精神等应当在定向融资计划交易行为效力认定的司法裁判中得到体现。

在监管政策适用于定向融资计划交易行为效力认定的具体路径规则上，笔者认为应首先从制定权限、制定程序、规范内容三个方面对金融监管文件中的规章、规范性文件进行形式审查；其次对采取授权规范通道还是公序良俗通道进行路径判别，在能够适用授权规范通道时优先适用授权规范通道（见图3.12）。在两种路径内部需要对金融监管文件能否适用进行实质审查：授权规范通道需要对授权规范进行发现，同时找法受到场域范围限制，而公序良俗通道的适用则需要规范用语表达的形式要件与规范目的判断的实质要件同时具备。

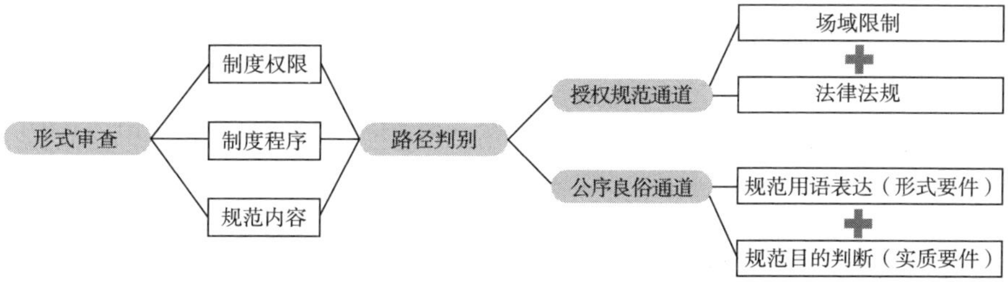

图3.12 监管政策适用于定向融资计划交易行为效力认定的具体路径

（一）形式审查

1. 形式审查的合法性考察

《文书引用规定》区分了引用依据与说理依据，金融监管文件中的规章、国务院相关部门发布的监管政策属于说理依据，但其适用前提是经审查被认定为合法有效。因此，金融监管文件中的规章、国务院相关部门发布的监管政策在适用于定向融资计划效力认定前尚需经过形式审查。对法的适格性进行检视是法律适用的前提和基础。在凯尔森的理论中，法律规范是不同级规范的等级体系，低级规范的创造被高级规范决定，后者的创造又被一个更高的规范决定，并以一个最高的规范（基础规范）为终点构成法律秩序的统一体。[1] 这就要求下位法不能与上位法相抵触，要与上位法规定保持一致。在理论上，地方性法规等同样需要服从于前述规则，但《文书引用规定》将民事案件中需要进行合法有效性审查的仅限于规章、规范性文件，在金融监管文件的形式审查中亦需遵守这一要求，仅就规章、规范性文件的适格性进行审查，但此种审查模式并非司法审查，无权对不符合上位法的规章、规范性文件撤销、改变或宣告其无效，而只能不将其作为说理依据。

2. 形式审查的具体标准

在审查的具体标准上，李成教授认为应当审查制定权限、制定程序、规范内容[2]。行政诉讼中对行政规范性文件附带审查的实践与民事诉讼中的对说理依据的合法有效性审查具有共通之处，亦可资借鉴。《最高人民法院关于适用〈中华人民共和国行政诉讼法〉的解释》第一百四十八条对“规范性文件不合法”情形的列举同样着眼于对制定权限、制定程序、规范内容的审查判断。因此在对金融监管文件中的规章、国务院相关部门发布的监管政策进行形式审查时，也应从这三个方面进行考察。

制定权限上应当考察制定主体是否具有制定规章、国务院相关部门发布的监管政策的资格。在制定程序上，《国务院办公厅关于加强行政规范性文件制定和监督管理工作的通知》要求规范制发程序，确保合法有效。对于评估论证、公开征求意见、合法性审核、集体审议决定、向社会公开发布等程序，通知对适用条件、工作要求、操作流程等也做出了细化规定。在规范内容上，《关于审理行政案件适用法律规范问题的座谈会纪要》列举了下位法不符合上位法的常见情形，包括下位法扩大行政主体或其职权范围；下位法延长上位法规定的履行法定职责期限等，并以其他相抵触的情形进行了兜底，可在民事案件说理规范内容的合法有效审查中予以参考。此外应当注意的是，对规章、国务院相关部门发布的监管政策审查的结果应当在裁判文书中予以体现，无论在审查后是否认为其为合法有效，

① 参见［奥］凯尔森：《法与国家的一般理论》，沈宗灵译，中国大百科全书出版社 1996 年版，第 141 页。

② 参见李成：《行政规范性文件附带审查进路的司法建构》，载《法学家》2018 年第 2 期。

都应当对将其作为说理规范与否的原因进行阐释，尤其是在当事人对于规章、国务院相关部门发布的监管政策合法有效与否进行了主张时，作为法律适用中的争点，需要在裁判文书中予以回应。

（二）路径判别

1. 路径区分的合理性证成

从文意上来看，《民法典》第一百五十三条规定了违法无效、背俗无效两条并列的路径，关于二者的辩证关系，理论上存在一元说和二元说两种观点。一元说认为，《民法典》第一百五十三条第一款构成第二款的特别法，是否违背公序良俗才是认定法律行为效力的实质标准。黄忠教授认为，将违法合同作为违反公共政策合同的一种类型可避免“违法=无效”的简单推论，从而将司法引向个案利益衡量的正确道路。违反强制性规定的合同仍应借助公共利益判定合同效力[①]；王轶教授主张，强制性规定一定是以维护公共利益为规范目的，对法律和行政法规的强制性规定的违反必然违反社会公共利益[②]。与之相反，二元说的支持者谢鸿飞教授认为，制定法与公序良俗分别体现国家利益与社会利益，二者功能不同；[③] 耿林教授则提出，两项存在一般法与特别法的关系，将二者同等对待，会使特别法被搁置继而违反法律体系之逻辑性[④]；朱广新指出，违反强制性规定与违反公序良俗的法律效果不一样[⑤]。

笔者认为，虽然违法无效和背俗无效于理论与实践上多有重合，但两条不同路径各有其独立的司法意义。违法无效是法律、行政法规将部分公序良俗予以成文化，这些已经制度化的公序良俗可在事前予当事人行为以预期。虽然违法无效也需要对强制性规定进行识别，但相比于只能事后在个案中进行具体判断的背俗无效，强制性规定可在事前经由法律解释进行

① 参见黄忠：《合同自由与公共政策——〈第二次合同法重述〉对违反公共政策合同效力论的展开》，载《环球法律评论》2010年第2期。

② 参见王轶：《合同效力认定的若干问题》，载《国家检察官学院学报》2010年第5期。

③ 参见谢鸿飞：《论法律行为生效的“适法规范”——公法对法律行为效力的影响及其限度》，载《中国社会科学》2007年第6期。

④ 参见耿林：《强制规范与合同效力》，中国民主法制出版社2009年版，第115页。

⑤ 参见朱广新：《法律行为无效事由的立法完善》，载《政法论丛》2016年第3期。

抽象判断，为评价、预测自己和他人行为的效力提供指引、准绳。因此在法律、行政法规已有具体规定的情况下，法院必须以此为依据进行裁判而不能径行向公序良俗这一抽象条款逃逸。

2. 违法无效路径的选择顺位

有的学者提出为解决违法无效“一刀切”的问题，应当将违法无效的列举看作有限列举，进行扩张解释，其他低层级的法律也可囊括在内①。但笔者认为《民法典》第一百五十三条第一款系完全列举，援引非法律、行政法规以外的规范不能适用违法无效路径，至少是不能直接适用。涉金交所监管政策均非法律、行政法规，不能直接适用《民法典》第一百五十三条第一款，但尚有通过授权规范通道间接适用以及通过第二款中的公序良俗通道适用的空间。对于已经过形式审查确定为合法有效或无须形式审查的金融监管文件，应对其适用路径进行判别，以确定其适用逻辑与机制。

（三）授权规范通道的法律发现

在法律、行政法规以外的监管政策文件系由法律、行政法规授权进行的具体性规定时，应当通过授权规范通道认定定向融资计划交易行为效力，在具体适用规则上应首先进行法律发现，也即找到对金融监管文件进行授权的上位法，此时找法的场域应当仅限于法律、行政法规。在法律、行政法规的授权下，金融监管文件可以对法律、行政法规中的概念进行解释，对要件进行细化。授权规范通道最终回归上位法，以《民法典》第一百五十三条第一款作为效力认定的依据。有学者主张授权包括两种模式，上位法具体授权下位法、下位法在上位法原则性规定的基础上作出具体规定。但笔者认为应当限缩授权立法通道，只能是在法律、行政法规有具体授权的情况下适用，否则依照后者几乎任何监管政策文件都具备授权依据，则金融监管文件几乎可与法律、行政法规等同，能够直接作为效力认定的法源，此并不可取。因此对于授权规范通道还是应当对其适用范围进行严格解释，只能是在上位法有具体授权的情况下适用，以防止公法过度

① 参见许中缘：《民法强行性规范研究》，法律出版社2010年版，第193页。

管制侵害私人自治。应当承认的是授权规范通道适用情形具有相当的局限性，但其与直接适用违法无效一样均可在事前经由法律解释进行抽象判断，为当事人行为提供指引。对两条适用通道进行选择时，应优先考虑能否适用授权规范通道，在其适用不能时再对公序良俗通道进行考量。

（四）公序良俗通道的实质审查

《九民纪要》第三十一条将规章纳入合同效力认定的参考依据范围中，但并未采取扩充违法无效列举的方式，而是将规章通过公序良俗通道予以适用，考察规章内容是否涉及公序良俗，并最终落脚于背俗无效。《九民纪要》对既有规则进行了有限度的突破，仅将规章归入可影响合同效力的规范范围，并未提及规章以外的规范性文件。但从其适用路径来看系以内容是否涉及公序良俗作为实质要件，其判断的关键并不在于法律效力层级。规章以外的金融监管文件内容亦会涉及公序良俗，《九民纪要》第三十一条的适用路径与考量标准同样存在适用的可能。在考察金融监管政策内容是否涉及公序良俗时，笔者认为，应从规范用语的形式要求和规范目的的实质要求两个维度进行考量。

1. 形式要件——规范用语

内容的表达以规范用语为载体，当金融监管文件是为强制性约束主体行为时，其用语上会体现出强制性要求，文本词语的使用一般会采用两种方式，一种是要求当事人不得为一定行为，为当事人设置禁令，一般以“禁止”“不得”为其典型的表达方式；另一种是通过“必须”“应当”等用语表述要求当事人必为一定的行为，强令当事人履行义务。当然，用语的表达仅是形式要求，内容是否涉及公序良俗，违反是否会产生使合同无效的最严厉后果，必须在形式要求外对规范意旨进行探寻。

2. 实质要件——规范意旨考量与法益衡平保护

（1）以三分法区分规范目的。朱庆育教授根据强制性规范要实现的目的，采用了“内容禁令”“实施禁令”“纯粹秩序规定”三分法①。朱庆育教授认为内容禁令是为禁止当事人实现其所追求的法律效果，内容禁令的

① 参见朱庆育：《〈合同法〉第52条第5项评注》，载《法学家》2016年第3期。

违反会导致法律行为无效。定向融资计划认购方、挂牌方签订认购合同等文件所达成的合意内容，以及意图达到的法律效果本身并不为法律所禁止，金融监管文件中的强制性要求并不属于直接导致交易行为无效的内容禁令。纯粹秩序规定按照朱庆育教授的观点，仅规制地点、时间等外部条件，不针对行为本身，违反不会导致合同无效，对此类规范的违反可能导致行政处罚甚至刑事责任，但并不会影响其备案挂牌的定向融资计划交易行为的效力。实施禁令则意在禁止行为本身，金融监管文件中也多为此类规范，例如禁止将权益拆分为均等份额公开发行、权益持有人累计不得超过 200 人等。与内容禁令和纯粹秩序规定不同，违反实施禁令非一概导致交易行为为无效或有效。定向融资计划交易行为系双方行为，在监管政策是对金交所实施的行为本身进行规制时，是否违背公序良俗的考察尤要注意对公共利益和当事人利益的比较衡量，以平衡防范金融风险的公共利益维护与金融消费者尤其是中小投资者的个人利益保护。

（2）借鉴比例原则兼顾监管目标实现和中小投资者权益保护。关于公共利益与公序良俗的关系，有观点将二者等同，但正如张钦昱教授所指出公共利益是为证明公权力正当行使的标准，既然政府通常被视为公共利益的代表者，与公共利益有关的行为自始便无法归于防范政府蛮横干预的私法。① 最高人民法院（2017）最高法行申 8518 号判决中指出，社会公共利益属于不确定法律概念，公共利益的实现有时以私人利益的减损作为代价，故应当遵循比例原则，对可能减损的私人利益与可能增长的公共利益加以权衡。笔者认为即使认定定向融资计划交易行为可能对金融安全等公共利益造成损害，亦应在效力认定中对金融监管文件中所体现的公共利益与中小投资者个人利益相比较，以平衡兼顾商事活动自由的保护与金融风险防范。

在比较权衡中可借鉴行政法中的比例原则，一般认为比例原则包括目的实现原则、最少侵害原则以及公共利益和个人利益均衡原则三层含义②。

---

① 参见张钦昱：《〈民法典〉中的公共利益——兼论与公序良俗的界分》，载《暨南学报（哲学社会科学版）》2021 年第 7 期。

② 参见［德］G. 平特纳：《德国普通行政法》，朱林译，中国政法大学出版社 1999 年版，第 103 页。

目的实现原则要求监管政策采取的行为方式须具有适当性，监管政策中采取的措施、权力的行使的目的应当是为防范化解金融风险、维护金融市场秩序等合法目的。最少侵害原则要求在能够实现监管目的的多个方式中，应当选择对当事人权益侵害最小的方式。认定定向融资计划交易行为无效是规制交易活动中违法违规行为的方式之一，但并不是唯一的方式，若能够以其他方式进行纠正，则不宜认定交易行为无效。在中央监管政策定调后，多个省市也陆续出台了针对金交所的监管政策①。多地的定向融资计划已经无法获得金交所挂牌备案。可见，在监管政策影响下，定向融资计划目前已经处于存量化解阶段，此背景下应当对维护金融安全的政策目的与存量个人投资者利益保护审慎权衡。个人利益均衡原则要求在监管政策能够达致的目的与给当事人造成的不利后果之间进行比较权衡，只有认定定向融资计划交易行为无效使得整个社会获得的收益多于给个人投资者造成的损害时才能够适用。如果在个案中适用比例原则后，认为法律行为无效并非达致监管目的的最佳方式，对金融消费者、实体经济发展造成的损失重于防范金融风险的政策目的，则不应将交易行为认定为无效。

结　语

民商事规则在现代金融治理中的困境与监管规则在处理金融纠纷和预防金融风险方面的优势，使得在金融司法中金融治理协同理念的重要意义日益凸显。在司法裁判中注重对金融监管政策最新态势和金融市场变化的把握，才能够准确适用法律，实现裁判规范与金融监管政策最大限度的协调一致。同时，由于金融知识的有限性与认识能力的局限性，中小投资者

---

① 贵州省地方金融监督管理局发布《关于取消贵州省6家金融资产类交易场所业务资质的公告》，取消天安互联网金融资产交易中心股份有限公司等6家金交所的业务资质。浙江省宁波市地方金融监督管理局发布《关于对市外交易场所未经批准在我市开展经营活动的风险提示》，明确指出该市至今未批准任何市外交易场所在该市设立分支机构，或通过发展会员机构、代理商、授权服务机构等在该市从事相关业务。任何市外交易场所及其分支机构或者会员、代理商、授权服务机构等未经批准在该市开展经营活动均属于违规经营行为。四川省江油市国有资产监督管理办公室发布《关于停止开展定融产品融资业务的通知》，明确要求立即停止现有定融产品的对外融资，且不得再新增任何定融产品。

对市场风险的甄别能力和预判能力处于劣势，自我权益维护能力较弱，极易在金融交易的严重信息不对称中遭受利益损失。对中小投资者利益的保护关乎投资者信心，也关系到市场稳定，在定向融资计划交易行为效力认定中应当考虑对中小投资者倾斜保护，以达致实质公平，真正实现平等保护。

“对赌协议”中股权回购义务可履行性的审查认定

——基于股权回购相关规定对合同履行限制的解释论诠释

李晓飞[*]

内容提要：《九民纪要》第五条确立了“对赌协议”中股权回购义务可履行性（即投资人能否主张实际履行）的审查判断标准。然而，该标准与“金钱债务无履行不能”的民法教义存在冲突，实践中可能引发公司单方操控对赌协议的风险，同时，扭曲了《公司法》通过“资本维持原则”限制股权回购的制度内涵。可履行性的实质是判断股权回购的金额是否符合一定标准，应当在股权回购的财务限制层面确认该具体标准。其次，《公司法》关于股权回购的规定，与对赌协议中股权回购义务指向的并非同一法律事实，需要妥善处理《公司法》关于股权回购的规定，与作为合同履行义务的股权回购之间的关系，通过解释《公司法》中的股权回购规则如何影响合同履行，以此为基础探明可履行性的审查认定规则。

关键词：对赌协议　股权回购　减资　财源限制　合同履行

以《九民纪要》第五条为标志，最高人民法院改变了以往认为投资方与目标公司“对赌”无效之立场，承认投资方与目标公司“对赌”有效。与此同时，采用“合同效力+合同履行”的司法审查模式，重点审查对赌协议是否具有可履行性。《九民纪要》从债权人利益保护的角度出发，规

* 李晓飞，北京市第四中级人民法院审判管理办公室（研究室）法官助理。

定投资方请求目标公司回购股权的，法院应按照“先减资，再回购”的标准，判断是否支持投资方的诉讼请求。然而，以上做法未能充分理解并尊重对赌协议所依循的商业实践。减资程序属于公司的内部事务，以此作为判断是否驳回投资方要求履行合同的依据，缺乏法律正当性，将造成“对赌”有效却履行不能的困境。因此，有必要在遵守债权人保护这一底线约束的前提下，重构对赌协议中股权回购（以下简称对赌回购）义务可履行性（即投资人能否主张实际履行）的审查认定规则①。

一、审视：可履行性审查现状的问题透视

《九民纪要》关于对赌协议的规定实现了相关裁判的核心从交易类型合法性到合同可履行性的转变。如果说对赌协议的可履行性问题在交易无效的时代隐而不显，那么随着司法政策的转变则无法回避。《九民纪要》确立的可履行性审查认定规则存在四个方面的问题。

（一）可履行性判断系于目标公司一方，损害投资方正当权益

笔者在裁判文书网中，以“对赌协议”“股权回购”“减资”为关键词，对结案日期为 2019 年 11 月 8 日印发《九民纪要》至今②的一审民事裁判文书进行检索，剔除与本文主题无关的文书后，共计 18 篇（见图 3. 13）。

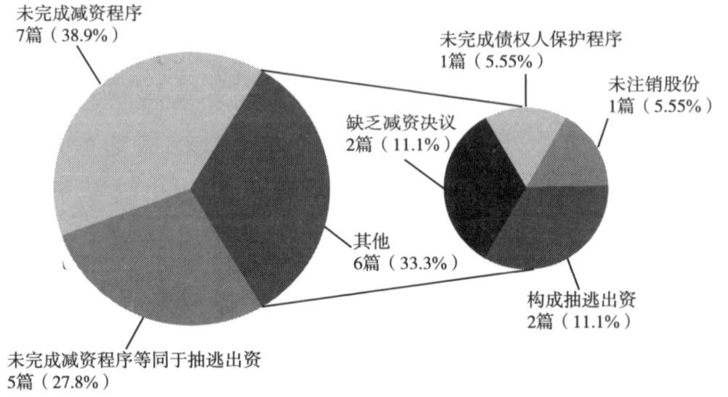

图 3. 13　18 份裁判文书中相关裁判理由统计

除了《九民纪要》第五条第二款，最高人民法院在裁判文书中对影响可履行性的因素进行了阐述，指出股权回购是否经过三分之二以上有表决

---

① 本文讨论的问题均基于投资方与目标公司进行对赌的场景。

② 最后检索日期为 2021 年 4 月 30 日。

权的股东通过、目标公司是否完成减资程序、债权人是否同意等事项均具有不确定性①。据此，可履行性的审查认定包括如下内容：一为减资程序（包括减资决议、债权人保护程序、注销股份）；二为是否存在抽逃出资；三为股权回购的强制性规定。

通过检视阅读发现，7 篇文书概括认定公司未履行减资程序；4 篇裁判文书分别指出减资决议、债权人保护程序或减少注册资本是履行障碍的一部分，但未关注不同减资程序与股权回购的关系；5 篇文书同时引用《公司法》第五十三条和第一百六十二条，认为未完成减资程序的回购等同于抽逃出资；其中 1 篇虽然支持了投资人要求回购的诉讼请求，但依然认为未完成减资程序的回购等同于抽逃出资；2 篇文书直接依据《公司法》第五十三条，认为“股东不得抽逃出资”的规定意味着股权回购必须经过减资程序，因而驳回原告的诉讼请求（见表 3.6）。

表 3.6 裁判理由归类

<table>
<tr><th colspan="2">裁判标准</th><th>案号</th><th>主要内容</th><th>裁判结果</th></tr>
<tr><td rowspan="12">减资程序标准</td><td rowspan="2">减资决议</td><td>（2020）粤 0607 民初 3264 号</td><td rowspan="2">公司未进行减资决议</td><td>驳回</td></tr>
<tr><td>（2019）沪 0117 民初 19705 号</td><td>驳回</td></tr>
<tr><td>债权人保护</td><td>（2018）沪 0112 民初 25764 号</td><td>进入破产清算程序，无法完成相应的减资手续（保护公司债权人利益）</td><td>驳回</td></tr>
<tr><td>注销股份</td><td>（2020）京 0102 民初 15998 号</td><td>投资方对目标公司所享有债权请求权的实现路径必然要求公司通过减资程序，以减少的注册资本回购该部分股权</td><td>驳回</td></tr>
<tr><td rowspan="7">概括认定</td><td>（2019）豫 16 民初 206 号</td><td rowspan="7">未完成减资程序，不符合《公司法》第 142 条的规定</td><td>驳回</td></tr>
<tr><td>（2020）浙 0206 民初 147 号</td><td>驳回</td></tr>
<tr><td>（2018）沪 74 民初 1375 号</td><td>驳回</td></tr>
<tr><td>（2019）粤 0304 民初 48175 号</td><td>驳回</td></tr>
<tr><td>（2020）浙 0104 民初 4 号</td><td>驳回</td></tr>
<tr><td>（2019）浙民初 39 号</td><td>驳回</td></tr>
<tr><td>（2019）浙 0212 民初 13170 号</td><td>驳回</td></tr>
</table>

① 参见最高人民法院（2020）最高法民申 1191 号民事判决书。

续表

裁判标准	案号	主要内容	裁判结果
抽逃出资标准	（2019）苏0583民初18325号	支持投资方的诉讼请求将导致抽逃出资，不符合《公司法》第35条的规定	驳回
	（2020）苏0508民初608号		驳回
混合标准	（2019）京03民初302号	根据《公司法》第35条和第142条，未完成减资程序进行回购，等同于抽逃出资	驳回
	（2019）京0106民初38106号		支持
	（2019）粤0112民初11370号		驳回
	（2020）鲁01民初755号		驳回
	（2020）苏06民初541号		驳回

通过检视阅读发现，裁判者对减资程序、股权回购、债权人保护、抽逃出资之间的关系缺乏关注，仅审查是否完成减资程序，未对是否构成抽逃出资进行实质审查，导致对赌协议的履行系于公司一方，损害投资方正当权益。

（二）减资程序作为股权回购的前置条件，缺乏法律正当性

《九民纪要》采取“先减资，再回购”的规则，将对赌回购交易强行拟制为“减资回购”，意在借助减资程序中的债权人保护规则，限制合同履行。但是，这一做法仅出于保护债权人的价值动因，而未兼顾对赌实践的商业逻辑和公司法制度，混淆了减资程序与股权回购的关系，缺乏法律正当性（见图3.14）。

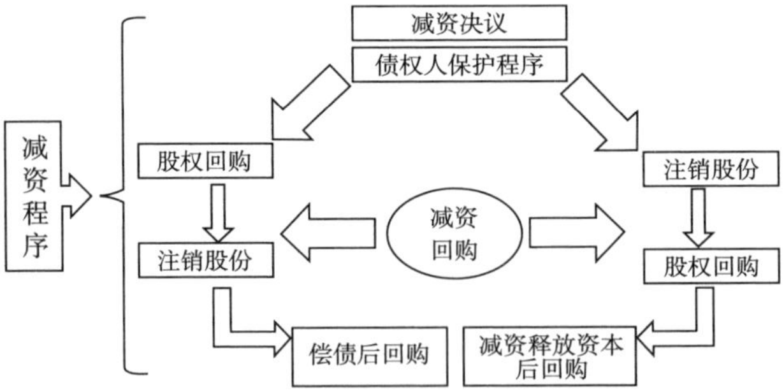

图3.14　股权回购与减资关系示意图

1. 减资程序并非股权回购的前置条件

股份回购完成后，回购的股份应当注销，股权回购行为实际发生在注销股份之前。因此，如果股权回购指的是回购行为，那么只有回购行为发生在减少注册资本之前，才能称之为以减资为目的的股权回购。按照图3.15所示，如果回购行为发生在注销股份之后，相当于用减资释放资本进行回购，只能称之为“减资+回购”。

2. 股权回购受资本维持原则约束

以下借助公式理解《九民纪要》所采用规则的经济实质：“盈余=公司资产-公司负债-公司资本”，在公司资产及公司负债不变的情况下，欲增加盈余用于支付股权回购款，只能通过减少公司资本的方式进行。这一做法与“资本维持”不同。资本维持原则的内涵在于，无论公司资产、负债如何变化，公司资本不能减少，否则可能导致抽逃出资（见图3.15）。

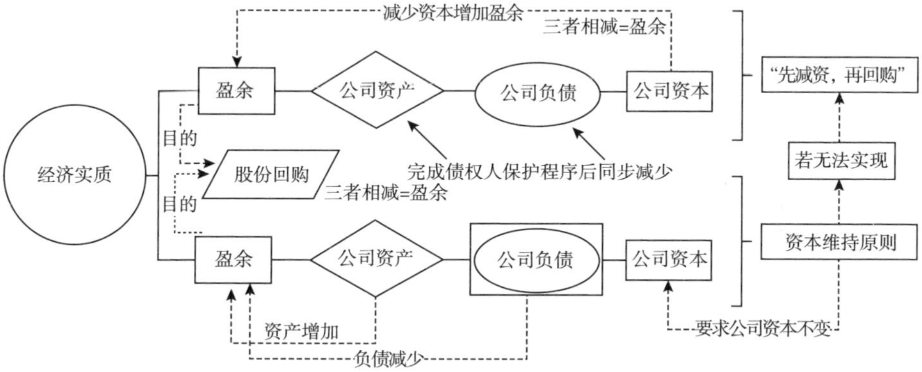

图3.15 经济实质对比图

因此，资本维持原则与《九民纪要》遵循的是两条不同路径。前者要求公司资产可以变化，但是公司资本不变；而后者要求公司资产不变，但是公司资本减少。前者的目的在于强化公司资本作为保护债权人屏障的作用；后者的目的在于维持公司现有资产。资本维持原则是我国《公司法》一贯遵循的原则，具有广泛的制度基础，而后者操作成本较高，减资的前提条件和时间均被严格限定。因此，股权回购的资金实质上受资本维持原则约束，而非减资程序。“先减资，再回购”是公司释放资本的一种方式，理论上，任何债务都可以通过这种方式履行，但不应将其作为合同履行的必要条件。

此外，对赌协议实践中投资款多数转为资本公积，注销资本后，其余的资本公积如何返还？这是“先减资，再回购”无法解决的问题。

（三）违反“金钱债务无履行不能”的教义

我国合同法律确立了实际履行（强制履行）的优越地位，只有当债务陷入履行不能时，原给付义务才归于消灭①。从民法教义看，金钱债务不存在履行不能②，《民法典》第五百七十九条、第五百八十条对此亦予以明确。对赌回购义务属于典型的金钱债务，如果认为减资程序的缺失会导致履行不能，将违背民法学教义，此后引起的解释上的体系效应将难以预料。

（四）承认对赌协议有效的立场与以债权人保护为由否认其履行的做法存在矛盾

《九民纪要》承认对赌协议有效，但又将债权人保护程序作为公司股权回购义务之前置程序，其背后的价值判断未尽妥当。如果债权人利益属于公共利益，侵犯债权人利益的合同应当归于无效；如果债权人利益属于私人利益，签订侵犯其利益的合同，则仅带来违反公司法的法律后果，不应影响合同效力及履行③。

（五）小结

《九民纪要》确立的司法政策，在实践中损害了投资人正当权益；在制度层面，将减资程序作为股权回购的前置条件以限制对赌回购的履行，缺乏法律正当性；在理论层面，违反“金钱债务无履行不能”的教义；在价值层面，将债权人保护程序作为公司股权回购义务之前置程序，价值判断未尽妥当。

---

① 参见王洪亮：《我国给付不能体系制度之考察》，载《法律科学（西北政法大学学报）》2007年第5期。

② 参见韩世远：《合同法总论》（第4版），法律出版社2018年版，第768页。

③ 参见贺剑：《对赌协议何以履行不能？——一个公司法与民法的交叉研究》，载《法学家》2021年第1期。

二、探寻：可履行性审查难题的成因分析

上述问题的出现，源于《公司法》存在的法律漏洞：一是《公司法》通过事由列举的方式限定股权回购的事由，对赌协议并不在此列。由此导致《九民纪要》将对赌协议解释为以减资为目的，进而得出应当“先减资，再回购”的结论。二是对比公司利润分配的财务约束，我国《公司法》中股份回购财源规制的欠缺是一个法律漏洞①。

（一）股权回购的事由列举不全导致可履行性审查的前提错误

《公司法》第一百六十二条列举了六类允许股权回购的事由，但并未包括对赌协议。有论者就对赌协议中的股权回购进行解释，认为与对赌协议有关的股权回购只能解释为“减少注册资本”②。在现有的《公司法》框架下如此解释本无可厚非，但以减资为目的并不意味着以减资为手段。即使对赌回购以减资为目的，其规范路径也应着眼于股权回购款的限制，而非是否进行了减资程序。《公司法》事由列举的缺陷，导致对赌回购只能被解释为以减资为目的（以下简称减资回购），掩盖了其独特的法律属性。

1. 对赌回购属于意定回购而非法定回购

与股权回购相比，对赌回购更接近于股权回赎。根据各国的实践，可以由公司自由配置的种类股股权内容包括偿还权事项。偿还权事项是指公司发行偿还股后，在法定事实发生时，偿还股股东可以请求公司返还股款③。偿还权就是股权回赎，其与股权回购并不相同。股权回赎的条件在股东取得股权时即已明确，可以由法律规定，也可由双方约定；而股权回购是股东取得股权之后，因特殊原因，在双方形成回购合意后进行，我国《公司法》中的减资回购即属于此类情形。从这个角度看，对赌回购条款更接近于股权回赎，其触发条件（回购条件）在签订协议（尚未取得股

---

① 潘林：《股份回购中资本规制的展开——基于董事会中心主义的考察》，载《法商研究》2020 年第 4 期。

② 参见最高人民法院民事审判第二庭编著：《〈全国法院民商事审判工作会议纪要〉理解与适用》，人民法院出版社 2019 年版，第 117 页。

③ 参见任尔昕：《关于我国设置公司种类股的思考》，载《中国法学》2010 年第 6 期。

权）时即已明确。因此，对赌回购属于意定回购，减资回购属于法定回购，两者性质并不相同。

2. 对赌回购属于被动回购而非主动回购

严格来说，对赌回购与股权回赎依然存在差别。股权回赎是公司有权利决定回购或不回购，股东没有选择的权利，是一种强制性安排；而在对赌协议中，股权回购是特定情况下公司具有的回购义务。如果将股份回赎类比为期权，公司作为买方是否选择行权是基于对未来收益的考量，本质上是基于公司利益作出的决定。而对赌协议中的股权回购，虽然也是双方建立的旨在实现双赢的机制，但对赌条件触发之时，投资方的行权是建立在公司业绩增长低于预期的基础上。因此，对赌回购又具有被动回购的特点。如果类比推理，对赌回购更接近于《公司法》上异议股东的股权回购，比附其处理方式，回购的股份应当于六个月内予以注销或转让。因此，对赌回购虽然可以解释为以“减资”为目的，但不应当认为对赌回购的实现必须以“减资”为手段，同时，其与减资回购也并非同一性质。

（二）股权回购的财务限制缺失导致可履行性审查的标准不明

“不是从会计标准尺度上来判断是否应当回购，而是直接限制公司的行为，是一种落后和无益的规制方式。”① 只有对股权回购在财务层面进行规制，才能从根本上对可履行性进行判断。在比较法中，股权回购的财务限制包括财源限制与资金来源限制②。

1. 财务限制的判断标准

资本维持原则设定了向股东返还资金是否损及资本的底线。对股权回购而言，在资本维持的底线范围内，公司可任意向股东进行股权回购或分配，而无须通知债权人，因为资本构成了债权人保护的屏障。相反，一旦股权回购可能损及资本，继续进行股权回购就必须通知债权人。因此，财务限制的基本标准为股权回购“不得损及资本”。

① 邓峰：《普通公司法》，中国人民大学出版社 2009 年版，第 336 页。

② 参见刘燕：《“对赌协议”的裁判路径及政策选择——基于 PE/VC 与公司对赌场景的分析》，载《法学研究》2020 年第 2 期。

从经济实质看，“不得损及资本”即为《公司法》第五十三条“股东不得抽逃出资”之规定的具体体现。对抽逃出资的界定，不仅要看是否存在抽回行为，还要看抽回的客体是否为“出资”。“抽逃出资”的特征是公司向股东无偿的或超过合理对价的转移财产或输送利益，并且这种转移导致公司资本或股本的减少①。

2. 财务限制的具体内容

资本维持原则下的财务限制分为3类，即财源限制、资金来源限制、资本公积金限制。

（1）股权回购的财源限制：当公司未分配利润大于股权回购金额时，进行股权回购将不会导致抽逃出资，故符合财源限制；当股权回购的金额大于资本公积金、盈余公积金与净利润之和，超出部分实际上源自股本，因此构成抽逃出资，故不符合财源限制。

（2）股权回购的资金来源限制：资金来源限制是指股权回购款的资金出处，包括自有资金、新发债筹集的资金、转让标的股份获取的资金等。同时限定资金来源和财源限制，公司可实现在未减资的情况下支付股权回购款而不损害公司资本。

（3）股权回购的资本公积金限制：当股权回购的金额大于净利润，小于资本公积金、盈余公积金与净利润之和时，财务限制涉及对资本公积金法律性质的判断。就资金出处来看，根据《金融工具会计准则补充规定——债务工具与权益工具的区分及相关会计处理（征求意见稿）》，资本公积金溢价应确认为金融负债，我国《公司法》也并未禁止资本公积金用于返还，因此，在对赌协议的履行中，资本公积金可以作为股权回购的资金来源。但是，按照通说，投入资本公积金的溢价为“准资本”，属于不得减损的资本范围，因此其应当纳入财源限制范围。

① 刘燕：《重构“禁止抽逃出资”规则的公司法理基础》，载《中国法学》2015年第4期。

(三) 小结

法定回购与意定回购的审查路径如图 3.16 所示。

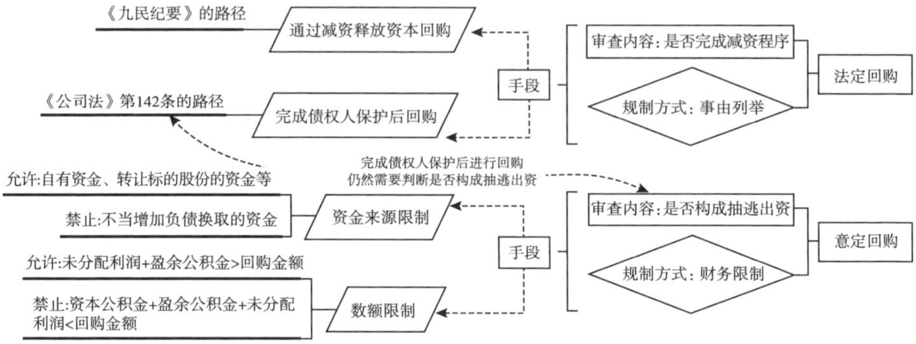

图 3.16　法定回购与意定回购的审查路径

三、析理：可履行性审查路径的理论遵循

从债权具备的特征看，履行请求权的范围是无限的，无论债务人遭遇怎样的困难，债权人都可以请求“完全的”履行，要限制履行请求的范围，只能在合同拘束力之外寻找依据①。据此，《九民纪要》试图直接以股权回购相关规定限制合同履行，以实现保护公司债权人的目的。但是严格来说，《公司法》中的股权回购，与股权回购合同指向的并非同一法律事实。在司法裁判中，欲通过《公司法》中股权回购的规定，甚至于减资程序的规定判断合同履行，需要更加细致的解释论诠释。

(一) 公司法规则适用的优先性

只有将《公司法》有关股权回购的规定，与股权回购合同建立某种联系才能适用于合同履行。

1.《公司法》规则之于合同的意义：“效力”与“履行”的区隔

在不采纳物权行为理论及其制度的法律制度下，我国合同法下的合同具有双重意思表示的功能，系债权合意与物权合意合二为一的合同。在这一法制下，合同履行替代了物权行为中的物权变动。易言之，用一个完整

① 参见解亘：《我国合同拘束力理论的重构》，载《法学研究》2011 年第 2 期。

的合同概念来解释债权行为和物权变动。这个完整的合同，包括了合同的生效与合同的履行，而不是将合同的履行纳入另一个法律行为即物权行为，来单独考量①。以上述理论为基础，《公司法》中的股权回购行为是将股权转让给股东的过程，属于事实行为，而非单独的处分行为；而股权回购合同是引起股权回购的一种法律事实，以意思表示为核心，在当事人间产生债权债务关联，属于法律行为性质的债权行为（见图 3.17）。

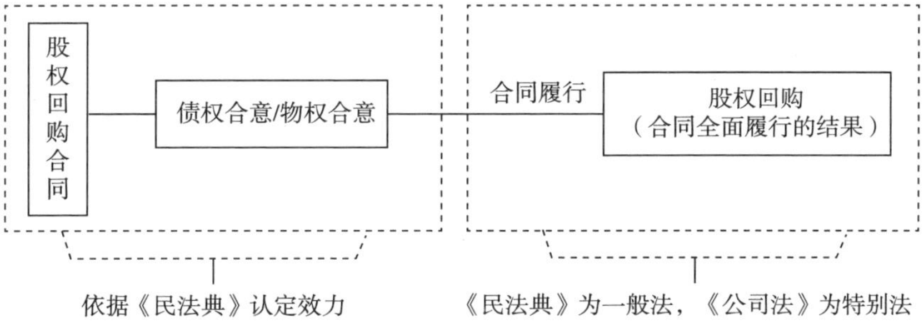

图 3.17　不承认物权行为理论下的股权回购合同

2. 《公司法》规则系影响合同履行的特殊规定

根据图 3.17，第一，股权回购是一个事实行为，只有与债权的合意结合，才类似于一个完整的物权行为意义上的处分行为。第二，股权回购是股权回购合同履行的结果，不能独立于股权回购合同而存在。图 3.17 说明，股权回购的规定不能作为否定股权回购合同效力的依据，否则将混淆合同效力与履行的关系。在法律适用上，《民法典》决定合同效力，其与《公司法》共同影响合同履行，但是应当优先适用《公司法》。

3. 股权回购规则不构成合同履行的实质障碍

前文已经阐释股权回购并不以减资程序为前提条件，那么，股权回购规则如何影响合同效力和履行？《公司法》第一百六十二条规定了股权回购的例外情形。公司违反该条收购股份，回购行为无效吗？根据前述理论，答案当然是否定的。事实上，通过物权行为理论解释股权回购合同的效力与股权回购处分行为效力之间的关系，这一逻辑因缺乏制定法规范，

① 参见钱玉林：《股权转让行为的属性及其规范》，载《中国法学》2021 年第 1 期。

是无法成立的。于此，公司违反关于股权回购的规定，应当承担公司法上的不利后果，但并不直接引起行为无效，股权回购的规定也不能作为合同无效的依据，只可能阻碍合同履行。

从《公司法》第一百六十二条的规定看，其对股权回购的限制在于限定股权回购以减少注册资本为目的。但是，是否以减少注册资本为目的，并不影响股权回购的合同效力。从实际履行的角度看，据前文所述，减资程序也并非股权回购的必要前提条件。因此，是否以减少注册资本为目的，或是否实际履行了减资程序，都不构成股权回购的履行障碍。构成股权回购履行障碍的，仅为《公司法》关于“股东不得抽逃出资”的规定。当然，该规定也并非实质性障碍，仅是暂时阻碍投资人要求实际履行，当目标公司有符合条件的资金后，依然可以履行。

实际上，前文所述的股权回购财务限制，已经解决了债权人保护问题，无须再借助减资程序保护债权人。

（二）《民法典》规则适用的基础性

股权回购规则限定了对赌回购以减少注册资本为目的，而这一推论的影响，在于目标公司在没有符合“股东不得抽逃出资”标准资产的情况下，投资人还有无空间要求继续履行的问题。

（1）《民法典》规则之于合同履行的意义：通过代理规则影响减资决议的有效性及减资程序的可诉性。关于减资决议的规定主要见于《公司法》第六十六条，主要内容是股东会会议作出减少注册资本的决议，必须经代表三分之二以上表决权的股东通过。由此可见，减资决议属于股东职权，应当遵守股东多数决规则。此处《公司法》对于减资的限制，在于对减资决议的主体和程序提出要求。在以减资为目的的股权回购意思表示前提下，如果缺乏合法有效的减资决议，在对赌回购合同的履行中，投资人将缺乏要求公司履行减资程序的依据。换言之，股权回购是否经代表三分之二以上表决权的股东通过，决定目标公司作出的减资意思表示是否真实有效。

上述法律适用的逻辑为：《民法典》第七章对代理进行了规定，公司法定代表人在其权限范围内作出的意思表示对公司有效，否则对公司不生效。在《公司法》对减资决议的权限和规则进行限制的基础上，法定代表人签订的以减资为目的的股权回购合同虽然有效，但其中减资的约定实际处于效力待定状态。当然，根据《民法典》的规定，股东有事后追认的权利，此后减资承诺亦可生效（见图 3.18）。

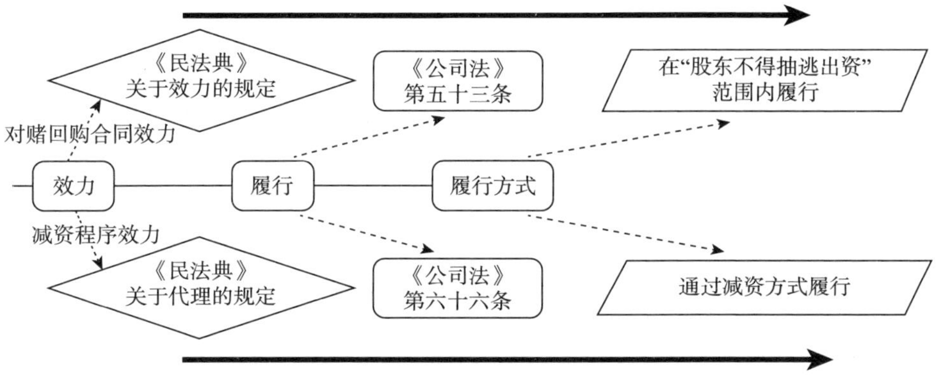

图 3.18 减资决议规则的法律适用

（2）未通知债权人的情况下投资人不得主张履行。按照《公司法》第二百二十四条关于保护债权人的规定，减资决议作出后，公司应当通知债权人。因此，在未通知债权人的情况下，投资人不得要求公司实际减资。

对债权人保护程序构成履行障碍在民法上的解释是：如果投资人同意减资决议，表明其接受公司法上对债权人保护程序的限制，此限制构成投资人的合同义务。投资人在公司未完成债权人保护程序之前，不得主张通过减资偿还债务。当然，通知债权人仅是注销股份的前置程序，并非实质障碍，投资人总是有权要求公司通知债权人。

（三）小结

《公司法》《民法典》中关于股权回购、减资程序、代理规定、意思表示等规则按照《公司法》先行的顺序作用于合同履行，在不损及资本的情况下，投资人可以根据合法有效的减资决议，要求公司通过减资释放资本履行债务。

四、再造：可履行性审查规则的标准构建

前文已经完整勾勒出可履行性的审查认定所依据的财务限制以及相关

法律适用的规则。最后，还需要从诉讼的角度对相关规则进行整合。

（一）制度描摹：可履行性审查认定的两个层次

对赌协议中股权回购义务可履行性的审查认定分为两个层次：实体层面和程序层面。实体层面即为股权回购款金额的审查；程序层面即为减资程序可诉性的审查。

（1）股权回购款应当符合“股东禁止抽逃出资”的限制。在实体层面，通过引入财务限制规则，设定股权回购的财务底线，从而确立投资人债权请求权的范围，确保股权回购不损及公司资本。投资人总是可以在“股东不得抽逃出资”的范围内请求支付股权回购款。

（2）减资程序的可诉性意味着投资人能否要求公司通过减资释放资本的方式进行回购。在无法证明公司具有合法可用资金的情况下，应当判断投资人是否有权要求公司通过减资进行股权回购。如果存在合法有效的减资决议，意味着公司应当履行减资程序，通过减资释放的资本支付股权回购款。但在未通知债权人的情况下，不得要求履行。不存在合法有效的减资决议并不妨碍合同生效，但减资程序将不具有可诉性（见图 3.19）。

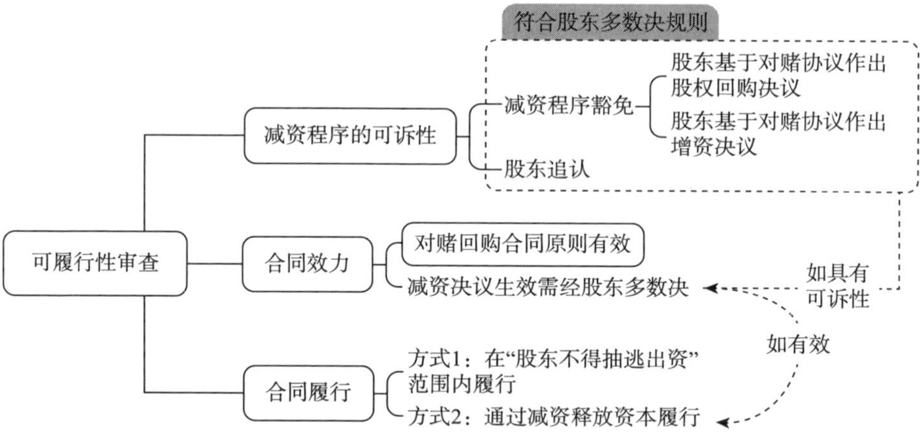

图 3.19　可履行性审查的制度描摹

（二）技术细节：财务限制的具体内容

1. 财源限制

当公司回购股份的金额不会损及资本，在可分配利润以及盈余公积金的涵盖范围内，法院即可支持其诉讼请求。具体而言：在未分配净利润的数额范围内，以及资本公积金的投资溢价部分范围内的资金，属于可以进行股权回购的资金。

关于公司是否完成减资程序，因不涉及财务限制问题，法院不宜将减资程序纳入司法审查范围。

2. 资金来源

从资金来源角度看，公司还可以通过预先转让标的股份的方式筹集资金以偿还债务①。这种情况下并没有额外增加公司负债，且投资方脱离了股东身份限制，因而不会构成抽逃出资。而且，如果目标公司不能履行股权回购义务，也可以采取由其他股东代为履行的方式，由其他股东支付股权回购款后，标的股份转让至其名下。此外，按照《民法典》第六百四十三条第二款之规定，买受人在回赎期限内没有回赎标的物，出卖人可以合理价格将标的物出卖给第三人，出卖所得价款扣除买受人未支付的价款以及必要费用后仍有剩余的，应当返还买受人；不足部分由买受人清偿。

还有一种情况需要注意，如果公司通过发行新的债券、股份、向金融机构借款等方式筹集资金用于股权回购，从经济实质上看，相当于通过增加公司负债的方式向股东输送资本，对此法律应当禁止。虽然抽逃出资的主体是股东而不是公司，但是这样的做法无疑会损害债权人利益。

3. 偿债能力标准

比较法上对股权回购的财源限制还包括偿债能力标准，即要求公司在回购后能够偿还到期债务或资产总额大于负债总额。但是总体来看，一方面偿债能力标准依赖于公司董事商业判断，不具有普遍性，难以形成统一的裁判标准；另一方面，在偿债能力标准的制度背景中，例如美国，公司法之外的债权人保护制度发达，其公司法本身是以股东利益导向为范式，因此，偿债能力标准在以债权人保护为价值导向的制度中作用几何还不得而知②。当然，偿债能力标准的具体判断，依赖于对公司经营情况以及未

---

① 参见张保华：《对赌协议下股份回购义务可履行性的判定》，载《环球法律评论》2021 年第 1 期。

② 参见刘燕、王秋毫：《公司资本流出与债权人利益保护——法律路径与选择》，载《财经法学》2020 年第 6 期。

来财务状况的考量，需要法官充分运用实践智慧与认知，未尝不可在实践中尝试。

（三）特殊情况：减资决议的豁免

鉴于对赌回购是以减少注册资本为目的，则公司通过的股权回购决议同样以减少注册资本为目的，此时，股权回购决议与减资决议是等价的。因此，如果股权回购决议符合资本多数决的要求，则产生豁免减资决议的效果。此外，增资决议与减资决议的生效规则一致，如果增资决议是基于股权回购协议形成，也产生豁免减资决议的效果。

既然公司签订了股权回购对赌协议，则意味着公司有必要采取一切可能的措施支付股权回购款。如果公司股东对法定代表人签订股权回购合同的行为进行了追认，或构成表见代理，或出现减资决议的豁免情形，则投资人有权诉请至法院，要求公司履行减资程序，进而通过减资释放资本的方式偿还债务。

（四）相关制度：举证责任的分配以及迟延履行

1. 关于举证责任

目标公司有义务证明其不具有符合财务限制的资本用于股权回购。具体来说，在数额限制方面，公司可以证明股权回购将导致抽逃出资，即股权回购款超过未分配利润以及相应公积金，对该部分可无须使用现有资产进行偿还。如果公司确无可用资金，则还需对存在减资方面的履行障碍进行举证，例如，股权回购条款的签订不符合代理权限，没有减资决议的豁免情形等。投资人则可以对构成表见代理进行举证。当然，在未通知债权人的情况下，投资方不得要求实际履行。

应当注意的是，公司通知债权人后，债权人应当优先于投资人受偿。因为债权人对减资具有提出异议的权利，并因此要求公司偿还债务或提供担保，而投资人并无提出异议的权利，自然不能与债权人处于同一顺位。

2. 关于迟延履行

在无权代理的情况下，如果公司不追认，则以减资为目的的约定不生效。不过此一情况仅仅意味着公司无须通过减资的方式偿还债务，但并不意味着债务免除。只要合同有效，公司依然需要在有符合财务限制资金的情况下偿还债务。只是投资人可选择就部分债务主张履行，剩余部分可将来再进行主张。而且，基于《民法典》规定，公司虽然可以暂缓履行债务，但不能免除迟延履行的违约责任。

结　语

如何将公司法的内容融入民法的框架下，是化解公司组织程式与合同履行之间矛盾的重要方法。一直以来，民法及商法背后的法律定位和功能都存在激烈争议。《民法典》颁行后的民商冲突将会显现在多个层面，在多个领域都会产生民商关系冲突与协调的现实问题①。随着对赌协议的普遍运用，司法有必要积极应对，妥善解决其中的民商冲突问题。就对赌回购的可履行性而言，需要对股权回购的经济实质进行分析，结合《民法典》的规定，最大限度确认对赌协议的履行利益，充分发挥对赌协议的正当功效。

① 参见范健：《中国〈民法典〉颁行后的民商关系思考》，载《政法论坛》2021年第2期。

保理合同中应收账款多重转让下优先顺位的确定

——以《民法典》第768条的体系联动与协调为核心

李晓飞[*]　程　娜[**]

内容提要：文章从债物两个角度，分析了《民法典》第七百六十八条作为债权让与一般规则在适用上的普遍性及其限度，以及应收账款债权与其他担保物权竞存时该条款在适用中的存在的解释论问题。第七百六十八条公示对抗规则的法理构造，不同于物权的公示对抗理论，可从债权物权化角度进行解释。该理论下债权并不具有全部物权特征，仅涉及相对性面相下的合同债权被赋予对标的物权的处分保护。适格的保理合同应收账款需符合特定性和可让与性要求，否则无法通过公示取得对抗效力。有追索权的保理合同中关于保理人没有清算义务的约定，实质上属于流质条款，该约定不发生法律效力。《民法典》第七百六十八条可类推适用于保理人与应收账款质权人之间的权利竞争，且不区分受让人的善意与恶意。保理人与应收账款让与人的扣押债权人及破产债权人之间一体适用登记对抗规则确定优先顺位。

关键词：担保物权　保理合同　债权转让　追索权　应收账款

《民法典》第七百六十八条就同一应收账款订立多个保理合同致使多

* 李晓飞，北京市第四中级人民法院审判管理办公室（研究室）法官助理。

** 程娜，北京市第四中级人民法院民事审判庭（北京国际商事法庭）法官。

个保理人主张权利的情形，确立了登记优先、通知次之，既未登记也未通知的按照比例取得应收账款的规则。在采用登记对抗主义的同时，《最高人民法院关于适用〈中华人民共和国民法典〉有关担保制度的解释》（以下简称《担保制度解释》）第六十六条第一款规定，同一应收账款同时存在保理、应收账款质押和债权转让，可以参照民法典第七百六十八条的规定确定优先顺序。该规定进一步将公示原则引入债权让与领域。全国人大法工委亦指出，保理合同部分的规则可以参照适用于非因保理合同发生的债权转让①。但是，应收账款让与公示对抗原则偏离了传统债权让与意思主义，需要结合传统债权让与理论阐释；在涉及受让人顺位的确定时，多重转让还可能发生在债权受让人与质押权人、债权人的扣押债权人之间，需要协调债权让与与担保物权规则。本文通过剖析《民法典》第七百六十八条适用的实践与理论疑点，分析该条类推适用于其他债权让与的方式及限度，以及担保物权规则与第七百六十八条的衔接问题。本文尝试以体系化方式解释保理与外部规范之间的关系，为准确运用《民法典》第七百六十八条解决债权多重转让下债之利益的最终归属问题提供指引。

一、检视：保理合同中应收账款多重转让的问题图景

《民法典》颁布之前，合同法并未对同一债权多重让与债之利益的最终归属问题作出明确规定。通说认为，先达成债权转让合意的债权受让人取得债权②。但理论界和实务界对该问题存在较大分歧，司法实务中相关判决的依据不明且说理不足，以至于出现同案不同判的现象。《民法典》颁布之后，有代表性的观点认为，《民法典》第七百六十八条位于保理合同章，若拘泥于体例位置、认为登记仅适用于基于保理的应收账款转让，将产生保理和非保理交易竞存时决定优先顺序的双轨制，引发体系冲突，故其应适用或类推适用于其他债权转让③。但是，将第七百六十八条适用于非基于保理的债权让与面临法律适用难题。

① 参见黄薇主编：《中华人民共和国民法典合同编释义》，法律出版社2020年版，第619页。

② 参见韩世远：《合同法总论》（第4版），法律出版社2018年版，第600页。

③ 参见李宇：《保理法的再体系化》，载《法学研究》2022年第6期。

（一）内设规范的外溢困境：违反法律之预测功能

实践中，一旦让与人将债权转让给原受让人之外的第三人，原受让人将面临能否依据有效合同向第三人主张其为真正债权人的困境。对此，转让优先、通知优先两种观点均可见诸司法实践。《民法典》第七百六十八条采取的登记优先规则不同于传统观点，径行适用于其他债权让与可能超出当事人预期。

1. 实践样态：权利归属的判断存在不同模式

（1）让与合意对抗主义。该学说认为，债权的归属应根据债权让与合同的先后顺序来确定。债权让与合同一旦生效，受让人可以对任何第三人主张其为债权人。让与人将债权二次转让的，属于无权处分①。从降低交易成本的角度看，因缺乏公示手段，受让人将面临让与人重复让与债权的风险。在四川省高级人民法院（2017）川民申 4955 号民事裁定书中，后受让人称其无从知晓应收账款被多重让与，且其已先于前受让人通知债务人，并主张取得该应收账款。该案历经二审、再审，均被驳回。但是，因此学说贯彻了处分行为的优先次序原理，成为判断债权让与顺位的通行标准。

（2）让与通知对抗主义。根据该学说，在债权多重让与情况下，通知债务人债权让与后，债权受让人始得对抗其他受让人②。在通知对抗主义理论下，尽管债权让与合同生效后受让人可以获得债权，但若要对债务人以外的第三人主张其为债权人，则必须以通知债务人为前提。此处债权让与通知起到了部分公示作用。

（3）登记对抗主义。《民法典》第七百六十八条以登记的先后顺序确定权利顺位的规则，与《民法典》第四百一十四条保持一致。虽然《民法典》并未将保理重构为动产担保交易，但基于交易中应收账款债权在经济功能上起着担保作用，《民法典》也朝着动产担保交易的方向改变了既有交易规则，确立了应收账款多重让与的登记优先模式。

2. 体系效应：对传统民事理论及实践产生冲击

最高人民法院认为，《民法典》第七百六十八条是债权转让一般规则

① 参见潘运华：《债权二重让与中的权利归属》，载《法学家》2018 年第 5 期。

② 参见梁慧星编：《中国民法典草案建议稿附理由——债权总则编》，法律出版社 2013 年版，第 251 页。

的反映，在保理交易之外的其他债权转让中，可以类推适用受让人顺位的规定。[①] 但是，保理交易中的登记优先规则，是保理交易商事实践属性的反映，与传统债权让与的交易习惯并不一致。

首先，并非所有债权让与都具有登记能力，非基于保理的债权受让人并无登记和查询登记的义务。如果判决受让人承担未进行登记的不利后果，将严重违反法律预测功能。以下试举一例说明该问题：债权人将 A 债权先后让与受让人 a、b、c，其中 a 既未登记也未通知，b 只通知了债务人，c 只进行了登记。按照债权处分一般原理，应由 a 取得债权。但是，如果债权人将 A 债权又转让给保理人 d，按照《民法典》第七百六十八条，若 d 进行了转让登记及通知，则 d 可优先于 a 取得债权如表 3.7 所示。不仅如此，在债权叙作保理的情况下，登记及通知成为受让人之间的对抗要件，原受偿顺位被完全改变。据此，在未对各类债权让与建立统一登记公示制度，以及司法实践普遍采纳转让优先观点的情况下，将第七百六十八条适用于其他债权让与，显然违反法律预测功能。

表 3.7 不同规则体系下债权多重让与优先顺位的变化

债权人A					
	登记	通知	时间	顺位（债权让与）	顺位（叙作保理）
受让人a	✗	✗	由先至后	1	4
受让人b	✗	✓		2	3
受让人c	✓	✗		3	1
保理人d	✓	✓		4	2

① 参见丁俊峰：《民法典保理合同章主要条文的适用》，载《人民司法》2021 年第 4 期。

其次，因《民法典》未明确应收账款的具体含义，实践中第七百六十八条的适用范围将难以避免地扩张至所有债权让与。根据《动产和权利担保统一登记办法》相关定义，应收账款是因合同而发生的金钱债权。因符合上述定义的债权在实践中大量存在，故应收账款与一般合同债权在实践中往往难以区分。由此导致的结果是，债权多重让与顺位的确定即可能取决于债权是否叙作保理，也可能取决于该合同债权是否被解释为应收账款，而当事人之间的合意反而无足轻重。

（二）外接规范的联动难题：引发体系间规范冲突

就保理合同应收账款转让后的优先顺位而言，存在债权让与与应收账款质押等担保物权发生权利竞争的情形。因此，《民法典》第七百六十八条在适用中面临债权规则与担保物权规则的冲突。

（1）债权多重转让“取得”之争议：清算前提下取得方式存在冲突。《民法典》第七百六十八条第一分句中的“取得”是指取得应收账款所有权，还是应收账款优先受偿权存在争议。在让与担保债权的实现方式上，按照《担保制度解释》第六十八条的规定，应按财产折价或者以拍卖、变卖该财产所得价款的方式取得债权。通说认为，有追索权的保理在性质上属于让与担保①。据此，似乎在有追索权的保理中，保理人虽然取得了应收账款所有权，但这种所有权只能以折价或者以拍卖、变卖该财产所得价款的方式实现。但是，最高人民法院在2015年公布的53号指导性案例中指出，质权人可以直接要求次债务人向其支付应付给出质人的应付账款，而无须对应付账款进行拍卖或变卖。举重以明轻，若应收账款质权人尚可行使收取权，而让与担保债权人反而不能收取债权，仍需以折价、拍卖、变卖的方式实现权利，这样看来，让与担保权人的法律地位尚不如质权人，这不符合让与担保“基于特别的债法之约定而进行的所有权移转”②的法律性质。此外，《最高人民法院关于人民法院执行工作若干问题的规定（试行）》第七章规定可以对被执行人的到期债权采取执行措施。据

① 参见刘保玉：《民法典担保物权制度新规释评》，载《法商研究》2020年第5期。

② 王洪亮：《让与担保效力论——以〈民法典担保解释〉第68条为中心》，载《政法论坛》2021年第5期。

此，普通债权人尚可对被执行人的债务人行使权利，但依照《担保制度解释》第六十八条的逻辑，让与担保权利人却难以通过执行程序向让与人的债务人主张权利。可见，对此处“取得”的解释面临明显的法律规范冲突。

（2）债权多重转让“登记”之争议：公示要求存在冲突。就应收账款融资交易而言，几种不同交易模式之间并不存在本质上的差异，但是交易规则存在差异（见表3.8）。

表3.8　现行法律中应收账款融资交易规则的不同规定

应收账款融资交易规则的差异		
债权让与	应收账款转让	没有规定以登记作为公示方法
典型担保	应收账款质押	未登记不设立
非典型担保		未登记不具有物权效力
	保理	未登记不得对抗第三人
	应收账款让与担保	“完成财产权利变动的公示”后可以优先受偿

《民法典》关于应收账款质押采取登记生效主义，质权自办理出质登记时设立。保理交易中应收账款转让采取登记对抗主义，保理合同成立保理人即取得应收账款，但是未经登记不得对抗第三人。而非基于保理合同发生的应收账款转让属于债权转让的一类，法律并未规定公示要求。而应收账款让与担保按照《担保制度解释》第六十八条之规定，需要“完成财产权利变动的公示”，担保权人方可“请求参照民法典关于担保物权的有关规定就该财产优先受偿”。以上，各种交易不仅在登记规则上存在差异，而且相关规则之间的冲突明显存在，这些都亟须经解释而消弭。

（3）债权多重转让“通知”之争议：通知的效力存在冲突。第七百六十八条规定通知债务人是次优对抗要件，而《民法典》第五百四十六条又规定通知是债权转让对债务人生效的要件，因而产生了在债权让与通知前或通知后，债务人如何履行、能否真正免责的问题。对债权让与已登记但未通知的情况，刘贵祥大法官指出“先办理登记的保理人有权请求已接受债务履行的保理人将所得款项返还给自己”①。那么，先办理登记的保理人，是否有权请求已实际履行债务的债务人向自己清偿？如果债权转让未通知债务人，因债权转让对其不生效，债务人对原债权人的履行应免责自无疑义。但债务人明知债权让与事实时，其能否因向让与人履行而免责？对该问题尚存争议。其次，在债权让与未实际发生，但债务人收到通知并向指定人履行债务情况下，是否要求债务人存在善意才免责？这就是所谓债权表见让与是否要求善意的问题，理论界对此亦存在分歧。

（4）债权多重转让“既未登记也未通知”之争议：担保物权分割规则与债权性质存在冲突。对于《民法典》第七百六十八条第四分句的规定，有学者认为该规定无视当事人意思表示，与尽量消除按份共有这种不效率状态的整体立法考量不一致②。第七百六十八条的立法参照了《民法典》第四百一十四条第二款第三项对未登记的动产担保权之间平等受偿的理念。就有追索权的保理而言，保理人和债务人存在债权和物权两个层面的关系。但是，我国现行法律无论在哪个层面，均没有多重让与下按比例取得的规范。在担保物权层面，基于对担保物的优先受偿权作分割处理，是“一物数保”的法理前提，而此处“一物数主”规定的合理性，则需要进一步证成。

（三）小结

保理合同规则乃基于商业实践属性发展起来的特殊规则，第七百六十八条将公示对抗引入债权让与体系，可能引发民商事不同领域间的法律冲突。此外，保理合同本身横跨物债两大体系，涉及受让人的顺位确定时，还需要处理双方合同关系、涉及特定第三人的合同关系以及涉及不特定第三人的物权关系，这都需要进一步整合及解释现有债权转让与担保物权规则。

① 刘贵祥：《关于金融民商事审判工作中的理念、机制和法律适用问题》，载《法律适用》2023 年第 1 期。

② 参见朱虎：《债权转让中的受让人地位保障：民法典规则的体系整合》，载《法学家》2020 年第 4 期。

二、析理：保理合同中应收账款多重转让规则的联动与协调

确定应收账款多重让与的优先顺位涉及《民法典》债权规则与担保物权规则间的联动和协调。具体而言，一是需要明确《民法典》第七百六十八条适用于各类债权让与的理论前提；二是担保物权规则如何适用于第七百六十八条。

（一）债之层面：公示对抗原则的理论基础及适用范围

（1）“债权物权化”视角下的公示对抗原则。第七百六十八条是典型的公示对抗主义规则。在物权领域，公示对抗主义规则面临的最大理论难题，是买卖在后而登记在先的受让人成为最终权利人，突破了物的排他性原则，违反了一物一权的基本观念。为化解该难题，理论界提出了公信力说。按照我国主流学说对物权变动领域公示对抗主义的理解，所谓未经登记不得对抗善意第三人，系指在先物权受让人虽已取得物权，但由于其未经公示，给第三人留下了物权仍由原权利人享有的外观，善意第三人基于此种信赖可以从无权利人处取得物权①。然而，公信力说并不适用于债权让与，因为债权公示手段并不具备物权公示那样的权利变动效力和权利推定功能②。尚需其他理论回答债权何以被有效多次让与的问题，这也是第七百六十八条扩张适用的理论前提。

债权本身是一项客体，在其客体化的过程中，如同物之转让中处分客体为物之所有权，债权让与中真正处分的是债权“所有权”。但是，这种“所有权”，属于无体权利客体的范畴。只有在对债权设立定限权时，债权自身才被物化，因为只有物化后的权利才能适用现行担保物权规则。因此，债权让与的结果实际上转让的仍是请求权，而非绝对支配权。债权让与仅在让与人和受让人之间发生效力。此时，仍未解决的是受让人的债权为何在公示之后取得了对抗效力。对此，本文认为第七百六十八条确立的登记优先制度，实际上属于典型的债权物权化现象。债权物权化系相对性

① 参见蔡睿：《保理合同中债权让与的公示对抗问题》，载《政治与法律》2021年第10期。

② 参见高圣平：《统一动产融资登记公示制度的构建》，载《环球法律评论》2017年第6期。

面相下的合同债权被赋予对标的物权的处分保护。在债权物权化语境下，债权被定位为其他财产流动的媒介，此时债权的相对性面相系其默认前提。在我国法语境下，出于特定的法政策考量，标的物权的归属被事先预定于受保护的债权人一方。此所谓受保护的债权人一方，就是通过登记取得标的物权的一方。在此情形下，处分客体本身构成单一的完整母权，权利人原则上能够直接阻却第三人在无权处分情形下对处分客体的取得①。有学者指出，“先登记者优先规则”不否认已设立的动产担保权在当事人之间的效力，而仅仅只是对于已经设立的动产担保权排定彼此之间的受偿顺序②。与之逻辑相似，应收账款转让登记并未改变权利处分的逻辑，只是为其附加对第三人效力的要件而已。“债权物权化”正是上述观念的理论基础（见图 3.20）。当然，司法实践中登记的受让人不能当然地被推定为权利者，必须证明其具有基础交易合同、债权转让协议等证据，才能受到债权物权化特例之保护。

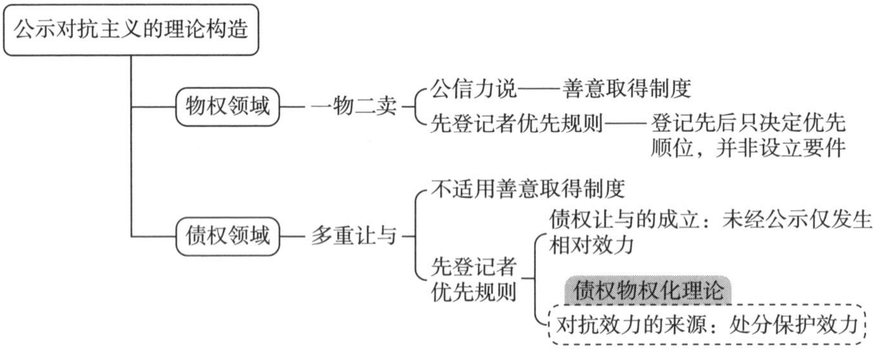

图 3.20　“债权物权化”视角下的公示对抗主义

（2）《民法典》第七百六十八条作为债法总则的规范内涵。实践中，因应收账款多重转让的情况主要发生在保理业务中，故《民法典》将该规定放在保理合同章，但是，这并不意味着第七百六十八条仅适用于保理合同。从保理合同的特点来看，其应收账款转让并无不同于普通应收账款转

① 参见袁野：《“债权物权化”之范畴厘定》，载《法学研究》2022 年第 4 期。

② 参见高圣平：《民法典动产担保权优先顺位规则的解释论》，载《清华法学》2020 年第 3 期。

让之处。基于负担行为和处分行为相分离的基本法理，应收账款转让的原因行为如何，对应收账款转让这一处分行为并无影响。与之相似，无论应收账款质押的原因行为为何，在处分上均适用登记规则。从这一角度看，无论是基于有追索权保理或无追索权保理、融资保理抑或非融资保理而受让的应收账款，均属于负担行为方面的区别，不影响处分行为的法律效力。因此，无论应收账款让与是否基于保理合同法律关系产生，原则上均可适用第七百六十八条确定竞存的优先顺位。

对于非基于保理合同产生的债权让与之间的优先顺位，是否能够适用第七百六十八条存在较大争议。本文认为，虽然从定义上看应收账款的范围小于一般债权，但司法实践中能够转让的债权，基本都是因合同产生的债权，均可纳入应收账款范围。因此，对此类债权人民法院可以在审查基础交易合同是否真实，债权是否真实的基础上，依据第七百六十八条决定债权的优先顺位。案件中对债权是否具有登记能力存在较大争议的，人民法院可以参照《商业银行保理业务管理暂行办法》对应收账款的定义，考虑债权是否具有贸易背景，如果是非基于贸易背景产生的债权，可以酌情不适用第七百六十八条。

（3）登记对抗主义范围的扩张。第七百六十八条并未明确应收账款转让登记能否对抗重复受让人之外的第三人。保理实务中常见的第三人不仅包括重复受让人，还包括扣押权人、破产债权人、所有权保留的权利人等。扣押权人通过国家公权力行使处分行为，获得与一般法律主体通过法律行为进行处分同样的效果。《最高人民法院关于人民法院民事执行中查封、扣押、冻结财产的规定》第二十四条第一款规定，被执行人就已经查封、扣押、冻结的财产所作的移转、设定权利负担或者其他有碍执行的行为，不得对抗申请执行人。《最高人民法院关于适用〈中华人民共和国民事诉讼法〉的解释》第五百一十四条规定，当事人不同意移送破产或者被执行人住所地人民法院不受理破产案件的，执行法院就执行变价所得财产，在扣除执行费用及清偿优先受偿的债权后，对于普通债权，按照财产保全和执行中查封、扣押、冻结财产的先后顺序清偿。据此，经采取保全或执行措施的债权，劣后于法定优先受偿权，但优先于在后受让人，其受偿顺位与意定担保物权一致。根据《担保制度解释》第六十六条，对同一应收账款同时叙作保理和质押的情形，依照《民法典》第七百六十八条确定优先顺位。可知，应收账款质权优先于后登记的应收账款转让。因扣押所生应收账款质权之顺位，与意定应收账款质权一致，故此，应收账款转让未登记的，受让人不得对抗让与人的扣押债权人。而在破产程序中，受债权平等原则影响，普通债权人和执行债权人处于同一顺位。应收账款转让未登记的，不得对抗扣押债权人，同理可推，亦不得对抗让与人的破产债权人①。在所有权保留情况下，供应商与受让人约定货物未来转卖所得应收账款所有权由供应商保留，此时通过办理转让登记，供应商已取得优先顺位，此后拟与受让人交易的保理人可事前查知登记，从而决定是否叙作保理。于此，登记的存在有效解决了实践中的权利冲突。

（二）物之层面：应收账款是否适格的判断标准及实现方式

1. 权利的特定性和可让与性标准

作为保理合同客体的债权，须符合一般债权让与的客体要求，即具有特定性或可让与性，否则将导致权利无法变动或权利变动的范围无法确定。同样的，在物权领域，若担保财产无法被识别、被特定化，担保权无法被公示，围绕担保财产的经济秩序亦无法被建构。

（1）应收账款让与与浮动担保制度的衔接。保理实践中，既存在分批逐笔式转让的应收账款债权，也存在同时包含现有的以及将有债权的一揽子移交式应收账款债权，后者中的登记对抗效力是浮动担保制度中不可获缺的一环。《民法典》对现有以及将有应收账款债权作出了同一性评价。从交易习惯上看，由于将来应收账款回款周期长，能更好发挥债权融资作用，故在实践中广泛存在。人民法院亦承认将来应收账款可以作为适格的保理合同客体。有学者认为，对于将来应收账款作为保理合同客体的情形，应综合价值发生原因、金额、期限、债务人等方面因素，研判每种因素的确定程度。只要将来应收账款满足以上某方面因素的程度足够深，或同时满足某几方面因素，该将来应收账款即具备高度发生可能，满足债权

① 参见李宇：《保理法的再体系化》，载《法学研究》2022 年第 6 期。

转让对客体特定性的要求[①]。司法实践亦有此类见解，根据最高人民法院的案例，可以采取动态事项标准确认债权特定性[②]。此处值得注意的是，部分将来债权转让无法适用通知对抗规则，例如债务人的非特定性将消解通知对抗规则，此时登记的公示作用显然优于通知。实践中，当事人可能对同一应收账款的不同“阶段”分别设定权利负担，在确认其权利顺位之前，面临如何识别未来应收账款“同一性”的问题。对于无基础关系的将来应收账款，其虽无基础合同，但通过登记、质押或保理合同中当事人就其未来产生期间及其他限制作出的约定，使得该类将来债权在产生时能够被识别出是否为先前订立的融资合同所囊括，因而具备了确定性。例如，对某公司的供应水、电、气、暖等产生的应收账款，即使没有基础合同关系，也会登记为：质押/转让财产为（出质人/出让人名称）对（地区）所有用水、电、气、暖用户×年×月×日至未来的供应收入。此时，可以结合查询相应的基础融资合同，进而明确收入项目、范围、具体期限等描述内容，达到区分的目的。此外，登记方式亦足以支撑未来债权受让人在破产程序中主张利益。按照溯及效果说，将来债权实现时，受让人溯及合同成立时该将来债权所对应的现实债权[③]。当然，因合同成立没有公示外观，将登记公示作为溯及时间亦符合交易双方的预期。

（2）应收账款让与与应收账款质押的统合。《民法典》第四百四十五条第二款规定，应收账款出质后，不得转让，但是出质人与质权人协商同意的除外。此处依法律不可让与的应收账款能否作为适格的保理客体？恰当的解释是，违反该条款让与应收账款的，让与人仅负担不得转让的义务，但并不对其处分行为进行否定性评价。如此，便可与民法典关于抵押财产可以转让的立法价值相贯通，促进应收账款财产流通。

2. 流质条款的适用及识别

基于《民法典》第三百八十八条第一款的规定，保理合同被功能化为

---

① 参见詹诗渊：《保理合同客体适格的判断标准及效力展开》，载《环球法律评论》2021年第5期。

② 参见最高人民法院（2018）最高法民再129号民事判决书。

③ 参见朱晓喆：《资产证券化中的权利转让与“将来债权”让与——评“平安凯迪资产支持专项计划”执行异议案》，载《财经法学》2019年第4期。

担保合同，由此带来的体系效应就是在保理交易中涉及与担保功能相关的纠纷，即应适用或者类推适用我国《民法典》“担保物权”分编的相关规则①。根据《担保制度解释》第六十八条，债务人或者第三人与债权人约定将财产形式上转移至债权人名下，债务人不履行到期债务，财产归债权人所有的，人民法院应当认定该约定无效，但是不影响当事人有关提供担保的意思表示的效力。该规定将当事人约定“债务人不履行到期债务的，财产归债权人所有”的情况，认定为流质条款。对流质条款，《民法典》并未规定其无效，只是将当事人的意思表示转化为按照担保物权变价程序进行清算。那么，保理中当事人约定将应收账款转让给保理人，是否属于流质条款？是否应当将双方意思转化为按照担保物权变价程序进行清算？

（1）无追索权保理不适用流质条款。无追索权的保理合同一般约定保理商在应收账款到期，无商业纠纷且无法从买方处收回时，不能向卖方反转让应收账款的保理类型。保理人只有在让与人发生商业纠纷时才可向其追索，实即由让与人承担权利瑕疵担保责任②。因此，双方之间的法律关系类似于买卖合同，受让人取得应收账款所有权，自然有权直接收取应收账款。

（2）有追索权保理中的流质条款仅约束清算义务，不限定清算方式。对有追索权的保理，主要存在间接给付说和让与担保说两种观点。两者的主要差异，在于间接给付说认为债权人对于新的给付（应收账款）具有优先变价的义务，而让与担保则无此规定。从《民法典》第七百六十六条关于“可以……也可以……”的规定看，显然立法倾向于让与担保说。当然，有追索权的保理并非典型的应收账款让与担保，而是非典型担保的一种，只是可以类推适用让与担保相关规定。

《担保制度解释》第六十八条规定让与担保属于担保物权，因而当事人约定财产直接归债权人所有的，该约定为流质条款。笔者认为，应当对《担保制度解释》第六十八条进行限缩解释，即第二款中“人民法院应当

① 参见高圣平：《论民法典上保理交易的担保功能》，载《法商研究》2023 年第 2 期。

② 参见中国银行业协会保理专业委员会发布：《国内双保理业务合作协议范本 V1.0（试行）》。

认定该约定无效”系指双方对无须承担清算义务的约定无效，而非在清算方式上必须采取“对财产折价或者以拍卖、变卖该财产所得的价款优先受偿”的方式。也即，当事人约定迟延清偿债务即丧失应收账款取回权，或者保理人可以取得超出主债权数额的价值的规定等类似约定属于流质条款，而对当事人可以直接收取应收账款的约定不作流质条款处理。首先，保理业务中应收账款在融资款清偿前就转让给了保理人，一般不会约定无法实现主债权时应收账款属于保理人。其次，如果将《担保制度解释》第六十八条理解为对清算方式的规定，不符合保理业务实际情况。债权本身流动性弱，变价价值低，强制规定以“对财产折价或者以拍卖、变卖该财产所得的价款优先受偿的”方式取得应收账款，远不如由保理人向应收账款债务人直接收取债权方便。在《担保制度解释》第六十一条第三款认可质权人可以请求应收账款债务人履行债务的情况下，却不认可让与担保权人的应收账款收取权，显然存在法律漏洞。最后，按照所有权构造说，应收账款让与担保所让与的是应收账款所有权，保理人收取应收账款属于对自己权利的处分。此外，在国际银行保理业务中，存在境内卖方银行和境外买方银行，保理合同往往约定境外买方银行可以直接收取应收账款并汇入国内银行账户，如将民法典担保物权的清算方式强加于保理业务，不符合保理实际。有追索权保理中流质条款的界定如图 3. 21 所示。

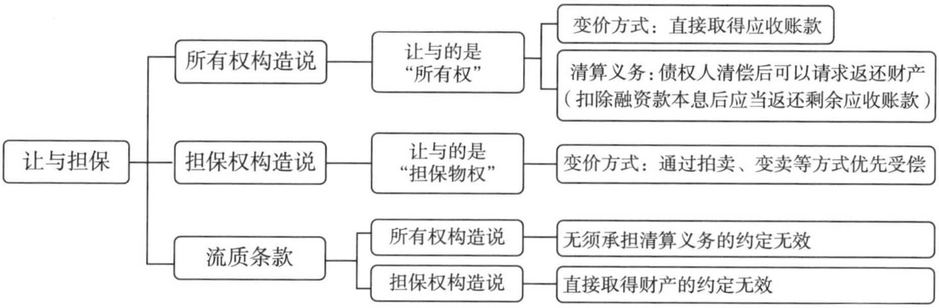

图 3. 21　有追索权保理中流质条款的界定

三、完善：保理合同应收账款多重转让优先顺位的解释路径

应收账款多重转让的优先顺位，本质上是应收账款的最终利益归属顺

位，换言之，是谁在债权让与产生的外部效力中享有优先权。所谓外部效力，是指发生于受让人与债务人及第三人间的效力。以下分别从其他受让人、债务人及第三人与原受让人之间的顺位角度论述优先顺位规则。

（一）多重受让人：履行清算义务后判断利益归属

1. 例外情形

无追索权的保理人之间按照债权取得的先后顺序确定顺位。理论界关于有追索权的保理中，被让与的应收账款债权属于“所有权”还是“担保权”存在争议[①]。按照“所有权”说，数个有追索权的保理人间权利竞存时，将面临权利之有无的竞争，此时存在适用第七百六十八条的必要。按照“担保权”说，在有追索权人之间，或有追索权人与无追索权人之间，将面临数个担保权之间，或担保权与所有权之间的竞争。在确定应收账款之利益归属上，无论是权利有无之争，还是权利先后之争，都存在适用第七百六十八条的空间（见表 3.9）。

表 3.9　既未登记也未通知情况下的权利竞争效果

第七百六十八条第四句的适用范围	
有追索权的保理	无追索权的保理
按比例取得	按比例取得（类推适用）
按比例取得（类推适用）	按照先后顺序取得

但是，由于保理合同存在不同类型，第七百六十八条的适用存在例外情形。该条第四句规定，“既未登记也未通知的，按照保理融资款或者服务报酬的比例取得应收账款”，其法律效果与抵押权均未登记的规定一致。显然，这是以担保性债权让与为对象制定的规则，无法解决担保性和完全性债权让与以及完全性债权让与之间受让人顺位的确定问题。尽管如此，对于无追索权保理人之间以及有追索权保理人与无追索权保理人之间的权利冲突，根据前文提到的“债权物权化”法理，未经登记的保理人不能取得处分保护效果。在未通知的情况下，保理人之间无法相互对抗，故在无追索权的保理人之间应按照债权取得的先后顺序确定顺位。而在有追索权

① 参见向逢春：《让与担保性质研究》，载《南京大学法律评论》2013 年第 2 期。

保理人和无追索权保理人之间，仍有必要类推适用第七百六十八条第四句，由保理人按照比例取得债权。

2. 法律效果

有追索权的保理人履行清算义务后，由无追索权的保理人取得债权。有追索权保理和无追索权保理由于法律结构不同，适用《民法典》第七百六十八条的法律效果亦不相同。《民法典》第七百六十六条明确了有追索权保理人负有清算义务，因此，保理合同约定有追索权的保理人能够取得全部应收账款的，约定无效。这一规定的理由在于通常情况下债权人并非真的欲将应收账款所有权转让给保理人，而是为了方便保理人从中获得保理融资款本息，所以法律规定保理人受让应收账款后仍负担清算义务，即应将超出保理融资款本息部分的应收账款债权返还给债权人①。法律赋予保理人的清算义务，相当于债务人履行债务后的返还财产，体现了有追索权的保理所具备的担保性质的本质特征。相较而言，无追索权保理人取得的应收账款才是无负担的所有权。因此，当有追索权的保理和无追索权的保理竞存时，如果无追索权的保理登记在先，则保理人取得完整的应收账款债权。如果有追索权的保理登记在先，有追索权的保理人取得受到法律限定（负担清算义务）的应收账款所有权，清算后，无追索权的保理人取得剩余应收账款。根据这一原理，两类保理合同同时存在时，对有追索权的保理人在清算后超出保理融资款本息和相关费用的部分，由无追索权的保理人取得。

（二）履行债务人：不以债务人之善意判断利益归属

《民法典》第七百六十八条明确了登记与通知在对抗多重受让人中的公示效力，这种公示效力是否延伸至债务人？这关系到债务人向谁履行能够真正免责。实践中，债务人的履行是影响保理人能否取得债之利益的重要因素。

1. 通知并非公示要件

《民法典》第五百四十六条将通知作为债权转让对债务人生效的要件，

① 参见潘运华：《民法典中有追索权保理的教义学构造》，载《法商研究》2021年第5期。

而第七百六十八条将通知作为受让人对抗其他债权人的要件。通知成为一种公示方式可能的理由在于，得到通知的债务人，将告知其他债权受让人债权让与这一事实，从而发生公示效力。但是，在法律并未规定债务人负有告知义务的情况下，显然无法解释通知如何产生公示效力。此外，既然债权不适用善意取得制度，而在后受让人仅凭通知便能获得债权，甚至无须考虑通知是否善意，亦与法理不符。因此，与记载于特定载体上的登记不同，通知并不具有对外公示效力。本文认为，《民法典》第七百六十八条将通知作为受让人间的对抗要件，并非赋予通知公示效力，而是起到了规范债务人行为的效果，即债务人得到数个债权让与通知后，只能向先发出通知的受让人履行债务。

2. 转让通知采客观模式

既然通知是判断对债务人生效的唯一标准，那么登记对债务人不产生公示效力便不难理解。不将登记作为对抗债务人的要件，是因为若不如此将改变通知作为债权让与对债务人生效的唯一要件的立场。具体而言，如果认为债务人向未登记的受让人清偿属于恶意，则意味着对债务人苛加了查询义务，增加了债务人履行债务的风险。而且在诉讼中，当事人常常为通知是否送达产生争议，法院在审判时一般采取客观标准进行审查，即通知是否以一定的形式作出并送达。如果采取主观标准，实际上难以查清债务人是否真正知道债权已经让与。《民法典》各分编草案的“一审稿”第三百五十五条第一款曾规定，债权人转让权利的，应当通知债务人。未经通知，该转让对债务人不发生效力，但是债务人明知该债权转让的除外。而最终《民法典》第五百四十六条删去了这一规定，表明立法者认可不以债务人的善意或恶意为标准作为判断有效履行的条件。《民法典》最终实际上是以转让通知到达债务人作为区分点，而非以债务人知道作为区分点，从而采取了纯粹的客观模式①。

3. 对债务人的表见让与不区分是否善意

虽然债务人收到债权转让通知，但实际上债权并未真正让与，债务人

---

① 参见朱虎：《债权转让中对债务人的程序性保护：债权转让通知》，载《当代法学》2020年第6期。

向通知的受让人履行债务能否免责？根据《民法典》第五百四十六条第二款，债权转让的通知不得撤销，但是经受让人同意的除外。这表明，任何影响债权人变动的事实，只有经过通知才对债务人生效。债权转让的撤销欲生效，需要由受让人通知。同理可知，债权是否实际让与，属于影响债权人变动的事实，需通知债务人才生效。如果未通知，则不论债权是否实际让与，债务人都可因向指定债权人履行而免责。这就是所谓的表见让与规则。这里，同样存在是否要求债务人为善意的问题。本文认为，债权的表见让与不以债务人的善意为要件。这是“通知”采客观主义的必然要求。实践中，只要通知以适当的方式作出，债权让与即对债务人生效，通知的效力取决于是否具备一定的客观形式，而非债务人的主观认知。对债权是否实际让与，以通知为准，而不因债务人的主观因素影响履行债务的效力。其中更深层次的理由在于，作出通知这一客观行为产生的信赖利益，是法律上评价债务人是否有效履行债务的直接原因。而债权让与的实际状态，乃至于债务人是否明知，其可归责性的产生归根结底在于让与人。在债权的对外效力上，不应以让与人的可归责性对抗让与人作出通知行为所产生的信赖利益。也正因如此，有学者认为，仅有让与人所为的通知，才能产生债权表见让与的效果；若是受让人进行通知，则不发生债权表见让与①。

（三）新增权利人：一体适用登记对抗主义判断利益归属

在债权让与人出现破产或财务状况不佳的情况下，如果清算组织扩大破产财产的范围，或债务人行使抵销权，以及应收账款质押权人主张优先权，均有可能对保理人取得应收账款产生影响。上述“新增权利人”与保理人对债权优先顺位的确定，是适用《民法典》第七百六十八条时不能回避的问题。

（1）保理人与应收账款质权人之间按照登记确定优先顺位。《民法典》虽然未将保理“功能化”为动产担保的一种类型，但肯定了保理的担保功能。因此，应收账款质押与应收账款转让在保理实务中存在密不可分的关

① 参见潘运华：《〈民法典〉中债权表见让与的解释空间及其构成要件》，载《北方法学》2021年第6期。

系。我国《民法典》并不限制让与人叙作保理后对应收账款进行再处分。因此，应当承认“先转让再质押”的效力。但是，因《民法典》第四百四十五条第二款规定，应收账款出质后，不得转让，故“先质押再转让”能否成立存在争议。本文认为，实务中应当承认“先质押再转让”。如果同一应收账款先设定的质权所担保的债务总额少于应收账款价值，为充分发挥应收账款的金融价值，应当允许债权人就应收账款叙作保理。且因应收账款登记制度的存在，保理人完全可以自主选择是否接受已经设定质押的应收账款。据此，不应当否认“先质押再转让”的法律效力。《民法典》第四百四十五条中所谓的“不得转让”，仅指让与人在法律上负有不得转让之义务，否则将承担对质权人的违约责任，但并不否认让与人所为负担行为（签订保理合同）的效力。况且，质权人的变价权可由物权的追及力予以保障。在应收账款质押登记已经存在的情况下，质权人对应收账款的利益顺位也先于保理人，承认“先质押再转让”不会对质押权人产生不利影响。

（2）保理人与普通债权人之间按照登记确定优先顺位。《担保制度解释》第五十四条明确，未办理抵押登记的抵押权人，不得对抗债权人向人民法院申请保全或者执行抵押财产取得的权利。抵押人破产的，抵押权人亦不得主张对抵押财产优先受偿。第六十七条同时明确，所有权保留买卖、融资租赁等合同中，出卖人、出租人的所有权未经登记不得对抗的“善意第三人”的范围及其效力，参照第五十四条处理。据此，立法认可保全、执行债权人以及破产债权人属于上述担保物权未经公示不得对抗的“善意第三人”。两相对照，若不作扩张解释，仅将《民法典》第七百六十八条的登记对抗范围局限于重复受让人，显然不符合民法典构建统一、全方位的可以登记的担保权的顺位规则的立法目的[①]。因此，应当一体适用登记规则判断保理人与“新增权利人”之间的权利顺位（见图 3.22）。

---

① 参见王利明：《登记的担保权顺位规则研究——以〈民法典〉第 414 条分析为中心》，载《比较法研究》2021 年第 2 期。

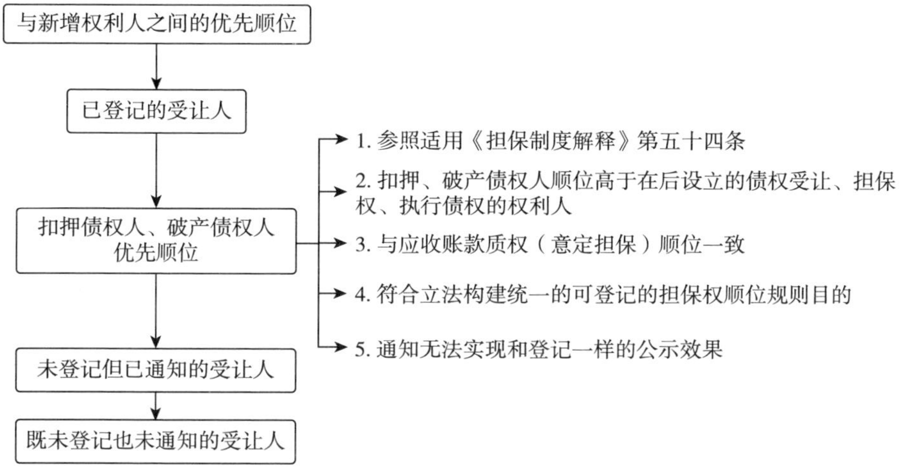

图 3.22　让与人的债权人与保理人间的优先顺位

如前文所述，保全、执行债权人具有优先于在后债权受让人、在后意定担保权人、在后保全或执行债权人受偿的效力，相当于意定担保权人。而破产作为一种概括执行程序，让与人的普通债权人在破产程序中与执行债权人顺位一致①。在应收账款扣押权人顺位等同于应收账款质押权人的顺位前提下，根据《担保制度解释》第六十六条第一款对于同一应收账款同时存在转让和质押，参照《民法典》第七百六十八条确定优先顺序之规定，应收账款质押既采登记生效主义，则应收账款质权亦优先于未登记或后登记的应收账款让与。故此，应收账款让与未登记的，不得对抗让与人的扣押权人。根据“债权物权化”原理，未登记的保理合同不能被赋予对标的物权的处分保护效力，自然不能对抗扣押债权人。至于未登记但已通知的应收账款让与的权利顺位，基于“债权物权化”比例原则的限制，立法者已经借助登记手段实现了多重让与下的登记对抗规则，无须再赋予通知以同样的效力。且从“通知”的法律定位和法律效果来看，一方面其不涉及对不特定第三人的利益的保护，《民法典》第七百六十八条并未将其作为公示手段；另一方面通知具有特定性，无法实现和登记一样的公示效果。因此，扣押债权人的权利顺位优于未登记但已通知的应收账款担保物权。

① 参见龙俊：《中国物权法上的登记对抗主义》，载《法学研究》2012 年第 5 期。

结　语

《民法典》第七百六十八条将“公示”手段引入债权让与规则体系，实现了债权让与与担保物权顺位规则的统一。在各类债权之间，以及可登记的债权和担保物权发生冲突时，均可依据《民法典》第七百六十八条确定权利顺位，因而该条款具有强大的体系效应和广泛的适用价值。但考虑到该条所涉问题关联债权和物权的相互关系这一宏大命题，可谓“牵一发而动全身”，本文尝试从民法典体系化的角度，对债权让与和动产担保物权规则的整体协调进行了解释论作业。不过，该规则的模糊之处不少，还有待裁判实践的进一步检验。

裁判文书

OLAM INTERNATIONAL LIMITED 申请承认执行外国仲裁裁决案

中华人民共和国
北京市第四中级人民法院
民事裁定书

（2021）京04协外认20号

申请人：某国际公司。

被申请人：某商贸公司。

申请人某国际公司与被申请人某商贸公司、申请承认和执行国际棉花协会A01/2020 17号仲裁裁决一案，本院于2021年5月13日立案。本院依法组成合议庭进行了审查，组织当事人进行了询问，现已审查终结。

某国际公司申请称：1. 请求人民法院依法承认和执行国际棉花协会作出的A01/2020 17号裁决；2. 申请承认和执行的费用全部由某商贸公司承担。

事实和理由：某国际公司与某商贸公司买卖合同纠纷一案，经国际棉花协会立案审理，并于2020年8月21日作出A01/2020 17号裁决，某商贸公司需向某国际公司支付损失及损失发生日起至裁决作出之日止的利息，总计6 754 703. 10美元。同时，某商贸公司还需向某国际公司支付以6 754 703. 10美元为本金，自2020年9月11日起至款项实际支付之日止，按照年利率4. 25%计算的利息，暂计算至2021年3月10日为143 537. 44美元。此外，某商贸公司需向某国际公司支付应由其承担的全部仲裁费用，计5 431英镑。暂计至2021年3月10日，某商贸公司需向某国际公司支付的金额合计人民币约45 153 283.14元。目前，某商贸公司拒不遵照前述裁决履行义务。为此，某国际公司依据《中华人民共和国民事诉讼法》第二百八十三条以及《承认和执行外国仲裁裁决公约》（以下简称《纽约公约》）的规定，特向人民法院提出申请，请求人民法院承认和执行涉案裁决，维护相关法律和国际条约的尊严。

被申请人某商贸公司陈述意见称，某国际公司的申请材料明显不符合规定，无法认可材料的真实性与合法性和翻译的准确性，本案不满足申请承认和执行外国仲裁裁决案件的受理条件。某国际公司提交的仲裁协议与裁决有多处关键条款不一致，仲裁不是基于双方最终合意的协议作出。某国际公司与某商贸公司之间没有书面承允在国际棉花协会进行仲裁，且某商贸公司在仲裁程序中没有获得通知。双方并未约定在国际棉花协会仲裁，国际棉花协会不应也无权对某国际公司提出的仲裁请求进行审理或裁决，涉案仲裁庭的组成及程序存在严重瑕疵。某国际公司的申请不符合《纽约公约》第四条及中华人民共和国法律关于申请承认和执行仲裁裁决的前提条件和形式要求，且裁决存在《纽约公约》第五条第一款（甲）（乙）（丙）（丁）项中不应获得承认和执行的情形。

本院经审查认为，中华人民共和国与大不列颠及北爱尔兰联合王国均属于《纽约公约》的缔约国，且涉案仲裁裁决解决的是按我国法律属于契约性商事法律关系所引起的争议。因此，关于涉案仲裁裁决是否存在不予承认和执行的情形，应当根据《纽约公约》第五条的规定进行审查：一、裁决唯有受裁决援用之一造向声请承认及执行地之主管机关提具证据证明有下列情形之一时，始得依该造之请求，拒予承认及执行；（甲）第二条所称协定之当事人依对其适用之法律有某种无行为能力情形者，或该项协定依当事人作为协定准据之法律系属无效，或未指明以何法律为准时，依裁决地所在国法律系属无效者；（乙）受裁决援用之一造未接获关于指派仲裁员或仲裁程序之适当通知，或因他故，致未能申辩者；（丙）裁决所处理之争议非为交付仲裁之标的或不在其条款之列，或裁决载有关于交付仲裁范围以外事项之决定者，但交付仲裁事项之决定可与未交付仲裁之事项划分时，裁决中关于交付仲裁事项之决定部分得予承认及执行；

（丁）仲裁机关之组成或仲裁程序与各造间之协议不符，或无协议而与仲裁地所在国法律不符者；（戊）裁决对各造尚无拘束力，或业经裁决地所在国或裁决所依据法律之国家之主管机关撤销或停止执行者。二、倘声请承认及执行地所在国之主管机关认定有下列情形之一，亦得拒不承认及执行仲裁裁决：（甲）依该国法律，争议事项系不能以仲裁解决者；（乙）承认或执行裁决有违该国公共政策者。对于当事人申请人民法院承认和执行外国仲裁裁决的，应当按照《纽约公约》第四条的规定提交相应材料：一、声请承认及执行之一造，为取得前条所称之承认及执行，应于声请时提具：（甲）原裁决之正本或其正式副本；（乙）第二条所称协定之原本或其正式副本。二、倘前述裁决或协定所用文字非为援引裁决地所在国之正式文字，声请承认及执行裁决之一造应具备各该文件之此项文字译本。译本应由公设或宣誓之翻译员或外交或领事人员认证之。

本案中，被申请人某商贸公司提出了以下六项意见：一是某国际公司提交本案的裁决、仲裁协议及其中文译本不符合《纽约公约》第四条的规定；二是某国际公司提交本案的仲裁条款与裁决载明的关键条款不一致；三是当事人没有约定在国际棉花协会进行仲裁，仲裁条款中约定的仲裁机构 ICA 并非专指国际棉花协会；四是某商贸公司没有获得书面仲裁通知；五是裁决超出了某国际公司交付仲裁的范围；六是仲裁庭组成及仲裁程序违反法定程序。由于第五项、第六项意见主要以双方未约定将争议提交国际棉花协会仲裁、国际棉花协会未向某商贸公司送达为依据，故对于上述两项意见的审查，本院将结合对第三项、第四项意见的审查结果一并作出认定。

一、关于某国际公司是否提交了符合《纽约公约》规定的裁决及仲裁协议

根据《纽约公约》第四条规定："一、声请承认及执行之一造，为取得前条所称之承认及执行，应于声请时提具：（甲）原裁决之正本或其正式副本；（乙）第二条所称协定之原本或其正式副本。二、倘前述裁决或协定所用文字非为援引裁决地所在国之正式文字，声请承认及执行裁决之一造应具备各该文件之此项文字译本。译本应由公设或宣誓之翻译员或外交或领事人员认证之。”本案审查过程中，某国际公司向本院提交了符合《纽约公约》规定的、由具备资质的翻译机构翻译的、经公证认证的裁决及仲裁协议，本院已将上述申请材料向某商贸公司进行了送达。因此，某国际公司提出本案申请符合《纽约公约》的规定。

二、关于某国际公司在本案中提交的仲裁协议是否与提请仲裁的依据一致

鉴于案涉合同原文与裁决原文均为英文，经本院审查，裁决所载明的仲裁依据为编号为18/S/01976、18/S/06915、18/S/07112、18/S/07218的合同中的仲裁条款，均为“THIS CONTRSCT IS SUBJECT TO ICA RULES & BY-LAWS, AND SHALL NOT BE CANCELLEND ON ANY GROUND. ANY DISPUTE ARISING OUT OF OR IN CONNECTION WITH THIS CONTRACT, INCLUDING ANY QUESTION REGARDING ITS, VALIDITY OR TEAMINATION, SHALL BE REFERRED TO AND FINALLY RESOLVED BY ARBITRATION BEFORE ICA & UNDER THE ICA RULES AND BY-LAWS, WHICH RULES, WHICH RULES ARE DEEMED TO BE INCORPOTATED BY REFERENCE TO THIS CLAUSE”，与提出本案申请所依据的编号为18/S/01976、18/S/06915、18/S/07112、18/S/07218的合同中的仲裁条款相同，并不存在某国际公司提交的仲裁协议与裁决有多处关键条款不一致以及仲裁并非基于双方最终合意的协议作出的情形。因某商贸公司对该项意见未举证证明，因此不足以认定仲裁依据不明确以及提出本案申请与提请仲裁的依据不一致，本院对该项意见不予采纳。

三、当事人是否约定了明确的仲裁机构

经查，当事人约定的仲裁规则的英文表述为：“IF THE APPLICATION RULES IN THE FACE OF CONTRACT ARE STATED TO BE ‘MILAN RULE’ OR ‘THE RULE OF THE MILAN COTTON EXCHANGE’ OF OTHER LIKE EXPRESSION THEN THIS SHALL BE DEEMED TO MEAN

THAT BY ARBITRATION ON QUESTION OF QUALITY SHALL BE CONDUCTED IN ACCORDANCE WITH RULES OF THE MILAN COTTON EXCHANGE BUT ANY ARBITRATION OTHER THAN ON QUALITY SHALL BE CONDUCTED IN ACCORDANCE WITH THE RULES OF THE INTERNATIONAL COTTON ASSOCIATION LIMITED”，其中文译文为：“如果本合同中的适用规则被规定为‘米兰规则’或‘米兰棉花交易所规则’或其他类似表述，则这应被视为意味着质量问题的仲裁应按照米兰棉花交易所的规则进行，但除质量问题外的任何仲裁均应适用按照国际棉花协会有限公司的规则进行”。故根据当事人在合同中约定的仲裁规则，双方均同意对质量问题适用米兰棉花交易所的规则，对非质量问题适用国际棉花协会的规则。再结合当事人在案涉合同中对仲裁机构的表述“ICA”，可以认定“ICA”有具体、明确、唯一所指，即国际棉花协会。故某商贸公司提出的当事人没有约定明确的仲裁机构的理由不能成立，以及因当事人未约定明确的仲裁机构、未约定准据法，故根据中华人民共和国法律仲裁协议应为无效的理由也不能成立。

四、国际棉花协会是否向某商贸公司进行了有效送达

本案审查过程中，某国际公司向本院提交了经公证认证的国际棉花协会向某商贸公司电子邮件送达的记录，某商贸公司亦认可国际棉花协会向其送达的电子邮箱地址是其业务员的电子邮箱地址，故可以认定国际棉花协会向某商贸公司进行了送达和通知，仲裁程序合法有效。某商贸公司提出的其未在上述电子邮箱中查到相关仲裁文件的理由，不足以否认国际棉花协会已向其送达相关仲裁文件，本院不予采纳。

五、裁决是否超出了某国际公司交付仲裁的范围以及仲裁庭组成、仲裁程序是否违反法定程序

根据上述第三项、第四项的认定，案涉合同中约定了明确的仲裁机构，即国际棉花协会，仲裁协议合法有效，且国际棉花协会已经向某商贸公司进行了送达和告知，国际棉花协会对案涉争议具有管辖权，其有权组成仲裁庭审理案件并作出裁决。故而仲裁庭的组庭程序和送达程序均未违反法律规定，国际棉花协会根据仲裁协议审理案件亦未超出某国际公司交付仲裁的范围。综上，某商贸公司提出的裁决超出某国际公司交付仲裁范围的理由不能成立，以及因国际棉花协会未向其送达故而仲裁庭组成违反法定程序、仲裁未给予某商贸公司答辩等权利的理由不能成立。

依照《承认及执行外国仲裁裁决公约》第五条，《中华人民共和国民事诉讼法》第二百八十三条，《最高人民法院关于适用〈中华人民共和国民事诉讼法〉的解释》第五百四十七条第一款、第五百四十八条规定，裁定如下：

承认和执行国际棉花协会于 2020 年 8 月 21 日作出的 A01/2020 17 号仲裁裁决。

案件申请费 500 元，由某商贸公司负担。

审　判　长　　马　军
审　判　员　　梅　宇
审　判　员　　郝文婷

二〇二一年八月九日

法官助理　　马志文
书　记　员　　白　硕

新加坡某公司诉A合资公司等股东资格确认纠纷案

中华人民共和国
北京市第四中级人民法院
民事判决书

（2018）京04民初420号

原告：新加坡某公司。

被告：A合资公司。

第三人：B公司。

原告新加坡某公司与被告A合资公司、第三人B公司股东资格确认纠纷一案，本院于2018年8月22日立案受理后，依法适用普通程序，公开开庭进行了审理。

新加坡某公司向本院提出诉讼请求：1. 请求依法确认B公司原下属公司C公司在工商登记中享有的A合资公司股权是代新加坡某公司持有；2. 请求依法判决A合资公司、B公司配合新加坡某公司将C公司在工商登记中享有的A合资公司股权变更登记到新加坡某公司名下。

事实和理由：1996年，经中华人民共和国原对外贸易经济合作部批准，新加坡某公司与C公司设立A合资公司，企业性质为中外合资企业，注册资本美元600万元。其中，约定C公司出资美元120万元，占注册资本的20%；新加坡某公司出资美元480万元，占注册资本的80%。但事实上，当时的国家政策不允许外商独资企业涉及博览馆类经营，因此，新加坡某公司才找到C公司成立合资公司，而事实上C公司的全部出资均是新加坡某公司支付的。而且，在 A 合资公司成立至今的 20 余年间，C 公司也从未参与 A 合资公司的实际经营管理、利润分红、费用承担，C 公司在工商管理部门登记享有的 A 合资公司 20%股权事实上是代新加坡某公司持有的，双方是隐名股东与显名股东的关系，C 公司享有的股权事实上属于新加坡某公司。C 公司在 2004 年 9 月 28 日因未年检，被北京市工商行政管理局海淀分局吊销营业执照。后其设立单位 C 公司在对 C 公司进行清算时，也未将登记在 C 公司名下的 A 合资公司股权作为资产进行认定和处置。C 公司已于 2009 年 12 月 30 日被北京市工商行政管理局海淀分局注销，其权利义务由设立单位 C 公司承继，因此 C 公司应当配合新加坡某公司变更股权登记。为维护自身合法权益，新加坡某公司特提起诉讼，恳请支持。

A 合资公司辩称，对于新加坡某公司起诉主张的事实没有异议。

B 公司述称，本案不存在代持协议，C 公司美元 120 万元的出资是由 C 公司实际支付的，C 公司实际参与了 A 合资公司的经营管理，即使存在代持协议，股权代持关系也因违反法律效力性强制规定而无效。新加坡某公司知悉权利受到侵害已经 16 年，超过了诉讼时效。

新加坡某公司围绕诉讼请求提交了《中华人民共和国外商投资企业批准证书》、A 合资公司工商登记档案资料、C 公司工商登记档案资料等证据；A 合资公司提交了第 194 号行政处罚决定书、《情况说明》以及相关财务资料等证据；C 公司提交了 A 合资公司工商登记档案资料、相关验资报告、A 合资公司注册登记费支付凭证等证据。本院组织当事人就上述证据进行了质证。根据证据，本院认定以下事实：

A 合资公司成立于 1996 年 2 月 13 日，系中外合资经营企业，合资双方为中方 C 公司以及外方新加坡某公司。A 合资公司注册资本为美元 600 万元，其中中方股东 C 公司认缴出资额为美元 120 万元，占注册资本的 20%；外方股东新加坡某公司认缴出资额为美元 480 万元，占注册资本的 80%。A 合资公司自成立至今股东登记未发生变化。

诉讼中 B 公司提交了会计师事务所分别于 1996 年 3 月 27 日出具的《第一期验资报告》以及 1996 年 12 月 11 日出具的《第二期验资报告》，

根据上述验资报告的记载，C 公司认缴出资美元 120 万元，约合人民币 996 万元，实际于 1996 年 3 月 26 日投入人民币 500 万元，存入 A 合资公司账户内，按投入当日基准汇价美元 1 元 = 人民币 8.3349 元计算，折合美元 599 887.22 元；于 1996 年 11 月 25 日投入人民币 140 万元，存入 A 合资公司账户内，按投入当日基准汇价美元 1 元 = 人民币 8.3122 元计算，折合美元 168 427.13 元。B 公司另提交北京三乾会计师事务所有限公司于 2001 年 3 月 8 日出具的《关于 A 合资公司第七期投入资本的验资报告》，其中记载 C 公司于 2001 年 3 月 6 日向 A 合资公司存入人民币 360 万元，按当日人民币市场汇价美元 1 元 = 人民币 8.2777 元计算，折合美元 434 903.42 元。B 公司据此主张 C 公司已经全额缴付了认缴的注册资本美元 120 万元。

新加坡某公司对于 B 公司提交的上述验资报告真实性未提出异议，但主张 C 公司向 A 合资公司缴付的所有出资实际均由新加坡某公司支付。为证明自己的主张，新加坡某公司提交了 C 公司时任法定代表人蒋某于 1999 年 3 月 25 日出具的《说明》，其中提到“目前以 C 公司名义出资并已验资的资本是人民币 640 万元整……但实际情况是：C 公司所出资并已验资的那部分资金是合资外方——新加坡某公司提供给 C 公司用作验资的，并非 C 公司自己的自有资金，因此，这部分资金所形成的资产本质上并不是国有资产”。新加坡某公司主张，C 公司的第一期、第二期出资，均由新加坡某公司通过案外人 E 公司提前支付到 C 公司账户内，再由 C 公司向 A 合资公司缴付。

诉讼期间，A 合资公司提交了 E 公司出具的《情况说明》以及相应财务资料。E 公司《情况说明》显示，该公司受新加坡某公司请求向 C 公司代付款，于 1996 年 3 月 26 日向 C 公司交付金额分别为人民币 350 万元以及人民币 150 万元的两张支票，于 1996 年 11 月 14 日向 C 公司交付一张金额为人民币 110 万元的支票，于 1996 年 11 月 19 日向 C 公司交付一张金额为人民币 30 万元的支票，上述总计人民币 640 万元的款项已经由新加坡某公司于 1996 年 4 月 3 日及 1996 年 7 月 3 日偿还完毕。

此外，新加坡某公司另主张其 2002 年 7 月 1 日通过案外人 D 公司向 C

公司支付人民币 3 573 364.31 元，用于 C 公司向 A 合资公司缴付注册资本（实际缴付日期为 2002 年 7 月 5 日），并就此提交了 D 公司的说明以及相应付款凭证。新加坡某公司对此解释为，2001 年 3 月 6 日 C 公司向 A 合资公司支付人民币 360 万元（即《关于 A 合资公司第七期投入资本的验资报告》中所涉款项），其中人民币 3 573 364.31 元作为缴付的注册资本，人民币 26 635.69 元作为借款记账，但 C 公司随即又通过转账方式将上述人民币 360 万元予以抽回。此后北京市工商行政管理局海淀分局在检查期间发现上述抽逃出资的情形，遂作出行政处罚决定书，责令 C 公司补足抽逃的出资人民币 3 573 364.31 元，并对 C 公司罚款人民币 18 万元。新加坡某公司通过 D 公司向 C 公司支付的人民币 3 573 364.31 元即用于补足抽逃出资。

另查，C 公司系由 B 公司设立的全民所有制法人。因 C 公司未按期申报企业年检，北京市工商行政管理局海淀分局于 2004 年 9 月 28 日作出行政处罚决定书，吊销该公司营业执照。2009 年，B 公司作为 C 公司的上级主管单位，对 C 公司进行注销清算。清算期间，B 公司出具的《B 公司关于 C 公司清算法律责任承担说明》载明，B 公司对 C 公司资产进行了清算，截至 2009 年 11 月 30 日，C 公司债权、债务已经清理完毕；在相应清算财务报表中，未见股权投资的相应记载；清算事项说明显示，B 公司指派 C 公司法定代表人蒋某为清算工作负责人，清算范围包括 C 公司全部资产、负债等情况。2009 年 12 月 28 日 B 公司正式向工商行政管理部门申请对 C 公司进行注销登记，在 B 公司填报的《企业注销登记申请表》中，明确载明“该企业债权、债务已清理完毕，无正在经营的对外企业投资”。2009 年 12 月 30 日，北京市工商行政管理局海淀分局核定准予注销 C 公司。

再查，按照 A 合资公司成立时中华人民共和国施行的《外商投资产业指导目录》（1995 年 6 月 20 日颁布），A 合资公司归属的“大型旅游、文化、娱乐公园及人造景观”属于限制外商投资产业，不允许外商独资。随着改革开放的推进及对外市场放开，目前在该细分行业已经取消了类似政策性限制，2019 年 7 月 30 日起施行的《外商投资准入特别管理措施（负面清单）》中未涉及 A 合资公司所属细分行业。

本院认为，本案原告新加坡某公司系在新加坡共和国注册成立的企业法人，根据《最高人民法院关于适用〈中华人民共和国民事诉讼法〉的解释》第五百二十二条第一项之规定，本案属于涉外民事案件。因此，根据《中华人民共和国民事诉讼法》第二百五十九条之规定，本案诉讼程序应适用《中华人民共和国民事诉讼法》第四编涉外民事诉讼程序的特别规定，该编没有规定的，适用《民事诉讼法》的其他有关规定。

关于本案管辖问题，本案中新加坡某公司系以登记在C公司名下的A合资公司20%股权实际所有人为由提起诉讼，并要求确认相应股权归其所有，故本案属于与公司有关的纠纷。《中华人民共和国民事诉讼法》第二十六条规定，“因公司设立、确认股东资格、分配利润、解散等纠纷提起的诉讼，由公司住所地人民法院管辖”，故本案应由A合资公司住所地符合级别管辖的人民法院管辖。A合资公司住所地位于中华人民共和国北京市海淀区，根据《北京市高级人民法院关于北京市第四中级人民法院案件管辖的规定（2018年修订）》的相关规定，应由北京市人民法院管辖的涉外商事案件集中由本院管辖，故本院对本案享有管辖权。

关于本案适用的准据法。本案直接涉及谁是A合资公司20%股权的真实股东，与股东基本权利义务密切相关，故本院依据《中华人民共和国涉外民事关系法律适用法》第十四条第一款“法人及其分支机构的民事权利能力、民事行为能力、组织机构、股东权利义务等事项，适用登记地法律”之规定，决定在本案中适用中华人民共和国法律。

本案现查明的事实是，A合资公司是中外企业合资经营的有限责任公司，自A合资公司成立至今，其登记股东仅包括新加坡某公司和C公司，其中新加坡某公司持股比例80%，C公司持股比例20%。现新加坡某公司主张登记在C公司名下20%股权由其实际出资，亦由其真实享有，C公司并非A合资公司的真正股东，并以此为由要求将上述20%股权变更登记至自己名下。对于新加坡某公司的上述主张，本院认为，有限责任公司的股东是指以认缴的出资额为限对公司承担责任并依法享有资产收益、参与公司重大决策等股东权利的商事主体。《中华人民共和国公司法》第三十二条规定，有限责任公司应当将股东的姓名或者名称向公司登记机关登记，未经登记的不得对抗第三人，由此可知公司登记机关的登记信息并非认定股东身份的法定标准，因此有必要结合实际出资情况以及股东权利的实际行使情况综合判断公司的真实股东。

具体到本案中，A 合资公司 20%股权登记在 C 公司名下，其对应的认缴出资额为美元 120 万元。根据 B 公司提交的相应验资报告的记载，上述认缴资本额已经由 C 公司分三次以人民币形式全额予以缴付，但是新加坡某公司提交的 C 公司时任法定代表人蒋某于 1999 年 3 月 25 日（当时已经完成第一次及第二次缴付出资，但尚未进行第三次缴付出资）出具的《说明》，明确记载 C 公司前两次缴付的共计人民币 640 万元全部由新加坡某公司提供，新加坡某公司更进一步提交了其通过 E 公司向 C 公司支付上述人民币 640 万元的凭据，上述证据足以证明 C 公司前两次合计缴付的人民币 640 万元来源于新加坡某公司。更为重要的是，蒋某出具的《说明》中一并载明“（上述人民币 640 万元）形成的资产本质上并不是国有资产”，可见 C 公司与新加坡某公司之间并非借款关系。至于第七期验资报告中提到的 C 公司于 2001 年 3 月 6 日向 A 合资公司注资人民币 360 万元（其中实际缴付资本为人民币 3 573 364. 31 元），北京市工商行政管理局海淀分局已经认定 C 公司在第三次缴付资本过程中存在抽逃行为，因此对 C 公司进行了行政处罚并责令补足抽逃出资人民币 3 573 364. 31 元。根据新加坡某公司提交的证据，相应款项亦由新加坡某公司通过 D 公司支付给 C 公司，最后再由 C 公司完成缴付行为，可见第三笔资金的实际支付主体仍然是新加坡某公司。综合上述案情，可以认定 C 公司向 A 合资公司缴付的注册资本全部由新加坡某公司实际支付。

关于股东权利实际行使问题，诉讼期间 A 合资公司明确承认 C 公司仅是其名义股东，替新加坡某公司代持相应股份，C 公司未实际参与 A 合资公司的内部治理。此外，蒋某出具的《说明》亦直接印证新加坡某公司与 C 公司之间并非借款关系，而应当是股权代持关系。更为重要的是，C 公司已经于 2009 年注销登记，注销之前 B 公司组织对 C 公司资产及债权债务进行了清算，清算资料显示 C 公司对外没有股权投资，B 公司填报的《企业注销登记申请表》亦明确记载“该企业（即 C 公司）债权、债务已清理完毕，无正在经营的对外企业投资”。本院认为，如果C公司为A合资公司的真实股东并正常行使股东权利，在其清算阶段必然会有所体现，清算组不可能忽略涉及近千万元人民币的股权投资。而且，B公司作为C公司的设立及上级主管单位，对C公司日常经营活动亦负有管理职责，不可能对C公司真实存在的重大投资事项不闻不问，B公司相应申请中“（C公司）无正在经营的对外企业投资”的记载也足以印证C公司对于A合资公司不存在真实股权投资关系。需要说明的是，本案审理期间B公司主张C公司曾经参与了A合资公司的经营管理工作，并以C公司曾支付A合资公司登记注册费、A合资公司部分财务账册中有C公司法定代表人蒋某签字为例证。对此本院认为，股东行使其股东权利参与公司经营管理，应当是以委派或选举公司董事、参与公司股东会或董事会讨论公司重大经营事项或重大决策等方式实现，而并不是由股东直接参与公司某项具体业务，因此B公司所述例证不足为凭，本院对其该部分主张不予采信。

《最高人民法院关于适用〈中华人民共和国公司法〉若干问题的规定（三）》第二十四条第一款规定，“有限责任公司的实际出资人与名义出资人订立合同，约定由实际出资人出资并享有投资权益，以名义出资人为名义股东，实际出资人与名义股东对该合同效力发生争议的，如无合同法第五十二条规定的情形，人民法院应当认定该合同有效”。《中华人民共和国合同法》第十条规定，“当事人订立合同，有书面形式、口头形式和其他形式”。综合前述分析，本院认为虽然新加坡某公司未能提交与C公司之间的书面股权代持协议，但相应证据已经形成完整证据链，可以认定C公司与新加坡某公司之间存在股权代持合同关系，C公司系受托代新加坡某公司持有A合资公司20%股权。A合资公司成立于1996年，换言之新加坡某公司与C公司之间的股权代持合同关系始于1996年，当时《中华人民共和国合同法》尚未颁布实施，但是根据《最高人民法院关于适用〈中华人民共和国合同法〉若干问题的解释（一）》第三条、第四条之规定，对于上述股权代持合同的效力仍应适用《中华人民共和国合同法》第五十二条及相关涉及合同效力的法律法规进行判断。经审查，前述股权代持合同不违反中华人民共和国现行法律法规强制性规定，应为有效合同。虽然履行股权代持合同的法律后果是使得新加坡某公司全资持股A合资公司，导致违反了A合资公司成立时施行的外商投资准入政策，但相应障碍目前已经消除，新加坡某公司要求履行与C公司之间的股权代持合同不违反现行外商投资管理制度，故本院对新加坡某公司要求将涉案代持股权变更登记至自己名下的诉讼请求予以支持。

关于B公司提出的新加坡某公司诉讼请求超过诉讼时效一节，本院认为，目前没有证据证明新加坡某公司与C公司约定了变更股东登记的时限或者新加坡某公司曾经向C公司主张过权利，故在新加坡某公司提起本案诉讼之前诉讼时效尚未起算，本院对B公司关于诉讼时效的抗辩意见不予采信。

此外，需要特别说明的是，本案中A合资公司20%股权的登记股东是C公司，只是因为C公司已经被B公司注销，故本院以B公司作为C公司未了结事宜在诉讼程序上的继受人，追加其作为第三人参与本案诉讼。A合资公司作为有限责任公司，具有人合属性，B公司对于C公司诉讼地位的继受，并不意味着其可以当然一并继受C公司对于A合资公司的名义股权。

综上所述，本案证据足以认定新加坡某公司与C公司之间存在股权代持合同关系，且依据现行法律法规该合同合法有效，现新加坡某公司请求判令将登记在C公司名下的A合资公司20%股权变更登记到自己名下，具有事实及法律依据，本院对其相应诉讼请求予以支持。

综上，依照《中华人民共和国涉外民事关系法律适用法》第十四条第一款，《中华人民共和国公司法》第三十二条，《中华人民共和国合同法》第十条，《最高人民法院关于适用〈中华人民共和国公司法〉若干问题的规定（三）》第二十四条第一款，《最高人民法院关于适用〈中华人民共和国合同法〉若干问题的解释（一）》第三条、第四条，《最高人民法院关于审理外商投资企业纠纷案件若干问题的规定（一）》第十四条规定，本院判决如下：

一、确认登记在C公司名下的A合资公司20%股权（对应注册资本美元120万元）系代新加坡某公司持有，相应股权代持合同关系合法有效；

二、A合资公司于本判决生效后十日内向公司登记机关申请将登记在其股东C公司名下20%股权（对应注册资本美元120万元）变更登记到新加坡某公司名下，变更登记期间B公司应代替C公司予以配合。

案件受理费人民币70元，由A合资公司负担（于本判决生效后七日内交纳）。

如不服本判决，新加坡某公司可以在判决书送达之日起三十日内，A合资公司、B公司可以在判决书送达之日起十五日内，向本院递交上诉状，并按照对方当事人或者代表人的人数提出副本，上诉于中华人民共和国北京市高级人民法院。

审 判 长 崔智瑜

审 判 员 冀 东

人民陪审员 王润华

二〇一九年八月二十八日

法官助理 王 静

书 记 员 张 利

曲某与陈某股权转让纠纷案

北京市第四中级人民法院
民事判决书

（2020）京04民初105号

原告：曲某。

被告：陈某。

原告曲某与被告陈某股权转让纠纷一案，本院于2020年1月8日立案后，依法适用普通程序，公开开庭进行了审理。本案现已审理终结。

原告曲某向本院提出诉讼请求：1. 判令确认双方签订的《股权转让协议》自起诉状送达陈某之日起解除；2. 判令陈某返还曲某支付的股权转让款75 000元；3. 判令陈某支付曲某利息；4. 判令陈某赔偿损失2716.8美元；5. 判令陈某赔偿律师费1万元；6. 案件受理费由陈某承担。

事实与理由：2017年9月3日，曲某与陈某在北京市朝阳区签订《股权转让协议》，约定陈某向曲某转让其在注册于美利坚合众国加利福尼亚州的L公司拥有的2%的股权，股权转让款为人民币75 000元，陈某应于收到曲某的认购款项后的60日内向公司的注册管理机构提交变更申请，并于90日内完成股权变更登记手续。协议签订后，曲某付清全部股权转让款75 000元，曲某认为陈某未履行协议约定的义务，未办理股份变更手续、交付生效的股份凭证。曲某以陈某的行为构成严重违约，导致曲某产生重大损失为由诉至法院，要求解除《股权转让协议》、返还股权转让款及赔偿损失等。

被告陈某辩称：不同意曲某的诉讼请求，经过L公司超过51%股权股东同意后，陈某与曲某于2017年9月25日签署股权转让协议，并进行了相关股权变更手续。2017年9月25日后，曲某作为L公司股东，行使股东权益多次参与公司的经营、会议、业务沟通，并作为股东按照股份相应比例进行过公司款项的投入即对公司注资。

当事人围绕诉讼请求依法提交了证据，本院组织当事人进行了证据交换和质证。对当事人无异议的证据，本院予以确认并在卷佐证。根据当事人陈述和经审查确认的证据，本院认定事实如下：

2017年9月3日，靳某（受让方）与陈某（转让方）签订《股权转让协议》，约定鉴于陈某在L公司合法拥有40%股权，现将该公司2%股权转让给靳某，且转让要求已获得公司股东会的批准。双方达成如下协议：1. 靳某受让陈某在L公司持有的2%的股权；2. 2%股权转让对价为75 000元，协议签订后的10日内付清；3. 陈某在收到股权转让款项当日，向靳某开出书面收据。收到认购款项后的六十日内提交登记变更申请，九十日内完成股权变更登记手续；4. 陈某承诺：协议签署后至变更登记完成前，陈某行使股东权利应征求靳某的意见。不得就公司利润进行分配，与公司利益有关的重大事项和为公司设定债务或增加公司负担的，必须经靳某同意方可进行，且不得有损害公司利益的任何行为。陈某保证其主体资质、相关手续，必须同时满足中国和美国相关法律法规的规定；5. 从本协议生效之日起，靳某实际行使作为公司股东的权利，并履行相应的股东义务。必要时，陈某应协助靳某行使股东权利、履行股东义务，包括以陈某名义签署相关文件。从本协议生效之日起，靳某按其所持股权比例依法分享利润和分担风险及亏损；6. 陈某向靳某转让本协议所涉及股份的有效性及本协议的履行，非因下列原因外，不得提前终止或解除，但陈某应当于3日内返还靳某已交付的全部认购款项：（1）提前达到经营目的或预期目的的，（2）全体股东一致同意提前终止的，（3）企业倒闭或无法继续经营的；7. 如果一方违反合同约定，守约方均可随时解除本协议并要求违约方赔偿守约方的所有损失。若因陈某原因致使本合同计划无法执行，造成重大损失时，由陈某承担全部责任，并退还靳某认购的全额股金；8. 本协议适用中国法律；9. 协议经双方签字盖章之日起生效。协议签署当日，陈某需向靳某提供公司股东会的批准材料并加盖公司章，以此证明陈某在公司原有持股股份情况以及转让其股权的要求已获得公司股东会的批准。合同尾部由靳某、陈某签字确认。

案件审理过程中，双方当事人均认可曲某为股权实际受让人，靳某受曲某委托签订协议。曲某分两次分别向陈某支付股权转让款人民币 2.5 万元、5 万元，合计 7.5 万元。2017 年 9 月 25 日，L 公司向曲某签发第 12 号股票证书，载明：曲某享有公司 9%的已足额付讫的非应税股票。

2017 年 10 月 8 日，曲某通过靳某向“周”汇款 320 美元，备注为“股权价值”。案件审理过程中，双方当事人确认：320 美元系“对应 L 公司股权价值的入资”。陈某称汇款时，曲某受让丁某及陈某各 2%的股份，故按照 4%的股权比例增加出资。双方当事人确认：曲某此后分别向 L 公司出资 1472 美元、720 美元，合计出资 2512 美元。

2018 年 4 月 9 日，王某分别向曲某等人发送“2018 年 2 月会议记录”，载明出席会议人员为：丁某、王某、曲某、靳某等，会议商定内容包括：1. 全体股东对陈某退出问题无异议；2. 全体股东对于股份比例变更方式及方法确认；3. 5 号店无法就其店面的后续经营事宜与美国 L 公司达成一致并签署相关协议。因此，5 号店的相关具体经营由其自行负责，辣公府已停止对其进行店面管理……共计 6 项事宜。

2018 年 6 月 13 日，王某分别向曲某、魏某等人发送“2018 年 6 月股东会召开通知”，内容为：“尊敬的各位股东，兹定于 2018 年 6 月 14 日（星期四）晚上 7：00—10：00 在北京市某会议室召开 L 公司第一期股东会会议，进行相关前期工作总结与后续工作开展计划，敬请各位股东准时出席”。

2018 年 8 月 7 日，王某分别向曲某、张某、丁某等人发送主题为“2018 年 7 月工作简报”的邮件，并标明：“请各位股东阅读了解，如有疑问或建议，请发于交流群中大家讨论”。工作简报尾部载明“L 公司 CEO 及运营团队负责人王某”。

2018 年 9 月 5 日，王某向曲某邮箱发送名称为“2018 年曲某入资通知”的邮件，题目为 L 公司，内容为：“尊敬的股东曲某先生，基于本公司 2018 年 2 月及 2018 年 6 月的股东会决议，公司超过 51%股权的股东表决……望您于 2018 年 9 月 8 日前按照公司股东会决议将您的入资款如期汇入公司账户”。落款为“L 公司”。

另查，L 公司系在美利坚合众国加利福尼亚州注册的普通股份公司。丁某为总裁、首席执行官。

本院认为，本案系曲某与陈某因 L 公司的股权转让事宜发生的争议，而 L 公司登记地为美利坚合众国加利福尼亚州，故本案属于涉外民事纠纷案件，依据《中华人民共和国民事诉讼法》第二百五十九条规定，本案应当适用《中华人民共和国民事诉讼法》第四编关于涉外民事诉讼程序的特别规定以及该法其他有关规定。

关于准据法的适用，本案系受让人曲某以未取得股权为由要求解除股权转让合同而产生的纠纷。股权转让合同应否解除涉及转让合同本身及股东资格取得两部分法律关系的判断。《中华人民共和国涉外民事关系法律适用法》第十四条第一款规定：“法人及其分支机构的民事权利能力、民事行为能力、组织机构、股东权利义务等事项，适用登记地法律。”该法第四十一条规定：“当事人可以协议选择合同适用的法律。当事人没有选择的，适用履行义务最能体现该合同特征的一方当事人经常居所地法律或者其他与该合同有最密切联系的法律。”因此，本案应当区分股权转让合同本身、股东资格取得分别确定准据法。对于股权转让合同相关的争议，《股权转让协议》约定适用《中华人民共和国合同法》《中华人民共和国公司法》等法律规定，案件审理过程中，曲某与陈某均同意适用中华人民共和国法律，故应当适用中华人民共和国法律作为准据法；对于曲某是否取得股东资格的判断，应当适用 L 公司登记地美利坚合众国加利福尼亚州的法律作为准据法。

本案中，曲某与陈某签订的《股权转让协议》均系各方真实意思表示，不违反法律、行政法规的强制性规定，应属有效。曲某以未成为 L 公司股东为由要求解除合同、返还已付款项，陈某辩称其已完成股权转让义务。故本案争议的焦点问题在于曲某要求解除合同是否符合约定或法定情形。对此，本院分析意见如下：

第一，曲某已经成为L公司股东。《加利福尼亚公司法》416（A）规定："公司股份的每个持有人均有权获得以公司名义签署的证书，该证书可由董事会主席或副主席或总裁或副总裁连同首席财务官或助理财务主管或秘书或任何助理秘书联合签署，证明股份持有人所拥有的股权数量以及股份的类别或系列名称。证书上的任何或所有签名可以采用传真形式。"本案中，丁某于2017年9月25日作为L公司总裁，向曲某签发股票证书，证明曲某依据加利福尼亚州法律取得L公司股东资格。而此后曲某参加L公司股东会、对公司经营作为股东发表意见、并依据享有股权比例分三次向公司出资的行为，表明其已行使相应股东权利，佐证其取得股东资格。曲某称股权转让时其他股东不知情、未召开股东会，但事后其参与股东会议，其他股东未对其资格提出异议，故在公司已经认可其股东资格的情况下，即使存在前述情形亦不影响其股东资格的取得。

第二，曲某要求依据约定解除合同的请求不能成立。曲某称《股权转让协议》约定陈某向其转让股份的有效性及协议的履行，因企业倒闭或无法继续经营时可以解除。现L公司正在注销，故其依约有权要求解除合同。本院认为，曲某支付股权转让款、陈某依约转让2%的股权，股权转让协议所涉权利义务已经履行完毕。曲某于2017年成为股东后，公司在经营过程中出现注销情形。合同履行完毕后，合同约定的解除条件无适用的可能。因此，即使出现合同字面体现的解约情节，但因合同已经履行完毕，曲某亦无权依据约定要求解除合同。

第三，曲某要求解除合同的理由不符合法定情形。依据《中华人民共和国合同法》第九十四条规定，当事人一方迟延履行债务或者有其他违约行为致使合同目的不能实现，当事人可以解除合同。如前所述，曲某缔约的目的旨在取得L公司股东资格。现本院已认定曲某依约取得股东资格，《股权转让协议》已经履行，故其无权要求解除合同。

鉴于本院已经认定曲某要求解除案涉合同的请求不能成立，故对其要求确认合同解除，并依据合同解除要求陈某返还股权转让款、支付利息、赔偿损失及律师费的诉讼请求，均不予支持。

综上，依照《中华人民共和国涉外民事关系法律适用法》第十四条、

第四十一条，《中华人民共和国合同法》第九十四条、《中华人民共和国民事诉讼法》第二百五十九条规定，判决如下：

驳回曲某的全部诉讼请求。

案件受理费2384元，由曲某负担（已交纳）。

如不服本判决，可以在本判决书送达之日起十五日内，向本院递交上诉状，并按对方当事人或者代表人的人数提出副本，上诉于北京市高级人民法院。

审　判　长　　郝文婷
人民陪审员　　张　萍
人民陪审员　　马保国

二〇二〇年九月二十五日

法官助理　　李晓玲
书　记　员　　刘　爽

刘某与魏某股权转让纠纷案

北京市第四中级人民法院
民事判决书

（2020）京04民初931号

原告：刘某。

被告：魏某。

被告：某矿业公司。

被告：某金融公司。

原告刘某与被告魏某、某矿业公司、某金融公司股权转让纠纷一案，本院于2020年10月14日立案后，依法适用普通程序，公开开庭进行了审理。原告刘某的委托诉讼代理人，被告魏某的委托诉讼代理人到庭参加诉讼。被告某矿业公司、某金融公司经依法送达开庭传票，无正当理由拒不到庭参加诉讼，本院依法缺席审理。本案现已审理终结。

原告刘某向本院提出诉讼请求：1. 请求判令魏某向刘某支付股权转让款及补偿费4000万元；2. 请求判令魏某向刘某支付自2014年7月1日起至实际付清之日止的逾期付款违约金；3. 判令某矿业公司、某金融公司对魏某的第一、二项付款义务承担连带清偿责任；4. 本案诉讼费、财产保全申请费5000元、财产保全担保费54 000元由魏某、某矿业公司、某金融公司承担。

事实与理由：刘某系某矿业公司及A公司的原股东，并分别持有两公司15%的股权。2018年1月24日，刘某与魏某签订《转让协议》约定，刘某将其持有的某矿业公司15%的股权及A公司15%的股权全部转让给魏某，转让价款为2600万元。刘某办理了股权转让及工商变更登记等相关手续后，魏某一直承诺按约向刘某支付股权转让款、补偿款及违约金，且某矿业公司作为保证人承诺魏某未按期支付相应款项的情况下，将全额承担支付责任。2014年4月29日，魏某、某金融公司亦向刘某出具《承诺书》，共同承诺在2014年6月底一次性向魏某支付4000万元的股权转让款及相关补偿费用，如魏某违约将按月利率10%支付违约金。然而，魏某、某矿业公司、某金融公司一直未支付上述股权转让款、补偿费及违约金。某金融公司在2014年4月29日的《承诺书》上盖章的行为系债务加入，应对魏某的付款义务承担连带清偿责任。某金融公司在《承诺书》盖章系共同承担还款责任的意思表示，而且魏某系某金融公司的唯一董事，亦为某金融公司的实际控制人，刘某作为善意债权人有理由相信某金融公司加入债务系其真实意思表示，有权请求某金融公司在承诺书所述的债务范围内承担连带清偿责任。

被告魏某辩称，不同意刘某的全部诉讼请求。本案已经超过法律规定的诉讼时效。魏某与刘某所签《转让协议》并未按照香港公司条例规定再签署正式的转让文书，也未向某矿业公司董事会提供转让文件。刘某与魏某2008年1月24日签订的《转让协议》，因某矿业公司董事平某的拒绝登记通知书，致使合同目的不能实现，恳请法庭驳回刘某的全部诉讼请求。

被告某矿业公司、某金融公司未作答辩。

当事人围绕诉讼请求依法提交了证据，本院组织当事人进行了证据交换和质证。对双方当事人不持异议的证据，本院予以确认并在卷佐证。对相应证据的证明目的将在本院认为部分予以综合评析。根据当事人提交的证据，本院认定如下事实：

一、案涉《转让协议》及相关承诺书签署、履行情况

2008年1月24日，刘某（甲方）与魏某（乙方）签署《股权转让协议书》，约定刘某将在某矿业公司的15%股权（含某县矿业公司的15%股权）全部转给魏某，转让价2600万元支付完毕后，双方办理股权转让手续。甲方同意在转让中授权乙方全权代表甲方签字。

2009年5月8日、2009年10月16日、2010年7月21日、2010年10月25日魏某作为承诺人向刘某分别出具承诺书，载明：以刘某名义2000万元入股的15%股份已由刘某同意转让魏某名下。魏某应支付刘某转股本金2000万元及有关补偿700万元，一共2700万元。在2009年6月30日前，将分两批支付刘某2700万元。至2010年12月30日结算本息，应付刘某为3505万元。之后再延还，除年率30%罚息外，还增加每日500元的罚款。如到期不能支付，延期将罚款。如魏某本人到期不能如期支付，某矿业公司全额承担支付责任。承诺书保证方处有某矿业公司的圆形印章。2012年10月14日，魏某在该份承诺书上手写标注“以上仍有效、继续执行”。

2011年1月12日，刘某出具《收条》，载明：今收到魏某一副“静观万类”长卷。魏某欠款收到日此卷即奉还！

2011年8月19日，刘某出具《收据》，载明：兹于今日收到魏某交付某矿业公司（含某县矿业公司）刘某名下股权转让费用50万元（现金）。

2013年11月24日，魏某与刘某签署《确认函》，载明：一、双方确认刘某在钒矿15%股权转让魏某一事仍有效；二、双方同意魏某在2013年12月30日前一次性支付刘某转让费及有关补偿费用共3000万元；三、双方确认，刘某收到魏某的3000万元后将终止对钒矿的一切权益，并退还魏某一副康熙题词长卷。魏某在确认函上手写“如不按时资金到位，魏某方将同意加罚一千万元整”。确认函上有魏某的签名及某矿业公司条形章。

2014年4月29日，魏某向刘某出具《承诺书》，载明：“同意在2014年6月底前一次性支付刘某4000万元，如违约将（每月）加罚10%。”魏某在承诺书上签字，承诺人还盖有某金融公司的圆形印章。上述“如违约将（每月）加罚10%”中“每月”系手写加上的，旁边签有魏某的名字。同日，刘某出具收条载明：魏某处的吴湖帆对联两副（壹米伍）。庭审中，魏某陈述其没有同意每月加罚10%，承诺函上的“每月”字样不是魏某加的，应是刘某方加的。旁边签字是魏某习惯在空白处签字。2014年4月29日的承诺书约定的违约金过高，希望法院调整为按照签订股权转让协议时24%的年利率标准计算违约金。如果违约加罚10%，以2600万元为基数计算到2014年4月29日相应的利息，然后再加10%。

诉讼中，魏某提交魏某1落款日期为2021年3月18日的《关于某矿业公司股东刘某转让全部股份给股东魏某的拒绝登记通知书》（以下简称《通知书》）。《通知书》载明，“魏某：根据中矿公司《组织章程细则》第7条之规定，履行董事之权利正式通知你：魏某1不认可上述《股权转让协议书》的效力，决定拒绝登记上述股份转让。”《通知书》系魏某1在美国出具，经过美国当地的公证，未有中国使领馆的认证，刘某对该《通知书》不予认可。

关于股权转让价款是2600万元，还是2700万元。双方在庭审中陈述，因刘某投资某矿业公司2000万元，未达到预期的收益，后魏某承诺按照2600万元对其投资进行回购，故2008年签署《股权转让协议书》时约定2600万元是2000万元投资加上补偿确定的价款，后续的《承诺书》则也是按照2000万元股本金为基数确定的回购补偿价款数额。

二、某县矿业公司、某矿业公司、某金融公司相关注册登记信息

1. 某县矿业公司成立于2006年8月7日，注册资本100万元。2008年5月6日，公司股东由刘某15万元、魏某155万元、郑某30万元变更为刘某5万元、魏某165万元、郑某30万元。2009年9月1日，公司股东变更为刘某出资35万元，魏某1变更为65万元。刘某主张，2008年5月6日的股权变更即是履行《转让协议》约定的某县矿业公司股权转让，因《转让协议》约定刘某授权魏某办理股权转让相关事宜，魏某将15%的股份分别登记在刘某和魏某1名下。魏某对此不予认可。

2. 某矿业公司于2002年2月19日在香港依据当时的《公司条例》注册成为有限公司。公司普通股股数为1亿股，其中魏某持有4200万股；郑某持有3000万股；刘某持有1500万股；魏某1800万股，平某500万股。公司董事为魏某、魏某1、刘某。魏某1系魏某的女儿，刘某系魏某的配偶。

某矿业公司章程细则第1条规定，旧《公司条例》附表一A表之规定适用于矿业投资，惟于章程细则明确排除或与章程细则条文相抵触者除外。第7条规定：董事可绝对酌情决定拒绝登记任何股份转让，而无须申述任何理由。倘董事拒绝登记股份转让，则须于本公司收到转让申请之后

两个月内，向受让人发出该条例第 69 条所规定之拒绝转让通知。

刘某认可其仍登记为某矿业公司持股 15% 的股东，主张签订《转让协议》后某矿业公司即由魏某控制，其认为实际已经交付魏某，且一直未有某矿业公司的分红。魏某支付股权转让款后同意配合办理相应变更登记手续。

3. 某金融公司于 1991 年 9 月 5 日在香港依据当时的《公司条例》注册为有限公司。根据 2021 年 3 月 5 日公司查册，某金融公司唯一董事为魏某，股东为魏某持有 375 万股，魏某 1 持有 100 万股，刘某持有 25 万股。

三、香港特别行政区法律查明情况

在本案审理过程中，魏某申请就案涉香港法律进行查明，经双方协商选定某中心作为查明机构后，本院委托某中心进行香港法律查明。某律师行受该中心聘请和委托，由某律师出具了《法律意见书》。本院结合《法律意见书》认定主要内容如下：

（一）香港特别行政区法律下，合约须包含以下四个元素，否则便不构成有法律效力之合约：要约及承约、约因（或代价）、条款有足够确定性而可被执行，以及各方有意图达成具法律约束力之协议。不论是根据新《公司条例》或者旧《公司条例》，它们规定公司成员可以根据公司章程细则的规定转让其所持的公司股份。一家于香港注册成立的私人有限公司必须于其章程细则限制成员转让股份的权利。

（二）结合香港法律及某矿业公司章程细则，某矿业公司之股份转让及变更登记应按照以下程序及限制性规定：首先，一份妥善的转让文书必须交付予某矿业公司。一份妥善的转让文书是指一份可以加盖印花，或者会招致印花税责任的文书。其次，买卖双方于股份交易时一般会签立成交单据及转让文书。最后，除了《转让协议》、《承诺书》以及《确认函》以外，没有显示双方曾就涉案交易签署其他文件，《转让协议》并不构成《印花税条例》下需缴付印花税的成交单据。如果公司董事会在收到一份妥善的转让文书后，不作出任何作为，或通过董事会决议拒绝批准有关的登记股份转让，那么股份转让协议下的受让人将不会成为相关股份在法律上的拥有人。如果董事会通过决议拒绝登记股份转让，受让人可根据《公司条例》，向香港特别行政区法院申请由公司登记该项转让；而法院如果信纳该申请有充分理据，它可以命令公司立即登记该项转让。但是，除非双方于股权转让协议中另有规定，否则董事拒绝登记股份转让不会影响《股权转让协议书》的效力。

本院认为，本案被告魏某系澳门特别行政区居民，某矿业公司、某金融公司系在香港特别行政区注册成立的公司，本案为涉港澳民事案件。适用《中华人民共和国民事诉讼法》第四编“涉外民事诉讼程序的特别规定”，该编没有规定的，依据《中华人民共和国民事诉讼法》第二百五十九条，适用《中华人民共和国民事诉讼法》其他有关规定。某金融公司、某矿业公司在本案中经合法传唤未到庭参加诉讼，视为其自行放弃相关诉讼权利。

关于本案的准据法。庭审中，刘某认为应当适用内地法律，魏某则主张转让的系某矿业公司的股权，应当适用香港法律。对此，本院认为，双方诉争的《转让协议》签署于 2008 年 1 月 24 日，早于《中华人民共和国涉外民事关系法律适用法》（以下简称《法律适用法》）施行的时间。根据《中华人民共和国民法通则》（以下简称《民法通则》）第一百四十五条第二款“涉外合同的当事人可以选择处理合同争议所适用的法律，法律另有规定的除外。涉外合同的当事人没有选择的，适用与合同有最密切联系的国家的法律”。首先，《转让协议》未约定合同争议适用的法律。其次，《转让协议》虽签署于北京，但签署该协议时刘某、魏某均系某矿业公司的股东，且转让的系某矿业公司的股权，且协议第二条双方约定需要到香港会计楼办理股权转让手续，因此，刘某与魏某之间《转让协议》的争议中与合同有最密切联系的系香港特别行政区，应当适用香港法律。最后，刘某依据 2012 年 10 月 14 日、2013 年 11 月 24 日、2014 年 4 月 29 日的《承诺书》《确认函》《转让协议》主张魏某支付股权转让款及违约金，主张某矿业公司、某金融公司作为保证人对魏某的付款义务承担连带清偿责任。上述协议系签署于《法律适用法》施行后，故对于刘某与某矿业公司、某金融公司之间的争议应适用《法律适用法》的规定。《法律适用法》第十四条规定，法人及其分支机构的民事权利能力、民事行为能力、组织机构、股东权利义务等事项，适用登记地法律。某矿业公司、某金融公司均系香港公司，故对某矿业公司、某金融公司的保证责任问题应当适用香港法律。对于诉讼时效问题。魏某在诉讼中援引内地法律抗辩本案诉讼时效已过。刘某对诉讼时效问题亦同意适用内地法律作为准据法。根据《法律适用法》第四十一条的约定，对案涉争议是否超过诉讼时效适用内地法律作为准据法。

《最高人民法院关于适用〈中华人民共和国民法典〉时间效力的若干规定》第一条规定：民法典施行后的法律事实引起的民事纠纷案件，适用民法典的规定。民法典施行前的法律事实引起的民事纠纷案件，适用当时的法律、司法解释的规定，但是法律、司法解释另有规定的除外。根据上述规定，《中华人民共和国民法典》（以下简称《民法典》）施行前的法律事实引起的民事纠纷案件，适用当时的法律、司法解释的规定。

根据双方当事人的诉辩意见以及庭审陈述，本院确认本案的争议焦点为：（1）刘某与魏某之间的股权转让协议是否成立并生效；（2）某矿业公司董事会决议不予登记是否影响股权转让协议效力及魏某应否依约支付相应的股权转让款；（3）某矿业公司、某金融公司应否就魏某支付股权转让款的行为承担保证责任；（4）本案是否超过诉讼时效。对此，本院分项评述如下：

一、关于刘某与魏某的《转让协议》效力

刘某与魏某签署的《转让协议》涉及某矿业公司与某县矿业公司的股权转让，应分别适用香港特别行政区法律和内地法律判明是否存在违反相应法律强制性规定的内容，以确认合同的效力。关于某矿业公司的股权转让效力。刘某主张《转让协议》就股权转让的相关内容约定明确，双方已签字确认，且其后出具多份承诺书确认股权转让事宜，并已实际给付50万元的股权转让款，部分履行协议，该协议应属有效。魏某则辩称，其与刘某签署《转让协议》未涉及香港政府严格规定的印花税条款，亦未按照香港特别行政区通常或通用的转让文书格式，双方后亦未按照香港公司条例规定再签署正式的转让文件，故该《转让协议》仅系双方一个转让意愿的

意向性文件。对此，根据查明的香港法，合约具备法律效力应当满足：要约及承约、约因（或代价）、条款有足够确定性而可被执行以及各方有意图达成具有法律约束力之协议等条件。刘某、魏某均认可2008年1月24日的《转让协议》系其本人签署，故满足要约及承约，及各方有意图达成具有法律约束力之协议等条件。《转让协议》就转让某矿业公司的股权转让标的、对价、股权转让履行顺序等内容作出了明确约定，且双方均签字确认，结合魏某在签署《转让协议》后出具多份《承诺书》确认股权转让事宜、承诺给付股权转让款，以及2011年实际支付股权转让款50万元的事实，可以确认该《转让协议》符合香港法关于合约具备法律效力应当满足的要素要求，应属有效。对于魏某抗辩的董事拒绝登记事由，香港法律查明意见中认为“除非双方于股权转让协议中另有规定，否则董事拒绝登记股份转让不会影响《转让协议》的效力”。在合同未约定董事登记作为生效要件的，董事是否拒绝登记属于股权转让的后续履行问题，并不影响合同的效力。关于成交单据及转让文书，亦是对双方形成合议的股权转让事宜请求公司作出登记或拒绝登记表示的条件，并非双方合同的生效要件。故对魏某的相应辩称意见，本院不予采纳。关于某县矿业公司的股权转让事宜，亦系双方当事人的真实意思表示，相关内容不违反内地法律法规强制性规定，亦属有效。

二、魏某应否向刘某支付全部股权转让款

魏某称董事拒绝登记股份，其受让股权的合同目的无法实现，故其不应支付股权转让款。对此，本院认为，首先，民事行为主体应当本着诚实信用原则履行己方义务。魏某在2008年1月24日与刘某签订股权转让协议，约定其受让刘某持有的某矿业公司15%的股权（含某县矿业公司的15%股权），转让价款为2600万元，2009年5月、2009年10月16日、2010年7月21日、2010年10月25日先后出具承诺函，再次确认某矿业公司股份转让事宜，且承诺其支付股权转让款、补偿款以及逾期罚息。上述事项表明魏某一直具有履行《转让协议》的意愿，且某矿业公司在承诺书中作为保证方盖章确认。对于某矿业公司的保证责任问题将在后面进行

评述，但某矿业公司在承诺书上的盖章行为表明魏某相关受让股权的事宜，某矿业公司知悉，故魏某在诉讼中关于直至2021年才通知公司及相关董事的主张明显有违事实。其次，魏某1、刘某于2008年5月6日按照《转让协议》分别受让刘某持有的某县矿业公司15%股权时，亦应当知道并认可涉案股权转让事宜，且完成了某县矿业公司股权的受让。魏某在本案诉讼中提交魏某1出具的《拒绝登记通知书》及某矿业公司关于拒绝登记的董事会决议，显属魏某、魏某1、刘某一家人为帮助魏某不履行《转让协议》项下的支付义务而出具，有违诚实信用原则。最后，根据香港法查明意见，如果董事会通过决议拒绝登记股份转让，受让人可根据《公司条例》，向香港特别行政区法院申请由公司登记该项转让；而法院如果信纳该申请有充分理据，它可以命令公司立即登记该项转让。因此，即便公司董事会出具真实的拒绝登记股份转让决议，亦不影响魏某作为受让人最终登记为公司股东。综上，魏某的相应抗辩意见，缺乏事实和法律依据，本院不予采纳。魏某应当按照《转让协议》及相应承诺函约定支付刘某股权转让款。

三、关于某矿业公司、某金融公司的担保责任

根据已查明的事实，某矿业公司、某金融公司系在香港特别行政区注册成立的公司，魏某系某矿业公司、某金融公司的董事。对于某矿业公司、某金融公司为魏某债务提供担保的行为效力判定应当适用香港法律为准据法。根据查明的香港法律，旧《公司条例》第47A条规定，（1）除第47B至第48条另有规定外，凡任何人正在进行收购或正建议收购某公司的股份，在该项收购行动进行之前或进行同时，该公司或其任何附属公司均不可为该项收购行动而直接或间接给予资助。（2）除第47B至第48条另有规定外，凡某人已收购某公司的股份，并且为该项收购行动（该人或任何其他人）招致任何债务，该公司或其任何附属公司均不可为减少或解除该项招致的债务而直接或间接给予资助。第47B条规定，资助包括藉担保、保证、弥偿（就弥偿人本身的疏忽或失责而作出的弥偿除外）、责任解除或宽免而给予的资助。本案中，魏某受让刘某持有的某矿业公司股

权，某矿业公司对魏某给付股权转让款的行为提供担保，属于上述规定中禁止的为公司收购行动而直接或间接给予的资助，且某矿业公司为了股东魏某购入本身股份而提供资助，股东魏某亦不符合《公司条例》第47B至第48条不得资助的例外情形，故某矿业公司为魏某受让股权提供担保的行为属于无效行为，刘某无权主张某矿业公司就魏某支付股权转让款的义务承担连带保证责任。

刘某主张某金融公司承担连带保证责任的依据为某金融公司在2014年4月29日魏某出具给刘某的承诺书上盖有印章。对此，本院认为，该份《承诺书》明确载明承诺人为魏某，承诺内容表示亦为“我承诺”“我同意”。某金融公司加盖印章的行为并未作出任何要就魏某债务承担连带保证或其他担保责任的意思表示，故刘某主张某金融公司就魏某的相应债务承担连带责任，无事实和法律依据。

四、关于本案是否超过诉讼时效

刘某主张其2009年至2014年4月29日期间，魏某不断以《承诺书》《确认函》方式同意履行案涉义务，之后其仍不断催促魏某履行其义务，魏某虽同意履行，但迟迟未付。2020年9月18日，刘某向魏某主张时魏某亦同意支付《转让协议》项下的股权转让款及补偿款。魏某则辩称其在2020年9月18日的交谈中多次明确其与刘某之间的定位是合作，是“兄弟之间”的一种投资合作的帮助行为，并未表示同意支付股权收购的款项还钱，亦明确拒绝了刘某要求其写承诺函的要求。对此，本院认为，首先，刘某提交的魏某承诺函最晚一份系2014年4月19日，该承诺函约定的魏某给付股权转让款及赔偿款的时间为2014年6月底。《民法通则》第一百三十五条规定，向人民法院请求保护民事权利的诉讼时效期间为二年。刘某在本案中未提交其于2016年6月底前向魏某主张债权的证据。其次，刘某提交的2020年9月18日与魏某的录音，系诉讼时效期间届满后向魏某主张债权的相关依据。根据《最高人民法院关于审理民事案件适用诉讼时效制度若干问题的规定》第十九条第一款的规定，“诉讼时效期间届满，当事人一方向对方当事人作出同意履行义务的意思表示或者自愿履行义务后，又以诉讼时效期间届满为由进行抗辩的，人民法院不予支持”。从刘某提交的录音材料内容来看，魏某针对刘某要求给付股权转让款，作出同意履行义务的意思表示，仅是以“当下没有钱给”为托词。关于魏某抗辩称其多次明确其与刘某基础定位系合作，是投资合作的帮助行为，并未同意给付案涉的股权转让款的意见，均系针对刘某提出的给付股权转让款的回复，其强调系投资合作的帮助行为，与其在《转让协议》签署后多次出具承诺函中的表述亦相吻合，故其在与刘某的对话中该项陈述仅是其个人意见表示，并未否定双方之间的股权转让关系。因此，本院对魏某在诉讼时效期间届满同意履行义务后又以诉讼时效期间届满为由进行抗辩，不予支持。

综上，魏某对刘某负有给付股权转让款、补偿款及延迟给付违约金的义务，某矿业公司、某金融公司对魏某的上述债务不承担连带保证责任。魏某具体应给付款项的数额：2014 年 4 月 29 日，魏某向刘某出具承诺书，确认于 2014 年 6 月底前一次性支付刘某 4000 万元。故刘某主张魏某应当支付其股权转让款及补偿 4000 万元，有事实和法律依据，本院予以支持。魏某抗辩此前的违约金过高，应当以 2600 万元为基数，按照年利率 24%标准计算至 2014 年 4 月 29 日的利息。经核算，截至 2014 年 4 月 29 日，2600 万元计算的利息数额已超出 1400 万元，故刘某按照承诺书确认的 4000 万元主张既符合魏某的单方承诺，亦未超出魏某抗辩的利息数额，对魏某的该项辩称意见本院不予采纳。关于违约金，刘某主张魏某应当按照 2014 年 4 月 29 日承诺书“违约将加罚 10%”的约定支付违约金，但刘某自愿放弃部分违约金，按照 2014 年 7 月 1 日起至 2019 年 8 月 19 日止，按照年利率 24%标准计算；自 2019 年 8 月 20 日起至实际付清之日止，按照 2019 年 8 月 20 日全国银行间同业拆借中心公布的一年期贷款市场报价利率的 4 倍计算违约金。上述违约金标准符合魏某主张调整的利率标准，故而对刘某主张的违约金部分本院亦予以支持。对于刘某要求某矿业公司、某金融公司就魏某的债务承担连带保证责任的诉讼请求，本院不予支持。关于刘某主张的案件受理费、财产保全申请费属于诉讼费用，应由败诉方承担，故本院对刘某要求魏某承担案件受理费、财产保全费 5000 元的诉讼请求，予以支持。双方在《转让协议》及多份《承诺书》、《确认函》中均未对实现债权费用的承担作出明确约定，保全责任保险费并非诉讼必要支出，故对刘某要求魏某支付保全责任保险费54 000元的诉讼请求，本院不予支持。

综上，依照《中华人民共和国涉外民事关系法律适用法》第十四条、第四十一条，《中华人民共和国香港特别行政区基本法》第八条，《中华人民共和国民法通则》第一百四十五条，《中华人民共和国民事诉讼法》第一百四十四条、第二百五十九条，《最高人民法院关于适用〈中华人民共和国涉外民事关系法律适用法〉若干问题的解释（一）》第十七条，《最高人民法院关于审理民事案件适用诉讼时效制度若干问题的规定》第十九条，《最高人民法院关于适用〈中华人民共和国民事诉讼法〉的解释》第五百二十二条、第五百五十一条规定，判决如下：

一、被告魏某于本判决生效之日起十日内给付原告刘某股权转让及补偿款4000万元；

二、被告魏某于本判决生效之日起十日内给付原告刘某逾期付款违约金；

三、驳回原告刘某的其他诉讼请求。

案件受理费491 800元、财产保全申请费5000元，由被告魏某负担（于本判决生效之日起七日内交纳）。

如不服本判决，原告刘某可以在判决书送达之日起十五日内，被告魏某、某矿业公司、某金融公司可以在判决书送达之日起三十日内，向本院递交上诉状，并按对方当事人或者代表人的人数提出副本，上诉于北京市高级人民法院。

审　判　长　　梅　宇
人民陪审员　　回卫红
人民陪审员　　王　芹

二〇二一年十二月二十四日

法官助理　　李晓蕊
书　记　员　　董云鹏

A 公司诉 B 公司等股权转让案

中华人民共和国
北京市第四中级人民法院
民事判决书

（2016）京 04 民初 7 号

原告：A 公司。

被告：B 公司、C 公司、D 公司、F 公司。

第三人：G 公司。

原告 A 公司诉被告 B 公司、C 公司、D 公司、F 公司、第三人 G 公司股权转让纠纷一案，本院于 2016 年 1 月 6 日立案后，依法适用普通程序，公开开庭进行了审理。本案现已审理终结。

A 公司向本院提出诉讼请求：1. 请求依法判决确认 B 公司与 C 公司签订的《G 公司股权转让协议》无效；2. 请求依法判令恢复 B 公司在第三人 G 公司中的 100%投资权益（按汇率中间价 1 美元兑换 6.12 元人民币计算，约定的股权转让价款 800 万美元折合 4896 万元人民币）；3. 判令 B 公司、C 公司、D 公司、F 公司共同承担本案诉讼费用。

事实与理由：B 公司于 1991 年 7 月 25 日在香港注册成立，A 公司持股 30%，D 公司持股 70%。中外合作企业 G 公司中方股东为 F 公司，外方股东为 B 公司。B 公司持有 G 公司的 100%股权，F 公司作为中方合作方仅享有每年人民币 10 万元的固定报酬，而不承担 G 公司的任何风险和亏损。1993 年 11 月 12 日，G 公司买受位于北京市某村、面积为 216 600 平方米的土地使用权进行开发建设。C 公司于 2002 年 11 月 29 日在英属维尔京群岛注册成立，自2003年2月14日起至2003年2月26日期间，B公司持有C公司100%的股份。2003年2月18日，G公司形成董事会决议，同意B公司将其在G公司的全部权益，包括全部注册资本800万美元的出资额，及享有的全部权利和承担的全部义务转让给C公司。2003年2月18日，B公司与C公司签订《G公司股权转让协议》，约定：B公司同意将其持有的G公司全部注册资本800万美元的出资额以股权成本价即800万美元转让予C公司。F公司出具《同意声明》，放弃对上述股权的优先购买权。2003年3月24日北京市对外经济贸易委员会批复同意B公司将其所持G公司的全部权益转让给C公司。A公司请求判令确认B公司与C公司签订的《股权转让协议》无效并请求判令恢复B公司在G公司中的100%投资权益。

B公司答辩称，A公司在涉案股权转让层面不具有任何利益，A公司不能将其利益直接穿透到G公司，涉案股权转让A公司权益没有遭受任何损失。B公司有权向G公司委派并更换董事，不存在“规避”任何规定的问题。在2003年2月18日签署涉案股权转让协议时，C公司确系B公司全资附属企业，B公司并未进行虚假陈述且审批机关均已知悉C公司母公司的变化，B公司以注册资本的价格向C公司出让G公司股权符合一般的商业惯例，转让价格是否支付属于涉案股权转让协议之履行问题。

C公司答辩称，A公司不享有第三人利益。A公司不是G公司的外方投资者，不对G公司外方投资者权益享有权利。A公司宣称的B公司和A公司受到的利益损害，A公司已在香港寻求司法救济，属于公司内部法律关系，不是确认公司订立的合同无效。案涉股权转让协议的订立和履行不具有给B公司和A公司造成利益损害的目的和意思联络，也不损害B公司和A公司的利益，不存在无效的情形。

D公司答辩称，D公司没有恶意串通，股权转账未损害A公司利益，A公司的诉讼请求超过诉讼时效。针对A公司当前主张的事实和理由中关于涉案域外交易部分，应当适用香港法律等域外法律并应由域外法院管辖，且涉案域外交易事实上完全符合域外法律及B公司章程，真实合法及有效。

F公司答辩称，案涉股权转让经过B公司内部决策程序，是B公司的真实意思表示。中外合作协议及G公司章程均规定，F公司只是享有10万元的回报，不负责合作公司的经营管理。F公司不知道也不应该知道B公司的内部纠纷。F公司同意放弃案涉股权的优先购买权，是F公司行使法律法规和合作协议章程赋予股东享有的合法权益的表现。

第三人G公司陈述意见，A公司的诉讼请求均无事实和法律依据。

当事人围绕诉讼请求依法提交了证据，本院组织当事人进行了证据交换和质证。对当事人认为真实性无异议的证据，本院予以确认并在卷佐证。

本院根据证据并结合双方当事人的庭审陈述查明如下事实：B公司于1991年7月25日在香港注册成立，A公司持股30%，D公司持股70%。中外合作企业G公司中方股东为F公司，外方股东为B公司。B公司持有G公司的100%股权，F公司作为中方合作方仅享有每年人民币10万元的固定报酬，而不承担G公司的任何风险和亏损。1993年11月12日，G公司买受位于北京市某村、面积为216 600平方米的土地使用权进行开发建设。C公司于2002年11月29日在英属维尔京群岛注册成立，自2003年2月14日起至2003年2月26日期间，B公司持有C公司100%的股份。2003年2月18日，G公司形成董事会决议，同意B公司将其在G公司的全部权益，包括全部注册资本800万美元的出资额，及享有的全部权利和承担的全部义务转让给C公司。2003年2月18日，B公司与C公司签订《G公司股权转让协议》，约定：B公司同意将其持有的G公司全部注册资本800万美元的出资额以股权成本价即800万美元转让予C公司。F公司出具《同意声明》，放弃对上述股权的优先购买权。2003年3月24日北京市对外经济贸易委员会批复同意B公司将其所持G公司的全部权益转让给C公司。

本院认为，关于本案的法律适用，依照《最高人民法院关于适用〈中华人民共和国涉外民事关系法律适用法〉若干问题的解释（一）》第一条第（一）项的规定："民事关系具有下列情形之一的，人民法院可以认定为涉外民事关系：当事人一方或双方是外国公民、外国法人或者其他组织、无国籍人”，本案中C公司、D公司为在英属维尔京群岛注册的公司，故本案涉及的法律关系为涉外民事关系。本案系A公司主张B公司与C公司恶意串通签订涉案股权转让合同，损害自己的利益，进而确认合同无效引发的纠纷，依照《中华人民共和国涉外民事关系法律适用法》第四十四条的规定：“侵权责任，适用侵权行为地法律”，且本案各方当事人均同意适用中华人民共和国法律，故本案依法应适用中华人民共和国法律。

B公司与C公司签订的《G公司股权转让协议》系当事人的真实意思表示，且经过G公司的股东F公司及董事会的一致同意，亦获得北京市对外经济贸易委员会的批准，故成立有效。现A公司以持有B公司30%股份的股东身份提起本案诉讼，则本案存在以下两个争议焦点：1. B公司与C公司之间订立《G公司股权转让协议》是否存在恶意串通行为；2.《G公司股权转让协议》的签订是否损害了A公司的利益。现本院就本案争议焦点分别阐述如下：

关于B公司与C公司之间订立《G公司股权转让协议》是否存在恶意串通行为。恶意串通是指当事人双方互相勾结，以某种明示或暗示的方式，为牟取私利而实施损害国家、集体或者第三人利益的民事行为。构成恶意串通，必须证明：1. 主观上当事人须有恶意通谋的故意；2. 当事人事先存在通谋；3. 对国家、集体、第三人的利益具有损害。具体到本案，B公司将其在G公司的全部权益转让给C公司经过G公司董事会决议同意，且该转让亦取得上级主管机关的批准。至于在涉案股权转让协议履行过程中B公司与C公司之间是否发生800万美元股权转让款项流动的情形，也只是B公司与C公司之间的债务问题。A公司不能提供充分证据证明B公司与C公司之间存在恶意通谋的故意并具有串通行为。

关于《G公司股权转让协议》的签订是否损害了A公司的利益。A公司作为B公司的股东，根据香港法律及B公司章程的规定享有股东权益，A公司的股东利益遭受损害并非本案的审理范围。B公司将其在G公司的全部权益转让给C公司，系B公司的正常经营行为。根据法律规定，当事人对自己提出的诉讼请求所依据的事实或者反驳对方诉讼请求所依据的事实，应当提供证据加以证明。当事人未能提供证据或者证据不足以证明其事实主张的，由负有举证证明责任的当事人承担不利的后果。现 A 公司不能证明涉案股权转让协议的订立和履行给其造成了实际的损害，应对此承担不利后果。

除以上争议焦点之外，自 2003 年涉案股权转让完成后至今，G 公司的注册资本和投资总额均发生了变化，涉案股权转让已无法恢复原状。

综上，依据《中华人民共和国合同法》第五十二条、《中华人民共和国涉外民事关系法律适用法》第四十四条、《最高人民法院关于适用〈中华人民共和国涉外民事关系法律适用法〉若干问题的解释（一）》第一条第（一）项之规定，判决如下：

驳回原告 A 公司的诉讼请求。

案件受理费 286 600 元，由原告 A 公司负担（已交纳）；管辖案件受理费 70 元，由被告 B 公司、C 公司、D 公司共同负担（已交纳）。

如不服本判决，被告 F 公司可以在判决书送达之日起十五日内，原告 A 公司、被告 B 公司、C 公司、D 公司可以在判决书送达之日起三十日内向本院递交上诉状，并按照对方当事人或者代表人的人数提出副本，上诉于北京市高级人民法院。

审　判　长　　王　翔
审　判　员　　温志军
审　判　员　　贾　毅

二〇一八年二月二十二日

法官助理　　茹　莹
书　记　员　　李嘉欣

德国某旅行社公司与北京某旅行社公司委托合同纠纷案

中华人民共和国
北京市第四中级人民法院
民事判决书

（2018）京04民初352号

原告：德国某旅行社公司。

被告：北京某旅行社公司。

原告德国某旅行社公司与被告北京某旅行社公司委托合同纠纷一案，本院于2018年7月31日立案。德国某旅行社公司向法院起诉时未声明有仲裁协议，北京某旅行社公司应诉，故本案应由法院主管。关于管辖权，原告德国某旅行社公司系在德国注册成立的企业，且法律事实涉外，本案属于涉外商事纠纷。双方当事人在涉案合同中约定“如发生争议由北京市朝阳区人民法院管辖”，依照《中华人民共和国民事诉讼法》（以下简称《民事诉讼法》）第二百五十九条和第三十四条，上述约定管辖合法有效。根据《北京市高级人民法院关于北京市第四中级人民法院案件管辖的规定》（2018年修订）第一条第二项规定，本院对本案有管辖权。本院依法组成由法官高晶担任审判长，法官崔智瑜、冀东参加的合议庭审理本案，后合议庭成员由崔智瑜、冀东变更为人民陪审员丁宏、韩爽。本院依法适用普通程序，于2020年11月25日公开开庭进行了审理。本案现已审理终结。

德国某旅行社公司向本院提出诉讼请求，请求法院判令：1. 北京某旅行社公司向德国某旅行社公司支付合同价款共计 705 635. 88 欧元；2. 北京某旅行社公司向德国某旅行社公司支付逾期付款违约金，以应付金额为基数，按照逾期每日千分之四的标准自应付之日起计算至实际付清之日止；3. 由北京某旅行社公司承担本案诉讼费、鉴定费 80 万元。后德国某旅行社公司将逾期付款违约金计算起始日统一调整为最后一个团出团满六十日之次日起即自 2018 年 2 月 18 日起。

事实和理由：2016 年 8 月 26 日，北京某旅行社公司与德国某旅行公司签订《地接合同》，约定北京某旅行社公司（甲方）委托德国某旅行公司（乙方）安排其参团人员赴欧洲旅行的交通、住宿、游览、餐饮等事项，甲方应于旅游团接受乙方接待服务之日起 60 个自然日内支付全部团款。双方在实际履行中，经协商确认如出行人数少于但接近报价单上较低一档单价的人数，即可虚拟出 1—3 人，并按照虚拟后的人数与较低的单价结算旅游服务费用，予以优惠；司机小费标准为每名客人每天 2 欧元，原则上按照实际出行人数计算小费。在 2016 年 9 月 11 日至 2017 年 12 月 20 日期间，德国某旅行公司为北京某旅行社公司提供了 160 个团的地接服务，北京某旅行社公司却未按照合同约定于团队抵达欧洲之日起六十日内，以欧元形式足额支付全部团款，已经构成违约。

北京某旅行社公司辩称，北京某旅行社公司已将团费全部支付完毕，德国某旅行社公司提出的违约金主张标准过高。请求法院驳回德国某旅行社公司的全部诉讼请求。

本院组织当事人进行了证据交换和质证。对当事人无异议的证据，本院予以在卷佐证。对当事人有争议的证据，本院依法予以认定。

根据当事人陈述和经审查确认的证据，本院认定事实如下：

一、《地接合同》的签订

2016 年 8 月 26 日，北京某旅行社公司（甲方）与德国某旅行社公司（乙方）签订了《地接合同》，约定甲方委托乙方安排其参团人员赴欧洲旅行的交通、住宿、游览、餐饮等事项。其中第三条约定，甲方需提前通知乙方旅游团出行人数，以最终实际出发人数为准，人数变动价格也随之发生变动。第四条约定，旅游费用根据乙方按出行人数报价的报价单确认，乙方须在报价单上注明每名旅客的单价、减免的人数以及报价中包含的服务项目，未出现在包含的服务中的服务以及所产生的费用不由乙方承担；甲方应于旅游团队接受乙方接待服务之日（通常为团队抵达欧洲之日）起六十自然日内，以欧元形式支付全部团款，并将付款凭证传真至乙方，乙方在确认收到该笔款项后三个工作日内向甲方出具全额正式境外发票，乙方收款账户为德国某旅行社公司在德国的银行开立的账户；如甲方无法以欧元形式支付旅游团团款，应于旅游团队接受乙方接待服务之前以人民币形式按照付款当日汇率支付总团款的80%汇至乙方委托代收团款账户，并将付款凭证传真至乙方，甲方应于旅游团队接受完乙方接待服务（通常为团队结束欧洲的旅行行程）一周内将尚未支付的全部旅游费用以人民币形式按照付款汇率付清，并将付款凭证传真至乙方，乙方在确认收到该笔款项后三个工作日内向甲方出具发票。第五条约定，甲方的义务之一为应在出团前确认最终人员名单、分团及行程方案，交齐有关签证资料。第8.1条约定，甲方未按照约定支付到期应付价款的，每拖延一天应支付合同总金额千分之四的延迟付款违约金。

二、《地接合同》的履行

在双方实际履行《地接合同》中，大体形成以下业务操作流程：1. 北京某旅行社公司提出赴欧洲旅游成团的意向并询价，德国某旅行社公司通过QQ向北京某旅行社公司发送一份相应行程的地接服务区间价格报价单，经北京某旅行社公司加盖“北京某旅行社公司中国公民中心欧洲部非资金往来确认使用业务专用章”或杨某签字确认后再拍照将报价单通过QQ回传至德国某旅行社公司；2. 北京某旅行社公司通过QQ向德国某旅行社公司发送一份载明出行人姓名、性别、护照号等内容的分房名单，或者通过QQ向德国某旅行社公司最终确认出团人数，德国某旅行社公司做地接服务准备工作；3. 出团由德国某旅行社公司提供地接服务；4. 客户回国后，德国某旅行社公司制作账单发送给北京某旅行社公司，双方工作人员核对账目；5. 北京某旅行社公司向德国某旅行社公司付款。

经双方协商达成一致，在计算具体某个团的旅游服务费用时，如北京某旅行社公司确认的出行人数少于但接近报价单上较低一档单价的人数，即可虚拟出 1—3 人，并按照虚拟后的人数与较低的单价结算旅游服务费用，予以优惠。

报价单尾部显示有“本报价单为三页，均为本报价单不可分割之全部”的内容。其中第二页附则第 1 条备注为“司机小费标准为每名客人每天 2 欧元”，且在北京某旅行社公司已支付的团费中也包含该等金额计算的小费。在人数虚拟的情况下，实际履行合同时双方均认可原则上按照实际出行人数计算小费。

2019 年 3 月 9 日，德国某旅行社公司向本院提出就其自 2016 年 9 月 11 日至 2017 年 12 月 20 日期间接受北京某旅行社公司委托提供旅行服务的 160 个团产生的业务往来费用以及北京某旅行社公司已经支付费用的情况进行司法会计鉴定。本院对 160 个团业务往来费用的司法会计鉴定申请予以准许，委托某会计师事务所于 2020 年 10 月 20 日出具《司法会计鉴定报告》。

结合《司法会计鉴定报告》的结论，双方履行《地接合同》的情况是在 2016 年 9 月 11 日至 2017 年 12 月 20 日（接团时间）期间，德国某旅行社公司共为北京某旅行社公司提供了 160 个旅行团的欧洲旅游地接服务，对鉴定结论中存在的二十几处问题经过双方当事人确认，最终认定 160 个团产生地接服务费用共计 2 104 192. 92 欧元。结合北京某旅行社公司已支付的 1 411 477. 52 欧元，尚欠 692 715. 4 欧元未支付。

三、北京某旅行社公司已支付的服务费用

德国某旅行社公司称北京某旅行社公司共计向其支付了 1411 477. 52 欧元，北京某旅行社公司则称共计支付了 1 441 477. 52 欧元，两者相差 3 万欧元。鉴于北京某旅行社公司没有提交证据证明双方争议的 3 万欧元已支付给德国某旅行社公司，德国某旅行社公司亦不认可收到该款项，且北京某旅行社公司所称明显与双方聊天记录内容不符，本院确认北京某旅行社公司已支付的合同价款共计 1 411 477. 52 欧元，尚欠 692 715. 4 欧元未

支付。

此外，北京某旅行社公司不认可使用的QQ号码、名称与德国某旅行公司提供的公证书中QQ号码、名称的对应关系，经向深圳市腾讯计算机系统有限公司和财付通支付科技有限公司调取微信号所绑定的手机号码、人员实名认证信息，双方当事人确认北京某旅行社公司相关员工QQ号码、绑定手机号、微信号等。

本院认为，本案系涉外商事纠纷案件。关于法律适用中的准据法适用，经询问本案当事人一致确认适用中华人民共和国法律。依照《中华人民共和国涉外民事关系法律适用法》第四十一条关于“当事人可以协议选择合同适用的法律。当事人没有选择的，适用履行义务最能体现该合同特征的一方当事人经常居所地法律或者其他与该合同有最密切联系的法律”之规定，鉴于北京某旅行社公司住所地位于中华人民共和国境内，中华人民共和国法律为与案涉合同有最密切联系的法律，本案应适用中华人民共和国法律作为处理本案纠纷的准据法。关于法律适用问题中的程序法律适用，依照《民事诉讼法》第二百五十九条之规定，本案的程序法应当适用《民事诉讼法》第四编关于涉外民事诉讼程序的特别规定以及该法其他有关规定。

案涉《地接合同》系双方当事人的真实意思表示，且内容未违反现行法律法规的强制性规定，应认定为合法有效，双方当事人均应依约履行。

在案经过北京某旅行社公司确认的报价单、通过QQ传送的分房名单以及双方工作人员的聊天记录，能够证明德国某旅行社公司依约履行了160个团的地接服务，但北京某旅行社公司却未按照合同约定于团队抵达欧洲之日起六十日内，以欧元形式足额支付全部团款，已经构成违约，根据《中华人民共和国合同法》第一百零七条“当事人一方不履行合同义务或者履行合同义务不符合约定的，应当承担继续履行、采取补救措施或者赔偿损失等违约责任”之规定，北京某旅行社公司依法应承担相应的违约责任，德国某旅行社公司有权要求北京某旅行社公司立即支付欠付的合同价款，并承担赔偿一定的逾期付款违约金的责任。

关于北京某旅行社公司欠付合同价款金额。经司法会计鉴定，160个旅行团中，绝大部分能够以北京某旅行社公司盖章或签字的报价单确认单价和天数，以通过 QQ 传送的分房名单确认实际出行人数，以双方工作人员的聊天记录或者德国某旅行社公司的自认确认增减项，从而计算出团费，即单价×人数+2 欧元小费/人/天×在欧洲天数×人数+增减项=团费。极少数旅行团，没有北京某旅行社公司签章的报价单，或者没有分房名单，但也能通过双方工作人员的聊天记录确认或者推算出团费。经逐一核算，扣除德国某旅行社公司多主张的费用以及没有证据证明的增项费用，160 个旅行团的团费总计 2 104 192.92 欧元。北京某旅行社公司针对报价单、分房名单、聊天记录和小费提出的异议，本院认为，第一，北京某旅行社公司否认报价单上的章为其所使用，否认报价单和分房名单系通过其工作人员的 QQ 回传，且认为有报价单和分房名单也不能证实团队实际出行的意见，均与本院查明的事实不符，本院对其该抗辩意见不予采信。第二，由德国某旅行社公司提交的分房名单均是工作人员在团队出行前、接收到对方发送的“分房名单” QQ 文件后，另存在本地电脑中保存下来的，以至于现在无法打开原 QQ 文件用以核对原文件内容，北京某旅行社公司据此从文件保存的时间间隔和文件的大小等角度提出对方对分房名单乃至报价单、聊天记录等关键证据做了改动，内容不真实。本院认为，报价单、分房名单均是北京某旅行社公司的工作人员通过 QQ 传送给对方的，聊天记录也已经过公证机关公证，北京某旅行社公司质疑上述书证的内容，认为应以其电脑中留存的文件向法院提交相反证据，在北京某旅行社公司没有提交此类相反证据推翻现有事实的情况下，本院对该辩解意见难以采信。第三，北京某旅行社公司已支付的部分团费中包括了按照每人每天 2 欧元标准计算的小费，双方工作人员的聊天记录、报价单附则部分也能够证实北京某旅行社公司对小费的标准以及小费需另行支付是认可的，北京某旅行社公司提出报价单上的单价包含了小费、无须另行支付小费的意见，没有依据，本院不予采纳。第四，北京某旅行社公司已支付金额。双方对此问题的争议集中在北京某旅行社公司是支付了三个 3 万欧元还是两个 3 万欧元，鉴于北京某旅行社公司作为付款方，没有提交充分的证据证明第三个 3 万欧元的支付事实，德国某旅行社公司亦不认可，且北京某旅行社公司所述明显与双方的聊天记录内容不符，据此，本院确认北京某旅行社公司仅支付了两个3万欧元，即北京某旅行社公司已支付的合同价款共计1 411 477.52欧元。与160个旅行团费总额相抵，北京某旅行社公司尚欠692 715.4欧元未支付。德国某旅行社公司超出该金额的主张，证据不足，本院不予支持。北京某旅行社公司抗辩称已将团费全部支付完毕且不欠团费的意见，本院不予采纳。

关于逾期付款违约金。《地接合同》第8.1条约定，“甲方未按照约定支付到期应付价款的，每拖延一天应支付合同总金额千分之四的延迟付款违约金”。北京某旅行社公司认为，该约定标准过高，希望法院予以调整。对此，本院认为，上述双方约定的违约金标准确属过高，超过了法律保护的范围，北京某旅行社公司的该项抗辩意见应予采纳。对于违约金调整的数额，法院既要尊重当事人的意思自治，又应以实际损失为基础，并兼顾合同的履行情况、当事人的过错程度以及预期利益等综合因素，根据公平原则和诚实信用原则去衡量，予以适当减少，故本院酌定以欠付金额为基数，2019年8月20日之前以中国人民银行同期贷款利率的2倍计算违约金，之后以中国人民银行授权全国银行间同业拆借中心发布的一年期贷款市场报价利率（LPR）的2倍计算。德国某旅行社公司就违约金起始日的主张合理有据，本院予以确认。

综上所述，德国某旅行社公司的部分诉讼请求，应予支持。依照《中华人民共和国合同法》第八条、第六十条、第一百零七条，《最高人民法院关于适用〈中华人民共和国民法典〉时间效力的若干规定》第一条第二款，《中华人民共和国涉外民事关系法律适用法》第四十一条，《中华人民共和国民事诉讼法》第二百五十九条，《最高人民法院关于适用〈中华人民共和国民事诉讼法〉的解释》第九十条规定，判决如下：

一、被告北京某旅行社公司于本判决生效后十日内向原告德国某旅行社公司支付欠付的合同价款692 715.4欧元；

二、被告北京某旅行社公司于本判决生效后十日内向原告德国某旅行社公司支付逾期付款违约金（以欠款692 715.4欧元为基数分以下两段计算：1. 自2018年2月18日起至2019年8月19日止，按照中国人民银行同期贷款利率的二倍计算；2. 自 2019 年 8 月 20 日起至款项实际付清之日止，按照中国人民银行授权全国银行间同业拆借中心发布的一年期贷款市场报价利率〈LPR〉的二倍计算)；

三、驳回原告德国某旅行社公司的其他诉讼请求。

如果未按本判决指定的期间履行给付金钱义务，应当依照《中华人民共和国民事诉讼法》第二百五十三条规定，加倍支付迟延履行期间的债务利息。

本诉案件受理费人民币 84 421 元，由原告德国某旅行社公司负担人民币 1546 元（已交纳)；由被告北京某旅行社公司负担人民币 82 875 元（于本判决生效后七日内交纳)；鉴定费人民币 55 万元，由被告北京某旅行社公司负担（其中人民币 20 万元于本判决生效后七日内直接支付给原告德国某旅行社公司；另人民币 35 万元于本判决生效后七日内直接支付给鉴定机构)。

如不服本判决，原告德国某旅行社公司可以在判决书送达之日起三十日内，被告北京某旅行社公司可以在判决书送达之日起十五日内，向本院递交上诉状，并按照对方当事人或者代表人的人数提出副本，上诉于北京市高级人民法院。

审　判　长　　高　晶
人民陪审员　　丁　宏
人民陪审员　　韩　爽

二〇二一年四月十九日

法官助理　　张　玮
书　记　员　　闫依琳

陈某诉某咨询有限公司委托合同纠纷案

北京市第四中级人民法院
民事判决书

（2020）京04民初380号

原告：陈某。

被告：某咨询公司。

原告陈某与被告某咨询公司委托合同纠纷一案，本院于2020年5月6日立案，依法组成合议庭，于2020年7月15日第一次公开开庭进行了审理，原告陈某及其委托诉讼代理人，被告某咨询公司的委托诉讼代理人到庭参加诉讼；于2020年8月13日第二次公开开庭进行了审理，原告陈某及其委托诉讼代理人，被告某咨询公司的委托诉讼代理人到庭参加诉讼。本案现已审理终结。

原告陈某向本院提起诉讼请求，请求判令：1. 某咨询公司退还陈某投资移民款人民币3 535 550元。2. 某咨询公司退还陈某服务费人民币499 266元。3. 某咨询公司赔偿陈某其他损失人民币40 416.07元。以上3项合计人民币4 075 232.07元。4. 某咨询公司承担全部诉讼费。

事实和理由：2011年，陈某与某咨询公司签订《移民服务合同》，约定某咨询公司代陈某办理申请美国EB5投资移民，服务费人民币5万元、境外律师费1.5万美元。陈某通过某咨询公司与美国区域中心签署相应《律师服务协议》及《有限合伙权益认购协议》先后支付区域中心6万美元管理费及律师费、支付有限合伙托管账户50万美元。某咨询公司为陈某及其家人提供了移民申请的相关服务。2013年5月至2014年8月，陈某及其家人先后获得移民签证及美国永久居留绿卡（有效期限为 2 年）。

2015 年起，某咨询公司为陈某办理 I829 移民申请、委托律师、重开程序启动等工作。2018 年 3 月，陈某因为其申请没有达到就业要求被拒签。某咨询公司代陈某聘请美国律师进行 I-829 申请重启。2018 年 8 月，某咨询公司向陈某出具《情况说明》，称陈某的投资款满足移民局对移民申请解除条件就业的基本要求。2018 年 10 月，某咨询公司向陈某出具《声明》，称某咨询公司将维持陈某及其家人永久绿卡的最终获得。如若投资款追讨程序未果某咨询公司可将投资款本金进行先行垫付。2019 年因重开申请被拒签，陈某诉至法院要求某咨询公司依据《移民服务合同》及《声明》约定，返还其投资款、服务费及律师费，并赔偿损失。

被告某咨询公司辩称，不同意陈某的诉讼请求。50 万美元是陈某认购某合伙企业份额的出资。某咨询公司从未保证过无息退还。陈某不符合约定的退费条件，某咨询公司居间费是人民币 5 万元，其他费用为合理第三方费用，应由陈某承担，可以返还陈某预交的第三方费用尚剩余人民币 6282.1 元。

当事人围绕诉讼请求依法提交了证据，本院组织当事人进行了证据交换和质证。对双方当事人有争议的证据本院认定如下：双方对于陈某提交的《移民服务合同》、服务费支付凭证、其他费用支付凭证、投资款及境外服务费支付凭证、手续费支付凭证、《情况说明》、《声明》以及个人贷款合同、权利质押合同、《某银行出国移民贷款证明书》，邮件、微信记录、陈某及家属护照照片等，某咨询公司提交的《移民服务合同》、《I-526 移民申请律师服务协议》（以下简称律师服务协议）及翻译件、认购协议及翻译件、接收确认函、移民签证 3 份及翻译件、永久居留卡 3 份及翻译件、第 03776 号公证书、双方邮件往来记录、第 03777 号公证书、邮政底单及签收状态查询、第 03634 号公证书的真实性予以认可，本院对上述证据的真实性予以确认，对证明目的将综合案件审理情况在本院认为部分进行认定。

根据当事人陈述和经审查确认的证据，本院认定事实如下：

陈某、杨某系夫妻，陈某 1 系二人之子。

2011 年 11 月 22 日，陈某（甲方）与某咨询公司（乙方）签订《移民服务合同》，约定某咨询公司代陈某办理申请美国 EB5 投资移民（EB5 投资项目通常为取得美国永久居住绿卡）的相关服务事项，陈某须支付服务费人民币 5 万元、境外律师费 1.5 万美元。

签署该《移民服务合同》后，陈某通过某咨询公司与美国区域中心签署相应《律师服务协议》及《有限合伙权益认购协议》，并根据某咨询公司提供的账户信息，先后支付区域中心 6 万美元管理费及律师费、支付有限合伙托管账户 50 万美元。

某咨询公司为陈某及其家人提供了移民申请的相关服务。2013 年 5 月至 2014 年 8 月，陈某及其家人先后获得移民签证及美国永久居留绿卡（有效期限为 2 年）。

2015 年起，某咨询公司为陈某办理 I-829 移民申请、委托律师、重开程序启动等事宜的沟通、洽商及协助提交材料工作。2018 年 3 月，某咨询公司告知陈某因为其申请没有达到就业要求，其 I-829 申请被拒签。某咨询公司代陈某聘请美国律师进行 I-829 申请重启。2018 年 8 月，某咨询公司向陈某出具《情况说明》，称陈某的投资款满足移民局对移民申请解除条件就业的基本要求。2018 年 10 月，某咨询公司向陈某出具出具《声明》，称某咨询公司将同美国移民律师团队紧密合作，将通过一系列法律程序的申请和努力工作，以维持陈某及其家人的条件绿卡身份延续，直至陈某及其家人永久绿卡的最终获得。如若投资款追讨程序未果，经双方友好沟通协商确认后，某咨询公司可将投资款本金进行先行垫付，以确保把陈某的经济损失降到最低。

2019 年，陈某因重开申请被拒签后，于签证截止日离开美国返回中国。某咨询公司于本案审理中提出，陈某在其处预交的第三方费用尚剩余人民币 6282.1 元，可以返还陈某。

本院认为，本案为因被告某咨询公司代理原告陈某办理美国投资移民引起的民事纠纷，根据《最高人民法院关于适用〈中华人民共和国民事诉讼法〉的解释》第五百二十二条第四项规定，本案为涉外民事案件，根据《中华人民共和国民事诉讼法》第二百五十九条规定，应当适用涉外民事诉讼的特别程序进行审理。

《中华人民共和国涉外民事关系法律适用法》第四十一条规定："当事人可以协议选择合同适用的法律。"本案中，陈某与某咨询公司于庭审中均表示同意适用中华人民共和国法律作为审理本案争议的准据法，应为当事人对合同适用法律的协议选择，故中华人民共和国法律应作为处理本案争议的准据法。

《移民服务合同》系双方当事人的真实意思表示，内容亦不违反我国法律、行政法规的强制性规定，应当认定为合法有效。双方当事人应当按照合同约定履行相应义务。对于当事人一方不履行合同义务或者履行合同义务不符合约定的，应当按照《中华人民共和国合同法》（以下简称合同法）第一百零七条规定承担继续履行、采取补救措施或者赔偿损失等违约责任。对于存在合同法第九十一条规定情形之一的，合同权利义务终止。合同权利义务终止后，当事人可以按照合同法第九十八条规定，继续履行合同中约定的结算和清理条款。本案中，双方当事人对陈某及其家属已经获得I-526签证的事项一致认可，本院对此不持异议。对于陈某及其家属未获得I-829永久签证，陈某认为系因某咨询公司未能履行合同义务所致，应当向其返还代理费、投资款项等；某咨询公司认为其已经按照合同约定履行了居间义务，陈某不符合合同约定的返还代理费用、垫付投资款等条件，陈某的主张不存在事实依据及法律依据。再结合庭审过程中双方当事人对本案所涉纠纷性质的异议，本院将本案争议焦点确定为：一是本案所涉合同纠纷性质的认定；二是某咨询公司是否应当向陈某退还投资款、服务费并赔偿其他损失。本院将分别进行分析。

一、本案所涉合同纠纷性质的认定

在当事人对合同的性质意见不一致时，人民法院应当通过法律规定以及合同中约定的权利义务进行综合判定。合同法第三百九十六条规定："委托合同是委托人和受托人约定，由受托人处理委托人事务的合同。"第四百二十四条规定："居间合同是居间人向委托人报告订立合同的机会或者提供订立合同的媒介服务，委托人支付报酬的合同。"在委托合同中，受托人以委托人的名义从事民事行为，但在居间合同中，居间人不介入委托人与第三人之间的民事法律关系，而仅是向委托人报告订约机会或介绍委托人与第三人订约。本案诉争服务合同的约定以及双方合同的实际履行情况为：《移民服务合同》约定某咨询公司受陈某委托代其办理申请美国投资移民的相关服务事项，服务事项内容包括：提供信息和咨询服务，审核及评估有关材料和文件，指导准备申请材料，代理递交申请，根据需要追踪申请的进展情况，提供必要的资料和相关面试辅导；而且某咨询公司一直作为陈某代理人的身份与 JJW 公司、美国律师等进行邮件沟通，索要、提交表格，办理购汇交费等事宜，在陈某 I-829 签证被拒的情况下，某咨询公司承诺委托美国资深移民律师为陈某展开重开申请等法律工作，以维持陈某及其家人的条件绿卡身份延续。上述事实足以表明某咨询公司不仅向陈某提供缔约机会，更多的是按照协议约定履行代为陈某办理投资移民申请提交、掌握申请进展、委托律师展开重开申请等事项，因此，无论根据《移民服务合同》约定的内容还是根据某咨询公司实际履行合同情况来看，均可以认定《移民服务合同》为委托合同，故本案案由应为委托合同纠纷。

二、某咨询公司是否应当向陈某退还投资款、服务费并赔偿其他损失

关于《移民服务合同》约定的某咨询公司合同义务范围一节。双方当事人对于服务合同约定的某咨询公司合同义务范围存在争议。陈某主张某咨询公司所负义务是为其及其家人最终取得 EB5 移民签证提供服务；而某咨询公司主张服务协议明确约定陈某获得美国签证或签证信，双方权利义务终止，某咨询公司在陈某及其家人 2013 年取得移民签证时即已完成。对此，本院认为，当事人应当按照约定全面履行自己的义务。当事人应当遵循诚实信用原则，根据合同的性质、目的和交易习惯履行通知、协助、保密等义务。第一，双方服务合同约定的委托事项为某咨询公司代陈某办理申请美国投资移民，且《情况说明》中注明为 EB5 投资，而 EB5 投资项目通常为取得美国永久居住绿卡；第二，《移民服务合同》中约定的相关代理服务费用中包含境外律师费 1.5 万元，退费条款中亦有“乙方在收到

正式拒签信后将全额退还甲方的代理服务费及律师费”的表述，而从某咨询公司表述陈某签订律师服务协议及认购协议的过程来看，陈某自始至终并未有与协议相对方接触并协商协议条款的机会，均是陈某在某咨询公司提供的英文协议上签字，代为传递协议相对方的相关信息；第三，某咨询公司在陈某及家人于2013年8月15日取得美国条件绿卡后，仍持续代理陈某及区域中心、JJW公司进行I-829申请、委托律师、重开程序启动等事宜的沟通、洽商及协助提交材料；第四，在《移民服务合同》约定“陈某负有按时完成申请前往国所要求的投资行为的责任”“某咨询公司对陈某所做投资的风险不承担任何责任”的情况下，某咨询公司仍于2018年8月10日承诺陈某其投资款满足移民局对移民申请解除条件就业的基本要求，并于2018年10月18日声明“针对陈某I-829申请被移民局拒签，某咨询公司委托美国资深移民律师为陈某展开积极的重开申请等法律工作”。综合以上事实，可以认定双方在签订服务合同时均知悉陈某办理EB5投资移民的目的是取得美国永久居住绿卡，因此在陈某取得EB5移民投资的前期I-526签证后，后续申请I-829签证的相关服务事宜亦应在某咨询公司提供的服务内容当中。某咨询公司关于双方服务合同已于2013年终止，其公司后续的行为都是合同附随义务以及公司帮助行为的意见，显然与双方合同约定和实际履约情况不符，本院不予采纳。

关于某咨询公司应否退还陈某投资移民款50万美元一节。陈某主张因项目方违约导致I-829被拒签，而某咨询公司自2018年10月18日至今未采取任何追讨投资款的行为，故其应当履行承诺，先行垫付投资款项本金给陈某。某咨询公司则辩称陈某的50万美元投资款系支付给区域中心某投资项目四期的监管账户，某咨询公司从未承诺陈某退还投资移民款，服务合同第7.1条亦约定陈某签订此协议表明其已了解该项目乃某咨询公司对于陈某所作投资的风险不承担任何责任，且本案亦不符合《声明》中约定的某咨询公司垫付投资款的条件。对此，本院认为，某咨询公司作为专业的投资移民中介服务机构，应当清楚美国EB5投资移民相关的移民申请条件、投资条件等内容。而陈某作为海外投资者，均系通过某咨询公司与美国的项目方、合作方及政府机构进行沟通、洽商、提交材料，陈某与移民目的国各方之间往往存在信息不对称等问题，因此，某咨询公司负有帮助陈某甄别移民目的国的投资项目以便选择风险较小的项目作为投资、跟踪投资项目情况等合同附随义务。而且，某咨询公司在陈某 I-829 申请被拒签后，明确承诺陈某其投资款满足移民局对移民申请解除条件的基本要求，及某咨询公司委托美国资深移民律师为陈某展开重开申请（MTR）、投资款的法律追讨程序等工作，以帮助陈某及其家人最终获得永久绿卡，以及把经济损失降到最低。虽然《声明》对某咨询公司垫付投资款约定了前置条件，但关于“确保把陈某的经济损失降到最低”的表述说明某咨询公司对陈某负有投资申请事项办理及采取法律手段追讨投资损失的义务。现有证据表明陈某在 2019 年 5 月 14 日签证到期前未能成功办理 I-526 条件绿卡延期而返回中国，故陈某及其家人此后无法合法地入境美国出席 11 月份的移民法庭庭审，以进一步申辩其移民资格。这也表明某咨询公司应当及时为陈某展开投资款的法律追讨程序。根据已查明的事实，陈某并未撤销其对某咨询公司代其与区域中心沟通协商的相关委托，某咨询公司亦未提供证据证明其拟代陈某展开法律追讨程序而陈某予以拒绝或不配合，且陈某于 2019 年底向某咨询公司主张相关权利，双方并未达成一致，反而发生争执，故符合声明中的“未果”条件，而“经甲乙双方友好沟通协商确认后”的条件只能视为前置程序条件，而并非结果要件。因此，在某咨询公司承诺其负责陈某及其家人绿卡延续和永久绿卡获得的申请程序以及投资款追讨程序时，在没有证据证明系陈某方人为阻却条件成就的情况下，某咨询公司可将陈某投资款本金进行先行垫付的承诺应当履行。某咨询公司关于系陈某主动放弃取得永久居民资格的相关法律程序，且某咨询公司可垫付款项的表述并非承诺的意见，缺乏事实依据，本院不予采纳。陈某提出的某咨询公司向其返还投资款 500 000 美元的诉讼请求，实质上为要求某咨询公司垫付投资款返还给陈某，该项请求有事实和法律依据，本院予以支持。鉴于陈某主张的系返还投资款本金 500 000 美元，故其以起诉之日美元兑换人民币汇率折算不妥，应当以其换汇 500 000 美元期间的汇率（即 1∶6.3326）进行折算，合计人民币 3 166 300 元。陈某明确表示，其同意授权某咨询公司代其向相关方申请退还投资款，该款项的追偿权由陈某无偿转让给某咨询公司。对此，本院不持异议。

关于某咨询公司应否退还陈某服务费人民币 7.5 万元、美元 6 万元一节。陈某主张由于取得临时绿卡后近两年才办理永久绿卡，在此期间需满足 10 个就业，需要某咨询公司连续追踪，但某咨询公司违约未连续追踪，以致某咨询公司未发现项目方不能满足 10 个就业的事实情况。因某咨询公司违约，造成陈某未能取得永久签证，故应退还上述款项。某咨询公司辩称，其仅收取了陈某代理服务费人民币 5 万元，人民币 2.5 万元系代收的第三方费用，同意退还剩余的款项；6 万美元系陈某支付给美国项目方区域中心的服务费及律师费，不能退还。对此，本院认为，根据《合同法》第四百零五条规定，委托人完成委托事务的，委托人应当向其支付报酬。因不可归责于受托人的事由，委托合同解除或者委托事务不能完成的，委托人应当向受托人支付相应的报酬。当事人另有约定的，按照其约定。《移民服务合同》第 5.1 条约定，如果陈某未通过美国移民局 I-526 移民申请或在广领馆面谈失败，某咨询公司将退给陈某相应款项。陈某及其家人已取得 I-526 条件绿卡，故陈某主张退款不符合双方《移民服务合同》约定的退款条件。某咨询公司在陈某 I-829 被拒签后，亦未承诺要退还相应的代理费，且根据已查明的事实，某咨询公司履行了为陈某办理 I-526、I-829 签证申请相应的咨询指导以及代理递交申请等服务，故陈某要求某咨询公司退还代理服务费人民币 5 万元，缺乏合同和法律依据，本院不予支持。陈某 6 万美元的行政费及律师费系支付给区域中心，某咨询公司亦未承诺予以退还，故对该部分本院不予支持。陈某给付某咨询公司的人民币 2.5 万元，某咨询公司亦明确为代收费用，但其未举证证明该部分费用的具体支付去向，故其作为代收人，应当将该部分款项退还陈某。

关于某咨询公司应否赔偿陈某其他损失 40 416.07 元一节。陈某主张的该部分损失，其中 31 824.68 元系陈某支付某银行办理出国移民贷款的相关费用，1215 美元系提交给区域中心的申请费，根据《移民服务合同》约定，该部分第三方费用应由陈某自行支付，故其主张某咨询公司予以退还缺乏事实和法律依据，本院不予支持。

依照《中华人民共和国涉外民事关系法律适用法》第四十一条第一

款，《中华人民共和国合同法》第六十条、第一百零七条、第三百九十六条、第四百零五条，《最高人民法院关于适用〈中华人民共和国民事诉讼法〉的解释》第五百二十二条规定，判决如下：

一、被告某咨询公司于本判决生效之日起十日内给付原告陈某投资款本金50万美元（折算为人民币3 166 300元）；

二、被告某咨询公司于本判决生效之日起十日内返还原告陈某人民币25 000元；

三、驳回原告陈某的其他诉讼请求。

如果未按本判决指定的期间履行给付金钱义务，应当依照《中华人民共和国民事诉讼法》第二百五十三条规定，加倍支付迟延履行期间的债务利息。

案件受理费39 402元，由陈某负担4728元，已交纳；由某咨询公司负担34 674元，于本判决生效之日起七日内交纳。

如不服本判决，可以在判决书送达之日起十五日内，向本院递交上诉状，并按照对方当事人或者代表人的人数提出副本，上诉于北京市高级人民法院。

审 判 长　　梅　宇
人民陪审员　　薛瑞普
人民陪审员　　王世芹

二〇二〇年八月二十五日

法官助理　　马志文
书 记 员　　白　硕

韩国某公司诉某影视传媒公司承揽合同纠纷案

中华人民共和国
北京市第四中级人民法院
民事判决书

（2018）京04民初304号

原告（反诉被告）：韩国某公司。

被告（反诉原告）：某影视公司。

原告（反诉被告）韩国某公司与被告（反诉原告）某影视公司承揽合同纠纷一案，本案于2018年7月3日立案后，依法适用普通程序，公开开庭进行了审理。原告（反诉被告）韩国某公司的委托诉讼代理人，被告（反诉原告）某影视公司的委托诉讼代理人到庭参加了诉讼，本案现已审理终结。

韩国某公司向本院提出诉讼请求：1. 判令某影视公司继续履行合同，支付韩国某公司600万元特效制作费，并支付自2016年9月26日起至实际付清款项之日止，因逾期付款给韩国某公司造成的损失赔偿金，按金融机构逾期贷款利率计算；2. 判令某影视公司支付韩国某公司因本案产生的合理支出，公证费3000元，律师费8万元，共计人民币83 000元，以上共计6 083 000元；3. 判令某影视公司承担本案的诉讼费用。事实和理由：2015年12月，韩国某公司与某影视传媒公司签订了某电视剧后期CG特效制作合同（以下简称CG特效合同），约定，双方于2015年7月2日签订《某电视剧后期CG特效制作合同》（以下简称原合同），在新合同签订之日起，原合同作废。某影视传媒公司委托韩国某公司担任某电视剧的后期CG特效制作公司之一，负责该剧CG特效方面的前期筹备，以及剧本中部分场次的CG特效制作。韩国某公司应独立完成本合同项下的全部工作，除非得到某影视传媒公司的事先书面许可，韩国某公司不得将其在本合同项下的工作转委托或以任何其他形式转给第三方进行。韩国某公司须按照双方商定的要求及制作周期进行CG特效制作，且成片各项技术需达到播出要求及某影视传媒公司满意。CG特效制作进度根据某影视传媒公司的需要，由双方共同协商确定。制作酬金人民币1200万元。付款方式：本合同签订之日起7个工作日内某影视传媒公司向韩国某公司支付人民币300万元；韩国某公司制作完猴子等3个动物的建模工作，以及五集剧本中的两集CG特效制作量，并得到某影视传媒公司认可后7个工作日内，某影视传媒公司支付人民币300万元；韩国某公司制作完成五集剧本中的全部CG特效，并得到某影视传媒公司认可后7个工作日内，某影视传媒公司支付人民币360万元；韩国某公司制作完成剧中所有的猴子等3个动物的镜头，并得到某影视传媒公司认可后7个工作日内，某影视传媒公司支付人民币240万元。因双方签订原合同后，某影视传媒公司已向韩国某公司支付首笔酬金人民币220万元，该笔酬金将自动划归到本合同的酬金内，某影视传媒公司应再向韩国某公司支付人民币80万元整。韩国某公司应在某影视传媒公司付款前3个工作日内向某影视传媒公司提供增值税专用发票。如韩国某公司违反本合同项下的约定和保证，应向某影视传媒公司支付合同金额30%的违约金，违约金不足以弥补某影视传媒公司损失的，韩国某公司需赔偿因违反合同约定而给某影视传媒公司造成的所有经济损失。如某影视传媒公司违反合同约定或保证，需赔偿因违反合同约定给韩国某公司造成的所有经济损失，并支付韩国某公司已完成的CG特效制作产生的实际费用。本合同的订立、效力、解释、履行和争议的解决均适用中华人民共和国大陆地区之法律法规。关于CG特效制作的要求、制作周期及制作进度，双方均未在合同中明确约定，亦未就此形成补充协议。

CG特效合同签订后，某影视传媒公司分别于2015年7月9日、2016年1月25日、2016年5月17日、2016年7月20日向韩国某公司支付CG特效制作费220万元、80万元、150万元、150万元。韩国某公司交付的

CG 特效制作工作量为 125 分钟 20 秒。某电视剧于 2016 年 7 月 31 日播映。2016 年 9 月 26 日，某影视传媒公司单方向韩国某公司发送《变更函》，要求将合同酬金 1200 万元变更为 900 万元。该变更未获韩国某公司同意。

韩国某公司将某影视传媒公司诉至本院，请求判令某影视传媒公司继续履行合同，支付韩国某公司 600 万元特效制作费，并支付自 2016 年 9 月 26 日起至实际付清款项之日止，因逾期付款给韩国某公司造成的损失赔偿金，以及因本案发生的费用。某影视传媒公司提出反诉，要求判令解除《某电视剧后期 CG 特效制作合同》，判令韩国某公司返还某影视传媒公司已支付的特效制作费 194.16 万元、并支付违约金 360 万元，同时要求韩国某公司向某影视传媒公司开具已经支付 300 万元款项的增值税发票。

韩国某公司针对某影视公司的反诉答辩称，韩国某公司履行了合同制作义务，某影视公司没有支付相关费用，应该继续履行。韩国某公司没有违反合同的规定，违约金的请求没有法律依据。韩国某公司不是该电视剧的唯一特效制作方，转委托费用不是因为韩国某公司的工作失误而产生的，不应返还。韩国某公司是境外公司，不能开具增值税发票，韩国某公司交付了特效制作的工作之后，某影视公司也进行了全部全额款项的支付，已履行完毕。合同中没有明确规定交付制作标准，韩国某公司提交了全部工作量之后，某影视公司转委托其他特效公司没有证据可以证明，韩国某公司不知情，不应支付产生的费用。不同意某影视公司的反诉请求。

韩国某公司、某影视公司围绕诉讼请求依法提交了证据，本院组织当事人进行了证据交换和质证。对当事人认为真实性无异议的证据，本院予以确认并在案佐证。对于当事人有争议的证据，如系单方出具，本院不予认定。需要说明的是：1. 本院认为，未实名认证的微信聊天记录满足真实性、关联性、合法性条件的，可以成为定案依据。某影视公司提交的关于昵称为贝某的聊天记录，以及某影视公司提交的关于昵称为昕某的聊天记录，不能确定使用者的身份及微信聊天内容未被删除篡改本院不予认定。2. 韩国某公司陈述完成的特效工作量为 125 分钟 20 秒，某影视公司陈述韩国某公司交付的特效工作量为 125 分钟 20 秒。故本院认定韩国某公司完成的特效工作量为 125 分钟 20 秒。3. 某影视公司于 2019 年 12 月 12 日庭审时要求补交证据，因不符合在举证期限内提交证据存在客观障碍的情形，故本院依法对某影视公司超出举证期限补交的证据不予质证。

根据当事人陈述和经审查确认的证据，本院认定事实如下：

2015年12月，韩国某公司与某影视公司签订了某电视剧后期CG特效制作合同（以下简称CG特效合同），约定，双方于2015年7月2日签订《某电视剧后期CG特效制作合同》（以下简称原合同），双方就原合同有关事宜经共同协商后作出相应调整，特签订本新合同。在本新合同签订之日起，原合同作废，某影视公司按原合同的约定向韩国某公司支付的所有款项均转移至本合同，双方就该剧的特效制作事宜应依据本合同的约定履行。某影视公司委托韩国某公司担任某电视剧的后期CG特效制作公司之一，负责该剧CG特效方面的前期筹备，以及剧本中部分场次的CG特效制作。韩国某公司应独立完成本合同项下的全部工作，除非得到某影视公司的事先书面许可，韩国某公司不得将其在本合同项下的工作转委托或以任何其他形式转给第三方进行。韩国某公司须按照双方商定的要求及制作周期进行CG特效制作，且成片各项技术需达到播出要求及某影视公司满意。CG特效制作进度根据某影视公司的需要，由双方共同协商确定。韩国某公司答应在某影视公司拍摄期间，免费为某影视公司拍摄及制作3至5分钟的3D素材。韩国某公司负责3D拍摄及制作的工作团队小于或等于15人。韩国某公司答应免费为某影视公司制作该剧片头、片尾的包装，及片花的调光调色。制作进度根据某影视公司的需要，由双方共同协商决定。韩国某公司负责该剧CG特效制作的内容为前五集剧本中全部场次的CG特效制作，及剧中出现的猴子等3个动物的CG特效制作。制作酬金人民币1200万元。付款方式：本合同签订之日起7个工作日内某影视公司向韩国某公司支付人民币300万元；韩国某公司制作完猴子等3个动物的建模工作，以及五集剧本中的两集CG特效制作量，并得到某影视公司认可后7个工作日内，某影视公司支付人民币300万元；韩国某公司制作完成五集剧本中的全部CG特效，并得到某影视公司认可后7个工作日内，某影视公司支付人民币360万元；韩国某公司制作完成剧中所有的猴子等3个动物的镜头，并得到某影视公司认可后7个工作日内，某影视公司支付人民币 240 万元。因双方签订原合同后，某影视公司已向韩国某公司支付首笔酬金人民币 220 万元，该笔酬金将自动划归到本合同的酬金内，某影视公司应再向韩国某公司支付人民币 80 万元整。韩国某公司应在某影视公司付款前 3 个工作日内向某影视公司提供增值税专用发票。如韩国某公司违反本合同项下约定和保证，应向某影视公司支付合同金额 30% 的违约金，违约金不足以弥补某影视公司损失的，韩国某公司需赔偿因违反合同约定而给某影视公司造成的所有经济损失。如某影视公司违反合同约定或保证，需赔偿因违反合同约定给韩国某公司造成的所有经济损失，并支付韩国某公司已完成的 CG 特效制作产生的实际费用。本合同的订立、效力、解释、履行和争议的解决均适用中华人民共和国大陆地区之法律法规。关于 CG 特效制作的要求、制作周期及制作进度，双方均未在合同中明确约定，亦未就此形成补充协议。

CG 特效合同签订后，某影视公司分别于 2015 年 7 月 9 日、2016 年 1 月 25 日、2016 年 5 月 17 日、2016 年 7 月 20 日向韩国某公司支付 CG 特效制作费 220 万元、80 万元、150 万元、150 万元。韩国某公司交付的 CG 特效制作工作量为 125 分钟 20 秒。某电视剧于 2016 年 7 月 31 日播映。2016 年 9 月 26 日，某影视公司单方向韩国某公司发送《变更函》，要求将合同酬金 1200 万元变更为 900 万元。该变更未获韩国某公司同意。

本院认为，韩国某公司系在大韩民国注册的公司，故本案涉及的法律关系为涉外民事关系。关于法律适用问题中的程序法律适用问题，依照《中华人民共和国民事诉讼法》第四编第二百五十九条关于在中华人民共和国领域内进行涉外民事诉讼，适用本编规定；本编没有规定的，适用本法其他有关规定的规定。关于法律适用问题中的准据法适用问题，韩国某公司与某影视公司在 CG 特效制作合同中明确约定适用中华人民共和国法律，故本案适用中华人民共和国法律为准据法。

依据《中华人民共和国合同法》第二百五十一条规定，承揽合同是承揽人按照定作人的要求完成工作，交付工作成果，定作人给付报酬的合同。关于本案承揽标的的认定，CG 特效合同明确约定韩国某公司系某电视剧后期 CG 特效制作公司之一，合同仅约定由韩国某公司负责前五集剧本中全部场次的CG特效制作，及剧中出现的猴子等三个动物的CG特效制作。至于前五集剧本中全部场次的CG特效制作在剧中具体包含什么内容，CG特效合同并未明确约定，双方当事人后续亦未能就此进行协商，某影视公司认为韩国某公司对剧中人物头套纱边未擦除、角色打斗无光效、穿帮镜头未修复，属于韩国某公司未能完成CG特效制作的意见，因CG特效合同并未明确约定人物头套纱边擦除、角色打斗光效、穿帮镜头修复等属于作为特效制作公司之一的韩国某公司需要进行特效制作的范畴，且在某影视公司已按合同约定支付600万元承揽费用的情形下，某影视公司的上述主张缺乏事实依据，本院不予采信。关于韩国某公司交付的工作成果是否在数量、质量上与CG特效合同约定不符的认定，CG特效合同中并未明确约定韩国某公司应完成的工作成果的数量、制作质量标准，且双方后续未能就此进行协商，某影视公司主张韩国某公司制作和交付的特效数量应为281分钟14秒，缺乏事实依据，本院不予采信。某影视公司主张韩国某公司制作和交付的工作成果无法达到特效行业的制作标准，更无法达到播出效果，本院注意到，特效行业并无明确的制作行业标准，且某电视剧已播出，故上述意见缺乏事实依据，本院不予采信。CG特效合同未明确约定具体的工作成果交付时间，韩国某公司按照合同约定完成了承揽合同约定的工作成果并进行了交付，某影视公司关于韩国某公司迟延交付工作成果的答辩意见并无相应证据支持，本院不予采信。某影视公司关于韩国某公司转委托第三方公司制作CG特效的意见，缺乏事实依据，本院不予采信。故某影视公司应按CG特效合同的约定向韩国某公司支付尚欠CG特效制作费用600万元。韩国某公司要求某影视公司自2016年9月26日单方发送变更函之日起至实际给付之日止支付逾期付款造成的损失，符合CG特效合同约定，本院予以支持。韩国某公司主张按中国人民银行同期贷款利率计付，但自2019年8月20日起，中国人民银行已经授权全国银行间同业拆借中心于每月20日公布贷款市场报价利率（LPR），故应按全国银行间同业拆借中心公布的贷款市场报价利率（LPR）计付。韩国某公司要求某影视公司支付公证费及律师费的主张，未能就此提供证据，故本院不予支持。

关于某影视公司反诉要求解除 CG 特效制作合同的请求，根据《中华人民共和国合同法》第九十四条的规定，有下列情形之一的，当事人可以解除合同：（一）因不可抗力致使不能实现合同目的；（二）在履行期限届满之前，当事人一方明确表示或者以自己的行为明确表示或者以自己的行为表明不履行主要债务；（三）当事人一方迟延履行主要债务，经催告后在合理期限内仍未履行；（四）当事人一方迟延履行债务或者有其他违约行为致使不能实现合同目的；（五）法律规定的其他情形。因 CG 特效合同约定的工作成果已经实际完成并交付，某影视公司无证据证明 CG 特效合同的履行过程存在上述法定解除事由，故对某影视公司请求解除 CG 特效合同的反诉请求，本院不予支持。

某影视公司要求韩国某公司退还 194.16 万元 CG 特效制作费并支付 360 万元违约金的反诉请求，如前所述，某影视公司不能证明韩国某公司在履约过程中存在违约行为并给某影视公司造成了严重损失，故对某影视公司的上述反诉请求本院不予支持。某影视公司要求韩国某公司开具已支付 300 万元款项的增值税发票的反诉请求，因 CG 特效合同就增值税发票有明确约定，韩国某公司应根据《中华人民共和国发票管理办法》第三十三条的规定，向某影视公司出具其所注册的国家大韩民国的增值税发票。故对某影视公司该项反诉请求本院予以支持。

综上所述，依据《中华人民共和国合同法》第八条、第九十四条、第一百零七条、第二百五十一条，《中华人民共和国民事诉讼法》第六十四条第一款、第二百五十九条之规定，判决如下：

一、被告（反诉原告）某影视公司于本判决生效后十日内向原告（反诉被告）韩国某公司支付人民币 600 万元及占压资金期间的损失（自 2016 年 9 月 26 日起至 2019 年 8 月 19 日止，以人民币 600 万元为基数，按中国人民银行同期贷款利率计付；自 2019 年 8 月 20 日起至给付之日止，以人民币 600 万元为基数，按全国银行间同业拆借中心公布的贷款市场报价利率计付）。

二、原告（反诉被告）韩国某公司于本判决生效后十日内向被告（反诉原告）某影视公司出具已付款人民币 300 万元的增值税发票。

三、驳回原告（反诉被告）韩国某公司的其他诉讼请求。

四、驳回被告（反诉原告）某影视公司的其他反诉请求。

本诉案件受理费54 381元，由原告（反诉被告）韩国某公司负担50元（已交纳）；被告（反诉原告）某影视公司负担54 331元（于本判决生效后七日内交纳）。

反诉案件受理费55 261.6元，由被告（反诉原告）某影视公司负担（已交纳）。

如不服本判决，韩国某公司可在判决书送达之日起三十日内，某影视公司可在判决书送达之日起十五日内，向本院递交上诉状，并按对方当事人或者代表人的人数提出副本，上诉于北京市高级人民法院。

审 判 长 王 翔
人民陪审员 刘连香
人民陪审员 回卫红

二〇二〇年一月十五日

法官助理 茹 莹
法官助理 刘 丽
书 记 员 李嘉欣

中国某国际工程公司与B国某局、第三人渣打银行某分行侵权责任纠纷案

中华人民共和国
北京市第四中级人民法院
民事裁定书

（2020）京04民初1001号

申请人：中国某国际工程公司。

被申请人：B国某局。

第三人：渣打银行某分行。

申请人中国某国际工程公司因与被申请人B国某局、第三人渣打银行某分行侵权责任纠纷一案，中国某国际工程公司向本院申请立即裁定渣打银行中止向B国某局支付121-02-3075532、121023075532-GP号保函项下款项8 460 781.87欧元（折算人民币为66 942 552.23元）。

经本院初步查明：

2017年11月28日，承包商中国某国际工程公司与雇主B国某局就B国某高速公路重建项目施工签订《合同协议》。2017年11月3日，应中国某国际工程公司申请，渣打银行某分行就涉案合同以B国某局为受益人，向其开立了保函编号为121-02-3075532的纸质履约保函（以下简称纸质保函），承诺在收到受益人第一次书面要求声明承包商违约时，没有任何争议地且在受益人无须证明要求的金额的理由或原因，即在5个工作日内向受益人支付不超过8 460 781.87欧元，并指明该保函适用国际商会758号出版的《见索即付保函统一规则》。

同日，渣打银行某分行以B国某局为受益人，又开具了保函编号为

121023075532-GP 的履约保函（以下简称 GP 号保函），该保函主要内容与纸质保函一致。渣打银行某分行将 GP 号保函副本通过 SWIFT 方式传输给 B 国某银行，并委托该行转递给 B 国某局。B 国某局的工作人员签收了该保函。在渣打银行某分行发给 B 国某银行的 SWIFT 电文中有“本保函自我方出具之日起生效，同时我方于 2017 年 11 月 3 日就同一事项出具的保函编号为 121-02-3075532 的纸质保函将立即失效”的内容。

中国某国际工程公司称，B 国某银行向 B 国某局转递 GP 号保函时，一并提交了上述银行间电文，且在中国某国际工程公司与 B 国某局书面确认履约保函的原件已于 2018 年 1 月 25 日送达 B 国某局时，也一并将上述银行间电文作为附件向 B 国某局提交。中国某国际工程公司还称，其曾于 2018 年 8 月向 B 国某局要求退还纸质保函的原件未果。

2020 年 10 月 21 日，B 国某局以中国某国际工程公司违约其决定解除《合同协议》为由向渣打银行请求支付纸质保函项下款项。

现中国某国际工程公司以保函欺诈为由向法院申请止付纸质保函和 GP 号保函项下的款项，其理由主要有两点：一是受益人在索兑保函的通知中存在保函编号是已经失效的纸质保函编号等“不符点”；二是本案中存在受益人未按照合同约定履行支付相关款项义务的情形，同时该索兑没有达到《合同协议》中约定的雇主索赔条件。

本院经审查认为，本案中渣打银行某分行开立的纸质保函和 GP 号保函均属于《最高人民法院关于审理独立保函纠纷案件若干问题的规定》（以下简称《规定》）第一条、第三条所规定的独立保函，本案系在独立保函付款等环节产生的纠纷，应当适用当事人在保函中援引的《保函统一规则》以及《规定》。现中国某国际工程公司以保函欺诈为由申请止付纸质保函和 GP 号保函项下的款项，本院将依据《规定》第十二条、第十四条予以审查。需要说明的是，基于独立保函制度本身具有的“先支付、后争议”特点，《规定》第十四条规定只有高度存在保函欺诈的可能性时，才应当裁定中止支付。此外，目前仅为人民法院审理期间基于中国某国际工程公司止付申请作出的阶段性审查意见，并非本院经过实体审理后对案件作出的最终判断。

如前所述，中国某国际工程公司系以保函欺诈为由申请中止支付纸质保函和 GP 号保函项下的款项。关于保函欺诈，《规定》第十二条规定，

“具有下列情形之一的，人民法院应当认定构成独立保函欺诈：（一）受益人与保函申请人或其他人串通，虚构基础交易的；（二）受益人提交的第三方单据系伪造或内容虚假的；（三）法院判决或仲裁裁决认定基础交易债务人没有付款或赔偿责任的；（四）受益人确认基础交易债务已得到完全履行或者确认独立保函载明的付款到期事件并未发生的；（五）受益人明知其没有付款请求权仍滥用该权利的其他情形”。经本院询问，中国某国际工程公司表示，受益人在索兑保函的通知中存在保函编号是已经失效的纸质保函编号等“不符点”，且本案中存在受益人未按照合同约定履行支付相关款项义务的情形，同时该索兑没有达到《合同协议》中约定的雇主索赔条件，受益人明知没有付款请求权仍恶意索兑，符合上述法律第五项规定的情形，构成保函欺诈，应予止付。针对中国某国际工程公司的上述意见，本院分别审查认定如下：

关于索兑通知中保函编号是否存在已经失效的不符点。首先，渣打银行某分行在同一天就同一事项向同一受益人两次开具保函，一次是纸质保函，一次是 GP 号保函。本案中，中国某国际工程公司提交的证据不足以证明受益人确切知晓纸质保函已于 GP 号保函开出时失效，因为纸质保函失效事宜仅记载于保函开立行与保函转递行之间的 SWIFT 电文中，受益人签收转递保函的签字页上虽描述了 GP 号保函的主要信息，但该信息中没有记载纸质保函已失效的情况，且于 2018 年 1 月 25 日送达受益人的 GP 号保函的原件中是否包含有该事项的记载也没有充分的证据加以证明。其次，纸质保函失效事项，涉及受益人索兑权利的行使，属于独立保函中的重要事项，无论是保函开立行还是开立申请人，均应当就该事项正式通知受益人，而且应当将失效的保函从受益人处收回，但现有证据均不足以证明保函开立行或开立申请人履行了此义务。因此，中国某国际工程公司以受益人使用了失效保函编号索兑保函项下款项构成保函欺诈为由申请止付，本院认为证据不足。至于是否构成索兑时的“不符点”，则是渣打银行某分行审查的内容。

关于受益人是否未按照合同约定履行支付相关款项义务以及是否达到合同约定的索赔条件。本院认为，《规定》第十二条第五项规定的“受益人明知其没有付款请求权仍滥用该权利”，指向的是独立保函项下的付款请求权，而并非基础合同项下的付款请求权，二者具有不同的外延和内涵，不可混为一谈。独立保函的独立性，即体现在保函项下的权利义务并不依附于基础交易和基础合同，而是独立存在。就本案而言，受益人是否按照基础合同履行了合同义务，是否达到合同约定的雇主索赔条件，以及中国某国际工程公司根据涉案合同条款已通知B国某局解除合同，均明显系基于基础交易和基础合同而进行的付款请求权的衡量，与保函项下的权利义务无关，中国某国际工程公司不能因此主张B国某局构成保函欺诈。当事人之间如对合同履行存有争议可通过合同约定的争议解决途径处理。

关于两次开具的保函是否一并止付。鉴于经本院审查，现有证据不足以证明受益人凭履约保函索兑的行为本身具有《规定》第十二条第五项规定的保函欺诈情形，本院现阶段对中国某国际工程公司关于B国某局构成保函欺诈的主张不予采信，对其要求裁定渣打银行某分行中止向B国某局支付纸质保函、GP号保函项下款项的请求，均不予支持。

依照《最高人民法院关于审理独立保函纠纷案件若干问题的规定》第一条、第三条、第十二条、第十四条、第十六条规定，裁定如下：

驳回中国某国际工程公司要求中止支付编号121－02－3075532、121023075532-GP号《履约保函》的申请。

本裁定立即开始执行。

如对本裁定有异议，可以自收到裁定书之日起十日内向本院申请复议一次。复议期间不停止裁定的执行。

审 判 长　高 晶
审 判 员　冀 东
审 判 员　崔智瑜

二〇二〇年十一月二日

法官助理　张 玮
书 记 员　闫依琳

韩国某公司与北京某科技公司申请承认和执行外国仲裁裁决案

中华人民共和国
北京市第四中级人民法院
民事裁定书

（2020）京04协外认15号

申请人：韩国某公司。

被申请人：北京某科技公司。

申请人韩国某公司与被申请人北京某科技公司申请承认和执行新加坡国际仲裁中心288/2016（ARB288/16/QW）号仲裁裁决一案，本院于2020年5月22日立案。本院依法组成合议庭进行了审查，组织当事人进行了询问，现已审查终结。

韩国某公司申请称：1. 对新加坡国际仲裁中心作出的2019年第129号仲裁裁决给予承认；2. 对新加坡国际仲裁中心作出的2019年第129号仲裁裁决予以执行，即北京某科技公司立即向韩国某公司支付8 641 189美元，以及该等金额自2015年2月5日起至全部支付完成时止以年利率5.33%的单利计算的利息，北京某科技公司立即向韩国某公司支付90 957.18新加坡元，以及该等金额自2019年10月23日起至全部支付完成时止以年利率5.33%的单利计算的利息，北京某科技公司立即向韩国某公司支付1 383 603 136韩元，以及该等金额自2019年10月23日起至全部支付完成时止以年利率5.33%的单利计算的利息；3. 本案申请费、执行费和/或其他法院费用由北京某科技公司承担。韩国某公司上述第二项申请内容系仲裁裁决内容，故于本案审查期间将上述第一项、第二项申请事项合并明确为请求人民法院依法承认和执行新加坡国际仲裁中心作出的2019年第129号仲裁裁决。本案审理过程中，新加坡国际仲裁中心对2016年第288号（ARB288/16/QW）仲裁案件作出《更正备忘录》，韩国某公司申请将上述《更正备忘录》一并承认与执行。

事实和理由：韩国某公司与北京某科技公司于2013年12月5日签订买卖合同，第十五条约定应将该合同所产生的争议提交新加坡国际仲裁中心仲裁，仲裁应适用新加坡法律，仲裁程序应以英语进行。此后双方又签订了四份补充协议，但均未对仲裁条款进行修改。因双方在履约中产生争议，韩国某公司于2016年11月21日向新加坡国际仲裁中心提起仲裁，案号为2016年第288号（ARB288/16/QW）。新加坡国际仲裁中心于2019年10月23日就该案作出2019年第129号终局裁决。因北京某科技公司未能在规定期限内履行生效裁决，韩国某公司诉至人民法院，请求本院依法承认和执行仲裁裁决。在本院审查过程中，新加坡国际仲裁中心对案件作出《更正备忘录》，韩国某公司申请一并承认与执行。

北京某科技公司称，仲裁庭组成与仲裁规则不符，部分裁决事项不属于仲裁协议范围，裁决结果存在明显错误，裁决有损社会公共利益的不予承认执行理由。针对裁决有损社会公共利益的理由，该公司认为，案涉设备存在严重质量问题，其在仲裁中已经聘请专家对此作出说明，但仲裁员未采纳专家意见，致使裁决的最终结果存在明显不公，严重打击国内企业参与涉外贸易的积极性，有损我国涉外贸易中的公共政策，应不予承认和执行。

根据仲裁规则规定有权为涉案仲裁指定独任仲裁员的人应为院长、副院长或主簿。然而涉案裁决独任仲裁员系由副主簿指定，仲裁庭组成有违仲裁规则。故根据《执行纽约公约通知》的相关规定，应当不予承认和执行。裁决中的部分裁决事项不属于仲裁协议范围，根据《执行纽约公约通知》的规定应当不予承认和执行。

北京某科技公司在仲裁反诉中明确主张韩国某公司根据服务协议向其支付8.8万美元维修费用，然而涉案仲裁裁决Ⅵ. 问题2为北京某科技公司是否有权就其反诉而获得其寻求的任何救济。涉案仲裁裁决的部分裁决事项不属于仲裁协议范围。裁决结果存在明显错误。在涉案仲裁裁决的结果中，韩国某公司向仲裁庭支付的申请费和费用预付款被北京某科技公司重复承担了两次。北京某科技公司已向新加坡国际仲裁中心提出了异议。涉案仲裁裁决存在明显不公，有损社会公共利益，应裁定不予执行。

涉案仲裁裁决处理的是关于韩国某公司向北京某科技公司销售用于发电厂的除尘器设备的合同纠纷。在该纠纷中，北京某科技公司主张该等设备存在严重质量问题，涉案裁决对设备固有缺陷及海路运输过程中的影响未做客观分析审查，就认为在港口交货验收设备后所有的缺陷均因内陆运输造成，要求北京某科技公司对所有缺陷承担责任。这对参与涉外贸易的中国国内企业强加了明显苛刻且不合理的合同责任，将严重打击国内企业参与涉外贸易的积极性，有损我国涉外贸易中的公共政策。因此，根据执行纽约公约通知附一第五条二（乙）之规定，承认或执行涉案裁决有违我国公共政策，应予拒绝。

本院经审查认为，中华人民共和国与新加坡共和国均属于《承认及执行外国仲裁裁决公约》的缔约国，且涉案仲裁裁决解决的是按我国法律属于契约性商事法律关系所引起的争议。韩国某公司于本案中请求承认和执行的新加坡国际仲裁中心于2019年10月23日作出的2019年第129号仲裁裁决，系仲裁案号为288/2016（ARB288/16/QW）的终局裁决。对于上述裁决是否存在不予承认和执行的情形，应当根据《承认及执行外国仲裁裁决公约》第五条的规定进行审查：一、裁决唯有受裁决援用之一造向声请承认及执行地之主管机关提具证据证明有下列情形之一时，始得依该造之请求，拒予承认及执行：（甲）第二条所称协定之当事人依对其适用之法律有某种无行为能力情形者，或该项协定依当事人作为协定准据之法律系属无效，或未指明以何法律为准时，依裁决地所在国法律系属无效者；（乙）受裁决援用之一造未接获关于指派仲裁员或仲裁程序之适当通知，或因他故，致未能申辩者；（丙）裁决所处理之争议非为交付仲裁之标的或不在其条款之列，或裁决载有关于交付仲裁范围以外事项之决定者，但交付仲裁事项之决定可与未交付仲裁之事项划分时，裁决中关于交付仲裁事项之决定部分得予承认及执行；（丁）仲裁机关之组成或仲裁程序与各造间之协议不符，或无协议而与仲裁地所在国法律不符者；(戊）裁决对各造尚无拘束力，或业经裁决地所在国或裁决所依据法律之国家之主管机关撤销或停止执行者。二、倘声请承认及执行地所在国之主管机关认定有下列情形之一，亦得拒不承认及执行仲裁裁决：（甲）依该国法律，争议事项系不能以仲裁解决者；（乙）承认或执行裁决有违该国公共政策者。本案中，北京某科技公司共提出了四项答辩理由，认为裁决不应被承认并执行：一是仲裁庭组成不符合仲裁规则的规定；二是裁决超裁；三是裁决数额计算错误；四是裁决违背我国公共政策。对于第三项理由，因不属于《承认及执行外国仲裁裁决公约》中不予承认和执行的审查内容，故本院不予采纳。对于第一项、第二项、第四项理由，本院将分别进行分析。

一、关于仲裁庭的组成是否符合仲裁规则

根据《承认及执行外国仲裁裁决公约》第五条第一款（丁）项的规定，仲裁机关之组成或仲裁程序与各造间之协议不符，或无协议而与仲裁地所在国法律不符者，应当裁定不予认可和执行。因此，仲裁庭的组成应当符合当事人约定，并且符合仲裁地所在国的法律。本案中，根据双方当事人于2013年12月5日签订的《合同》（编号：2013PY02MPS/02PO）第十五条约定，“因签署本合同或与本合同有关的所有争议应通过友好协商解决，如协商不成，应提交新加坡国际仲裁中心按照其暂行程序规则仲裁解决”。因此，仲裁庭的组成应符合仲裁规则的规定。现北京某科技公司提出，裁决Ⅱ程序历史2.4载明，2017年2月13日，根据仲裁规则第10.2款，新加坡国际仲裁中心副主簿官任命CHRISTOPHER LAU SC先生……担任独任仲裁员，而未由院长指定，违反仲裁规则第10.2条关于“如果从仲裁程序开始之日起的21天内，或者在其他由当事人约定或主簿确定的时间期限内，当事人未能就独任仲裁员的人选达成一致意见，或者在任何时候、经任何一方当事人的请求，院长应当为该案指定独任仲裁员”之规定，故而本案所涉仲裁庭组成违反仲裁规则。对此，本院经审查认为，仲裁规则第1.3条规定：“‘院长’是指仲裁院的院长，包括任何副院长和主簿；‘主簿’是指仲裁院主簿，包括任何副主簿。”因此，独任仲裁员可以由副主簿指定，本案所涉仲裁庭的组成不违反仲裁规则，北京某科技公司的该项理由不能成立。

二、裁决是否超裁

对于超裁，根据《承认及执行外国仲裁裁决公约》第五条第一款（丙）项的规定，分为以下三种情况：一是裁决的事项不是仲裁请求或者反请求中的内容，二是裁决的事项超出了仲裁协议的约定，三是仲裁的事项是法律规定不能仲裁的。北京某科技公司提出裁决超裁，理由为独任仲裁员在裁决中写明，“我注意到被申请人（北京某科技公司）主张，根据服务协议，申请人（韩国某公司）应向被申请人（北京某科技公司）支付88 000美元。然而，被申请人（北京某科技公司）还主张，服务协议不构成本仲裁的一部分，而且申请人（韩国某公司）对此没有提出异议。既然服务协议不构成本仲裁的一部分，对此我不发表任何意见”。但是裁决却在裁项中驳回了北京某科技公司的仲裁反请求，实体上处理了支付88 000美元的这一部分内容，而作特殊说明，可能会剥夺北京某科技公司就该部分另行救济的权利，故而裁决构成超裁。对此本院认为，仲裁庭对当事人之间的商事合同纠纷进行审理并作出裁决，并未超出法律规定的可以进行仲裁的范围。对于裁决是否超出了仲裁协议约定的仲裁事项以及是否超出了当事人提出的仲裁请求（反请求），一方面，根据《合同》约定，仲裁事项为该合同或与该合同有关的所有争议，故仲裁庭驳回北京某科技公司的仲裁反请求并未超出仲裁协议的约定范围；另一方面，仲裁庭驳回北京某科技公司提出的反请求亦未超出其反请求内容。故而本案所涉裁决并未超裁。此外，仲裁庭对仲裁请求（反请求）的驳回，属于当事人的仲裁请求（反请求）没有得到裁决支持，不仅包括仲裁庭经审理认为仲裁请求（反请求）不应得到支持，也包括仲裁庭对不属于其审理的事项不予审理。结合本案实际情况，虽然北京某科技公司提出韩国某公司应当依据服务协议向其支付88 000美元，但其同时提出服务协议不构成本案所涉仲裁的一部分，且韩国某公司未提出异议。在此基础上，独任仲裁员表示不发表任何意见，并在裁项中驳回了北京某科技公司的仲裁反请求。仲裁庭的这一做法仅是对北京某科技公司仲裁反请求的回应，而并非对服务协议项下权利义务的实体认定，故而不构成超裁，北京某科技公司的该项答辩理由不能成立。

三、关于裁决是否违反了我国的公共政策

《承认及执行外国仲裁裁决公约》第五条第二款（乙）项规定为，裁决有违该国公共政策。对此本院认为，一国的公共政策是指政府等公共组织管理社会公共事务的指导准则。公共政策的目的在于解决公共问题、达成公共目标、以实现公共利益。因此，公共政策具有公共性和社会性。法律的基本原则虽属于公共政策的重要内容，但不同于商事案件当事人个人的利益。本案中，北京某科技公司提出，因仲裁庭没有采纳其所提供的专家所提出的意见，裁决对设备固有缺陷的认定不准确，认定北京某科技公司应对所有缺陷承担责任，对参与涉外贸易的中国国内企业强加了明显苛刻且不合理的合同责任，将严重打击国内企业参与涉外贸易的积极性，故而有损我国涉外贸易中的公共政策。对此本院认为，首先，本案所涉仲裁所解决的是商事主体间因合同所产生的争议，处理结果仅影响合同当事人，不涉及我国公共政策。其次，仲裁庭是否采纳专家意见，以及采纳哪一方当事人所提供的专家意见，均属于仲裁庭行使仲裁权的范畴，并非人民法院审查裁决是否违反公共政策的事项。再次，电力系统虽为关乎公共安全及服务的重要部门，但不能将与购买电力设备有关的所有事项均认定为公共政策，以北京某科技公司为民商事合同主体所成立的法律关系，仅为具有相对性的合同关系，并非我国公共政策的内容。最后，仲裁庭根据证据和所涉法律审理案件，所作出的裁决属于适用仲裁权的范畴，不能因仲裁庭认定双方权利义务而认为裁决内容违反公共政策。

综上，北京某科技公司的答辩理由均不能成立，本院均不予采纳。韩国某公司申请承认与执行的裁决不存在《承认及执行外国仲裁裁决公约》第五条规定之情形，本院对其申请依法予以支持。另，本案审理过程中，新加坡国际仲裁中心对 288/2016（ARB288/16/QW）号仲裁案件作出

《更正备忘录》，终局裁决第 9. 8（C）款应予更正，将 1 383 603 136 韩元更正为 1 278 283 732 韩元。故本院在承认与执行 288/2016（ARB288/16/QW）号终局裁决时，亦将《更正备忘录》一并承认与执行。经查，北京某科技公司已于 2020 年 8 月 24 日由中华人民共和国北京市第一中级人民法院作出（2020）京 01 破申 571 号裁定受理破产一案，故在本院作出承认和执行仲裁裁决后，韩国某公司对北京某科技公司所享有的债权应当依据《中华人民共和国企业破产法》及司法解释相关规定执行。依照《承认及执行外国仲裁裁决公约》第五条，《中华人民共和国民事诉讼法》第二百八十三条，《最高人民法院关于适用〈中华人民共和国民事诉讼法〉的解释》第五百四十七条第一款、第五百四十八条规定，裁定如下：

承认和执行新加坡国际仲裁中心于 2019 年 10 月 23 日作出的 288/2016（ARB288/16/QW）号终局裁决及《更正备忘录》。

案件申请费 500 元，由北京某科技公司负担。

审　判　长　　马　军
审　判　员　　崔智瑜
审　判　员　　冀　东

二〇二〇年十月二十三日

法 官 助 理　　马志文
书　记　员　　白　硕

机制探索

北京国际商事法庭“一评估三优化五专业”机制提升复杂涉外商事案件审判质效

北京国际商事法庭针对近两年受理的19件涉“一带一路”、RECP沿线国家重大基础设施相关的合同纠纷案件，积极探索建立“一评估三优化五专业”机制，推动审判质效实现了显著提升，助力国际商事纠纷解决新高地建设。

一是建立“一案一评估”机制，精准把握审理焦点。针对所受理的涉外重大项目建设相关案件，按照工程项目、争议事项、纠纷类型、当事人情况等内容逐一分类梳理，精准了解涉外重大项目建设背景、投资规模、所涉国家、复杂敏感因素等，系统评估裁判结果对项目建设目标、诉讼程序对项目进度计划的影响，准确研判纠纷多元化解的可能性，及时确定案件审理重点和难点。

二是建立“三优化”机制，持续拓宽解纷渠道。依托智慧服务系统，通过跨境当事人视频代理见证、纠纷线上+线下融合调解、庭审等方式，实现诉讼服务的优化。坚持服务大局，积极推动案件代理人、企业负责人、行业协会参与协商调解，引导纠纷当事人从支持和服务共建“一带一路”的角度妥善解决纠纷，实现多元解纷的优化。针对案件审理中暴露出的我国企业在承担涉外基础设施建设项目过程中的法律风险，积极通过司法建议、典型案例等形式予以提示，实现优化。多起案件在“三优化”机制推动下实现纠纷实质性化解，解纷效果突出。

三是建立“五专业”机制，高效破解事实查明难题。组成专业化审判团队，对于符合“四类案件”范围的案件，明确由熟悉国际规则、具有建设工程专业知识背景和审判经验的法官承办此类案件，节省新手法官熟悉业务时间。召开专门庭前会议，明确案件涉及的技术鉴定问题，固定争议焦点，确定各环节期限，多起案件中“数米高”的证据材料最终浓缩为二三页纸要点，案件办理节奏大幅加快。确定专业鉴定机构，积极组织当事人通过协商选定、行业协会或龙头企业推荐等多渠道确定专业鉴定机构并及时开展域外鉴定，出境鉴定质量和效率明显提高。运用专家辅助机制，允许双方当事人申请专家辅助人通过云法庭屏幕共享的方式讲解技术规范并接受当事人询问，庭审用时平均缩短一半以上。健全高水平专业域外法查明机制，制定域外法查明指引规范，与域外法查明机构签订合作协议，建立域外法查明的线上服务保障、法官域外法查明直通车、涉外法律培训、域外法查明判例数据库共享、调查研究等机制，同时充分保障当事人发表质证意见，以高水平域外法查明推动纠纷高效化解。

北京市第四中级人民法院四项举措
构建高质量国际法适用机制

国际条约和国际惯例的司法适用，对于提升涉外审判质效、推动国际关系法制化、加强涉外法制建设等具有重大意义。北京市第四中级人民法院努力构建具有中国特色、对标世界水平的国际法适用机制，累计14件案件援引适用国际贸易、航空运输、跨境送达与调查取证等国际（双边）条约，积极践行国际法义务。近日，该院两案例入选最高人民法院涉外民商事案件适用国际条约和国际惯例典型案例，占全国入选案例的1/6。

一是课题式调查研究，团队破解重大实践难题。以调研为牵引，组建研究团队，打造学习型、研究型国际商事法庭，围绕国际条约司法适用中亟待解决的新问题、难点问题以课题方式进行深入研究，先后承担最高人民法院《坚持统筹推进国内法治和涉外法治背景下的国际条约适用问题研究》《海外利益司法问题研究》等司法研究重大课题，获评优秀成果，为司法解释制定提供了有益实践建议。

二是创新性精品战略，建立典型案例培育机制。创设典型案例培育机制，健全落实调研、适法、推优三类案例的发现、筛选和发布机制，建立《适用国际条约案件管理台账》，规范裁判标准，培育能够推动建立与国际通行规则相衔接的精品裁判，目前已将75件案例入库进行重点培育，其中获评全国法院系统2023年度优秀案例二等奖案例两篇，全国商事海事优秀裁判文书二等奖。《取消外国公文书认证要求的公约》在中国生效实施后，及时制发该公约的理解适用诉讼指引，保障公约的正确理解与适用，便利中外当事人诉讼，国外判决生效后17天作出北京市首例适用《取消外国公文书认证要求的公约》承认外国法院判决，充分展现我国履行国际公约义务的司法担当。

三是专业性研究平台，深化院校学术合作机制。完善与高等院校和科研院所涉外司法研究合作机制，加强国际法理论和实务研究合作，推进域外法治研究和国际法研究。举办“国商视界”“国商法谈”系列沙龙 6 期，重点围绕国际条约和国际惯例的适用等国际法理论和实务问题开展研究，提高涉外商事法官适用国际条约和国际惯例的意识和能力。近两年近 20 篇论文获全国奖项，其中 1 篇荣获全国法院第三十五届学术讨论会一等奖；全国人大法工委专门到该院进行基层驻点调研《民事诉讼法（修正草案）》工作，法官参加全国人大法工委组织的《民事诉讼法（修正草案）》通过前评估会和征求意见座谈会，积极建言献策。

四是国际性法治传播，提升中国司法的国际影响力。建设顶级域名北京国际商事法庭中英文网站，同步上线法庭司法服务微信服务号与网站协同配套，发布中英文稿件 269 篇，在营商环境建设中进行系列服务中外当事人的主题传播，初步成为展示中国司法形象，积极传播中国法治声音的新窗口。坚持发布涉外商事年度十大典型案例及适用国际条约和国际惯例案例，1 件案例入选联合国环境规划署第四批中国环境司法案例，让国际社会充分了解中国环境司法理念和裁判规则，持续为国际法领域建设贡献司法经验。

北京市第四中级人民法院"三维多向"有力提高涉仲裁协议纠纷满意度

北京市第四中级人民法院秉承"如我在诉"理念，构建"主动提速降费、主动促成和解、主动发送司法建议"的"三维多向"工作法，最大限度提升涉仲裁协议纠纷当事人满意度。2023 年以来，共受理的申请确认仲裁协议效力案件 989 件中，408 件以撤回申请方式结案，当事人主动撤回申请率超过 40%。96%以上涉仲裁协议效力案件关联纠纷均得到"一揽子"解决，取得了案结事了的良好效果。

一是以提质增效为本，主动提速降费，提高解决纠纷便利度。缩短流转周期，涉仲裁司法审查案件全流程网上办理，实现涉仲裁协议效力案件"收、转、发"环节无缝衔接，从登记立案完成到开始司法审查周期缩短至 1 日。降低当事人维权成本，为尚未交纳案件受理费的"试探性"申请人提供"零成本"司法服务，7 日内主动释明仲裁协议效力司法审查依据及要点，助力"试探性"申请当事人及时转入仲裁程序，避免程序空转；对于有庭外和解意向的申请人，裁定准许其撤回申请并退还部分案件受理费，促进纠纷多元化解。

二是以案结事了为标，主动促成和解，切实提升群众获得感。以结果导向代替机械办案，强化"如我在诉"理念，以申请人真实诉讼目的对案件进行类型化区分，尤其是对"给付金额争议不大型""却步仲裁程序维权型""仲裁协议条款瑕疵型"等有实质化解可能的类型制定"一对一"服务方案，最大限度为促成庭外和解提供法律支持。如针对标的额相对较小的涉中小微企业或弱势群体案件，不急于确认仲裁协议效力，支持促成当事人间纠纷解决方式新合意，推动申请人积极主张自身权利。充分发挥裁判文书网和人民法院案例库示范指引作用，以类案检索引导当事人合理预期，为弱势群体“法律背书”，最大可能促成庭外和解。2023 年以来，申请确认仲裁协议效力案件庭外和解 288 件，帮助当事人协调退费近 300 万元，审理周期内退款到账 100%，大幅压缩消费维权周期，真正实现案结事了。

三是以规范秩序为终，主动发送司法建议，有力支撑国际仲裁中心建设。发挥审判职能，围绕仲裁协议效力争议热点，全面梳理总结导致仲裁协议无效的问题症结，及时向涉教育、科技、医疗、旅游等相关行业市场主体及中国国际经济贸易仲裁委员会等社会团体发送司法建议 8 份，回函率 87.5%，有效规范涉仲裁协议等重大利益条款的主动释明义务，促进签订仲裁条款程序规范化。2023 年，北京市第四中级人民法院裁定确认仲裁效力无效案件占涉仲裁协议效力案件比例，同比 2022 年下降超过 5 个百分点，有力支撑和服务北京国际仲裁中心建设，从源头上预防群体性矛盾纠纷的产生。

司法服务保障“一带一路”建设十项工作机制

近年来，北京法院国际商事纠纷一站式多元解纷中心和北京国际商事法庭相继成立，通过构建完善当事人全流程引导机制、复杂商事争议系统评估机制、实质化争议解决的多元调解机制等十项审判工作机制，充分发挥涉外审判职能作用，持续提升涉外审判质效，为高质量共建“一带一路”行稳致远提供有力司法服务和保障。

一是构建涉“一带一路”案件当事人全流程引导机制。针对涉“一带一路”商事案件审理涉及跨域立案和送达、法律文件翻译、域外法查明等专业特点，建立全流程引导机制，为中外当事人提供便捷的诉讼服务。全面实现全程网络通办的“互联网+智慧司法”新模式，为当事人跨境立案申请、跨境代理见证、在线音视频询问及调解、电子送达、立审执衔接的诉讼保全等提供便捷智慧服务与管理，真正实现案件当事人“少跑腿”，甚至“不跑腿”。中外当事人可通过一站式多元解纷中心平台和国际商事法庭中英文网站、微信服务号，便捷查询中英文诉讼指引，及时全面了解诉讼材料公证认证、涉外送达流程、域外法查明流程、查明材料提供、费用负担、听证程序、专家出庭等方面具体内容，智能化引导当事人完成委托送达、公证认证委托、法律文件翻译、域外法查明的诉讼服务。

二是建立涉“一带一路”基础设施建设系统评估机制。探索建立“一评估三优化五专业”机制，持续拓宽解纷渠道。注重司法服务、风险化解与解纷功能发挥，始终关注全球经济格局变化动态发展，提前研究案涉政策与签署的合作文件，了解案涉项目建设背景，进行重大争端与影响系统评估分析。对受理的涉外基础设施建设案件按工程项目、争议事项、纠纷类型、当事人情况进行识别分类，评判案件风险、争议解决途径、程序紧急事项等。具体而言，评估分析诉争基础设施建设项目的国际影响，充分了解建设工程背景、投资规模等涉案风险；评估分析程序紧急事项，对涉及申请财产保全或证据保全等，先及时启动程序进行审查，保障当事人正当行使诉讼权利；评估分析争端多元化解可能性，对争议双方均是我国国有企业的，判断是否引入主管部门或者行业调解；评估分析争端对整体工程的影响度，所涉争议事项系建设工程中部分设备质量争议，判断可否先采取应急措施或工作减少争端解决对整体工程进展的影响等，如涉及境外专业技术鉴定的案件，积极委托有能力鉴定机构请专家到加纳、博茨瓦纳等项目现场开展专业技术鉴定工作，运用专家辅助机制辅助合议庭查明专业技术问题，推动调解和为审判打下坚实基础。

三是建立实质化解决争议的多元调解工作机制。积极依托智慧法院建设成果，为中外当事人提供跨境代理视频见证、在线引导、跨境立案、评估分流、导出调解工作，开展涉“一带一路”纠纷线上+线下融合调解，实现在线调解、在线司法确认、在线送达，满足中外当事人多场景、多法域的多元纠纷化解需求。打造诉讼、仲裁、调解三种解纷方式相互协调、转化和衔接的运行机制，强化与“一带一路”国际商事调解中心、中国国际经济贸易仲裁委员会等知名仲裁机构、调解组织的交流合作，引入外籍调解员，构建多元解纷示范机制，有效发挥司法在多元化解中的引领、推动和保障作用，为中外当事人提供高效、便捷、低成本的争议解决服务。北京法院国际商事纠纷一站式多元解纷中心自2021年设立以来，共导入案件180余件，成功调解涉“一带一路”纠纷22件，案件涵盖民间借贷、旅游委托合同、保证合同纠纷、股权转让、国际货物买卖、国际货物运输等国际商事纠纷，案件标的额超过7亿元。法官在查明争议、查寻分歧、查清事实的基础上，为争议各方提供协商平台，达成共识建立基础。多件涉“一带一路”工程建设纠纷，通过专家咨询、联合调解方式得以当事人和解、调解方式化解，实现了争议的一次性实质化解。

四是完善国际商事纠纷风险防范工作机制。随着“一带一路”倡议的实施，我国与沿线国家及地区的经贸合作与人文交流不断深化，境内外旅行社之间的委托、合作合同纠纷明显增多。双方多通过电子邮件、微信等形式完成合同订立与履行事项，争议的焦点主要在合同主体的确立、合同履行内容范围等，且履行证据多数在境外，导致调查取证困难、事实认定难。对此，法官及时向外国公司提出开发线上合同签章软件、规范留存履行证据等风险防范建议，帮助有效防范纠纷。针对案件中发现涉外基础设施建设相关企业在境外开展业务遇到的法律风险问题，加强审判后的总结研究，通过司法建议、典型案例等方式予以提示，并积极与相关单位为涉外企业建立风险防范机制。如与市贸促会召开“涉外纠纷解决机制座谈会”，针对服务保障首都国际交往中心建设、涉外法律风险预防与维权、对涉外企业的合规、调解、化解争端等诸多方面进行深入研究。为优化营商环境提供法治保障，到企业开展京法巡回讲堂活动，结合典型案例，强调企业合同管理的重要性，对存在的法律风险防范进行重点提示。

五是完善“一带一路”域外法查明工作体系建设。通过规范指引、平台建设、程序规则，进行高水平专业的域外法查明。制定域外法查明指引规范，向义务当事人明确查明义务、待查事项、合理期限、法律后果，亦可提供参考范围、建议查明途径等内容作出规范指引，充分保障当事人依法选择适用域外法律的权利。深化与中国政法大学外国法查明研究中心、深圳蓝海法律查明和商事调解中心等知名法律查明机构的多维度合作，建立域外法查明线上服务保障、法官域外法查明直通车、涉外法律培训、域外法查明判例数据库等数项合作机制，查明委托流程持续顺畅，查明工作效率显著提升。香港法律的查明从委托到出具查明专家意见书通常仅需2周时间即可完成，外国法律查明一般1个月时间能够完成专家意见书初稿。不断拓展域外法查明渠道与方式，允许当事人或法官通过查询域外官方网站刊登的成文法律条文、公开出版的法律学术书籍以及本国已生效裁判文书等合理途径补充查明域外法律。院图书馆专设国际商事法庭图书角，采购“一带一路”沿线国家法律书籍及“北大法宝”数据库，便于法官自行补充查明域外法律，增强对域外法律适用的理解。五年来，我院累计涉域外法查明案件208件，涉及包括新加坡、印度、韩国、柬埔寨、利比亚、阿联酋、莫桑比克、卢旺达等十余个法域，其中已查明并审结案件2020年14件；2021年63件，2022年107件，数量环比大幅上升。

六是构建完善国际条约和国际惯例准确适用机制。在涉外审判中坚持“充分努力原则”，累计在14件案件中直接援引适用国际贸易、航空运输、跨境送达与调查取证、承认和执行外国仲裁裁决、承认和执行外国法院判决方面的国际条约、双边条约，积极履行践行国际法的义务。如在一起涉及欧鳗出口的案件中，适用《濒危野生动植物种国际贸易公约》，对案涉合同是否生效作出认定。与中国社会科学院国际法研究所、中国政法大学联合主持最高人民法院2021年度司法研究重大课题“坚持统筹推进国内法治和涉外法治背景下的国际条约问题研究”，获得优秀结项；举办“中国对国际条约的司法适用：理论与实践”研讨会，提升法官适用国际条约的能力水平。

七是构建完善涉外审判精品工程。坚持涉外商事审判精品战略，建立“涉外典型案件培育管理机制”，通过全方位案例培育机制，形成一批推动法治进程，有示范效应的标杆性及典型性案例，有效发挥司法裁判对涉外商事主体的规范和指引作用。“锐速公司申请确认仲裁协议效力”案例入选人民法院服务保障自由贸易试验区建设十大典型案例；“大卫戴恩咨询有限公司、布拉姆利有限公司申请执行香港仲裁裁决案”入选相互执行仲裁裁决十起典型案例。制定《涉外涉港澳台民商事案件送达指引手册》《重大涉外案件管理机制规则》《适用国际条约案件管理台账》《境外证据、境外证人作证审查工作法律规定指引》《境外当事人主体资格、代表人、代理人审查工作法律规定指引》等制度性文件，完善涉外案件节点和流程管理，全面保障各方诉讼权益。先后承担《司法视野下的域外法查明机制研究》《海外利益司法保护问题研究》等最高人民法院重点司法调研和案例研究课题，多项获评优秀课题研究成果，以高质量审判调研牵引推动审判工作，参与《民事诉讼法》、《仲裁法》、《民法典》合同编解释等重大法律、司法解释的修订。

八是完善国际司法协助工作机制。积极推动建立与国际通行规则相衔接的制度体系，严格遵守国际条约义务，进一步推动涉外商事司法协助规则的统一化发展，促进涉外商事判决、仲裁在国（区）际间相互承认和执行。近三年来受理承认（认可）和执行境外法院判决257件，承认（认可）和执行境外仲裁裁决案件38件，涉及ICC国际仲裁院、美国仲裁协会、新加坡国际仲裁中心等诸多国际知名仲裁机构。2023年6月14日，对申请承认和执行哈萨克斯坦共和国国际商事仲裁院仲裁裁决一案作出裁判，此案系我国首次承认和执行中亚仲裁裁决案。遵循国际仲裁发展趋势，审结全国首例申请撤销境外仲裁机构在我国内地作出的仲裁裁决案，明确以“仲裁地”标准确定仲裁裁决的国籍属性。

九是推进涉外审判信息化智能化建设。持续加强智慧法庭建设，依托北京法院电子诉讼平台、“云”法庭，实现跨境线上庭前会议、线上开庭，以“点对点”立案指引和“面对面”视频连线，减轻中外当事人全球往返跑的应诉负担。建设同声传译法庭，充分保障当事人的诉讼参与权。大力建设顶级域名法庭中英网站，建立平台审核机制，专人负责网站运维，发布中文稿件107篇、英文稿件85篇。协同上线“北京国际商事法庭司法服务”微信服务号实现涉外商事纠纷解决一号通办，开通域外法查明、诉讼指引、网上服务等多个版块集成掌上服务，域内外当事人可通过线上一站式完成域外法查明申请、听证、开庭。域外法查明专家亦可以通过网络平台在线出庭接受咨询，极大便利了境外当事人参与诉讼。打造全市首个中外双语审判法庭，对接智慧翻译平台，实现庭审过程多国语言的语种自动识别、实时互译及记录，方便不同语言背景的当事人参加庭审和谈话。

十是推进涉外审判人才队伍培养。始终把人才队伍建设放在高水平建设北京国际商事法庭的全局和战略高度谋划推进，充分发挥北京国际法学研究资源集中和涉外商事案件类型丰富的优势，加快培养一批政治素质过硬、具有全球意识和国际思维、通晓国际法律规则、熟悉相关国家法律法规、善于处理涉外事务的复合型国际化司法人才。建立涉外商事审判人才库，成立法律英语研习社，加强涉外法治理论和司法实务培训，选派人员参加境外高层次学历培训及论坛研讨，不断提升涉外商事审判专业化能力和水平。多名法官被评为全国法院涉外商事海事审判精英人才、全国法院涉外商事海事审判工作先进个人、北京市审判业务专家、北京法院司法实务研究专家。多人次在商事法院常设国际论坛、中国国际服务贸易法律论坛、“一带一路”高峰论坛、中国仲裁高峰论坛等国内外法治论坛上贡献智慧、交流经验。

北京四中院支持和保障
国际商事仲裁中心建设十项机制举措

在对外开放水平不断提高的背景下，商事仲裁既是中国参与国际法律服务竞争的重要内容，也是对外展现中国法治软实力的重要窗口。2022年7月，中央全面依法治国委员会部署开展国际商事仲裁中心建设试点，明确提出要将北京市打造成为“服务国际科技创新中心与国际交往中心建设的国际商事仲裁中心”。2022年至今，北京市先后印发《关于完善仲裁制度提高仲裁公信力建设国际仲裁中心的实施意见》《关于建设国际商事仲裁中心的实施意见》《国际商事仲裁中心（北京）建设实施方案》，对仲裁体制机制改革及国际商事仲裁中心建设进行全方位部署。

在国际商事仲裁中心建设进程中，仲裁司法审查工作是支持、维系商事仲裁良性运转的重要条件，对规范仲裁程序管理、提升仲裁质量和仲裁公信力至关重要。北京四中院作为涉外审判集中管辖和仲裁司法审查法院，以努力打造一流国际商事纠纷解决优选地为目标，不断规范仲裁司法审查程序，统一仲裁司法审查标准，积极营造良好的仲裁发展环境，支持北京建立健全仲裁友好型体制机制，强化司法支持保障北京国际商事仲裁中心建设。2023年1月1日至2024年10月20日，北京四中院共受理仲裁司法审查案件2959件。2023年全年共受理仲裁司法审查案件1375件，其中，受理申请确认仲裁协议效力案件742件，审结801件；受理申请撤销仲裁裁决案件618件，审结631件；受理并审结申请承认（认可）和执行境外仲裁裁决案件15件。2024年1月至10月20日，北京四中院共受理仲裁司法审查案件1584件，其中，受理申请确认仲裁协议效力案件1054件，审结883件；受理申请撤销仲裁裁决案件522件，审结449件；受理并审结申请承认（认可）和执行境外仲裁裁决案件 8 件。北京四中院司法支持保障北京国际商事仲裁中心建设的具体机制和措施有以下几个方面。

一、推动涉外仲裁司法审查集中管辖，加强高质量司法支持与监督仲裁的组织保障

四中院积极开展司法服务保障国际商事仲裁中心建设的调研，与北京市法学会、中国政法大学等单位联合召开专题研讨会，多次参加北京国际仲裁中心建设评价、地方立法征求意见座谈，将实践与理论结合，研究为“两区”建设提供法治服务与保障的最佳方案，建议推动涉外仲裁司法审查集中管辖。经北京市高级人民法院进一步优化涉外案件管辖，2024 年 1 月 1 日起涉外仲裁的保全和执行案件由四中院集中管辖。四中院建立涉外仲裁保全、司法审查和执行衔接机制，打造国际商事争议多元解纷“北京样板”。对涉外仲裁保全的材料审查、提供担保、保全费收取、保全措施的实施和解除以及救济程序等作出明确规定，构建稳定、公平、透明、非歧视的仲裁保全审查构架。打造涉外仲裁保全绿色通道，对保全申请进行一次性全面审查，以专业化水平提升涉外司法效能，保障境外仲裁保全申请的落地执行，支持境外仲裁机构的仲裁工作。截至 2024 年 10 月 20 日，已作出涉外仲裁保全裁定 68 件，涉及标的额超过 100 亿元，案件平均审查周期仅 5 天。

二、尊重意思自治原则，及时回应和支持仲裁发展的新需求

继续秉持审慎谦抑的司法审查态度，在审理申请确认仲裁协议效力案件中，尊重商事主体选择争议解决方式的意思自治，协调仲裁管辖与法院司法审查程序的衔接。对仲裁协议效力以形式审查为主，将需要进行实体审查方能确认的相关效力问题由仲裁机构予以审查，降低确认仲裁协议效力审查案件对于仲裁程序效率的影响。对于实践中出现的多主体合同、公司注销后仲裁协议效力扩张、教育培训格式合同仲裁条款效力、特许经营合同中民事争议可仲裁性等新类型问题，及时通过专业法官会议、专家研讨会等形式研究确立审查规则，支持当事人选择仲裁作为争议解决方式的意愿。四中院审理的龙某与独某科技公司申请确认仲裁协议效力一案，认为网络方式订立的消费格式合同仲裁条款，提供格式合同的一方应当对仲裁条款以适当方式进行提示说明，独某科技公司未提交证据证明其对仲裁条款向龙某尽到合理提示及说明义务，故确认该仲裁条款不成立。该案及其确立的审查规则入选“最高人民法院2023年度仲裁司法审查案例与裁判规则”。北京国际商事法庭法官先后就PPP协议可仲裁性、仲裁协议效力扩张等主题参与仲裁专业论坛研讨，定期发布仲裁司法审查报告和典型案例，公开仲裁司法审查的规则和标准，营造可预期的仲裁司法审查环境。

三、尊重国际仲裁软法规则，推动深厚包容的仲裁文化建设

国际商事仲裁中心的建设离不开一流的仲裁机构程序规则和管理规则。四中院在涉外仲裁司法审查中坚持对标国际通行规则，就仲裁员选任及管理、仲裁员行为规范、仲裁员信息披露等确定审查规则。四中院2023年6月审结的首例申请撤销境外仲裁机构在中国内地作出的仲裁裁决案，尊重当事人援引国际商事仲裁软法界定仲裁披露事项范围，充分体现司法对标国际规则，对国际仲裁保持开明和支持的立场。同时，针对审查中发现的相关程序、规则问题及时梳理总结，对部分仲裁程序瑕疵但尚不构成撤销仲裁裁决的情形，从维护和提升仲裁公信力的角度，向仲裁机构发送司法建议，促进仲裁规则的修改完善，规范仲裁规则的理解适用，以提升仲裁参与者对仲裁的信任度。中国国际经济贸易仲裁委员会、北京仲裁委员会先后对新任仲裁员开展仲裁规则理解和适用培训，制定相关规则适用指引；北京仲裁委员会与北京市律协联合举办“律师仲裁员信息披露指引示范规则”研讨会等，不断完善关于仲裁送达、保障仲裁员中立公正的披露与回避等相关内部制度。

四、严格依法行使监督职责，规范和促进仲裁能力和公信力提升

坚持依法审查和有限监督原则，一方面，防止对申请撤销仲裁裁决程序的滥用，确保商事仲裁制度的优势得以发挥；另一方面，对于违反程序规则、伪造证据、违反社会公共利益等情形予以审慎审查，确有错误瑕疵

的，通过撤销仲裁裁决、通知重新仲裁的方式坚决予以纠正，监督敦促仲裁机构规范程序管理、提升仲裁质量。期间，撤销仲裁裁决 2 件、通知重新仲裁 14 件，督促仲裁庭纠正仲裁程序中公证送达适用、调查取证及质证、超裁等问题，并及时完善仲裁送达规则、内部文书核阅等提升仲裁质量的制度。对于近年来不断增加的“涉众”“涉刑”仲裁案件，强化虚假仲裁的甄别、防范和整治，制定《北京四中院关于在仲裁司法审查案件中加强防范整治虚假仲裁的工作指引》，与公安等司法机关密切沟通，加大涉众型、群体性案件化解力度，促使仲裁更好地发挥纠纷化解功能，保障商事仲裁制度健康顺利发展。

五、持续加强国际、区际司法协助，促推国际仲裁高质量发展

严格遵守国际条约义务，深入推动涉外商事司法协助规则的统一化发展，促进涉外涉港澳台仲裁裁决在国（区）际间相互承认和执行。先后承认（认可）和执行 23 件境外仲裁裁决，涉及 ICC 国际仲裁院、美国仲裁协会、新加坡国际仲裁中心、香港仲裁中心等诸多国际知名仲裁机构，无一不予承认（认可）和执行。其中，通过合理解释仲裁规则作出的认可和执行国际商会国际仲裁院在香港作出的仲裁裁决案入选“最高人民法院支持香港仲裁典型案例”。2024 年 8 月审结的某外国公司申请认可和执行香港仲裁裁决案件，虽然香港国际仲裁中心在仲裁裁决中对被申请人的公司名称、注册地址作出了不一致的表述，但是法院依职权查明核实当事人主体资格，并依据正确的名称作出认定和裁判，体现了法院对国际商事仲裁积极支持的立场。

六、构建仲裁司法审查案件繁简分流机制，提升仲裁司法审查质效

仲裁程序的高效推进以及仲裁裁决的最终执行依赖于仲裁司法审查案件的质效。四中院针对北京仲裁发展的实际，出台《仲裁司法审查案件高效精审流程指南》及精审模板，做到简案快审、繁案精审，既通过快速审理降低审查案件对仲裁程序、仲裁裁决执行程序推进的影响，又强化繁案典型规则的提炼、确立，为仲裁提供规范指引。对网络教育培训仲裁条款

效力审查案件，建立示范性裁决，同时引导当事人实质性化解争议或变更争议解决方式约定，保障仲裁资源的最优化。仲裁司法审查案件审理平均用时逐年缩短。2023 年，确仲案件审理用时平均 64.9 天，撤仲案件审理用时平均 68.8 天。2024 年上半年，确仲案件审理用时平均 39.8 天，撤仲案件审理用时平均 54.9 天。

七、优化诉仲调衔接机制，打造多元解纷"北京样板"

注重发挥与国际接轨的多元解纷功能，北京法院国际商事纠纷一站式多元解纷中心以新时代"枫桥经验"为指导，广泛凝聚智慧，充分发挥诉讼、仲裁、调解的各自优势，实现多种纠纷解决方式与国际接轨，提供多元、优质、高效、便利的商事争议解决服务。建立多元化解"1+1+1+N"工作机制，充分运用"国际商事纠纷调解七步法"，拓展不同层级、行业和领域的调解组织及调解员，尤其是外籍、港澳台地区调解员深度参与调解工作的渠道，提升涉外商事审判质效。充分发挥国际商事争端预防与解决组织、中国国际贸易促进委员会调解中心、北京市多元调解发展促进会等知名调解组织在预防潜在争议、解决方式灵活便捷等优势，不断丰富国际商事纠纷调解资源，加强诉仲调衔接机制建设，使"调解+仲裁""调解+诉讼"成为多元化跨境争议解决的重要方式。中心成功调解案件 40 件，调解金额达 120 亿元。在某资源公司等申请执行香港仲裁裁决案中，通过"执源导流"并以"法律指导+执调联动+司法确认"的一站式多元解纷机制，高效化解该起涉外商事仲裁纠纷，不仅减轻了当事人的诉累，而且推动了纠纷源头化解，提升了涉外商事仲裁裁决执行的实际效果。

八、加强体育仲裁审查研究，规范促进我国仲裁发展

2023 年 1 月 1 日，《中华人民共和国体育法》开始施行。中国体育仲裁委员会在北京设立，四中院成为全国唯一一家体育仲裁裁决司法审查法院。四中院积极参与体育仲裁相关规则的制定讨论，与中国体育仲裁委员会开展联合调研座谈，承担国家体育总局关于体育仲裁裁决司法审查标准的专项委托课题研究，前瞻性开展体育仲裁司法审查研究，为我国依法化

解体育领域纠纷及体育仲裁发展提供司法支持。2024 年受理了两件承认和执行国际体育仲裁院作出的涉体育商事纠纷仲裁裁决案件，严格履行国际公约义务，经审查后依法裁定予以承认和执行。2024 年 9 月，四中院审结全国首例申请涉中国体育仲裁委员会司法审查案件，明确体育仲裁对事实和法律适用等综合审查的规则，细化审查标准。上述案件的审理基本廓清体育仲裁和商事仲裁的受案边界，为我国仲裁发展提供了有力的司法指引。

九、聚焦仲裁体制机制创新，积极贡献司法智慧

积极支持参与北京国际仲裁中心建设地方性立法工作，多人次参与市委改革办《关于完善仲裁制度提高仲裁公信力建设国际仲裁中心的实施意见》落实情况和实施效果的督察评估会、《北京市推进国际商事仲裁中心建设条例》立法调研座谈会，开展《司法支持和保障国际商事仲裁中心建设》重点调研课题，发送专项综合司法建议，就诉仲衔接机制、临时仲裁规则、临时措施落地、智能协同应用等方面的体制机制创新提出意见建议，为推动北京市仲裁体制机制创新，提升仲裁国际影响力贡献司法智慧。

十、加强智能协同应用，推动北京国际商事仲裁中心智能高效建设

运用信息化、智能化手段，打造数据共享、协同办案的统一工作平台，在保证信息安全的基础上，构建法院与仲裁机构信息共享机制，实现文书送达、保全措施、仲裁司法审查等程序中的诉仲对接、当事人信息共享、案卷调取等一体化功能，建立方便、高效、现代化的卷宗材料调取和询问说明机制，提升诉仲工作效率，缩短程序流转耗时，建立审判与仲裁绿色智慧衔接机制。

下一步，北京四中院将继续围绕推动北京国际商事仲裁中心建设、促进仲裁事业高质量发展这一目标，不断完善仲裁司法审查水平，持续推进仲裁、调解、诉讼相互协调、有机衔接的多元纠纷解决机制，促进北京仲裁公信力和国际竞争力的持续提升，助力北京建设一流的国际商事争议解决优选地，着力为首都国际交往中心功能建设和“两区”发展、高水平对外开放提供优质司法服务保障。

北京国际商事法庭涉外商事纠纷“繁简分流”机制

在北京国际商事法庭建立涉外商事纠纷“繁简分流”机制，通过对涉外商事、仲裁司法审查、司法协助等类型案件进行繁简分流，在审判庭通过“简案快审、繁案精审”有效分工审理，实现涉外案件简出效率，繁出精品。

一、涉外商事纠纷“繁简分流”案件类型

根据北京国际商事法庭受理案件类型，将以下类型案件纳入“繁简分流”：

涉外商事普通程序审理一审案件，包括各类普通程序案由。

涉外仲裁司法审查案件，包括申请确认仲裁协议效力案件；申请撤销仲裁裁决案件。

国际和区域司法协助案件，包括承认和执行外国法院判决、仲裁案件；认可和执行港澳台法院判决、仲裁案件。

二、进行涉外商事案件诉保调执衔接

在立案、审判、执行各部门，根据案件类型、特点等以“能调则调，适仲则仲，当诉则诉”为原则，发挥调解、仲裁、诉讼工作合力。根据涉外商事纠纷特点优化保全等工作流程，提升“保调对接”工作机制在涉外商事纠纷解决中的适配性。

三、繁案精审机制

根据案件情况制定繁案分案规则，由全庭各合议庭审理涉外商事普通程序审理一审案件。准确把握涉外商事审判司法规律，根据股权转让、交易合同、展览合同、演出合同、国际货物运输合同等案件特点推进司法标准化，做到审理一类案件，规范一类行为，统一一类司法标准。有效发挥司法裁判对涉外商事主体的规范和指引作用，培育、发掘、形成一批具有推动法治进程作用、对标国际规则、在全国法院有示范效应的标杆性及典型性案例。

四、简案快审机制

根据案件情况制定简案分案规则，由部分合议庭集中审理涉外仲裁司法审查案件和国际、区际司法协助案件。针对国际条约、区域安排、国内法和司法解释，加快推进办案流程，方便当事人诉讼，探索简便高效的审理程序，及时审理相关案件，在涉外简审中实现质量与效率最大化。

北京国际商事法庭完善涉外商事法官会议工作机制指南

为深化审判权运行机制改革，全面落实司法责任制，充分发挥专业法官会议工作机制在辅助办案决策、统一法律适用、强化制约监督、提高审判业务水平等方面的作用，根据民商事审判实践情况，进一步完善法官会议工作机制，制定如下指南：

一、涉外商事法官会议性质与组成

第一条 根据《最高人民法院关于完善人民法院专业法官会议工作机制的指导意见》（以下简称《法官会议意见》）的规定，专业法官会议是人民法院向审判组织和院庭长（含审判委员会专职委员）履行法定职责提供咨询意见的内部工作机制。

第二条 涉外商事法官会议贯彻平权原则和民主原则，出席法官会议的法官享有同等的意见发表权和表决权，通过民主发言或民主投票的方式形成相关意见。

第三条 涉外商事法官会议由法官组成，在召开会议时，结合所涉议题和会议组织方式，兼顾人员代表性和专业性，在民商事会议中法官参加人数不低于 5 人，确保讨论质量和效率。

第四条 涉外商事法官会议主持人可以根据议题性质和实际需要，邀请法官助理、综合业务部门工作人员等其他人员列席会议并参与讨论。

第五条 涉外商事法官会议主持人根据审判工作原则，在对相关法律适用进行问题提炼或者相关专业知识问题，可以邀请专家、技术人员参与会议。

二、涉外商事法官会议讨论内容

第六条　涉外商事法官会议讨论案件的法律适用问题或者与事实认定高度关联的证据规则适用问题，必要时也可以讨论其他事项。

第七条　承办法官办理案件时，存在下列情形之一的，应当建议提交涉外商事法官会议讨论：

（一）合议庭内部无法形成多数意见，或者持少数意见的法官认为需要提交讨论的；

（二）审判过程中带有普遍性的程序问题、涉及统一裁判尺度的实体问题及重要的法律适用问题或者有必要在审判团队、审判庭、审判专业领域之间或者辖区法院内统一法律适用的；

（三）属于《最高人民法院关于完善人民法院司法责任制的若干意见》第二十四条规定的“四类案件”范围的；

（四）缺乏明确裁判规则或者尚未形成统一裁判规则的案件，包括以下类型：（1）涉案事实新类型案件，即涉及新政策影响、新市场形态、新交易方式、新技术应用等引发纠纷；（2）涉案法律适用新类型案件，即存在新法及司法解释适用问题；存在法律适用与政策、行政法规规章等适用问题；存在法律适用分歧且无裁判规则；

（五）新类型、疑难复杂，且具有重要指导意义的案件，或者案件涉及事实认定具有较强专业性和复杂性，或者涉及事实认定高度关联的证据规则适用问题；

（六）重大、疑难、复杂具有社会影响的民商事案件以及可能需要报请“三同步”案件；

（七）其他需要提交专业法官会议讨论的。

第八条　院庭长履行审判监督管理职责时，发现案件存第七条规定情形时，可以提交涉外商事法官会议讨论。

院庭长可以基于以下事由组织召开法官会议：

（1）发现案件实体裁判尺度不统一、带有普遍性的程序问题、重要的法律适用问题、类型化案件反映出的重大问题。

（2）需对案件质量进行评定、开展质量讲评和对责任人进行质询的。

（3）拟制定的庭级审判管理措施、业绩考评办法需进行意见征集、研究讨论、修改完善或审议的。

（4）其他重大审判工作事项需进行商议的。

三、法官会议的主持方式与程序

第九条 涉外商事法官会议由庭长、副庭长或其委托的资深法官主持。涉外商事法官会议的启动，有以下三种方式：（1）主管副院长认为有必要组织召开的；（2）庭长认为有必要组织召开的；（3）承办法官提请庭长或轮值主席组织召开的。

第十条 民庭采取庭长和轮值主席双轨启动法官会议制度，庭长、副庭长和轮值主席均可作为法官会议主持人，轮值主席由资深法官担任。

第十一条 民庭设立法官会议轮值主席，法官会议轮值主席任期时间为两个月。轮值主席任期内的职责，包括负责接受、汇总、确定相关法官会议议题；负责召集和主持法官会议；负责任期内法官会议纪录和讨论成果的整理。

第十二条 承办法官认为有需要在法官会议上进行研讨的法律适用问题，可向庭长或轮值主席提出，并以书面形式明确具体法律适用问题、观点及提供相应研讨材料。庭长或轮值主席对法官所提出的研讨问题进行整理汇总后提交法官会议研讨。

第十三条 主持人（庭长或轮值主席）应当在会前审查会议材料并决定是否召开法官会议。对于法律适用已经明确，法官会议已经讨论且没有出现新情况，或者其他不属于法官会议讨论范围的，主持人可以决定不召开会议。主持人决定不召开专业法官会议的情况应当在办案平台或者案卷中留痕，由主持人向承办法官说明原因，并由承办法官进行记录留痕等工作。

第十四条 拟提交涉外商事法官会议讨论的案件，承办法官应当在会议召开前就基本案情、争议焦点、评议意见及其他参考材料等简明扼要准备报告，并在报告中明确拟提交讨论的焦点问题。案件涉及统一法律适用问题的，应当说明类案检索情况，确有必要的应当制作类案检索报告。

全体参加人员应当在会前认真阅读会议材料，掌握议题相关情况，针对提交讨论的问题做好发言准备。

第十五条 主持人应当指定专人负责会务工作。召开会议前，应当预留出合理、充足的准备时间，提前将讨论所需的报告等会议材料送交全体参加人员。对于研究案件召开会议时，应当制作会议记录，准确记载发言内容和会议结论，由全体参加人员会后及时签字确认，并在办案平台或者案卷中留痕；参加人员会后还有新的意见，可以补充提交书面材料并再次签字确认。

第十六条 涉外商事法官会议按照下列规则组织讨论：

（一）承办法官作案情介绍或者主持人作讨论问题介绍；

（二）参加人员就有关问题进行询问；

（三）列席人员发言；

（四）参加人员发表意见（可按照法官等级等由低到高的顺序发表明确意见，法官等级相同的，由晋升现等级时间较短者先）；

（五）主持人视情况组织后续轮次讨论；

（六）主持人最后发表意见；

（七）主持人总结归纳讨论情况，形成讨论意见。

第十七条 法官会议涉及表决事项的，出席法官会议的法官实行一人一票。法官会议意见，根据出席法官的人数以少数服从多数原则确定，多数指超过出席法官人数的一半。同时对于少数意见应当在会议记录中列明，表决结果仅作为咨询意见。

第十八条 涉外商事法官会议对案件讨论形成的意见仅作为咨询意见供审判组织和院庭长参考。

经涉外商事法官会议讨论的“四类案件”，合议庭应当及时复议；涉外商事法官会议没有形成多数意见，合议庭复议后的意见与涉外商事法官会议多数意见不一致，或者合议庭对法律适用问题难以作出决定的，应当层报院长提交审判委员会讨论决定。

对于“四类案件”以外的其他案件，涉外商事法官会议没有形成多数意见，或者合议庭复议后的意见仍然与涉外商事法官会议多数意见不一致的，可以层报院长提交审判委员会讨论决定。

第十九条 参加、列席涉外商事法官会议的人员和会务人员应当严格遵守保密工作纪律，不得向无关人员泄露会议议题、案件信息和讨论情况等审判工作秘密；因泄密造成严重后果的，依纪依法追究纪律责任直至刑事责任。

第二十条 涉外商事法官会议注重总结经验，形成专业研究成果。法官会议形成的研讨意见，及时整理出会议纪要留存，推动涉外商事法官会议形成会议纪要、典型案例、裁判规则等统一法律适用成果。

北京国际商事法庭《取消外国公文书认证要求的公约》理解适用诉讼指引

2023 年 3 月 8 日，中国加入《取消外国公文书认证要求的公约》（以下简称《取消认证公约》），2023 年 11 月 7 日该《取消认证公约》在中国生效实施。为准确理解适用《取消认证公约》，改善营商环境，降低文书跨国流转耗时及费用，方便缔约方的当事人进行诉讼，充分保障当事人合法权益，更快、更省、更便捷地实现文书跨国流转，现就相关内容进行指引，以供参考：

一、《取消认证公约》的适用范围

（一）《取消认证公约》适用的公文书范围

《取消认证公约》第一条第一款规定“本公约适用于在一缔约国领土内制作，且需要在另一缔约国领土内出示的公文书”。《取消认证公约》所适用的文书是缔约国之间流通的公文书。在缔约国使用但在非缔约国作成或在缔约国作成但在非缔约国使用的文书都不属于公约可适用的文书。

《取消认证公约》只适用于公文书，即涉及公务的文书，根据《取消认证公约》第一条第二款的规定，具体包括：（1）与一国法院或法庭相关的机关或官员出具的文书，包括由检察官、法院书记员或司法执行员（“执达员”）出具的文书；（2）行政文书；（3）公证文书；（4）对以私人身份签署的文件的官方证明，如对文件的登记或在特定日期存在的事实进行记录的官方证明，以及对签名的官方和公证证明。

《取消认证公约》排除适用的文书，根据《取消认证公约》第一条第三款的规定，具体包括：（1）外交或领事人员制作的文书；（2）直接处理商业或海关运作的行政文书。

（二）《取消认证公约》缔约国的理解

《取消认证公约》中所指“缔约国”指《取消认证公约》已经生效的任何国家，包括原始缔约国，事后批准或加入《取消认证公约》的国家，即《取消认证公约》的所有成员国。

（三）《取消认证公约》适用空间范围

根据《取消认证公约》第十三条第一款的规定“任何国家可在签署、批准或加入本公约时声明，本公约应扩展适用于由其负责国际关系的全部领土，或者其中一处或几处。此类声明应自本公约对有关国家生效之日起发生效力”。这里所指领土不仅包括一国的领陆、领水、领空，还包括其声明扩展的由其负责国际关系的领土。

二、附加证明书的理解

附加证明书，是指符合公约所附示范格式的，由文书出具国主管机关签发的，放在文书或“文书附页”上的附加意见证书，用于证明文书上的签名、印章的真实性，或文件签署人签署时的身份。附加证明书是《取消认证公约》在取消认证后，确保文书的真实性而创设的一套文书证明制度。依据该制度，在一缔约国领土内作成而需在另一缔约国领土内出示的公文书，如其附有作成国主管机关签发的附加证明书，则出示国应免除对公文书的认证手续。

附加证明书包括两部分信息：4 项文书相关信息，包括文书出具国、签署人、签署人身份、印鉴名称；6 项证明信息，包括签发地、签发日期、签发人、附加证明书编号、签发机关印鉴、签名。

法院在案件审判执行工作中对当事人提供的附加证明书真实性无法确认的，可层报最高人民法院国际合作局。

三、《取消认证公约》附加证明书与领事认证的对比

（一）相同

（1）性质：证明出具国公文书上最后一个印鉴、签名的真实性。

（2）功能：使一国出具的公文书能在另一国境内得以承认。

（3）规费：在我国均为行政事业性收费，均为“领事认证费”，不新设收费项目。

（二）不同

（1）使用国：领事认证书适用非《取消认证公约》缔约国；附加证明书适用《取消认证公约》缔约国。

（2）运转程序：领事认证书的一些国家需要办理“双认证”；附加证明书减少外国驻华使领馆领事认证程序。

（3）内容：领事认证书认证证词；附加证明书按《取消认证公约》规定 10 项内容证明。

（4）形式：领事认证书需领事认证书贴纸加国徽印鉴；附加证明书需附加证明书贴纸加国徽印鉴。

（5）流转模式：①领事认证跨国流转模式：公文书——涉外公证或商事证明（出具国有关机构办理）——外交部门认证（出具国外交部或其委托机构办理）——领事认证（目的地国驻出具国使领馆办理）——公文书目的地国。

②《取消认证公约》简化流程模式：公文书——涉外公证或商事证明（出具国有关机构办理）——附加证明书（出具国签发机关办理）——公文书目的国。

四、《取消认证公约》对我国生效的衔接适用

《取消认证公约》于 2023 年 11 月 7 日对我国生效，此前外国公文书提交我国内地使用，需要在当地进行公证，然后至我国驻当地使领馆取得领事认证，认证标贴为绿色，加贴在公证文书之后。入约前，公文书送往国外使用，通常需办理出具国外交部门和目的地国使领馆两次领事认证，入约后，各缔约国之间适用《取消认证公约》取消上述认证程序。《取消认证公约》对我国生效后，除个别提出异议的国家外，中国同其他缔约国之间不再需要办理使领馆领事认证，只需办理一次附加证明书即可。

《取消认证公约》对我国生效前，已经公证并办理领事认证的公文书，

《取消认证公约》生效后可以继续使用。《取消认证公约》对我国生效后，其他缔约国公文书送中国内地使用，公证后需办理该国附加证明书，无须办理该国和中国驻当地使领馆的领事认证。

五、诉讼中涉及公文书的审查

在诉讼中涉及公文书审查时，应区分《取消认证公约》缔约国公文书与非缔约国公文书的不同规定，具体考虑以下情形：

（一）《取消认证公约》与我国与其他国家间的条约、公约或协定的规定的适用

准确理解和适用《取消认证公约》第八条规定，如果我国在两个或多个缔约国间的条约、公约或协定规定对签名或印鉴应履行某种证明手续，该证明手续更为简化便捷则适用上述条约、公约或协定规定，在上述条约、公约或协定规定比《取消认证公约》第三条、第四条规定的手续更严格的情况下优先适用《取消认证公约》规定。

（二）非缔约国公文书的审查

非缔约国的公文书认证不适用《取消认证公约》，我国与非缔约国国家间的签订条约、公约或协定的，按条约、公约或协定的规定审查，没有条约、公约或协定的，经公证后需办理出具国外交部门和目的地国使领馆两次领事认证。

（三）授权委托书的审查

外国当事人提供的授权委托书，属于缔约国之间公文书的，按《取消认证公约》规定审查。外国当事人提供的授权委托书，属于非缔约国的公文书的，不适用《取消认证公约》规定，按上述第（二）项进行审查。

我国公民侨居在国外寄交授权委托书，属于缔约国之间公文书的，根据《民事诉讼法》第二百七十一条的规定（中华人民共和国缔结或者参加的国际条约同本法有不同规定的，适用该国际条约的规定，但中华人民共和国声明保留的条款除外），应优先适用《取消认证公约》的规定，在公证后需办理该国附加证明书，无须办理该国和中国驻当地使领馆的领事认证。

我国公民侨居在国外寄交授权委托书，属于非缔约国之间公文书的，根据《民事诉讼法》第六十二条第三款的规定（侨居在国外的中华人民共和国公民从国外寄交或者托交的授权委托书，必须经中华人民共和国驻该国的使领馆证明；没有使领馆的，由与中华人民共和国有外交关系的第三国驻该国的使领馆证明，再转由中华人民共和国驻该第三国使领馆证明，或者由当地的爱国华侨团体证明），不适用《取消认证公约》规定，需按照上述《民事诉讼法》办理相关证明。

（四）证据的审查

当事人提供的公文书系在中华人民共和国领域外形成的证据，属于《民事诉讼证据规定》第十六条的规定和《全国法院涉外商事海事审判工作座谈会会议纪要》第十六条规定的公文书证范围的，按《民事诉讼证据规定》《全国法院涉外商事海事审判工作座谈会会议纪要》的规定审查。

当事人提供的证据系在我国领域外形成，涉及身份关系的证据，属于《取消认证公约》缔约国公文书的，应当优先适用《取消认证公约》的规定，在公证后需办理该国附加证明书，无须办理该国和中国驻当地使领馆的领事认证。

当事人提供的证据系在我国领域外形成，涉及身份关系的证据，不属于《取消认证公约》缔约国公文书的，不适用《取消认证公约》规定。应当根据《民事诉讼证据规定》第十六条的规定和《全国法院涉外商事海事审判工作座谈会会议纪要》第十六条的规定，经所在国公证机关证明并经中华人民共和国驻该国使领馆认证，或者履行中华人民共和国与该所在国订立的有关条约中规定的证明手续。

《民事诉讼证据规定》第十六条第一、二款：当事人提供的公文书证系在中华人民共和国领域外形成的，该证据应当经所在国公证机关证明，或者履行中华人民共和国与该所在国订立的有关条约中规定的证明手续。中华人民共和国领域外形成的涉及身份关系的证据，应当经所在国公证机关证明并经中华人民共和国驻该国使领馆认证，或者履行中华人民共和国与该所在国订立的有关条约中规定的证明手续。

《全国法院涉外商事海事审判工作座谈会会议纪要》第十六条：[域外

公文书证]《最高人民法院关于民事诉讼证据的若干规定》第十六条规定的公文书证包括外国法院作出的判决、裁定，外国行政机关出具的文件，外国公共机构出具的商事登记、出生及死亡证明、婚姻状况证明等文件，但不包括外国鉴定机构等私人机构出具的文件。公文书证在中华人民共和国领域外形成的，应当经所在国公证机关证明，或者履行相应的证明手续，但是可以通过互联网方式核查公文书证的真实性或者双方当事人对公文书证的真实性均无异议的除外。

六、公文书的具体理解

（一）《取消认证公约》适用的公文书

《取消认证公约》第一条第二款规定的公文书，具体包括四项内容：

（1）与一国法院或法庭有关的机关或官员发出的文书，包括检察官、法院书记官以及执行员发出的文书。此处的法院或法庭为广义理解，包括司法法院、行政和宪法法院或法庭。

（2）行政文书。典型的行政文书包括出生、死亡和婚姻证明，公司登记、财产登记、人口登记、知识产权登记，教育证书、许可证书、医疗和健康证书，刑事犯罪和警察记录等。

（3）公证书。在大多数普通法系国家，公证为一种法律职业，是公证机关或公证人以官方身份证明一定事实的活动。而公证书即为由当地公证机构或国际公证人出具的、记录一定事实发生的证明活动的文书。我国内地公证制度以公证机构为本位，公证员以公证处为执业场所办理公证业务。香港的公证实行以公证人为本位的制度，其执业机构为律师事务所等。

（4）对以私人身份签署的文件的官方证明。诸如登记批准书、日期签证及签字证明书。以私人身份所签署文件的证书不是指以私人身份作成的处理私人事务的文书本身，而是指附在其上的官方证明书。例如，对某个文件的注册或其在某日存在的事实进行记录的官方证书，以及对签字的官方证明和公证证明。而能否对个人以私人身份签署的文件发出官方证明书，则由出具国的法律决定。

（二）《取消认证公约》排除适用的公文书

《取消认证公约》第一条第三款规定，排除适用的公文书具体包括两项内容：

（1）外交或领事人员做成的文书。根据《维也纳领事关系公约》第五条的规定，一国驻他国的外交或领事机关具有其本国的公证职能。实践中，外交或领事人员做成的文书真实性本身就得到各国认可，即被视为已经证明的文书，不需要经过再次认证。故《取消认证公约》没必要适用该类文书。

（2）直接处理商务交易或关税事务的行政文书。这是世界贸易组织简化认证的要求。如签发国最常用的原产地证书或进出口许可证，在实践中往往不需要对这类文书的签字或盖章进行认证，而需要进一步对实质内容进行核实。故该类文书的认证没必要适用《取消认证公约》。

七、我国签发附加证明书的主管机关及办理流程

中国外交部是签发附加证明书的主管机关，为本国境内出具的公文书签发附加证明书。外交部领事司是具体执行部门，附加证明书由外交部及其委托的地方外办签发。受外交部委托，中国相关地方人民政府外事办公室可为本行政区域内出具的公文书签发附加证明书。

中国附加证明书将使用贴纸形式，加贴银色国徽印鉴。中国外交部以及各相关地方外办签发的附加证明书支持在线核验，具体可登录 http：//consular. mfa. gov. cn/VERIFY/。

办理附加证明书的具体程序和要求请登录中国领事服务网（网址：https：//cs. mfa. gov. cn/）或各地方外办相关网站查询。

签发附加证明书的地方外办人民政府外事办公室名单

(共 31 家)

安徽省、重庆市、福建省、广东省、广西壮族自治区、贵州省、河南省、黑龙江省、湖北省、湖南省、海南省、吉林省、江苏省、江西省、辽宁省、四川省、山东省、上海市、陕西省、云南省、浙江省、甘肃省、河北省、山西省、内蒙古自治区、长春市、哈尔滨市、宁波市、济南市、青岛市、深圳市

八、《取消认证公约》缔约国名单及缔约国办理手续提示

（一）《取消认证公约》缔约国名单（截至2023年10月23日）

亚洲（22个）：

中国、亚美尼亚、阿塞拜疆、巴林、文莱、格鲁吉亚、印度、印尼、以色列、日本、哈萨克斯坦、吉尔吉斯斯坦、蒙古国、阿曼、巴基斯坦、菲律宾、韩国、沙特、新加坡、塔吉克斯坦、土耳其、乌兹别克斯坦

非洲（16个）：

博茨瓦纳、布隆迪、佛得角、斯威士兰、莱索托、利比里亚、马拉维、毛里求斯、摩洛哥、纳米比亚、卢旺达、圣多美和普林西比、塞内加尔、塞舌尔、南非、突尼斯

欧洲（44个）：

阿尔巴尼亚、安道尔、奥地利、白俄罗斯、比利时、波黑、保加利亚、克罗地亚、塞浦路斯、捷克、丹麦、爱沙尼亚、芬兰、法国、德国、希腊、匈牙利、冰岛、爱尔兰、意大利、拉脱维亚、列支敦士登、立陶宛、卢森堡、马耳他、摩纳哥、黑山、荷兰、北马其顿、挪威、波兰、葡萄牙、摩尔多瓦、罗马尼亚、俄罗斯、圣马力诺、塞尔维亚、斯洛伐克、斯洛文尼亚、西班牙、瑞典、瑞士、乌克兰、英国

北美洲（21个）：

安提瓜和巴布达、巴哈马、巴巴多斯、伯利兹、加拿大、哥斯达黎加、多米尼克、多米尼加、萨尔瓦多、格林纳达、危地马拉、洪都拉斯、牙买加、墨西哥、尼加拉瓜、巴拿马、圣基茨和尼维斯、圣卢西亚、圣文森特和格林纳丁斯、特立尼达和多巴哥、美国

南美洲（12个）：

阿根廷、玻利维亚、巴西、智利、哥伦比亚、厄瓜多尔、圭亚那、巴拉圭、秘鲁、苏里南、乌拉圭、委内瑞拉

大洋洲（10个）：

澳大利亚、库克群岛、斐济、马绍尔群岛、新西兰、纽埃、帕劳、萨摩亚、汤加、瓦努阿图

注 1：2024 年 1 月 11 日，《取消认证公约》将对加拿大生效，中加之间将于当日开始适用《取消认证公约》。2024 年 6 月 5 日，《取消认证公约》将对卢旺达生效，中卢之间将于当日开始适用《取消认证公约》。

注 2：中国与其不承认具有主权国家地位的《取消认证公约》成员间不适用《取消认证公约》。

注 3：中国与印度之间不适用《取消认证公约》。

（二）缔约国办理手续提示

缔约国一般指定外交部或内政部作为签发附加证明书的主管机关，以新西兰为例，中华人民共和国驻新西兰大使馆公告，自 11 月 7 日起，该使馆将停办领事认证业务。对于新西兰出具的拟送往中国内地使用的文书，请向新西兰主管机关申办附加证明书。

新西兰内政部是办理新西兰附加证明书的主管机构。地址：45 Pipitea Street，Wellington。邮寄地址：Department of Interior，PO BOX 10526，Wellington 6140，New Zealand。电话：+64（4）460 2221。电子邮件：auth. unit@ dia. govt. nz。网址：www. govt. nz/authentications。

在国外的公司或个人若需办理认证手续，请咨询中国在该国的使领馆或该国所指定的附加证明书的主管机构。

九、涉港澳台公文书流转提示

此前，《取消认证公约》已适用于中国香港特别行政区和澳门特别行政区，《取消认证公约》将继续适用于两特别行政区。港澳特别行政区和《取消认证公约》成员国之间的文书流转安排将保持不变。《取消认证公约》对我国生效后，中国内地和香港澳门特别行政区，以及中国大陆和台湾地区之间的双向文书流转现行做法不受影响。

十、跨境诉讼当事人线上视频见证提示

人民法院为跨境诉讼当事人提供网上立案指引、查询、委托代理视频见证、登记立案服务，按照最高人民法院《关于为跨境诉讼当事人提供网上立案服务的若干规定》（以下简称《网上立案服务规定》）办理。

跨境诉讼外国当事人进行身份验证应当向受诉法院在线提交以下材料：外国人应当提交护照等用以证明自己身份的证件；企业和组织应当提交身份证明文件和代表该企业和组织参加诉讼的人有权作为代表人参加诉讼的证明文件，证明文件应当经所在国公证机关公证。如我国与外国人、外国企业和组织所在国订立、缔结或者参加的国际条约、公约中对证明手续有具体规定，从其规定，但我国声明保留的条款除外。

非缔约国的公文书认证不适用《取消认证公约》，我国与非缔约国国家间签订条约、公约或协定的，按条约、公约或协定的规定审查，没有条约、公约或协定的，证明文件应当经所在国公证机关公证，并经我国驻该国使领馆认证。外国人、外国企业和组织所在国与我国没有建立外交关系的，可以经过该国公证机关公证，经与我国有外交关系的第三国驻该国使领馆认证，再转由我国驻第三国使领馆认证。

按《网上立案服务规定》通过身份验证的跨境诉讼当事人委托我国内地律师代理诉讼，可以向受诉法院申请线上视频见证。

线上视频见证由法官在线发起，法官、跨境诉讼当事人和受委托律师三方同时视频在线。跨境诉讼当事人应当使用中华人民共和国通用语言或者配备翻译人员，法官应当确认受委托律师和其所在律师事务所以及委托行为是否确为跨境诉讼当事人真实意思表示。在法官视频见证下，跨境诉讼当事人、受委托律师签署有关委托代理文件，无须再办理公证、认证、转递等手续。线上视频见证后，受委托律师可以代为开展网上立案、网上交费等事项。

附：《公约》全文及格式

取消外国公文书认证要求的公约（中译本）

（订于一九六一年十月五日）

本公约签署国，希望取消对外国公文书进行外交或领事认证的要求，决定为此目的缔结本公约，并议定以下条款：

第一条

本公约适用于在一缔约国领土内制作，且需要在另一缔约国领土内出示的公文书。

在适用本公约时，下列文书被认为是公文书：

（一）与一国法院或法庭相关的机关或官员出具的文书，包括由检察官、法院书记员或司法执行员（“执达员”）出具的文书；

（二）行政文书；

（三）公证文书；

（四）对以私人身份签署的文件的官方证明，如对文件的登记或在特定日期存在的事实进行记录的官方证明，以及对签名的官方和公证证明。

但本公约不适用于：

（一）外交或领事人员制作的文书；

（二）直接处理商业或海关运作的行政文书。

第二条

缔约国对适用本公约且需在其领土内出示的文书应免除认证要求。就本公约而言，认证仅指文书出示地国的外交或领事人员为证明签名的真实性、文书签署人签署时的身份，以及在需要时为确认文书上的印鉴属实而履行的手续。

第三条

为证明签名的真实性、文书签署人签署时的身份，以及在需要时为确认文书上的印鉴属实，仅可能需要办理的手续是文书出具国主管机关签发第四条规定的附加证明书。

如根据文书出示地国现行法律、法规或惯例，或者根据两个或多个缔约国间的协定，前款所指手续已被取消或简化，或者已免除对文书的认证，则不得要求履行前款所规定的手续。

第四条

第三条第一款所指的附加证明书应附于文书本身或附页上，其样式应与本公约所附样本一致。

附加证明书可用签发它的主管机关使用的官方语言填写。附加证明书中标准事项亦可用另一种语言书写。附加证明书的标题“附加证明书（1961年10月5日海牙公约）”应用法文书写。

第五条

附加证明书应根据文书签署人或任何文书持有人的申请签发。

正确填写的附加证明书可以证明签名的真实性、文书签署人签署时的身份，以及在需要时确认文书上的印鉴属实。附加证明书上的签名及印鉴无需任何证明。

第六条

缔约国应根据其机关的官方职责，指定有权签发第三条第一款所指附加证明书的主管机关。缔约国应在交存批准书、加入书或扩展适用范围声明时将上述指定通知荷兰外交部。对指定的主管机关的任何变更也应予以通知。

第七条

根据第六条所指定的主管机关，应备有登记册或卡片索引以记录所签发的附加证明书，并详细列明：

（一）附加证明书的编号和日期；

（二）公文书签署人的姓名及其签署时的身份；无签名文书上印鉴机关的名称。

任何利害关系人的申请，签发附加证明书的主管机关应核实附加证明书上的事项是否与登记册或卡片索引的记录一致。

第八条

如果两个或多个缔约国间的条约、公约或协定规定对签名或印鉴应履行某种证明手续，则本公约仅在这些手续较第三条、第四条规定的手续更严格的情况下优先适用。

第九条

缔约国应采取必要措施，以避免本国外交或领事人员在依本公约规定应予免除的情况下进行认证。

第十条

本公约对出席海牙国际私法会议第九届会议的国家及爱尔兰、冰岛、列支敦士登和土耳其开放签署。本公约须经批准，批准书应交存荷兰外交部。

第十一条

本公约应于第三份批准书按第十条第二款规定交存后第60日起生效。

对于此后批准本公约的签署国，公约自其交存批准书后第60日起对其生效。

第十二条

第十条未提及的任何国家可在公约根据第十一条第一款生效后加入本公约。加入书应交存荷兰外交部。此类加入仅应在加入国与那些在收到第十五条d项规定的通知后6个月内对其加入未提出异议的缔约国之间生效。任何此类异议应通知荷兰外交部。公约应自前款规定的6个月期限届满后的第60日起在加入国与对其加入不持异议的国家之间生效。

第十三条

任何国家可在签署、批准或加入本公约时声明，本公约应扩展适用于由其负责国际关系的全部领土，或者其中一处或几处。此类声明应自本公约对有关国家生效之日起发生效力。

此后任何时候，此类扩展适用事项应通知荷兰外交部。如公约的签署和批准国作出此类扩展适用声明，公约应根据第十一条的规定对声明所提及的领土生效。如公约的加入国作出此类扩展适用声明，公约应根据第十二条的规定对声明所提及的领土生效。

第十四条

本公约自第十一条第一款规定的生效之日起5年内有效，对后来批准或加入本公约的国家同样适用。

如未经废止，本公约每5年自动展期一次。

废止应至少在5年期届满的6个月前通知荷兰外交部。

废止可仅限于本公约适用的某些领土。废止仅对发出废止通知的国家有效。本公约对其他缔约国仍然有效。

第十五条

荷兰外交部应将下列事项通知第十条所指的国家和根据第十二条加入本公约的国家：

（一）第六条第二款所述的通知；

（二）第十条所述的签署和批准；

（三）本公约根据第十一条第一款生效的日期；

（四）第十二条所述的加入和异议，及加入的生效日期；

（五）第十三条所述的扩展适用范围及其生效日期；

（六）第十四条第三款所述的废止。

下列经正式授权的签署人签署本公约，以昭信守。

本公约于一九六一年十月五日订于海牙，用法文和英文写成。两种文本如发生分歧，以法文本为准。正本一份，交由荷兰政府存档，其经证明无误的副本应通过外交途径送交出席海牙国际私法会议第九届会议的国家以及爱尔兰、冰岛、列支敦士登和土耳其。

公约附件：

附加证明书样式

附加证明书应为边长至少 9 厘米的正方形

附加证明书	
（1961 年 10 月 5 日海牙公约）	
1. 文书出具国：	
本公文书	
2. 签署人	
3. 签署人身份	
4. 印鉴名称	
证明	
5. 签发地	6. 签发日期
7. 签发人	
8. 附加证明书编号	
9. 签发机关印鉴：	10. 签名：

北京市第四中级人民法院
涉外涉港澳台民商事案件送达
指引手册

目　　录

一、涉外案件的范围

《最高人民法院关于适用〈中华人民共和国民事诉讼法〉的解释》第五百二十条规定，有下列情形之一，人民法院可以认定为涉外民事案件：

（一）当事人一方或者双方是外国人、无国籍人、外国企业或者组织的；

（二）当事人一方或者双方的经常居所地在中华人民共和国领域外的；

（三）标的物在中华人民共和国领域外的；

（四）产生、变更或者消灭民事关系的法律事实发生在中华人民共和国领域外的；

（五）可以认定为涉外民事案件的其他情形。

二、涉外送达的领域内送达

涉外民商事案件的送达如果完全可以通过对国内合格的受送达人送达完成，一般不存在司法协助的问题，也不存在国际条约适用的问题，只要根据国内法规定的方式和程序完成即可。

（一）向受送达人在中华人民共和国境内设立的独资企业、代表机构、分支机构、业务代办人送达

《民事诉讼法》第二百八十三条第一款第五项：向受送达人在中华人民共和国领域内设立的独资企业、代表机构、分支机构或者有权接受送达的业务代办人送达。

《最高人民法院关于涉外民事或商事案件司法文书送达问题若干规定》第五条：人民法院向受送达人送达司法文书，可以送达给其在中华人民共和国领域内设立的代表机构。受送达人在中华人民共和国领域内有分支机构或者业务代办人的，经该受送达人授权，人民法院可以向其分支机构或者业务代办人送达。

（二）向受送达人在中国领域内的代表人、主要负责人送达

《最高人民法院关于适用〈中华人民共和国民事诉讼法〉的解释》第五百三十三条：外国人或者外国企业、组织的代表人、主要负责人在中华人民共和国领域内的，人民法院可以向该自然人或者外国企业、组织的代表人、主要负责人送达。外国企业、组织的主要负责人包括该企业、组织的董事、监事、高级管理人员等。

三、向在我国领域内没有住所的外国当事人送达

向在我国领域内没有住所的外国当事人（包括非中国籍法人和非中国

籍公民）送达参考北京市高级人民法院《关于民商事国际司法协助工作的若干规定》实施细则。

具体包括三种情况：

第一，受送达人所在国与我国缔结了双边司法协助协定的，依司法协助协定规定的方式送达；

第二，受送达人所在国系《海牙送达公约》的成员国的，按公约规定的程序送达；

第三，受送达人所在国与我国没有司法协助协定，且不是《海牙送达公约》成员国的，通过外交途径送达。

（一）依双边司法协助协定规定的方式送达

1. 适用范围。

向与我国缔结了双边司法协助协定的当事人送达。

截至2002年11月4日，与中国签订民商事双边司法协助协定的国家包括：法国、波兰、比利时、埃及、蒙古国、罗马尼亚、保加利亚、俄罗斯、白俄罗斯、立陶宛、西班牙、乌克兰、古巴、新加坡、阿根廷、意大利、摩洛哥、匈牙利、哈萨克斯坦、吉尔吉斯、塔吉克斯坦、乌兹别克斯坦、塞浦路斯、突尼斯、土耳其、希腊、泰国、越南、老挝。有关中国司法协助条约的签订及生效情况，可以登录外交部官方网站www. fmprc. gov. cn或登录百度搜索网站www. baidu. com输入关键词“民商事司法协助协定”查询。

2. 报送文书的格式要求。

案件承办人首先按照最高人民法院外事办的要求填写《申报涉外送达函》，[①] 并按照以下格式要求准备需送达的文书材料：

（1）所送达的各项文书应当附有被请求国官方文字的译文，对于不同地区使用不同官方文字的国家，应当附有该地区所使用的官方文字的译文。

（2）所送达的文书应当一式两份，分别装订为两套文书。

① 上述内容摘自最高人民法院印发的《关于依据国际公约和双边司法协助条约办理民商事案件司法文书送达和调查取证司法协助请求的规定实施细则（试行）》第六条。

每套文书应当独立成册（装订位置为文书左侧，双图钉），首页为致高级人民法院外事办公室《申报涉外送达函》。

其他文书参照下列顺序装订：

（a）起诉状中文及译文；

（b）应诉通知书中文及译文；

（c）传票中文及译文；

（d）合议庭组成人员通知书中文及译文；

（e）举证通知书中文及译文；

（f）其他材料之一中文及译文（其他材料之二、三依此类推）；

（g）证据一中文及译文（证据二、三依此类推）；

（h）翻译证明。①

人民法院向在国外的法人和非中国籍公民送达民商事案件司法文书无需附送达回证及译文。但是，所送达的文书不能反映准确送达地址的，应当通过附送达回证及译文的方式说明准确的送达地址。

3. 送达费用。

被请求国协助送达要求支付费用的，送达费用由当事人负担。被请求国要求预付费的，应当将送达费用汇票与所送文书一并转递，并在转递函上注明汇票编号。②

4. 受送达人的姓名、名称。

所送达的各项文书中，受送达人的姓名、名称和送达地址应当一致、完整、准确。送达地址应当打印，不便打印的，手写地址应当清晰、可明确辨认；受送达人姓名、名称和送达地址不一致的，应当修改一致；送达地址不便修改的，应当在《申报涉外送达函》中列明准确的送达地址，并注明“已核对，以此送达地址为准”。

5. 确定开庭日期时应当预留足够的送达时间，一般应定在报送高级人

---

① 最高人民法院《关于依据国际公约和双边司法协助条约办理民商事案件司法文书送达和调查取证司法协助请求的规定》第五条第二款规定，译文应当附有确认译文与原文一致的翻译证明。翻译证明应当有翻译机构的印章和翻译人的签名。译文不得加盖人民法院印章。

② 2003年8月5日，最高人民法院办公厅印发《关于就外国执行民商事文书送达收费事项的通知》，向美国、新加坡、加拿大送达司法文书，需要用汇票支付相应送达费用。

民法院外事办公室起七个月后且非法定节假日；开庭传票需注明受送达人的中外文地址，地址书写应清楚、规范。①

6. 制作以上文书一律使用 A4 纸。

（二）依《海牙送达公约》规定的方式送达

1. 适用范围

向居住在《海牙送达公约》② 成员国的该国公民、第三国公民或无国籍人送达。

截至 2002 年 11 月 4 日，《海牙送达公约》的成员国包括：中国、比利时、保加利亚、加拿大、塞浦路斯、捷克共和国、丹麦、埃及、爱沙尼亚、芬兰、德国、希腊、爱尔兰、以色列、意大利、日本、韩国、拉脱维亚、立陶宛、卢森堡、墨西哥、荷兰、挪威、葡萄牙、斯洛伐克、斯洛文尼亚、斯里兰卡、瑞典、瑞士、土耳其、英国、美国、委内瑞拉、安提瓜和巴布达、巴哈马、巴巴多斯、博茨瓦纳、科威特、马拉维、巴基斯坦、圣马力诺、赛舌兰。

《海牙公约》的其他成员国，包括法国、波兰、俄罗斯、白俄罗斯、西班牙、乌克兰、阿根廷，已与中国签订了双边司法协助协定，故应按照双边司法协定规定的方式送达。

2. 报送文书的格式要求

依据《海牙送达公约》规定的送达方式送达的，报送材料的格式要求与依据双边司法协助协定规定的格式要求相同。

（三）通过外交途径送达

1. 适用范围

受送达人所在国与我国没有双边司法协助协定，且不是《海牙送达公

① 上述内容摘自最高人民法院印发的《关于依据国际公约和双边司法协助条约办理民商事案件司法文书送达和调查取证司法协助请求的规定实施细则（试行）》第六条第一款。

② 《海牙送达公约》缔约国查询步骤如下：（1）登陆海牙国际私法会议官网 www. hcch. net；（2）点击最左侧导航条中的 Conventions 中的 All Conventions，进入其页面；（3）点击第 14 个文件 Convention of 15 November 1965 on the Service Abroad of Judicial and Extrajudicial Documents in Civil or Commercial Matters（海牙送达公约英文名称），进入其页面；（4）点击最右侧导航条中的 Status table，进入其页面，即可显示海牙送达公约的缔约国。提示：海牙国际私法会议官网系英文网站，为了便于查询，可以使用各类在线翻译工具。附件是查询具体步骤的截图，供大家参考。

约》成员国的，通过外交途径送达。

2. 格式要求

案件承办人首先按照市高级人民法院外事办的要求填写《申报涉外送达函》，并按照以下格式要求准备需送达的文书材料：

（1）所送达的各项文书应当附有被请求国官方文字的译文，对于不同地区使用不同官方文字的国家，应当附有该地区所使用的官方文字的译文。

（2）所送达的文书应当一式两份，分别装订为两套文书。

每套文书应当独立成册（装订位置为文书左侧，双图钉），首页为致高级人民法院外事办公室《申报涉外送达函》。

其他文书参照下列顺序装订：

（a）致我国驻受送达人所在国使、领馆（一般为大使馆）送达委托书正本及复印件各一份，委托书须写明案由、当事人中外文姓名（名称）、性别、年龄、国籍、中外文详细地址、委托送达司法文书名称及份数、日期并加盖院章；

（b）致受送达人所在地的当地法院送达委托书及翻译件正本及复印件各一份，委托书须写明案由、当事人中外文姓名（名称）、性别、年龄、国籍、中外文详细地址、委托送达诉讼文书名称及份数、日期并加盖院章；如当地法院名称不明，应写某某地区主管法院；

（c）需送达的司法文书正本及复印件各一份，其中，请求送达的法院出具的文书均须冠以"中华人民共和国"字样；

（d）需送达的司法文书翻译件正本及复印件各一份，并加盖翻译机构印章；

上述司法文书包括起诉书副本及译文、应诉通知书及译文、开庭传票及译文、送达回证、询问提纲及译文、判决书及译文、裁定书及译文、调解书及译文、空白法定代表人身份证明书及译文、空白授权委托书及译文、合议庭组成人员通知书及译文、其他法院通知及译文、需送达的证据及译文；

（e）送达回证正本及复印件各一份。

（3）如送达开庭传票，开庭时间应定在报送高级人民法院外事办公室起七个月后且非法定节假日；开庭传票需注明受送达人的中外文地址，地址书写应清楚、规范。

（4）制作以上文书一律使用 A4 纸。

四、向居住在外国的中国籍当事人送达

（一）适用范围

向在外国居住（居留或暂住）的中国籍当事人送达司法文书或司法外文书的，按照此方式送达。

（二）送达方式

委托我国驻受送达人所在国的使、领馆送达。

（三）格式要求

案件承办人应按照以下格式要求准备需送达的文书材料：

（1）致市高级人民法院外事办公室《申报涉外送达函》一份，函中列明受送达人为中国国籍，此外写明案由、当事人姓名（名称）、性别、年龄、国籍、中外文详细地址、委托送达的文书名称、日期并加盖院章。

（2）致使、领馆（一般为大使馆）的送达委托书正本及复印件各一份。委托书随文书一并转递。[①] 委托书须写明案由、当事人姓名（名称）、性别、年龄、中外文详细地址、委托送达文书名称及份数、日期并加盖院章。

（3）需送达的文书正本及复印件各一份。

（4）如送达开庭传票，开庭时间应定在报送高级人民法院外事办公室起七个月后且非法定节假日，开庭传票需注明受送达人的中外文地址，地址书写应清楚、规范。

（5）制作以上文书一律使用 A4 纸。

（6）所送达的文书应当一式两份，无须译文，分别装订为两套文书。

每套文书应当独立成册（装订位置为文书左侧，双图钉），首页为致

① 上述内容摘自最高人民法院印发的《关于依据国际公约和双边司法协助条约办理民商事案件司法文书送达和调查取证司法协助请求的规定实施细则（试行）》第六条第二款。

高级人民法院外事办公室申报涉外送达函，次页为致使、领馆的送达委托书，其他文书参照下列顺序装订：

①起诉状；

②应诉通知书；

③传票；

④合议庭组成人员通知书；

⑤举证通知书；

⑥其他材料之一（其他材料之二、三依此类推）；

⑦证据一（证据二、三依此类推）；

⑧送达回证（送达回证中应当列明上述文书各一份）。

（7）送达回证中应当打印受送达人准确的外文（所在国官方文字）送达地址；不便打印的，手写地址应当清晰、可明确辨认；受送达人如有外文姓名的，亦应当在送达回证中注明外文姓名。

（8）如送达开庭传票，开庭时间应定在报送高级人民法院外事办公室起七个月后且非法定节假日；开庭传票需注明受送达人的中外文地址，地址书写应清楚、规范。

五、具体的涉外送达方式

人民法院对在我国领域内没有住所的当事人送达诉讼文书，具体送达方式有以下九种：

（1）（按双边协议约定或者《海牙送达公约》要求送达）若受送达人所在国与中华人民共和国签订有双边司法协助协定，可以依照司法协助协定规定的方式送达；若受送达人所在国是《海牙送达公约》的成员国，可以依照《海牙送达公约》规定的方式送达。①

---

① 具体内容参照最高人民法院《关于依据国际公约和双边司法协助条约办理民商事案件司法文书送达和调查取证司法协助请求的规定》以及《关于依据国际公约和双边司法协助条约办理民商事案件司法文书送达和调查取证司法协助请求的规定实施细则（试行）》。最高人民法院转发外交部条法司《关于我与有关国家司法协助条约生效情况的通知》，目前为止，我国与法国、波兰、蒙古国、罗马尼亚、俄罗斯、白俄罗斯、西班牙、乌克兰、古巴九个国家缔结的司法协助协定或条约已经生效。

（2）（按外交途径送达）若受送达人所在国既未与我国缔结签订司法协助协定，又非《海牙送达公约》成员国的国家，按照外交途径办理司法文书的送达。[①]

可以按照最高人民法院、外交部、司法部于1986年8月14日发布的《关于我国法院和外国法院通过外交途径相互委托送达法律文书若干问题的通知》规定办理。

（3）（使领馆代为送达）对具有中华人民共和国国籍的受送达人，可以委托中华人民共和国驻受送达国的使领馆代为送达。

（4）（向诉讼代理人送达）向受送达人委托的有权代其接受送达的诉讼代理人送达。

（5）（向代表机构、分支机构、业务代办人送达）向受送达人在中华人民共和国领域内设立的代表机构或者有权接受送达的分支机构、业务代办人送达。

（6）（邮寄方式送达）受送达人所在国的法律允许邮寄送达的，可以邮寄送达。自邮寄之日起满三个月，送达回证没有退回，但根据各种情况足以认定已经送达的，期间届满之日视为送达。

邮寄送达时应当附有送达回证。受送达人未在送达回证上签收但在邮件回执上签收的，视为送达，签收日期为送达日期。

自邮寄之日起满三个月，如果未收到送达的证明文件，且根据各种情况不足以认定已经送达的，视为不能用邮寄方式送达。[②]

（7）（传真、电子邮件送达）采用传真、电子邮件等能够确认受送达人收悉的方式送达。[③]

（8）（公告方式送达）不能用上述方式送达的，公告送达，自公告之

---

① 具体内容参照《最高人民法院关于调整通过外交途径转递民商事案件司法文书送达和调查取证请求程序的通知》。《最高人民法院、外交部、司法部关于我国法院和外国法院通过外交途径相互委托送达法律文书若干问题的通知》。

② 《最高人民法院关于适用〈中华人民共和国民事诉讼法〉的解释》第五百三十四条。

③ 《最高人民法院关于涉外民事或商事案件司法文书送达问题若干规定》第十条也有类似规定。另外，最高人民法院出台的关于涉台、涉港澳司法文书送达的若干规定中也有类似规定。

日起满三个月，即视为送达。[①]

(9)（留置送达）人民法院向受送达人在中华人民共和国领域内的法定代表人、主要负责人、诉讼代理人、代表机构以及有权接受送达的分支机构、业务代办人送达司法文书，可以适用留置送达的方式。参考《最高人民法院关于涉外民事或商事案件司法文书送达问题若干规定》。

六、涉外送达的管理制度和工作制度

（一）人民法院应建立独立的国际司法协助登记制度

办理民商事案件司法文书送达的送达回证、送达证明在各个传递环节应当以适当的方式保存。办理民商事案件调查取证的材料应当作为档案保存。

（二）人民法院应建立涉外民商事案件专员制度

人民法院的专办人员对承办案件的人员报送的文书材料进行初审，范围包括：

(1) 选择的送达途径是否正确。

(2) 保送的文书的内容是否符合我国实体法及诉讼法律规定，包括送达文件是否齐全，答辩与开庭是否为当事人留出足够的时间，是否充分保障当事人的程序利益。

(3) 报送的文书的形式是否符合有关要求，包括所用纸张大小、文字译本和份数、受送达人名称和地址的表述、加盖公章。

(4) 送达收费国家的文件是否附有规定的外汇汇票或外汇现金。

(5) 需送达的证据材料的内容是否涉及国家机密，是否有有损我国国家主权、安全和利益的内容。

七、涉港澳台民商事案件的送达方式

（一）适用范围

人民法院审理涉港、涉澳、涉台案件向住所地在香港、澳门和台湾地

① 1991 年《民事诉讼法》和 2007 年《民事诉讼法》均规定涉外公告送达期为六个月，2012 年修订的《民事诉讼法》第二百六十七条第一款第八项改为三个月。

区的当事人送达民事诉讼文书，适用本规定。

（二）具体的送达方式

1. 直接送达

（1）受送达人居住在大陆的，直接送达。受送达人是自然人，本人不在的，可以交其同住成年家属签收；受送达人是法人或者其他组织的，应当由法人的法定代表人、其他组织的主要负责人或者该法人、组织负责收件的人签收，受送达人不在大陆居住，但送达时在大陆的，可以直接送达。

（2）a. 受送达人在大陆有诉讼代理人的，向诉讼代理人送达。受送达人在授权委托书中明确表明其诉讼代理人无权代为接收的除外；b. 受送达人有指定代收人的，向代收人送达；c. 受送达人在大陆有代表机构、分支机构、业务代办人的，向其代表机构或者经受送达人明确授权接受送达的分支机构、业务代办人送达。

2. 留置送达

采用直接送达、受送达人在大陆有诉讼代理人、指定代收人、有代表机构、分支机构、业务代办人的方式送达的，由受送达人、诉讼代理人或者有权接受送达的人在送达回证上签收或者盖章，即为送达；拒绝签收或者盖章的，可以依法留置送达。

3. 邮寄送达

受送达人在台湾地区的地址明确的，可以邮寄送达；人民法院向香港特别行政区、澳门特别行政区受送达人送达司法文书，可以邮寄送达。邮寄送达时应附有送达回证，受送达人未在送达回证上签收但在邮件回执上签收的，视为送达，签收日期为送达日期。自邮寄之日起满三个月，虽未收到送达与否的证明文件，但根据各种情况足以认定已经送达的，期间届满之日视为送达。自邮件之日起满三个月，如果未能收到送达与否的证明文件，且根据各种情况不足以认定已经送达的，视为不能用邮寄方式送达。

4. 电子送达

有明确的传真号码、电子信箱地址的，可以通过传真、电子邮件方式向受送达人送达；应当注明人民法院的传真号码或者电子信箱地址，并要求受送达人在收到传真件或者电子邮件后及时予以回复。以能够确认受送达人收悉的日期为送达日期。

5. 公告送达

采用公告方式送达的，公告内容应当在境内外公开发行的报刊或者权威网站上刊登。公告送达的，自公告之日起满三个月，即视为送达。

6. 视为送达

香港特别行政区、澳门特别行政区的受送达人未对人民法院送达的司法文书履行签收手续，但存在以下情形之一的，视为送达：受送达人向人民法院提及了所送达文书的内容，受送达人已经按照所送达司法文书的内容履行，其他可以视为已经送达的情形。

八、涉港澳台案件工作中的管理制度和工作制度

（1）中级人民法院应当指定专人负责海峡两岸司法互助业务。中级人民法院负责：具体办理海峡两岸送达文书和调查取证司法互助案件；定期向高级人民法院层报本院办理海峡两岸送达文书司法互助的业务情况；及时将本院海峡两岸司法互助业务负责人员的姓名、联系方式及变动情况层报高级人民法院。

（2）人民法院在办理海峡两岸司法互助案件中收到、取得、制作的各种文件和材料，应当以原件或者复印件的形式，作为诉讼档案保存。

九、向台湾地区当事人送达的具体方式

人民法院向住所地在台湾地区的当事人送达民事和行政诉讼司法文书，可以采用下列方式：

（1）受送达人居住在大陆的，直接送达。受送达人是自然人，本人不在的，可以交其同住成年家属签收；受送达人是法人或者其他组织的，应当由法人的法定代表人、其他组织的主要负责人或者该法人、其他组织负责收件的人签收。

受送达人不在大陆居住，但送达时在大陆的，可以直接送达。

（2）受送达人在大陆有诉讼代理人的，向诉讼代理人送达。但受送达人在授权委托书中明确表明其诉讼代理人无权代为接收的除外。

（3）受送达人有指定代收人的，向代收人送达。

（4）受送达人在大陆有代表机构、分支机构、业务代办人的，向其代表机构或者经受送达人明确授权接受送达的分支机构、业务代办人送达。

（5）通过协议确定的海峡两岸司法互助方式，请求台湾地区送达。

（6）受送达人在台湾地区的地址明确的，可以邮寄送达。

（7）有明确的传真号码、电子信箱地址的，可以通过传真、电子邮件方式向受送达人送达。

采用上述方式均不能送达或者台湾地区当事人下落不明的，可以公告送达。

十、涉港澳送达的具体方式

（1）作为受送达人的自然人或者企业、其他组织的法定代表人、主要负责人在内地的，人民法院可以直接向该自然人或者法定代表人、主要负责人送达。

（2）除受送达人在授权委托书中明确表明其诉讼代理人无权代为接收有关司法文书外，其委托的诉讼代理人为有权代其接受送达的诉讼代理人，人民法院可以向该诉讼代理人送达。

（3）受送达人在内地设立有代表机构的，人民法院可以直接向该代表机构送达。受送达人在内地设立有分支机构或者业务代办人并授权其接受送达的，人民法院可以直接向该分支机构或者业务代办人送达。

（4）人民法院向在内地没有住所的受送达人送达司法文书，可以按照《最高人民法院关于内地与香港特别行政区法院相互委托送达民商事司法文书的安排》或者《最高人民法院关于内地与澳门特别行政区法院就民商事案件相互委托送达司法文书和调取证据的安排》送达。

按照前述规定方式送达的，自内地的高级人民法院或者最高人民法院将有关司法文书递送香港特别行政区高等法院或者澳门特别行政区终审法院之日起满三个月，如果未能收到送达与否的证明文件且不存在《最高人民法院关于涉港澳民商事案件司法文书送达问题若干规定》第十二条规定情形的，视为不能适用上述安排中规定的方式送达。

（5）人民法院向受送达人送达司法文书，可以邮寄送达。

邮寄送达时应附有送达回证。受送达人未在送达回证上签收但在邮件回执上签收的，视为送达，签收日期为送达日期。

自邮寄之日起满三个月，虽未收到送达与否的证明文件，但存在《最高人民法院关于涉港澳民商事案件司法文书送达问题若干规定》第十二条规定情形的，期间届满之日视为送达。

自邮寄之日起满三个月，如果未能收到送达与否的证明文件，且不存在《最高人民法院关于涉港澳民商事案件司法文书送达问题若干规定》第十二条规定情形的，视为未送达。

（6）人民法院可以通过传真、电子邮件等能够确认收悉的其他适当方式向受送达人送达。

（7）人民法院不能依照《最高人民法院关于涉港澳民商事案件司法文书送达问题若干规定》方式送达的，可以公告送达。公告内容应当在内地和受送达人住所地公开发行的报刊上刊登，自公告之日起满三个月即视为送达。

（8）除公告送达方式外，人民法院可以同时采取多种法定方式向受送达人送达。

采取多种方式送达的，应当根据最先实现送达的方式确定送达日期。

（9）人民法院向在内地的受送达人或者受送达人的法定代表人、主要负责人、诉讼代理人、代表机构以及有权接受送达的分支机构、业务代办人送达司法文书，可以适用留置送达的方式。受送达人未对人民法院送达的司法文书履行签收手续，但存在以下情形之一的，视为送达：

①受送达人向人民法院提及了所送达司法文书的内容；

②受送达人已经按照所送达司法文书的内容履行；

③其他可以确认已经送达的情形。

十一、送达地址确认

1. 送达地址确认书

送达地址确认书是当事人送达地址确认制度的基础。送达地址确认书应当包括当事人提供的送达地址、人民法院告知事项、当事人对送达地址的确认、送达地址确认书的适用范围和变更方式等内容。

2. 送达地址填写要求及告知法律后果

当事人提供的送达地址应当包括邮政编码、详细地址以及受送达人的联系电话等。同意电子送达的，应当提供并确认接收民事诉讼文书的传真号、电子信箱、微信号等电子送达地址。当事人委托诉讼代理人的，诉讼代理人确认的送达地址视为当事人的送达地址。为保障当事人的诉讼权利，人民法院应当告知送达地址确认书的填写要求和注意事项以及拒绝提供送达地址、提供虚假地址或者提供地址不准确的法律后果。

3. 送达地址确认的适用

当事人在送达地址确认书中确认的送达地址，适用于第一审程序、第二审程序和执行程序。当事人变更送达地址，应当以书面方式告知人民法院。当事人未书面变更的，以其确认的地址为送达地址。

4. 当事人原因导致送达不能的法律后果

因当事人提供的送达地址不准确、拒不提供送达地址、送达地址变更未书面告知人民法院，导致民事诉讼文书未能被受送达人实际接收的，直接送达的，民事诉讼文书留在该地址之日为送达之日；邮寄送达的，文书被退回之日为送达之日。

5. 送达难情况下的处理

当事人拒绝确认送达地址或以拒绝应诉、拒接电话、避而不见送达人员、搬离原住所等躲避、规避送达，人民法院不能或无法要求其确认送达地址的，可以分别以下列情形处理：

（1）当事人在诉讼所涉及的合同、往来函件中对送达地址有明确约定的，以约定的地址为送达地址；

（2）没有约定的，以当事人在诉讼中提交的书面材料中载明的自己的地址为送达地址；

（3）没有约定、当事人也未提交书面材料或者书面材料中未载明地址的，以一年内进行其他诉讼、仲裁案件中提供的地址为送达地址；

（4）无以上情形的，以当事人一年内进行民事活动时经常使用的地址为送达地址。

人民法院按照上述地址进行送达的，可以同时以电话、微信等方式通知受送达人。

6. 不能确定送达地址的处理

依据本手册第八条规定仍不能确认送达地址的，自然人以其户籍登记的住所或者在经常居住地登记的住址为送达地址，法人或者其他组织以其工商登记或其他依法登记、备案的住所地为送达地址。

十二、涉外送达的相关法律文书及法律渊源

北京市高级人民法院外事办目前涉外送达材料的部分相关样式样板文书依次为：

1. 申报涉外送达函
2. 传票
3. 送达回证
4. 送达委托书（给外国法院）
5. 送达委托书（受送达人为外国人）
6. 送达委托书（受送达人为中国人）

北京市第四中级人民法院
申报涉外送达函

（　）　　字第　　号

北京市高级人民法院外事办公室：

我院受理的　　　　　　与　　　　（案由）纠纷一案，需向下列当事人送达有关司法文书。特报请审核并予以转递，送达后，请将送达回证寄回我院。

受送达人姓名（中外文）：　　　　　　国籍：

性别：　　　　　　年龄：

地址（中外文）：

委托送达的文书（一式二份）：

1.　　　　　；

2.　　　　　；

3.　　　　　；

4.　　　　　。

备注：

联系人：

联系电话：

年　　月　　日

（院印）

中华人民共和国
北京市第四中级人民法院
传　　票

案　　号	字第　　　　号
案　　由	
被传唤人	
住　　址	
传唤事由	
应到时间	年　　月　　日　　时　　分
应到处所	
注意事项：1. 被传唤人必须准时到达应到处所； 2. 本传票由被传唤人携带来院报到； 3. 被传唤人收到传票后，应在送达回证上签名或盖章。	
审判员　　　　　　书记员	
年　　　月　　　日	

注：本传票适用于涉外送达。

中华人民共和国
北京市第四中级人民法院
送达回证

<table>
<tr><td>案　　号</td><td colspan="3">字第　　号</td></tr>
<tr><td>案　　由</td><td colspan="3"></td></tr>
<tr><td>送达文书
名称和件数</td><td colspan="3"></td></tr>
<tr><td>受送达人</td><td colspan="3"></td></tr>
<tr><td>送达地址</td><td colspan="3"></td></tr>
<tr><td>受送达人
签名或盖章</td><td colspan="3">年　月　日　时　分</td></tr>
<tr><td>送达方式</td><td></td><td>执行送达人</td><td></td></tr>
<tr><td colspan="4">不能送达的原因或
受送达人拒收理由：

年　月　日</td></tr>
</table>

注：本送达回证适用于涉外送达。

中华人民共和国
北京市第四中级人民法院
送达委托书

（ ）　　字第　号

国主管法院：

我院受理的　　　　与　　　　（案由）纠纷一案，因　　　（姓名或名称，国籍，性别、年龄）住所地在贵国　　　（中外文地址），特请贵院代为向其送达　　　（诉讼文书种类）。送达后，请将送达回证退回我院。

顺致

崇高的敬意！

附件（各一式两份）：

1.　　　　；

2.　　　　；

3.　　　　；

4.　　　　。

年　月　日

（院印）

北京市第四中级人民法院
送达委托书

（　　）　　字第　　号

中华人民共和国驻　　　大使馆：

我院受理的　　　　　　与　　　　　　（案由）纠纷一案，因为　　（国籍）当事人，需委托　　　国主管法院代为送达本案诉讼文书。特请贵馆转递委托书及附件，送达后，请将送达回证退回我院。

被送达人（中外文姓名或名称、性别、年龄）：

住址（中外文）：

附件（各两份）：

1.　　　　　　；

2.　　　　　　；

3.　　　　　　；

4.　　　　　　。

年　　月　　日

（院印）

北京市第四中级人民法院
送达委托书

（　）　字第　号

中华人民共和国驻　　大使馆：

我院受理的　　　与　　　纠纷一案，因当事人　　　（中国国籍）现住　　国，特请贵馆代为向其送达有关诉讼文书。送达后，请将送达回证退回我院。

受送达人（姓名、性别、年龄）：

住址（中外文）：

附件（一式两份）：

1.　　　　；

2.　　　　；

3.　　　　；

4.　　　　。

年　月　日

（院印）

涉外送达的相关法律渊源

1. 2014 年 4 月 10 日，最高人民法院《关于调整通过外交途径转递民商事案件司法文书送达和调查取证请求程序的通知》，法外〔2014〕117 号。

2. 2013 年 1 月 21 日，最高人民法院通过的《关于依据国际公约和双边司法协助条约办理民商事案件司法文书送达和调查取证司法协助请求的规定》，法释〔2013〕11 号（于 2020 年 12 月 29 日修正）。

3. 2013 年 4 月 7 日，最高人民法院印发《关于依据国际公约和双边司法协助条约办理民商事案件司法文书送达和调查取证司法协助请求的规定实施细则（试行）》的通知，法发〔2013〕6 号。

4. 2006 年 8 月 10 日，最高人民法院作出的《关于涉外民事或商事案件司法文书送达问题的若干规定》，法释〔2006〕5 号（于 2020 年 12 月 29 日修正）。

5. 2003 年 7 月 29 日，最高人民法院作出的《关于就外国执行民商事文书送达收费事项的通知》，法办〔2003〕242 号。

6. 2000 年 4 月 17 日，最高人民法院作出的《关于审理和执行涉外民商事案件应当注意的几个问题的通知》，法〔2000〕51 号（于 2008 年 12 月 16 日调整）。

7. 1994 年 7 月 5 日，最高人民法院办公厅转发外交部条约法律司《关于我与有关国家司法协助条约生效情况的通知》，法办〔1994〕50 号。

8. 1993 年 11 月 19 日，最高人民法院作出的《关于向居住在外国的我国公民送达司法文书问题的复函》，法民字〔1993〕第 34 号。

9. 1992 年 3 月 4 日，最高人民法院、外交部、司法部作出的关于执行《关于向国外送达民事或商事司法文书和司法外文书公约》有关程序的通知，外发〔1992〕8 号。

10. 1990 年 1 月 9 日，最高人民法院、外交部、司法部作出的《关于我国法院和外国法院通过外交途径相互委托送达法律文书和调查取证费用收支办法的通知》，外领五函〔1990〕4号。

11. 1986年8月14日，最高人民法院、外交部、司法部《关于我国法院和外国法院通过外交途径相互委托送达法律文书若干问题的通知》，外发〔1986〕47号。

12. 2004年1月6日，北京市高级人民法院印发的《关于民商事国际司法协助工作的若干规定》，京高法发〔2004〕2号。

13. 2011年6月14日，《最高人民法院关于人民法院办理海峡两岸送达文书和调查取证司法互助案件的规定》，法释〔2011〕15号。

14. 1999年3月29日，《最高人民法院关于内地与香港特别行政区法院相互委托送达民商事司法文书的安排》，法释〔1999〕9号。

15. 2001年8月27日，《最高人民法院关于内地与澳门特别行政区法院就民商事案件相互委托送达司法文书和调取证据的安排》，法释〔2001〕26号（于2020年1月14日修正）。

16. 2009年3月9日，《最高人民法院关于涉港澳民商事案件司法文书送达问题若干规定》，法释〔2009〕2号。

北京市第四中级人民法院
域外法查明指引手册
（试行）

目　　录

一、域外法查明的前提

两种情形：

（1）当事人协商一致适用域外法；

（2）法院依据冲突规范指引适用域外法（域外法包括国际条约和国际惯例）。

二、域外法查明现有的法律规范

1988年最高人民法院《关于贯彻执行〈中华人民共和国民法通则〉

若干问题的意见（试行）》第一百九十三条对于应当适用的外国法律，可通过下列途径查明：（1）由当事人提供；（2）由与我国订立司法协助协定的缔约对方的中央机关提供；（3）由我国驻该国使领馆提供；（4）由该国驻我国使馆提供；（5）由中外法律专家提供。通过以上途径仍不能查明的，适用中华人民共和国法律。本条款规定了五种查明途径。

2007 年最高人民法院《关于审理涉外民事或商事合同纠纷案件法律适用若干问题的规定》第九条规定，当事人选择或者变更选择合同争议应适用的法律为外国法律时，由当事人提供或者证明该外国法律的相关内容。人民法院根据最密切联系原则确定合同争议应适用的法律为外国法律时，可以依职权查明该外国法律，亦可以要求当事人提供或者证明该外国法律的内容。当事人和人民法院通过适当的途径均不能查明外国法律的内容的，人民法院可以适用中华人民共和国法律。本条款规定了两种查明主体。

2010 年《涉外民事关系法律适用法》一般规定中的第十条中规定涉外民事关系适用的外国法律，由人民法院、仲裁机构或者行政机关查明。当事人选择适用外国法律的，应当提供该国法律。不能查明外国法律或者该国法律没有规定的，适用中华人民共和国法律。本条款设置三类查明主体。

2013 年《涉外民事关系法律适用法司法解释（一）》（于 2020 年 12 月 29 日修正）中第十七条规定人民法院通过由当事人提供、已对中华人民共和国生效的国际条约规定的途径、中外法律专家提供等合理途径仍不能获得外国法律的，可以认定为不能查明外国法律。根据《涉外民事关系法律适用法》第十条第一款的规定，当事人应当提供外国法律，其在人民法院指定的合理期限内无正当理由未提供该外国法律的，可以认定为不能查明外国法律。本条款设置了三种查明方式。第十八条规定人民法院应当听取各方当事人对应当适用的外国法律的内容及其理解与适用的意见，当事人对该外国法律的内容及其理解与适用均无异议的，人民法院可以予以确认；当事人有异议的，由人民法院审查认定。

最高人民法院 2016 年《关于为自贸建设提供司法保障的意见》规定建立合理的外国法查明机制。人民法院审理的涉自贸试验区的涉外民商事案件，当事人约定适用外国法律，在人民法院指定的合理期限内无正当理由未提供该外国法律或者该国法律没有规定的，适用中华人民共和国法律；人民法院了解查明途径的，可以告知当事人。当事人不能提供、按照我国参加的国际条约规定的途径亦不能查明的外国法律，可在一审开庭审理之前由当事人共同指定专家提供。根据冲突法规范应当适用外国法的，人民法院应当依职权查明外国法。

2005 年《第二次全国涉外商事海事审判工作会议纪要》第五十一条规定涉外商事纠纷案件应当适用的法律为外国法律时，由当事人提供或者证明该外国法律的相关内容。当事人可以通过法律专家、法律服务机构、行业自律性组织、国际组织、互联网等途径提供相关外国法律的成文法或者判例，亦可同时提供相关的法律著述、法律介绍资料、专家意见书等。当事人对提供外国法律确有困难的，可以申请人民法院依职权查明相关外国法律。

第五十二条规定当事人提供的外国法律经质证后无异议的，人民法院应予以确认。对当事人有异议的部分或者当事人提供的专家意见不一致的，由人民法院审查认定。

第五十三条规定外国法律的内容无法查明的，人民法院可以适用中华人民共和国的法律。

该规定拓宽了外国法的查明途径，明确了质证和确认程序。

中国和法国的《中华人民共和国与法兰西共和国关于民事、商事司法协助协定》第二十八条“证明法律的方式”规定：有关缔约一方的法律、法规、习惯法和司法实践的证明，可以由本国的外交或领事代表机关或者其他有资格的机关或个人以出具证明书的方式提交给缔约另一方法院。

三、域外法查明的性质

域外法查明有事实说、法律说、折中说。

（一）事实说

主张域外法应当由当事人自行予以证明，根据“谁主张，谁举证”的基本证据规则，在双方当事人中主张适用外国法的一方负有举证责任。

（二）法律说

贯彻“法官知法”的原则。

（三）折中说

考虑到实践困难，当事人和法院均负担一定的责任。

中国国际私法学界普遍认为，在中国审判实践中，以事实为依据，以法律为准绳，无论是“事实”还是“法律”，都必须查清，把外国法定性为事实和法律的问题，在中国审判实践中没有实际意义。从《涉外民事关系法律适用法》的规定来看，立法者还是将外国法看作法律。

四、域外法查明的责任

（一）我国域外法查明的责任分配问题的标准

（1）当事人是否选择了适用外国法

（2）人民法院是否要求当事人提供外国法

（3）人民法院是否根据冲突规范依职权查明外国法

（二）人民法院承担查明域外法的义务

包括人民法院自己依职权查明域外法，要求提供主体提供域外法并对域外法予以查明的义务。

（三）当事人承担查明域外法的义务

当事人选择适用域外法。

（四）根据《涉外民事关系法律适用法》第十条第一款之规定，涉外民事关系适用的外国法律，由人民法院、仲裁机构或者行政机关查明。当事人选择适用外国法律的，应当提供该国法律。

理解：域外法查明分为当事人选择适用域外法及法院依据冲突规范指引决定适用域外法两种情形。我国立法对域外法性质归纳为域外法本质上属于法律，法院为主要查明责任主体，但在当事人选择适用域外法的情形下，则偏重其作为事实的法律属性，当事人负有较重的举证责任。

五、域外法查明的方法

（1）专家意见。

（2）司法协助，请求外国使、领馆予以协助。

（3）网络资料：互联网。

（4）大型数据库 Lexis，Westlaw，这类数据库是英美法实务人员或学者的必备工具。

（5）域外法查明中心：

①中国政法大学外国法查明中心；

②华东政法大学外国法查明中心；

③西南政法大学中国·东盟法律研究中心；

④武汉大学外国法查明研究中心；

⑤深圳市蓝海法律查明和商事调解中心。

（6）域外法查明途径

根据《最高人民法院关于设立国际商事法庭若干问题的规定》第八条的规定，国际商事法庭审理案件应当适用域外法律时，可以通过下列途径查明：

①由当事人提供；

②通过司法协助渠道由对方的中央机关或者主管机关提供；

③通过最高人民法院请求我国驻该国使领馆或者该国驻我国使领馆提供；

④由最高人民法院建立或者参与的法律查明合作机制参与方提供；

⑤由最高人民法院国际商事专家委员会专家提供；

⑥由法律查明服务机构或者中外法律专家提供；

⑦其他适当途径。

通过上述途径提供的域外法律资料以及专家意见，应当依照法律规定在法庭上出示，并充分听取各方当事人的意见。

六、域外法查明资料的认定与域外法的解释

（一）域外法查明资料的认定

1. 域外法查明资料的形式

（1）反映该外国相关法律规则的成文法律；

（2）判例；

（3）有关的法律著述；

（4）法律介绍资料；

（5）法律意见书。

2. 域外法查明资料的认定方式

（1）当事人提供的域外法应进行质证。一般情况下，对于当事人提供的域外法一般应通过质证程序予以确认。如果双方当事人对域外法内容及其含义达成一致意见的，可按当事人的一致意见认定域外法内容。

当事人对涉案争议适用域外法哪一规则有不同意见，或者对域外法的某一规则理解不一致，应当说明理由，必要时可要求当事人提供专家证人出庭作证，法院认为有必要，可依职权委托专家出庭作证。

（2）依职权查明的域外法，应听取当事人的意见。

对法院依职权取得的域外法，应听取当事人的意见予以确认。

3. 域外法认定遇到困难，司法实践中可供借鉴的做法

（1）不同法律专家提供的法律意见相左时，法院允许法律专家以证人的身份出庭对质，最终确定域外法的内容。

（2）在查明的法律难以适用时，参考适用法律专家的法律适用意见以确定域外法的内容。

（3）在法律查明不充分时，以准据法所属法域法律的基本原则作补充。

（4）当对当事人提供的域外法难辨真伪时，法官可以通过互联网或权威机关出版或审定的数据库查阅域外法，然后对照审查。①

（二）域外法的解释

关于域外法的解释，当事人双方可以聘请专家证人作出有利于己方的解释，但是要接受交叉询问。② 我国并没有相关的规定。

① 上海市第一中级人民法院首创的当庭互联网查明模式具备参考价值，法院可依据当事人或者专家提到的查明步骤，当庭上网验证具体的外国法。

② 参见刘来平：《外国法查明》，法律出版社2007年版。

（三）域外法的认定程序、考虑因素与标准

1. 域外法查明认定程序

《涉外民事关系法律适用法解释（一）》第十六条对于当事人提供的域外法法院的认定程序和标准作出规定："人民法院应当听取各方当事人对应当适用的外国法律的内容及其理解与适用的意见，当事人对该外国法律的内容及其理解与适用均无异议的，人民法院可以予以确认；当事人有异议的，由人民法院审查认定。"对于当事人提供的域外法，司法实践中作为当事人提供的证据，均能在开庭审理时组织质证。对于法院依职权查明的域外法的认定程序，法律和司法解释实践未作明确规定，但将其视为法院依职权调取的证据，依据《民事诉讼法》的规定，同样需要在庭审时向双方当事人出示，听取双方的意见后予以确认。

2. 域外法查明认定考虑因素

域外法法律意见书以及其他形式如成文法律条文、司法案例作为域外法查明的依据。法院主要审查，域外法法律意见书的形式（是否经过公证认证）、出具人员身份的专业性权威性、提供的域外法律完整性及适用性，以及判例与待决案件争点的相关性和可参照性等进行综合考量予以认定。

3. 域外法的认定标准

（1）域外法的完整性标准。人民法院查明或当事人提交的域外法，应包括域外法的成文法或判例，并尽可能包含反映该法律内容的法律著述、资料和专家意见。

（2）域外法的形式标准。当事人从域外提供的域外法内容，视为域外形成的证据，应依照《民事诉讼证据的规定》第十六条的规定办理公证、认证或其他证明手续，但对方当事人无异议的除外。外文资料应该附有中文译文。

（3）域外法的认证原则。人民法院应从客观性、真实性和关联性方面对查找到的域外法进行谨慎审查。

客观性审查应包括所查到的域外法是否客观、全面，出具法律意见的专家资质及其与当事人或本案是否存在利害关系等；真实性审查应包括所查找到的域外法的真实性和有效性，时间效力和空间效力等；关联性审查

应包括审查所查找到的域外法与本案争议解决的关联性、适用性等。

（4）域外法无异议的认定。当事人对该域外法律的内容及其理解与适用均无异议的，法院可以予以确认。

（5）域外法有异议的认定。当事人对域外法内容及其理解与适用有异议的，应当说明理据，必要时人民法院可以要求出具域外法意见的专家进一步提供书面专家意见或者出庭接受质询。对符合专家证据形式标准并经过质证的专家查明意见，当事人不能提供有力反证的，人民法院应当予以采纳。

（6）难以认定域外法的核查。对当事人提供的域外法难以辨别真伪时，可以通过互联网或权威机关的数据库查阅该域外法，进行对照审查后予以确定。

4. 域外法无法查明认定标准

《涉外民事关系法律适用法》第十条第二款及《涉外法律适用法司法解释（一）》第十五条确立了域外法不能查明的认定规则，作为域外法查明的行为结果和终结程序。其中，《涉外法律适用法司法解释（一）》第十五条第一款、第二款分别对法院依职权查明和当事人承担查明义务情形下，不能查明外国法律作出规定，即人民法院穷尽查明途径仍不能获得外国法律的，可以认定为不能查明法律；当事人在人民法院指定的合理期限内无正当理由未提供该外国法律的，可以认定为不能查明外国法律。

七、域外法无法查明的后果

（一）域外法无法查明的认定

（1）如果在合理期限内，运用了各种方法和途径之后，仍然无法查明域外法内容的，则属于域外法无法查明。

（2）当事人承担举证责任的案件中，当事人拒绝证明域外法的内容，构成域外法无法查明。

（3）在法院查明责任的案件中，如果当事人拒绝提供域外法，并不构成无法查明的情形。法官不采取合理的措施，就宣布无法查明域外法的内容，也不构成域外法无法查明的情形，而是法官没有正确履行职责。

（二）域外法无法查明的处理

根据我国《涉外民事关系法律适用法》第十条的规定，不能查明域外法律或者该国法律没有规定的，适用中华人民共和国法律。

八、域外法查明程序保障规范

规范域外法查明的程序保障。对查得的域外法资料，应出示后充分听取各当事人意见，确保认定程序的正当性。

1. 庭前交换阶段

法官审查证据材料并询问当事人意见后，确定准据法为域外法且由当事人负责查明时，开展以下工作：

（1）告知：向义务当事人明确查明义务、待查事项、合理期限、法律后果，亦可提供参考范围、建议查明途径等；（2）敦促：在合理期限内适时提醒、催促当事人履行查明义务；（3）释明：对合理期限内提交的明显欠缺形式要件或实质要件的域外法资料，及时释明并要求补正。对法官应予查明域外法的案件，及时告知当事人查明途径、查明事项等事宜。

2. 开庭审理阶段

充分尊重当事人质证权，全面听取各方意见。（1）问询：负查明责任的当事人未在合理期限内提供域外法资料，则询问未予提供的具体原因；（2）出示：对法官查得的域外法资料向各方当事人出示，将当事人查得的域外法资料相互交换；（3）质证：对法官委托专家查明的域外法，各当事人发表质证意见，如不认可需提供有力反证；一方当事人提交域外法资料，对方当事人发表质证意见，如不认可则需提供有力反证；双方当事人均提交域外法资料时，则进行交叉质证，在质证发生冲突时，如双方提供的均为专家意见，则遵循形式要件形式判断，以出庭接受质证专家意见的效力为高，均为出庭接受质证则以声誉较高的专家意见效力为高；一方提供的资料系专家意见，另一方提供的非专家意见，则以符合形式要件的专家意见效力为高；双方提供的均非专家意见，则需进行实质审查，一方当事人提交域外法资料在法律层面符合全面性、准确性、客观性，且达到高度盖然性的证明标准，并实现法官内心确信，则该域外法资料对法院认证产生约束力。

3. 文书生成阶段

在法院认为部分设专节论证法律适用问题，对认定域外法不能查明进行详尽说理。阐明查明责任分配依据，列明查明事项和查明结果，叙明当事人对查得域外法的具体意见，论证判断无法查明所依凭的客观情况及推理过程。二审文书中亦应论述一审法院查明工作是否到位、一审认定不能查明理由是否充足，将域外法查明情况纳入审查监督范畴。

北京国际商事法庭境外当事人主体资格、代表人、代理人审查工作法律规定指引

一、境外当事人主体资格审查

（一）境外当事人提交主体资格证明一般要求

外国或者港澳台地区的当事人参加诉讼，必须提交有关身份的证明。作为自然人的当事人提交的用以证明其身份情况的护照、身份证或者其他有效的出入境证件，无须再办理公证认证手续。但作为当事人的外国或者港澳台地区的公司、企业以及其他组织提交的用以证明其身份情况的在其所在国家或者地区注册登记机关注册登记的证明，必须办理相关的公证认证手续。

当事人提交的注册登记证明系某国家或者地区的机关出具的，必须在出具证明的该机关所在国家或者地区办理公证认证手续。

（二）境外民事主体参加诉讼的身份证明

《最高人民法院关于适用〈中华人民共和国民事诉讼法〉的解释》第五百二十一条规定，外国人参加诉讼，应当向人民法院提交护照等用以证明自己身份的证件。

外国企业或者组织参加诉讼，向人民法院提交的身份证明文件，应当经所在国公证机关公证，并经中华人民共和国驻该国使领馆认证，或者履行中华人民共和国与该所在国订立的有关条约中规定的证明手续。

代表外国企业或者组织参加诉讼的人，应当向人民法院提交其有权作为代表人参加诉讼的证明，该证明应当经所在国公证机关公证，并经中华人民共和国驻该国使领馆认证，或者履行中华人民共和国与该所在国订立

的有关条约中规定的证明手续。

本条所称的“所在国”，是指外国企业或者组织的设立登记地国，也可以是办理了营业登记手续的第三国。

（三）境外民事主体办理公证认证手续

《最高人民法院关于适用〈中华人民共和国民事诉讼法〉的解释》第五百二十二条规定，依照《民事诉讼法》第二百七十一条以及本解释第五百二十一条的规定，需要办理公证、认证手续，而外国当事人所在国与中华人民共和国没有建立外交关系的，可以经该国公证机关公证，经与中华人民共和国有外交关系的第三国驻该国使领馆认证，再转由中华人民共和国驻该第三国使领馆认证。

（四）涉外涉港澳台案件有明确被告的认定

《全国法院涉外商事海事审判工作座谈会会议纪要》第五条规定，原告对住所地在中华人民共和国领域外的被告提起诉讼，能够提供该被告存在的证明的，即符合民事诉讼法第一百二十二条第二项规定的“有明确的被告”。被告存在的证明可以是处于有效期内的被告商业登记证、身份证明、合同书等文件材料，不应强制要求原告就上述证明办理公证认证手续。

（五）外国当事人作为被告的证明规则

《第二次全国涉外商事海事审判工作会议纪要》第十七条规定，外国当事人作为被告时，应针对不同情况分别作如下处理：（1）原告起诉时提供了被告存在的证明，但未提供被告的明确住址或者依据原告所提供的被告住址无法送达（公告送达除外）的，应要求原告补充提供被告的明确住址。依据原告补充的材料仍不能确定被告住址的，应依法向被告公告送达相关司法文书。（2）原告起诉时没有提供被告存在的证明，但根据起诉状所列明的被告的姓名、名称、住所、法定代表人的姓名等情况对被告按照法定的送达途径（公告送达除外）能够送达的，送达后被告不在法定的期限内应诉答辩，又拒不到庭的，可以依法缺席审判。（3）原告在起诉时没有提供被告存在的证明，根据起诉状所列明的情况对被告按照法定的送达途径（公告送达除外）无法送达的，应要求原告补充提供被告存在的证明，原告拒不提供或者补充提供后仍无法确定被告真实存在的，可以认定为没有明确的被告，应根据《民事诉讼法》第一百二十二条第（二）项的规定裁定驳回原告的起诉。

（六）外国企业主体资格审查规则

《第二次全国涉外商事海事审判工作会议纪要》第十三条规定，外国企业在我国境内依法设立并领取营业执照的分支机构，具有民事诉讼主体资格，可以作为当事人参加诉讼。因分支机构不能独立承担民事责任，其作为被告时，人民法院可以根据原告的申请追加设立该分支机构的外国企业为共同被告。

外国企业在我国境内设立的代表机构不具有诉讼主体资格的，涉及代表机构的纠纷案件应由外国企业作为当事人参加诉讼。

（七）涉港澳当事人参加诉讼身份证明

《全国法院涉港澳商事审判工作座谈会纪要》第八条规定，香港特别行政区、澳门特别行政区的当事人参加诉讼，应提供经注册地公证、认证机构公证、认证的商业登记等身份证明材料。

第九条规定，人民法院受理香港特别行政区、澳门特别行政区的当事人作为被告的案件的，该当事人在内地设立“三资企业”时向“三资企业”的审批机构提交并经审批的商业登记等身份证明材料可以作为证明其存在的证据，但有相反证据的除外。

第十条规定，原告起诉时提供了作为被告的香港特别行政区、澳门特别行政区的当事人存在的证明，香港特别行政区、澳门特别行政区的当事人拒绝提供证明其身份的公证材料的，不影响人民法院对案件的审理。

二、境外公司代表人审查

（一）外国企业、组织的代表人、主要负责人代表接受送达

《最高人民法院关于适用〈中华人民共和国民事诉讼法〉的解释》第五百三十三条规定，外国人或者外国企业、组织的代表人、主要负责人在中华人民共和国领域内的，人民法院可以向该自然人或者外国企业、组织的代表人、主要负责人送达。

外国企业、组织的主要负责人包括该企业、组织的董事、监事、高级

管理人员等。

（二）出现公司僵局、解散、重整、破产等原因时管理人代表公司参加诉讼

《全国法院涉外商事海事审判工作座谈会会议纪要》第六条规定，在中华人民共和国领域外登记设立的公司因出现公司僵局、解散、重整、破产等原因，已经由登记地国法院指定司法管理人、清算管理人、破产管理人的，该管理人可以代表该公司参加诉讼。

管理人应当提交登记地国法院作出的判决、裁定及其公证认证手续等相关文件证明其诉讼代表资格。人民法院应当对上述证据组织质证，另一方当事人仅以登记地国法院作出的判决、裁定未经我国法院承认为由，否认管理人诉讼代表资格的，人民法院不予支持。

三、境外当事人代理人审查

（一）外国人、无国籍人、外国企业和组织委托律师

《民事诉讼法》第二百七十四条规定，外国人、无国籍人、外国企业和组织在人民法院起诉、应诉，需要委托律师代理诉讼的，必须委托中华人民共和国的律师。

（二）域外委托授权的证明

《民事诉讼法》第二百七十五条规定，在中华人民共和国领域内没有住所的外国人、无国籍人、外国企业和组织委托中华人民共和国律师或者其他人代理诉讼，从中华人民共和国领域外寄交或者托交的授权委托书，应当经所在国公证机关证明，并经中华人民共和国驻该国使领馆认证，或者履行中华人民共和国与该所在国订立的有关条约中规定的证明手续后，才具有效力。

（三）法官见证授权

《最高人民法院关于适用〈中华人民共和国民事诉讼法〉的解释》第五百二十三条规定，外国人、外国企业或者组织的代表人在人民法院法官的见证下签署授权委托书，委托代理人进行民事诉讼的，人民法院应予认可。

《第二次全国涉外商事海事审判工作会议纪要》第十九条规定，外国自然人在人民法院办案人员面前签署的授权委托书无需办理公证、认证或者其他证明手续，但在签署授权委托书时应出示身份证明和入境证明，人民法院办案人员应在授权委托书上注明相关情况并要求该外国自然人予以确认。

第二十一条规定，外国法人、其他组织的法定代表人或者负责人代表该法人、其他组织在人民法院办案人员面前签署的授权委托书，无需办理公证、认证或者其他证明手续，但在签署授权委托书时，外国法人、其他组织的法定代表人或者负责人除了向人民法院办案人员出示自然人身份证明和入境证明外，还必须提供该法人或者其他组织出具的能够证明其有权签署授权委托书的证明文件，且该证明文件必须办理公证、认证或者其他证明手续。人民法院办案人员应在授权委托书上注明相关情况并要求该法定代表人或者负责人予以确认。

（四）公证机构公证授权

《最高人民法院关于适用〈中华人民共和国民事诉讼法〉的解释》第五百二十三条规定，外国人、外国企业或者组织的代表人在中华人民共和国境内签署授权委托书，委托代理人进行民事诉讼，经中华人民共和国公证机构公证的，人民法院应予认可。

《第二次全国涉外商事海事审判工作会议纪要》第二十条规定，外国自然人在我国境内签署的授权委托书，经我国公证机关公证，证明该委托书是在我国境内签署的，无需在其所在国再办理公证、认证或者其他证明手续。

第二十二条规定，外国法人、其他组织的法定代表人或者负责人代表该法人、其他组织在我国境内签署的授权委托书，经我国公证机关公证，证明该委托书是在我国境内签署，且该法定代表人或者负责人向人民法院提供了外国法人、其他组织出具的办理了公证、认证或者其他证明手续的能够证明其有权签署授权委托书的证明文件的，该授权委托书无需在外国当事人的所在国办理公证、认证或者其他证明手续。

（五）外籍当事人委托代理人

《最高人民法院关于适用〈中华人民共和国民事诉讼法〉的解释》第

五百二十六条规定，涉外民事诉讼中的外籍当事人，可以委托本国人为诉讼代理人，也可以委托本国律师以非律师身份担任诉讼代理人；外国驻华使领馆官员，受本国公民的委托，可以以个人名义担任诉讼代理人，但在诉讼中不享有外交或者领事特权和豁免。

（六）外国驻华使领馆授权官员以外交代表身份委托代理

《最高人民法院关于适用〈中华人民共和国民事诉讼法〉的解释》第五百二十七条规定，涉外民事诉讼中，外国驻华使领馆授权其本馆官员，在作为当事人的本国国民不在中华人民共和国领域内的情况下，可以以外交代表身份为其本国国民在中华人民共和国聘请中华人民共和国律师或者中华人民共和国公民代理民事诉讼。

（七）外国当事人在我国境外出具授权的证明手续

《第二次全国涉外商事海事审判工作会议纪要》第十八条规定，外国当事人在我国境外出具的授权委托书，应当履行相关的公证、认证或者其他证明手续。对于未履行相关手续的诉讼代理人，人民法院对其代理资格不予认可。

（八）外国当事人一次性授权

《第二次全国涉外商事海事审判工作会议纪要》第二十三条规定，外国当事人将其在特定时期内发生的或者将特定范围的案件一次性委托他人代理，人民法院经审查可以予以认可。该一次性委托在一审程序中已办理公证、认证或者其他证明手续的，二审或者再审程序中无需再办理公证、认证或者其他证明手续。

《全国法院涉外商事海事审判工作座谈会会议纪要》第八条规定，外国当事人一次性授权诉讼代理人代理多个案件或者一个案件的多个程序，该授权办理了公证认证或者司法协助协定规定的相关证明手续，诉讼代理人有权在授权委托书的授权范围和有效期内从事诉讼代理行为。对方当事人以该诉讼代理人的授权未就单个案件或者程序办理公证认证或者证明手续为由提出异议的，人民法院不予支持。

（九）外籍当事人委托公民代理的手续审理

《全国法院涉外商事海事审判工作座谈会会议纪要》第七条规定，根据《民事诉讼法司法解释》第五百二十六条、第五百二十七条的规定，涉外民事诉讼中的外籍当事人委托本国人为诉讼代理人或者委托本国律师以非律师身份担任诉讼代理人、外国驻华使领馆官员受本国公民委托担任诉讼代理人的，不适用《民事诉讼法》第六十一条第二款第三项的规定，无须提交当事人所在社区、单位或者有关社会团体的推荐函。

（十）台湾地区、香港特别行政区、澳门特别行政区当事人授权审查

《最高人民法院关于认可和执行台湾地区法院民事判决的规定》第六条规定，申请人委托他人代理申请认可台湾地区法院民事判决的，应当向人民法院提交由委托人签名或者盖章的授权委托书。

台湾地区、香港特别行政区、澳门特别行政区或者外国当事人签名或者盖章的授权委托书应当履行相关的公证、认证或者其他证明手续，但授权委托书在人民法院法官的见证下签署或者经中国大陆公证机关公证证明是在中国大陆签署的除外。

（十一）台湾地区居民委托大陆律师等审查

《最高人民法院关于为深化两岸融合发展提供司法服务的若干措施》第十七条规定，持有台湾居民居住证的台湾当事人委托大陆律师或者其他人代理诉讼，代理人向人民法院转交的授权委托书无需公证认证或者履行其他证明手续。

职能延伸

北京市第四中级人民法院
司法建议函

某仲裁委员会：

国务院关于《支持北京深化国家服务业扩大开放综合示范区建设工作方案》近期发布，方案中强调打造面向全球的国际商事仲裁中心。贵会近期发布的《新版仲裁规则》，充分体现了“用户友好理念”，对标国际高水平的制度供给，为商事主体提供现代化、国际化的仲裁服务，对于推动我国国际仲裁中心建设具有示范引领作用。贵会作为中国最具代表性的国际性常设仲裁机构，案件受理量、标的额均名列国际仲裁机构前列，因此仲裁公信力的提升对于仲裁的持续健康发展至关重要。为支持和保障仲裁的健康发展、促进我国仲裁机构的国际公信力、影响力和竞争力不断提升，我院结合仲裁司法审查实践及调研中发现的问题，向你会提出如下问题及建议以供参考。

一、妥善兼顾仲裁自愿与争议公正高效解决，完善追加当事人、多合同合并单案仲裁规则的具体适用

《新版仲裁规则》就多合同合并单案仲裁规则作出修改完善，有利于当事人争议的公正高效解决，降低仲裁成本和节省仲裁资源。该项规则的适用因涉及不完全相同的主体间多份合同所涉标的具有牵连关系，而进行合并审理，在实践中不可避免地涉及对于合同主体委托人、合同主体承继人等非协议共同签字人能否被列为或追加为仲裁当事人的审查问题。而现有规则关于追加当事人的审查，仲裁庭在对方当事人不同意追加的情况下，鲜有依职权追加的，若对于仲裁协议表面上未签字的当事人依照严苛的标准审查，合并仲裁的制度实施效果可能受到影响。因此，建议你会就该项规则的具体理解与适用出台意见，为仲裁庭的审查提供规范指引，对代理人订立的仲裁协议对被代理人的效力、合同转让情形下仲裁协议的拘束力、主体资格变化等特定情形下仲裁协议的效力认定，统一仲裁裁决尺度，尽量贯彻一次性解决纠纷理念，进一步提高仲裁程序的运作效率。同时强化对合同标的的牵连关系、是否允许追加当事人的裁决说理，提高仲裁裁决的可接受性。

二、妥善兼顾尊重规则与用户友好理念，保障当事人平等参与仲裁程序

程序公正是仲裁制度的基本价值，仲裁程序的公正会使得当事人更愿意接受裁决结果并自觉地履行裁决，反之亦然。《新版仲裁规则》对于仲裁员选定、证据指引的适用、第三方资助的披露等程序事项作出修订和新增规定，有利于公正高效地推进仲裁程序。但规则无法穷尽实践中复杂多变的情况，需要仲裁庭在遵循仲裁规则的基础上，秉持用户友好理念和平等善意原则，平等保护当事人参与仲裁程序并发表意见的权利。实践中，不少当事人对于公证送达前是否穷尽其他送达方式，或公证送达前对方当事人是否尽了合理查询获知最后一个为人所知的送达地址之义务，存有意见，甚至因此产生今后不再选择仲裁的抱怨。我们认为，过分依赖当事人提供送达地址，不做合同审查或企业公示信息查询，而径行适用公证送达方式，易使一些本可以参与仲裁程序发表意见的当事人丧失机会，这也会增加仲裁证据审查的难度，不利于营造仲裁规范、公正的形象。对于仲裁员的选任方式、举证期限逾期后当事人提交的代理意见和证据材料的处理等程序性问题处理，在仲裁规则相对笼统的情况下，仲裁庭能否一视同仁对待双方当事人，是仲裁程序形式公正的重要部分，亦会显著影响到其对仲裁公正的预期。为此，我院建议你会适用《新版仲裁规则》赋予仲裁庭相应程序性事项处理权限时，对仲裁庭在程序性事项处理中贯彻平等善意原则作出规范指引，最大程度赋予双方同样的程序参与权利。同时，增加送达程序的注意义务，对于申请人提供的被申请人的地址和联系方式进行必要形式审查，完善有效送达确认规则，规范送达方式的适用顺序与条件，形成更为清晰规范的拟制送达工作要求，提升仲裁送达的质量和效率。

三、妥善兼顾数字赋能与权利保障，推进数字化、智能化在仲裁程序的广泛应用

《新版仲裁规则》鼓励电子化和智能化仲裁，新增了对应机制，明确规定电子送达作为仲裁文件的送达方式之一，并规定可优先采用电子送达，进一步便利当事人参加仲裁程序。具体适用时要充分考虑对当事人基本权利的保障，即尊重其对庭审、送达方式的选择权利。对于径行以电子文本送达裁决书，原则上应当当事人约定电子送达或在仲裁程序中同意电子送达地址。如果当事人对电子送达并未进行约定，亦不同意电子送达，是否仍然可以采用电子送达；或者受送达人通过回复收悉等方式接受已经完成的电子送达，能否推定为当事人的电子送达地址，即电子送达可否采用“默示同意”的标准；如果当事人明确不同意电子送达，仲裁委可否依据《新版仲裁规则》第五十二条“仲裁委员会认为有必要的，裁决书可以电子文本送达”规定径行送达。以上对于电子送达规则的理解，建议你会在尊重和保障当事人程序权利的基础上，对该项规则的理解与适用作出规范性指引，以保障实践中的适用一致性。同时，通过同步发送弹屏、短信提醒等方式，保障当事人能够及时知晓送达内容。

四、充分利用最新科技应用成果，提升仲裁与司法审判工作衔接的信息化水平

打造一流国际商事纠纷解决优选地，需要充分发挥调解、仲裁和司法各自优势，形成有机衔接、协调联动、优势互补的国际商事案件多元纠纷解决机制。目前，我院部分案件仍存在与你会沟通不畅的情况，沟通效果取决于各办案团队与不同仲裁秘书的沟通能力和方式，尚未建立制度化的沟通协调和材料转递机制。建议你我双方进一步完善衔接工作机制，加强诉讼与仲裁程序的协调配合，研究制定务实可行的协作沟通与材料转递措施，提高诉讼与仲裁对接的效率。充分借助信息化手段，建立工作协调和

信息共享机制，降低双方的沟通和材料流转成本，提高工作效率。

望贵会认真考虑我院建议，对相关问题加以调查和研究，并将贵会意见以函件形式及时反馈我院。

北京市第四中级人民法院

二〇二三年十二月四日

北京市第四中级人民法院
司法建议函

某旅行责任有限公司：

2018年7月31日，我院受理了你司与被告北京市某旅行社有限公司委托合同纠纷一案，在诉讼中，你司诉称依照与北京市某旅行社有限公司签订的《中国出境旅游组团社与境外接待社合同》的约定，为北京市某旅行社有限公司参团人员赴欧洲旅行提供交通、住宿、游览、餐饮等服务。自2016年9月起，你司按照约定向北京市某旅行社有限公司提供了160个团的境外旅游接待服务，但北京市某旅行社有限公司尚有部分合同款未支付，遂请求支付其拖欠的合同款共计705 635.88欧元及相应的逾期付款违约金。

在该案的审理中，本院依法启动司法鉴定程序，对2016年9月11日至2017年12月30日期间北京市某旅行社有限公司委托你司提供旅行服务的160个旅行团业务往来费用进行司法会计鉴定，因业务往来账目混乱、鉴定所需材料留存较差，导致对账工作量极大，鉴定工作耗时一年有余。在账目核对的整个过程中，你司为北京市某旅行社有限公司提供的旅行团服务大多数以北京市某旅行社有限公司盖章或签字的报价单确认单价和天数，以通过QQ传送的分房名单确认实际出行人数，以双方工作人员的聊天记录或者你司的自认或确认的增减项计算出团费。少数旅行团或没有北京市某旅行社有限公司签章的报价单，或没有分房名单，或没有增加项费用凭据，仅能通过双方工作人员的聊天记录确认或推算团费。鉴定结论作出后，法院又组织双方对鉴定过程中存在的二十几处问题反复确认。经过最终核算，确定北京市某旅行社有限公司尚欠合同款692 715.4欧元，本院对你司超出该金额的主张不予支持，并对违约金标准予以调整。

在上述案件审理过程中，发现你司在此次纠纷证据留存上存在较大疏漏，在提供跨境旅游服务过程中存在不规范的问题，具体情况如下：

第一，在提供境外接待服务过程中未与合同相对方及时确认并结算团费。受旅游地接服务的特点限制，在无法一团一签订委托地接合同的情况下，应注意与相对方阶段性确认并结算团费，让相对方盖章确认付款协议或付款单，而不能仅通过双方工作人员 QQ 聊天进行对账、催款，造成账目混乱，诉讼中相对方一旦对上述 QQ 聊天内容予以否认，极易影响法院对案件事实的判断，也会延误案件审理进程。

第二，对于合同相对方发来的重要文件未能进行有效保存。本案的关键性证据，如证明单价的盖章或签字版报价单、证明人数的分房名单等均通过 QQ 文件由对方发送，由你司保存，在诉讼中该文件原始聊天界面无法正常打开，引起合同相对方质疑。对于上述证据材料，建议以传真等纸质形式有效保存，最好不要通过 QQ 文件发送，即便以 QQ 文件保存，也要注意留存原始文件，否则将降低证据的证明效力。

第三，对于每个地接团必然发生的支出，譬如小费等及其费用标准未在合同中明确约定。在合同履约过程中，有些团费按照虚拟后的人数计算小费、有些按照实际出行人数计算，没有现实的计算标准，相对方对此提出抗辩。对于上述费用应明确约定在合同文本中，而不是根据行业惯例、口头约定或事后通过简讯聊天记录进行确认。

第四，一些临时发生的增加项费用，应在垫付时或垫付后及时让合同相对方出具确认件，并留存相应证据，诉讼中部分增加项费用因没有证据支持和对方认可，未得到法院的支持。

据知，你公司进入中国市场已六年有余，在北京、上海、广州等地对接五百余家中国出境游旅行社、线上旅游平台及游学机构等，在中国公民因私出境游市场中位居前五名，市场占有率高达 12%左右，有着大量的欧洲游地接业务。为进一步规范你司的业务流程以促进你司的良性发展，为出境游相关企业即将到来的复工复产做好准备，结合我院审理案件中发现的问题，特向你司提出相关建议如下：

第一，加强业务培训及人员管理。你司作为面向国内多个旅行社长期从事境外地接服务、规模较大的旅游公司，合同条款的约定应更加细致严谨，应建立境内境外对接部门规范化、常态化信息沟通机制，需着力提高业务部门尤其是跨境旅游对接业务部门工作人员的职业素养和法律意识，确保其严格按照流程和规范进行业务操作。

第二，注意保存与报价、出行人数、支付凭证等相关的纸质证据。确保证据保存的形式及内容合法、清晰。按照《民事诉讼法》所规定的涉外民商事案件举证规则提供充分的证据，以利于提高举证质证、鉴定、庭审等司法程序的效率，更好的保障你司合法权利的实现。

第三，在跨境旅游服务业务开展过程中，对于合同双方随时调整的旅游线路、餐食住宿等合同内容，需及时与相对方进行确认，明确双方各自的权利义务，并阶段性与合同相对方进行对账，对于已对账的部分和已支付的项目及时进行签字确认。

北京市第四中级人民法院

二〇二一年五月十九日